●収録内容一覧

■2025年度中学受験用

淑徳中学校

4年間スーパー過去問

入試問題と解説・解答の収録内容

2024年度　1回 スーパー特進	算数・社会・理科・国語	実物解答用紙DL
2024年度　1回 スーパー特進東大選抜	算数・国語	実物解答用紙DL
2023年度　1回 スーパー特進	算数・社会・理科・国語	実物解答用紙DL
2023年度　1回 スーパー特進東大選抜	算数・国語	実物解答用紙DL
2022年度　1回 スーパー特進	算数・社会・理科・国語	実物解答用紙DL
2022年度　1回 スーパー特進東大選抜	算数・国語	実物解答用紙DL
2021年度　1回 スーパー特進	算数・社会・理科・国語	

～本書ご利用上の注意～　以下の点について，あらかじめご了承ください。

★別冊解答用紙は巻末にございます。実物解答用紙は，弊社サイトの各校商品情報ページより，一部または全部をダウンロードできます。

★編集の都合上，学校実施のすべての試験を掲載していない場合がございます。

★当問題集のバックナンバーは，弊社には在庫がございません（ネット書店などに一部在庫あり）。

合格を勝ち取るための

『スーパー過去問』の使い方

本書に掲載されている過去問をご覧になって，「難しそう」と感じたかもしれません。でも，多くの受験生が同じように感じているはずです。なぜなら，中学入試で出題される問題は，小学校で習う内容よりも高度なものが多く，たくさんの知識や解き方のコツを身につけることも必要だからです。ですから，初めて本書に取り組むさいには，点数を気にしすぎないようにしましょう。本番でしっかり点数を取れることが大事なのです。

過去問で重要なのは「まちがえること」です。自分の弱点を知るために，過去問に取り組むのです。当然，まちがえた問題をそのままにしておいては意味がありません。

本書には，長年にわたって中学入試にたずさわっているスタッフによるていねいな解説がついています。まちがえた問題はしっかりと解説を読み，できるようになるまで何度も解き直しをしてください。理解できていないと感じた分野については，参考書や資料集などを活用し，改めて整理しておきましょう。

このページも参考にしてみましょう！

◆どの年度から解こうかな　「入試問題と解説・解答の収録内容一覧」

本書のはじめには収録内容が掲載されていますので，収録年度や収録されている入試回などを確認できます。

※著作権上の都合によって掲載できない問題が収録されている場合は，最新年度の問題の前に，ピンク色の紙を差しこんでご案内しています。

◆学校の情報を知ろう!!「学校紹介ページ」

このページのあとに，各学校の基本情報などを掲載しています。問題を解くのに疲れたら息ぬきに読んで，志望校合格への気持ちを新たにし，再び過去問に挑戦してみるのもよいでしょう。なお，最新の情報につきましては，学校のホームページなどでご確認ください。

◆入試に向けてどんな対策をしよう？「出題傾向＆対策」

「学校紹介ページ」に続いて，「出題傾向＆対策」ページがあります。過去にどのような分野の問題が出題され，どのように対策すればよいかをアドバイスしていますので，参考にしてください。

◇別冊「入試問題解答用紙編」

本書の巻末には，ぬき取って使える別冊の解答用紙が収録してあります。解答用紙が非公表の場合などを除き，（注）が記載されたページの指定倍率にしたがって拡大コピーをとれば，実際の入試問題とほぼ同じ解答欄の大きさで，何度でも過去問に取り組むことができます。このように，入試本番に近い条件で練習できるのも，本書の強みです。また，データが公表されている学校は別冊の１ページ目に過去の「入試結果表」を掲載しています。合格に必要な得点の目安として活用してください。

本書がみなさんの志望校合格の助けとなることを，心より願っています。

株式会社　声の教育社　編集部

淑徳中学校

所在地	〒174-8643 東京都板橋区前野町5-14-1
電　話	03-3969-7411
ホームページ	https://www.shukutoku.ed.jp/
交通案内	東武東上線「ときわ台駅」，都営三田線「志村三丁目駅」より徒歩15分 東武東上線「ときわ台駅」，JR 各線「赤羽駅」よりバス「前野小学校」下車

くわしい情報は
ホームページへ

トピックス

★「ときわ台駅」「赤羽駅」「練馬高野台駅」から無料スクールバスを運行。
★授業見学会を9/7(土)，9/21(土)，10/12(土)に開催予定。

創立年
明治25年

男女共学

高校募集
あり

応募状況

年度	募集数		応募数	受験数	合格数	倍率
2024	東①	35名	303名	248名	76名	3.3倍
	東②	25名	344名	205名	65名	3.2倍
	東③	10名	79名	62名	16名	3.9倍
	S①	25名	200名	162名	69名	2.3倍
	S②	15名	379名	158名	61名	2.6倍
2023	東①	35名	320名	275名	81名	3.4倍
	東②	25名	383名	245名	70名	3.5倍
	東③	10名	108名	91名	12名	7.6倍
	S①	25名	226名	182名	75名	2.4倍
	S②	15名	424名	187名	47名	4.0倍
2022	東①	35名	321名	264名	89名	3.0倍
	東②	30名	365名	221名	67名	3.3倍
	S①	25名	205名	155名	75名	2.1倍
	S②	20名	399名	152名	44名	3.5倍
	英	5名	34名	25名	9名	2.8倍

※「東」はスーパー特進東大選抜入試，「S」はスーパー特進入試。

※2024年度「東①」は他にスーパー特進10名募集（81名合格），「東②」は他にスーパー特進15名募集（64名合格），「S②」は他に東大選抜５名募集（７名合格），2023年度「東①」は他にスーパー特進10名募集（84名合格），「東②」は他にスーパー特進15名募集（66名合格），「S②」は他に東大選抜５名募集（６名合格），2022年度「東①」は他にスーパー特進10名募集(71名合格)，「東②」は他にスーパー特進15名募集(70名合格)。

入試情報（参考：昨年度）

【スーパー特進東大選抜入試】２科
第１回：2024年２月１日　15：00集合
第２回：2024年２月２日　15：00集合
第３回：2024年２月５日　15：00集合
※各回とも得点率に応じて特待生制度があります。
S特待(得点率75%)：入学金・施設費・年間授業料免除
A特待(得点率70%)：年間授業料免除
B特待(得点率65%)：入学金免除

【スーパー特進入試】
２科４科選択(第１回)，２科(第２回)
第１回：2024年２月１日　８：30集合
第２回：2024年２月３日　15：00集合

※合格発表は，いずれの入試も入試当日の夜にHP上で行われます。
※上記のほかに，【帰国生入試】があります。

2024年春の主な大学合格実績

＜国公立大学＞
東京大，東京工業大，北海道大，筑波大，東京医科歯科大，千葉大，お茶の水女子大，埼玉大，東京学芸大，東京農工大，横浜国立大，東京都立大
＜私立大学＞
慶應義塾大，早稲田大，上智大，国際基督教大，東京理科大，明治大，青山学院大，立教大，中央大，法政大，学習院大，成城大，成蹊大，明治学院大，東京慈恵会医科大，順天堂大，東京女子医科大

編集部注一本書の内容は2024年5月現在のものであり，変更されている場合があります。正式な情報は，学校のホームページ等で必ずご確認ください。

算数 出題傾向＆対策

◆基本データ（2024年度１回スーパー特進）

試験時間／満点	50分／100点
問題構成	・大問数…５題 計算１題（６問）／応用小問１題（５問）／応用問題３題 ・小問数…20問
解答形式	解答のみを記入するものが大半をしめているが，考え方も書かせる問題が１問出題されている。
実際の問題用紙	Ａ４サイズ，小冊子形式
実際の解答用紙	Ｂ４サイズ

◆出題傾向と内容

▶過去３年の出題率トップ３
１位：四則計算・逆算25％　２位：計算のくふう，角度・面積・長さ８％
▶今年の出題率トップ３
１位：四則計算・逆算27％　２位：計算のくふう，角度・面積・長さ９％

本校の算数は，計算，割合と比，グラフ，面積，体積，場合の数などを中心に出題されており，質・量ともに標準的な問題です。ただし，スーパー特進東大選抜は，かなり複雑な問題が出題されているので，じゅうぶんな準備が必要です。

計算問題は整数・小数・分数の四則計算で，単独の計算問題以外にも複雑な計算を必要とする問題が見られます。割合と比では相当算，濃度が，図形では面積を求める問題や水の深さと体積に関する問題がよく出されます。特殊算ではつるかめ算，旅人算などが見られます。

◆対策～合格点を取るには？～

まず，正確ですばやい計算力を毎日の計算練習でモノにしましょう。無理なくこなせる問題量を決め，コツコツと続けることが大切です。

数の性質，割合と比では，はじめに教科書にある重要事項を自分なりに整理し，さらに類題を数多くこなして，基本的なパターンを何度もくり返してください。

図形では，求積問題を重点的に学習して，基本例題を徹底的に身につけること。立体図形については，平面図形の基本をマスターしたうえで，集中的な演習を段階的に進めましょう。

分野 ＼ 年度		2024		2023		2022	
		１スーパー	１東大	１スーパー	１東大	１スーパー	１東大
計算	四則計算・逆算	●	●	●	●	●	●
	計算のくふう	◎	○		○	○	○
	単位の計算						
和と差	和差算・分配算		○				○
	消去算		○	○			
	つるかめ算	○			○		○
	平均とのべ						
	過不足算・差集め算			○			
	集まり						
	年齢算						
割合と比	割合と比						
	正比例と反比例						
	還元算・相当算			○			
	比の性質		○	○			○
	倍数算						
	売買損益	○					
	濃度				○	○	
	仕事算						
	ニュートン算		○				
速さ	速さ				○	○	○
	旅人算						○
	通過算						
	流水算		○				
	時計算						
	速さと比	○		○			○
図形	角度・面積・長さ	◎	○	○		◎	◎
	辺の比と面積の比・相似		◎	◎	○	○	◎
	体積・表面積				○	○	◎
	水の深さと体積		○	○	○	○	
	展開図						
	構成・分割						
	図形・点の移動	○					
表とグラフ		○	○				○
数の性質	約数と倍数						
	N進法					○	
	約束記号・文字式						
	整数・小数・分数の性質				○	○	
規則性	植木算						
	周期算	○		○		○	○
	数列	○	○	○	◎	○	○
	方陣算						
	図形と規則						○
場合の数				○		○	
調べ・推理・条件の整理		○					○
その他							

※　○印はその分野の問題が１題，◎印は２題，●印は３題以上出題されたことをしめします。

社会　出題傾向＆対策

◆基本データ（2024年度１回スーパー特進）

試験時間／満点	25分／50点
問題構成	・大問数…４題 ・小問数…26問
解答形式	記号選択と適語の記入が大半をしめているが，短文記述も出題されている。
実際の問題用紙	Ａ４サイズ，小冊子形式
実際の解答用紙	Ｂ４サイズ

◆出題傾向と内容

●地理…国土・自然，農業・水産業・工業といった産業，交通・貿易，人口，日本の各地方の特色などが出されています。地図や統計表，グラフがよく用いられています。また，世界地理の問題も出題され，各国・地域・大陸の位置・特色や産業のほか，災害に関する問題などもあります。

●歴史…歴史的な文書などの史料や出来事を年代順にならべかえる問題と，正誤の組み合わせについて答える問題が出題されています。取り上げられる時代ははば広く，さまざまなテーマの問題が出題されているものの，細部をつくような問いは見られないので，歴史の基礎が身についているかどうかをためす問題になっているといえます。

●政治…日本国憲法と人権，三権のしくみ，国際関係・国際政治についての問題がよく出されています。また，税やオリンピックなどの，時事的なことがらを問うものも見られるので注意が必要です。

分野＼年度			2024	2023	2022	2021
日本の地理		地図の見方		★		
		国土・自然・気候		○	○	○
		資源				
		農林水産業	○			★
		工業	○			
		交通・通信・貿易	○	○		
		人口・生活・文化	○	○		
		各地方の特色	○			
		地理総合	★			
世界の地理					★	○
日本の歴史	時代	原始～古代	○	○	○	○
		中世～近世	○	○	○	○
		近代～現代	○	○	○	★
	テーマ	政治・法律史				
		産業・経済史				
		文化・宗教史				
		外交・戦争史				
		歴史総合	★	★	★	★
世界の歴史						
政治		憲法	○	○	○	○
		国会・内閣・裁判所		○		○
		地方自治				
		経済		○		○
		生活と福祉	○		○	
		国際関係・国際政治	★	★	★	○
		政治総合				★
環境問題						
時事問題			○	○	○	
世界遺産						
複数分野総合						

※　原始～古代…平安時代以前，中世～近世…鎌倉時代～江戸時代，近代～現代…明治時代以降

※　★印は大問の中心となる分野をしめします。

◆対策～合格点を取るには？～

標準的な問題が多いので，まずは基礎をしっかり身につけることを心がけましょう。教科書のほか，説明がやさしくていねいで標準的な参考書を選び，基本事項を確実におさえることが大切です。記述問題も少なくないので，用語などは正しく書けるようにしておきましょう。

地理分野では，地図やグラフをつねに参照しながら，白地図作業帳を利用して地形と気候をまとめ，そこから産業などへと広げていってください。

歴史分野では，教科書や参考書を読むだけでなく，自分で年表をつくって覚えると学習効果が上がります。年表は各時代の政治・文化・経済ごとに分けてまとめてもよいでしょう。また，資料集などで，史料や歴史的地図などに親しんでおくと楽しみながら実力をつけることができます。

政治分野では，政治のしくみ，日本国憲法の基本的な内容を中心に勉強してください。衆議院と参議院のちがいなど，混同しやすいことがらをしっかりと整理しておくことが得点につながります。時事問題も出題されるので，テレビや新聞などをこまめに確認するようにし，それにかかわる単元もふくめてノートにまとめておきましょう。中学受験用の時事問題集に取り組むことも効果的です。

理科 出題傾向＆対策

◆基本データ(2024年度1回スーパー特進)

試験時間／満点	25分／50点
問題構成	・大問数…４題 ・小問数…20問
解答形式	記号選択と適語・数値の記入が大半だが，グラフの完成や記述問題なども見られる。
実際の問題用紙	Ａ４サイズ，小冊子形式
実際の解答用紙	Ａ３サイズ

分野 ＼ 年度		2024	2023	2022	2021
生命	植物			★	
	動物		★		★
	人体	★			
	生物と環境				
	季節と生物				
	生命総合				
物質	物質のすがた				★
	気体の性質			★	○
	水溶液の性質	★			
	ものの溶け方		★		
	金属の性質				
	ものの燃え方				
	物質総合				
エネルギー	てこ・滑車・輪軸				★
	ばねののび方		★		○
	ふりこ・物体の運動	★			
	浮力と密度・圧力	○	○		
	光の進み方				
	ものの温まり方				
	音の伝わり方				
	電気回路				
	磁石・電磁石			★	○
	エネルギー総合				
地球	地球・月・太陽系	○			
	星と星座		★	★	
	風・雲と天候				
	気温・地温・湿度				
	流水のはたらき・地層と岩石	★			★
	火山・地震				
	地球総合				
実験器具					
観察					
環境問題				○	
時事問題					○
複数分野総合					

※　★印は大問の中心となる分野をしめします。

◆出題傾向と内容

中学入試全体の流れとして各分野をバランスよく取り上げる傾向にありますが，本校の理科も広い範囲から出題されています。また，各分野に共通していえることとして，実験・観察・観測をもとにした問題が多い点があげられます。実験器具や計器のしくみ・使い方，環境問題，時事問題なども出題されています。

●生命…ヒトのからだのつくりとはたらき，動物の大きさと気候，動物の行動，蒸散，バッタの特ちょうなどが見られます。

●物質…中和と熱，ものの溶け方，気体の性質，状態変化，水溶液の性質，金属と酸・アルカリの反応などが出題されています。

●エネルギー…物体の運動，密度，ばねと浮力，磁石の実験，力のつり合いなどが出題されています。多くは計算問題がふくまれるので注意が必要です。

●地球…火成岩，地球の形成，星の動きや見え方，地層，太陽の動きなどのほか，環境問題と結びつけたものも出されています。

◆対策～合格点を取るには？～

本校の理科は実験・観察をもとにした基本的な問題が大部分なので，細かい知識を覚えるよりも，教科書・参考書の内容をしっかり身につけることや，資料(グラフや表，実験や観察の結果)をもとにして考える訓練を積んでおくことが大切です。そのために，次のことを実行してみてはいかがでしょうか。①教科書や標準的な受験参考書を中心とした学習をする。難問はさけて基本的なことがらの理解につとめること。グラフや表の見方に慣れるだけでなく，その意味やそこからわかることなども確認しておく。②学校で行う実験や観察には積極的に参加し，目的，方法，経過，結果，実験器具の使用方法などをノートに整理する。わからないことがあれば，図鑑などで調べる。自分でできる範囲で実験・観察を行うのもよい。③科学ニュースにも目を向ける。新聞や雑誌の記事，テレビのニュース番組や科学番組などをできるだけ関心を持って見るようにして，はば広い知識を身につける。④ある程度の理解が得られたら，標準的でよくまとまったうすめの問題集で確認する。⑤「物質」「エネルギー」からは，濃度や力のつり合いなどの計算問題が出されやすいので，計算ミスをしないように日ごろからよく練習しておく。

国語 出題傾向＆対策

◆基本データ(2024年度１回スーパー特進)

試験時間／満点	50分／100点
問題構成	・大問数…２題 文章読解題２題 ・小問数…27問
解答形式	記号選択と適語・適文の書きぬきが大半をしめる。ほかに，100字程度の作文問題なども見られる。
実際の問題用紙	Ａ４サイズ，小冊子形式
実際の解答用紙	Ａ３サイズ

◆出題傾向と内容

▶近年の出典情報(著者名)
説明文：近藤　譲　暉峻淑子　藤森照信
小　説：谷　瑞恵　木内　昇　額賀　澪

●読解問題…小説・物語文，説明文・論説文からそれぞれ１題ずつ出題されます。指示語の内容を読み取らせる問題と，慣用句，接続語・副詞などの挿入問題は必ずといっていいほど出されます。また，本文の内容をふまえて自分の考えを述べる100字程度の作文が例年出題されています。

●知識問題…漢字の書き取りのほか，熟語の成り立ち，慣用句・ことわざの完成，外来語の意味などを問うものが出されています。ことばのきまりでは，助詞・助動詞の用法・意味の問題などが出されています。

◆対策～合格点を取るには？～

本校の国語は，読解力を中心にことばの知識や漢字力もあわせ見るという点では，実にオーソドックスな問題ということができますが，そのなかでも大きなウェートをしめるのは，長文の読解力です。したがって，読解の演習のさいには，以下の点に気をつけましょう。①「それ」や「これ」などの指示語は何を指しているのかを考える。②段落や場面の構成を考える。③筆者の主張や登場人物の性格，心情の変化などに注意する。④読めない漢字，意味のわからないことばが出てきたら，すぐに辞典で調べる。

また，知識問題は，漢字・語句(四字熟語，慣用句・ことわざなど)の問題集を一冊仕上げるとよいでしょう。

分野		年度	2024		2023		2022	
			1スーパー	1東大	1スーパー	1東大	1スーパー	1東大
読	文章の種類	説明文・論説文	★	★	★	★	★	★
		小説・物語・伝記	★	★	★	★	★	★
		随筆・紀行・日記						
		会話・戯曲						
		詩						
		短歌・俳句						
解	内容の分類	主題・要旨			○	○		
		内容理解	○	○	○	○	○	○
		文脈・段落構成						○
		指示語・接続語	○	○	○		○	
		その他	○		○	○		○
知	漢字	漢字の読み			○		○	
		漢字の書き取り	○	○	○	○	○	○
		部首・画数・筆順						
	語句	語句の意味	○	○	○		○	○
		かなづかい						
		熟語	○		○	○	○	
		慣用句・ことわざ	○	○	○	○	○	○
	文法	文の組み立て						
		品詞・用法						
識		敬語						
	形式・技法							
	文学作品の知識							○
	その他							
	知識総合							
表現	作文		○		○		○	
	短文記述							
	その他							
放送問題								

※　★印は大問の中心となる分野をしめします。

カコを追いかけ
ミライをつかめ
「今の説明、もう一回」を何度でも
web過去問
ストリーミング配信による入試問題の解説動画
もっと古いカコモンないの？
カコ過去問
「さらにカコの」過去問をHPに掲載（DL）
声の教育社
詳しくはこちらから

2024年度 淑徳中学校

【算　数】〈第１回スーパー特進入試〉（50分）〈満点：100点〉

1 次の計算をしなさい。

（1）$11-\{29+102\div17-(8\times3-17)\}\div7$

（2）$20\div42\times12\div32\times21\div15$

（3）$(0.5+0.25-0.2)\times12+2.4$

（4）$\left(7-1\frac{3}{4}\right)\times\left(2\frac{5}{6}+2\frac{1}{2}\right)$

（5）$0.05+\frac{1}{30}+\frac{1}{42}+\frac{1}{56}+\frac{1}{72}$

（6）$(22\times23\times24+44\times46\times48+66\times69\times72)\div216$

2　次の問いに答えなさい。

（１）ノートを１冊80円で何冊か仕入れました。このノートを１冊150円で売ると，30冊売れ残ったとしても，27000円の利益があります。ノートは何冊仕入れましたか。

（２）右の図の三角形ＡＢＣは，辺ＡＣ，辺ＢＣの長さが等しい二等辺三角形です。角xの大きさは何度ですか。
　ただし，•印のついている角の大きさは等しいものとします。

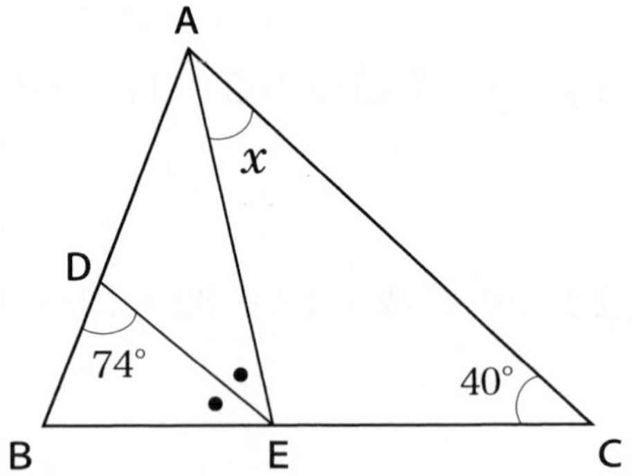

（３）よし子さんとのりおさんの２人が，１周800ｍのトラックを同じ地点から反対向きに同時に歩き始めました。よし子さんが２歩で進む長さをのりおさんは３歩で進みます。また，よし子さんが６歩進む時間でのりおさんは７歩進みます。よし子さんとのりおさんがはじめて出会ったのは，のりおさんが何ｍ歩いた地点ですか。

（４）赤玉，青玉，黄玉が全部で50個あります。赤玉には１，青玉には３，黄玉には５の数字がそれぞれ書いてあり，50個の玉に書いてある数字の合計は172になります。赤玉と青玉の個数が同じとき，黄玉は何個ありますか。

（５）ある月の水曜日の日付の数字をすべて足したら80になりました。このとき，翌年の同じ月の13日は何曜日ですか。ただし，１年は365日とします。

3 **整数を１から順番にたしていきます。**
例えば，6までたすと1＋2＋3＋4＋5＋6＝21で合計は21です。
次の問いに答えなさい。

（1） 20までたすと，合計はいくつですか。

（2） 合計がはじめて500より大きくなるのは，いくつまでたしたときですか。

（3） 前半分の合計と後ろ半分の合計の差を考えます。例えば，6までたしたとき，前半分の合計は6，後ろ半分の合計は15で，その差は9になります。ある偶数までたしたときに，その差が289になりました。いくつまでたしましたか。

4 **図のように直線上に直角二等辺三角形Ａと長方形Ｂがあります。**
Ａを図の位置から直線にそって，矢印の方向に毎秒１cmの速さで移動させます。ＡとＢが重なってできた図形をＣとします。
あとの問いに答えなさい。

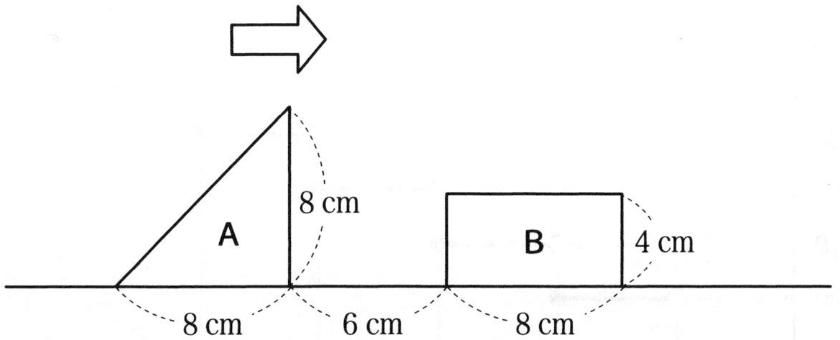

（1） 図形**Ａ**が動き始めてから10秒後の図形**Ｃ**の面積は何cm^2ですか。

（**2**） 図形**C**の形はどのように変わりますか。次の**ア～オ**を順番に並べなさい。

ア	直角二等辺三角形	**イ**	正方形	**ウ**	長方形（正方形をのぞく）
エ	台形	**オ**	五角形		

（**3**） 図形**C**の面積がはじめて$23.5\,\mathrm{cm}^2$となるのは，図形**A**が動き始めてから何秒後ですか。

5 **【図１】はＡ鉄道の道のりと運賃の関係を表したものです。20kmより先は同じ規則で運賃が上がっていきます。**

また，○はその値が入らないことを表し，●はその値が入ることを表します。例えば，４kmのときは160円，８kmのときは200円となります。

次のページの【図２】はＡ鉄道のア駅から各駅までの道のりを表したものです。

あとの問いに答えなさい。

【図１】

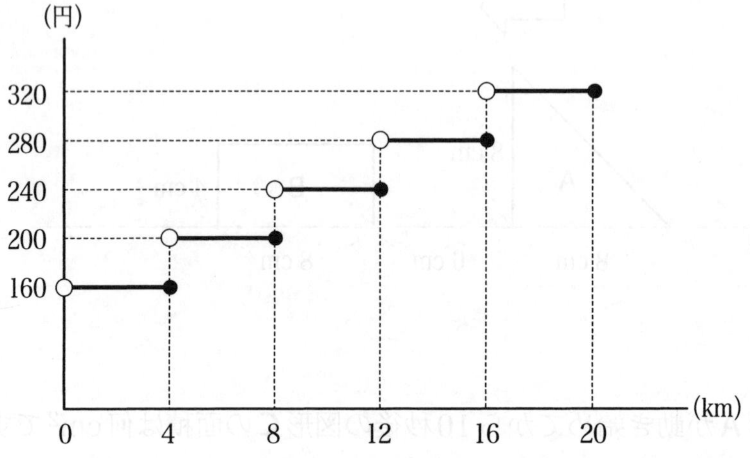

【図２】

	ア駅	イ駅	ウ駅	エ駅	オ駅
ア駅からの道のり(km)		9.6	21.4	35.3	43.8

（１） **イ**駅から**ウ**駅まで**A**鉄道の電車に乗るとき，運賃はいくらですか。

（２） **ア**駅から**A**鉄道に乗るとき，500円でどの駅まで行くことができますか。

（３） **イ**駅から**オ**駅までは**B**鉄道でも行くことができます。**B**鉄道を利用する場合，**イ**駅から**オ**駅までの道のりは41.4kmです。**B**鉄道の道のりと運賃の関係は**【図３】**に表されていて，21kmより先は同じ規則で運賃が上がっていきます。

イ駅から**オ**駅まで行く場合，**A**鉄道と**B**鉄道ではどちらを利用した方が，運賃がいくら安くなりますか。考え方と答えを書きなさい。

【図３】

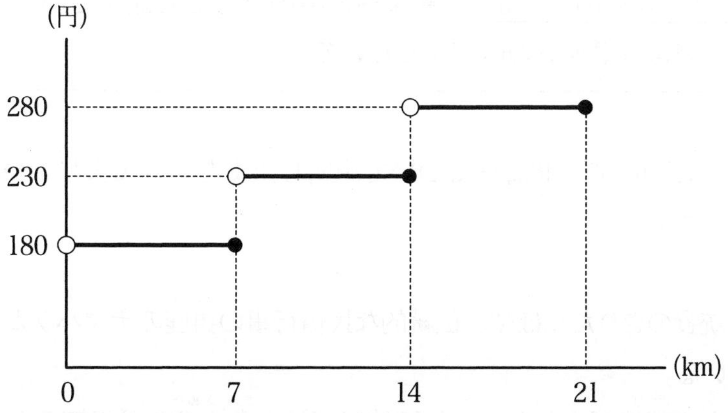

【社　会】〈第１回スーパー特進入試〉（25分）〈満点：50点〉

（注　意）教科書等の表記に従って，漢字で書くべきものは漢字で書くこと。

1　次の会話文を読んで以下の問いに答えなさい。

太郎　2023年は久しぶりに国内旅行や海外旅行の制限がなくなりましたね。花子さんはどこかへ行きましたか？

花子　はい。私は夏休みに家族で①北海道へ旅行に行きました！ ②外国人旅行者が多くて驚きました！

太郎　一時期、感染症の影響《えいきょう》で訪日外国人旅行者数が減りましたが、ようやく回復してきましたね。僕は家族で③京都へ行きましたが、④オーバーツーリズムを実感しました。

花子　外国人旅行者数が増えることで、さまざまな影響があるのね。
ところで、北海道のホテルでは、⑤外国人の労働者が多いような気がしたわ。

太郎　なるほど、これからの⑥日本の人口を考えると、外国人に頼《たよ》っていく必要があるのかもしれないですね。外国語が話せる強みもあります。

花子　食べ終わったお皿を回収してくれるロボットも画期的だったわ。

太郎　⑦AIやロボットの活用は、農業や医療《りょう》の分野でも進んでいきますね。僕も将来はロボットの研究をしたいです！

問１　下線部①について、北海道について説明した文を**ア～エ**より１つ選び、記号で答えなさい。

ア　伝統食のきりたんぽや、伝統的な民俗行事の男鹿《おが》のナマハゲが受け継《つ》がれている。
イ　ももの栽培《さいばい》がさかんで、伝統的工芸品の会津塗《あいづぬり》などで知られる。
ウ　ニセコのスキー場や旭山《あさひやま》動物園など、国内外から多くの観光客を集めている。
エ　古代には大陸との窓口として大宰《ざい》府がおかれ、現在も中国や韓国からの観光客が多い。

問２

（１）下線部②について、訪日外国人により生み出される消費を何というか、解答欄《らん》に合うように答えなさい。

□□□□□□ 消費

（２）下記の**図表１**は訪日外国人旅行消費額と旅行者数の推移を表しています。旅行者数が増加している原因として**誤っているもの**を**ア〜エ**より１つ選び、記号で答えなさい。

図表１　訪日外国人旅行消費額と旅行者数の推移

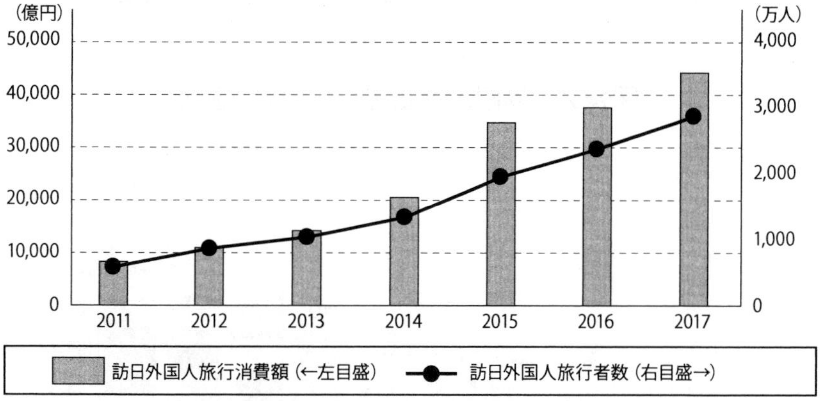

総務省　平成30年版　情報通信白書

ア　中国や東南アジアの人々の所得が増加してきたから。
イ　円高が進み、訪日旅行客に有利になったから。
ウ　LCCとよばれる格安航空会社が普及《ふきゅう》したから。
エ　観光ビザの発給要件が緩《かん》和されたから。

問３　下線部③について、京都市では建物の高さやデザインを規制する取り組みを行っています。この取り組みを何というか解答欄に合うように答えなさい。

市街地 □□ 整備条例

問４　下線部④について、オーバーツーリズムについて説明した文のうち、**誤っているもの**を**ア～エ**より１つ選び、記号で答えなさい。

ア　混雑感が増し、観光客の満足度や再来訪希望に影響《えいきょう》を及《およ》ぼす。

イ　地域の観光地化が進み、地域住民の日常生活に支障が出る。

ウ　観光に対する地域住民の反感や嫌《けん》悪感が生まれ、観光の持続可能性が低下してしまう。

エ　観光地としての魅《み》力が上がり、自然環境に良い影響を及ぼす。

問５　下線部⑤について、次の**図表２**は日本で働く外国人労働者数の推移を表したものです。この図に関連した次の説明文の空欄《らん》（　**1**　）～（　**2**　）に当てはまる語句を答えなさい。ただし（　**2**　）は整数で答えること。

図表２　外国人労働者数の推移（国別）

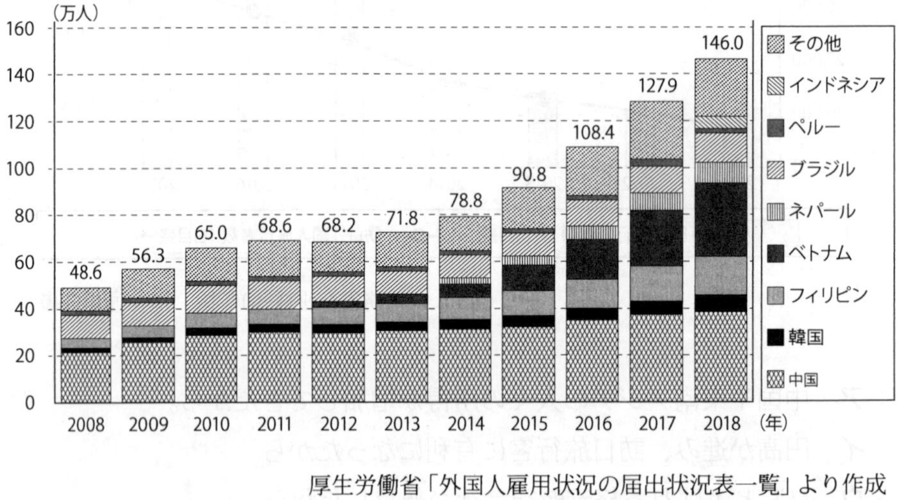

厚生労働省「外国人雇用状況の届出状況表一覧」より作成

> 日本には、中国や韓国の人々をはじめ、日系ブラジル人など多くの外国人が暮らしている。特に（　**1**　）関連工場が多い愛知県豊田市、群馬県大泉町などでは、多くの日系人が生活している。2008年から2018年にかけて、外国人労働者数は約（　**2**　）倍に増加しており、多文化共生社会を目指す取り組みが必要とされる。

問６　下線部⑥について、下の人口ピラミッドは、日本の1935年、1960年、2005年のいずれかのものです。この資料を見て、次の問いに答えなさい。

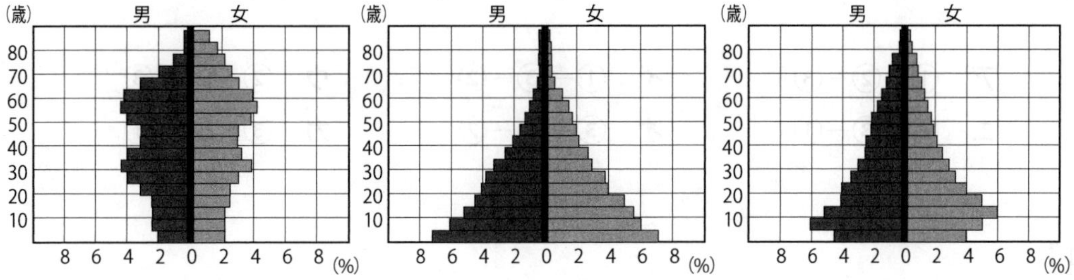

ア　　　　**イ**　　　　**ウ**

（1） 年代の古いものから順に並べ、記号で答えなさい。

（2） 上の資料からわかる近年の日本の人口構成上の特色と、その特色が工業やサービス業にあたえる影響《えいきょう》を、20字以内で答えなさい。

問７　下線部⑦について、次の文章の空欄《らん》（　**1**　）～（　**2**　）に当てはまる語句として正しい組み合わせを**ア～エ**より１つ選び、記号で答えなさい。

AIやロボットが活用される例としては、スマート農業の取り組みが挙げられる。長野県の川上村では、涼《すず》しい気候をいかした高原野菜の（　**1**　）の生産がさかんであるが、労働力の確保という課題を抱えていた。そこで、ドローンで（　**1**　）の生育状況を確認したり、畑に設置した機器で土の温度や雨量などのデータを収集して栽培《さいばい》にいかしたりするという取り組みをはじめた。

また、コンビニエンスストアでは販《はん》売されたと同時に補充《じゅう》を行う（　**2**　）システムによって、品切れすることなく商品を店頭に並べることができる。このように、情報通信技術は私たちの生活に欠かせないものになっている。

ア　（　**1**　）ピーマン　（　**2**　）POS
イ　（　**1**　）ピーマン　（　**2**　）GIS
ウ　（　**1**　）レタス　（　**2**　）POS
エ　（　**1**　）レタス　（　**2**　）GIS

2　次の問１～５の各文または史料に関して、年代の古いものから順番に正しくならべたときの組み合わせを、次のア～カより１つずつ選び、記号で答えなさい。（同じ記号を何度使ってもよい）

ア　①－②－③	イ　①－③－②	ウ　②－①－③
エ　②－③－①	オ　③－①－②	カ　③－②－①

問１

①

隋の煬帝《ようだい》の大業３年、倭の王多利思比孤《たりしひこ》が隋に使いをよこした。・・・
「日が出《い》づる処《ところ》の天子が、日が沈む処《ところ》の天子に手紙をさしあげます。おかわりありませんか。」などと書いてあった。

②

楽浪郡《らくろうぐん》（朝鮮《ちょうせん》半島）の海の向こうに倭人《わじん》あり。百余国に分かれる。定期的に漢に朝貢（貢物《みつぎもの》を持って挨拶《あいさつ》に行く）。

③

かつて倭《わ》には百余りの国があったが、今は三十ほどにまとまっている。・・・
邪馬台国《やまたいこく》は、もとは男子が王だったが、国内が乱れ戦いが続いたため、人々は相談して、ある女性を王にした。その名を、卑弥呼《ひみこ》という。

問２

①

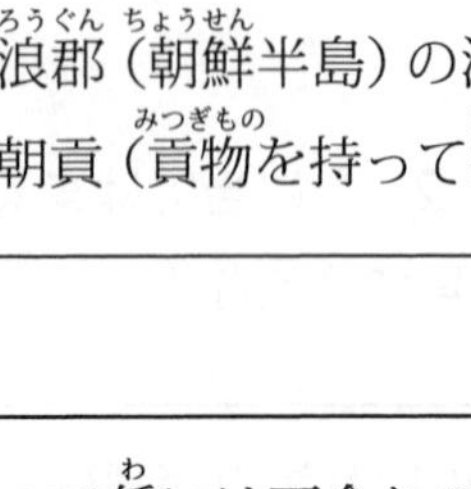

②

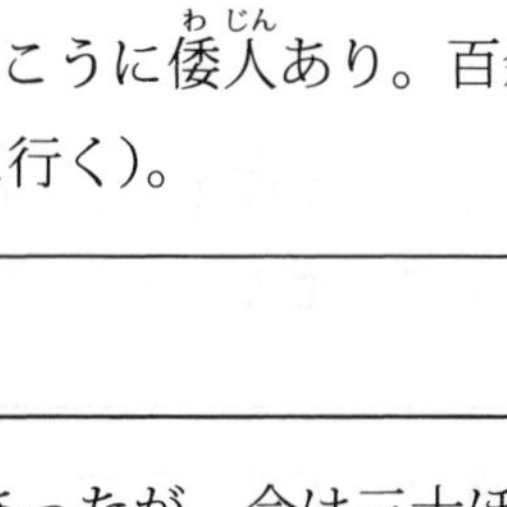

③

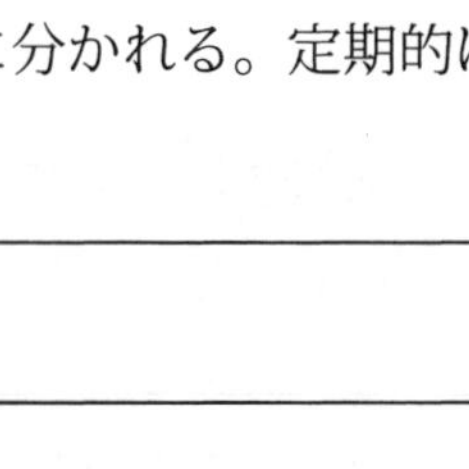

（『山川＆二宮ICTライブラリ』より）

問3

①

第二条　下田《しもだ》・箱館《はこだて》の両港は、アメリカ船が薪《まき》・水・石炭などの不足している品を日本で調達する場合にかぎり、来航することを認《みと》める。

②

一、広く会議を開き、何事も人々の話し合いによって決めること。

一、身分の上の者も下の者もみな心を一つにし、国を治め整えること。

一、貴族《きぞく》も武士《ぶし》も一つになり庶民《しょみん》にいたるまで、それぞれの志《こころざし》をかなえられるようにし、人々が自分の生活に嫌気《いやけ》が差すことのないようにすること。

一、古くからの悪い習慣《しゅうかん》を捨《す》て、世界共通の決まりにしたがうこと。

一、知識《ちしき》を外国から積極的に取り入れ、天皇《てんのう》を中心とする国の基礎《きそ》をおおいにふるい起こすこと。

③

第一条　清《しん》は、朝鮮《ちょうせん》が完全な独立国《どくりつこく》であることを認める。

第二条　清は、次の土地を支配《しはい》する権利《けんり》を日本にあたえる。

一、遼東《りょうとう》半島　二、台湾《たいわん》　三、澎湖諸島《ほうこしょとう》

第四条　清は、賠償金《ばいしょうきん》として二億両《テール》を日本に支払うことを約束する。

問4

①

②

③

(『山川＆二宮ICTライブラリ』より)

問５

①

一、　われわれアメリカ合衆国大統領《がっしゅうこくだいとうりょう》、中華民国《ちゅうかみんこく》主席、グレートブリテン国（イギリス）総理《そうり》大臣は、日本に対し戦争を終結する機会をあたえることにした。

七、　日本の戦争能力《のうりょく》がなくなったことを見届《みとど》けるまで、連合国が日本を占領《せんりょう》する。

十三、　連合国は、日本の無条件降伏《むじょうけんこうふく》を求める。

②

第一条　サンフランシスコ平和条約《じょうやく》およびこの条約の効力《こうりょく》発生と同時に、アメリカ合衆国《がっしゅうこく》の陸軍、空軍および海軍を、日本国内およびその付近に配置する権利を、日本国は許可《きょか》し、アメリカ合衆国はこれを受け入れる。

③

第一条　天皇は日本国の象徴《しょうちょう》であり日本国統合の象徴であって、この地位は、主権の存する日本国民の総意に基づく。

第十四条　すべて国民は、法の下に平等であって、人種、信条、性別、社会的身分又は門地により、政治的、経済的又は社会的関係において、差別されない。

３　次の問１～５について、その正誤の組み合わせとして正しいものを、次のア～エの中より１つずつ選び、記号で答えなさい。（同じ記号を何度使ってもよい）

ア　①＝正　②＝正　　　**イ**　①＝正　②＝誤
ウ　①＝誤　②＝正　　　**エ**　①＝誤　②＝誤

問１　①　享保の改革では、収穫《しゅうかく》高に応じて納めていた年貢《ねんぐ》を、豊作・凶作に関係なく同じ分量で課すことにした。

②　享保の改革では、杉田玄白《すぎたげんぱく》や前野良沢《まえのりょうたく》にオランダ語を学ばせ、『解体新書』を翻訳《ほんやく》させた。

問２　①　寛政の改革では、目安箱を設置して、庶民《しょみん》の意見を将軍が直接聞けるようにした。

②　寛政の改革では、飢《き》きんに備えて大名に米を蓄《たくわ》えさせた。

問３　①　新紙幣の五千円札に描かれる津田梅子は、女子英学塾《じゅく》を創立し、女子教育に力をつくした。

②　新紙幣の一万円札に描かれる渋沢栄一は、慶應義塾を創立した。

問４　①　太平洋戦争期の日本では、「欲しがりません勝つまでは」などの標語が町にはられ、暮らしは厳しく制限された。

②　太平洋戦争期の日本では、国民学校と呼ばれた当時の小学校で、軍事訓練が行われた。

問５　①　第一次石油危機《せきゆきき》（オイルショック）のあと、日本は高度経済成長期をむかえた。

②　第一次石油危機（オイルショック）のあと、世界恐慌が起こった。

4　次の文章を読んで、あとの各問いに答えなさい。

　2023年５月19日から21日に①Ｇ７サミットが日本で開催《かいさい》された。日本が②サミットの議長国となるのは、今回で７回目となる。③1975年にフランスで最初のサミットが開催された時は、世界で第一次石油危機などが起こっており、経済、貿易、エネルギーについて主要国のリーダーが集まって話し合う必要があった。そこから国際社会は、ますます人や物や情報などが、④国境を越えて結びつきが強くなってきている。今日国際社会は、コロナ禍《か》に見舞《ま》われ、また、国際秩序《ちつじょ》の根幹を揺《ゆ》るがす⑤ロシアによるウクライナ侵略《しんりゃく》に直面し、歴史的な転換《かん》点にある。こういった問題はＧ７の国々のみならず、さまざまな国、地域が一体となって解決していかなければならない。そこで今回のサミットではＧ７、⑥EUに加えて８ヵ国や⑦国際連合など７つの国際機関のリーダーが招待され、⑧平和への決意を確認し合う機会となった。開催地を戦争被爆《ひばく》地である広島にすることによって、原子爆弾《ばくだん》の被害について理解をしてもらった上で、初めて⑨核《かく》軍縮を主なテーマとした文書で、「核兵器のない世界」を実現する決意を表明した。

問１　下線部①について、Ｇ７サミットとは「先進７ヵ国首脳会議」のことです。Ｇ７諸国のリーダーが集まって、国際社会の大切な議題について話し合う国際会議です。この７ヵ国のメンバーとして**誤っているもの**を下の**ア～エ**より１つ選び、記号で答えなさい。

ア　イギリス　　**イ**　カナダ　　**ウ**　中国　　**エ**　イタリア

問２　下線部②について、今回のサミットの「議長」として正しいものを**ア～エ**より１つ選び、記号で答えなさい。

ア　天皇　　**イ**　外務大臣　　**ウ**　衆議院議長　　**エ**　内閣総理大臣

問３　下線部③の1975年の日本では、第二次ベビーブームが起こっていました。下の表は年別の人口に関するデータをまとめたものです。表中の**ア～エ**には、1950年、1965年、1975年、1985年のどれかが入ります。そのうち1975年はどれか１つ選び、記号で答えなさい。

年	出生数（1000人）	合計特殊《とくしゅ》出生率（人）※	65歳《さい》以上人口割合（%）
ア	1,432	1.76	10.3
イ	1,901	1.91	7.9
ウ	1,824	2.14	6.3
エ	2,338	3.65	4.9

（総務省統計局ホームページより作成）
※合計特殊出生率…15歳から49歳までの女性の年齢別出生率を合計したもの

問４　下線部④に関連して、国境を越えた地球規模での結びつきが強くなってきた国際社会では、貧困や飢《き》きんなどから、働きがいや経済成長、気候変動にいたるまで共に考えなければならない課題が多くあります。2015年９月に開かれた国連サミットにおいて決められた、「持続可能で多様性と包括《ほうかつ》性のある社会の実現」を目指し、2030年を達成期限として定められた目標のことを、**アルファベット４文字**で答えなさい。

問５　下線部⑤に関連して、ロシアのウクライナ侵略《しんりゃく》のきっかけともなった、ウクライナのNATO（北大西洋条約機構）加盟は戦争が続いている間は不可能とされています。その要因の１つに、次の北大西洋条約第５条に定められた内容があります。下記の【　　　　　】に当てはまる語句を答えなさい。

１つの加盟国に対する攻撃《こうげき》はNATO全体への攻撃とみなし集団的【　　　　　】を行使し、その攻撃に対処する。

問６　下線部⑥について、下のグラフを参考にして、EU（ヨーロッパ連合）の状況について正しく述べているものを**ア～エ**より１つ選び、記号で答えなさい。

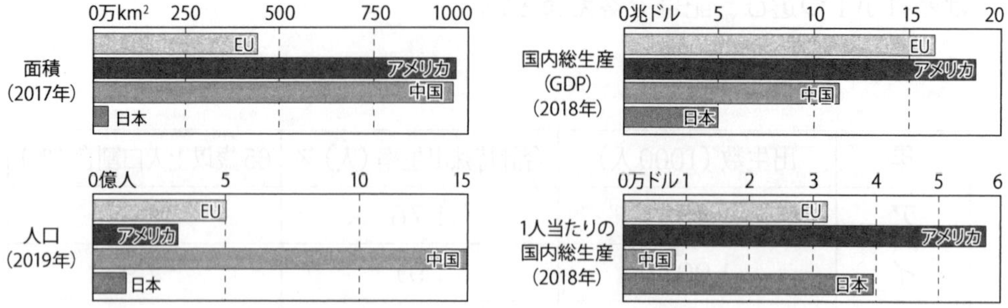

ア　EU加盟国は面積（2017年）も人口（2019年）もアメリカよりも下回っている。

イ　EUから2020年ドイツが離脱《りだつ》し、GDPがアメリカよりも下回った。

ウ　EU全体のGDP（2018年）は日本を上回っているが、１人当たりのGDP（2018年）は日本よりも下回っている。

エ　EU加盟国全体の面積（2017年）・人口（2019年）・GDP（2018年）ともに中国よりも下回っている。

問７　下線部⑦について、2022年６月に、日本は国際連合のある機関の非常任理事国10ヵ国（任期２年）に選出されました。そのある機関とは何か答えなさい。また、その機関の説明として正しいものを、**ア～エ**より１つ選び、記号で答えなさい。

ア　国際社会の平和と安全の維《い》持にあたる。

イ　労働者の生活、労働条件の改善にあたる。

ウ　飢《き》がと貧困のぼくめつ、食糧《しょくりょう》支援にあたる。

エ　世界の子どもたちが直面している問題にとりくむ。

問８　下線部⑧に関連して、次の日本国憲法の第九条にある内容は、日本の「平和への決意」ともいえる。空欄《らん》**Ｘ～Ｚ**に当てはまる語句の組み合わせとして正しいものを**ア～エ**より１つ選び、記号で答えなさい。

> 「日本国民は、正義と秩序《ちつじょ》を基調《きちょう》とする国際平和を誠実に希求《ききゅう》し、(Ｘ)と、武力による威嚇《いかく》又は武力の行使は、国際紛争を解決する手段としては、(Ｙ)」
> 「前項の目的を達するため、陸海空軍その他の戦力は、これを保持しない。(Ｚ)はこれを認めない。」

ア　Ｘ　国権の発動たる戦争　Ｙ　永久にこれを阻止《そし》する　Ｚ　軍事権
イ　Ｘ　政府の発動たる戦争　Ｙ　永久にこれを阻止する　Ｚ　交戦権
ウ　Ｘ　政府の発動たる戦争　Ｙ　永久にこれを放棄《ほうき》する　Ｚ　軍事権
エ　Ｘ　国権の発動たる戦争　Ｙ　永久にこれを放棄する　Ｚ　交戦権

問９　下線部⑨に関連して、各国の核《かく》軍縮の取り組みについて正しく述べているものを**ア～エ**より１つ選び、記号で答えなさい。

ア　アメリカは全ての核実験を禁止する条約に参加している。
イ　日本は全ての核兵器の使用などを禁じた、核兵器禁止条約に参加していない。
ウ　アメリカ、ロシア、中国の３ヵ国で核兵器を減らす条約を結んでいる。
エ　国連の常任理事国５ヵ国のうち、イギリスとフランスは核兵器を保有していない。

【理　科】〈第１回スーパー特進入試〉（25分）〈満点：50点〉

1　次の文章を読んで、各問いに答えなさい。

サクラさんはいろいろな運動のようすについて、調べてみることにしました。

まず、**図１**のように、十分に広く水平な床の上で転がるボールの速さと時間の関係について調べました。測定を始めた時間を０秒として、１秒ごとの速さを**表１－１**にまとめました。サクラさんといっしょに実験をしていたアオバさんは、ボールが進んだきょりについても調べました。その結果を**表１－２**にまとめました。実験をした場所では、風がなく、ボールにはたらく空気抵抗《ていこう》や摩擦《まさつ》は考えなくてよいものとします。

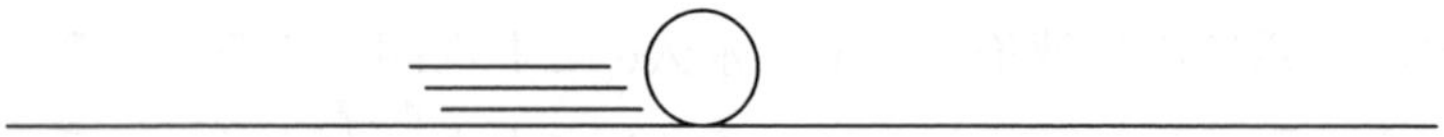

図１　水平な床の上で転がるボール

表１－１　ボールの速さと時間の関係

時間［秒］	0	1	2	3	4	5
速さ［m/秒］	2	2	2	2	2	2

表１－２　ボールの進んだきょりと時間の関係

時間［秒］	0	1	2	3	4	5
進んだきょり［m］	0	2	4	6	8	10

問１　**表１－１**からわかることについて、次の**ア～ウ**の中から適切なものを１つ選び、記号で答えなさい。

ア　測定を始めてから10秒後には、ボールは止まってしまう。
イ　測定を始めてから５秒間、ボールが１秒あたりに進んだきょりはだんだん大きくなった。
ウ　測定を始めてから５秒間、ボールは同じ速さで運動していた。

問２　測定を始めて、１秒後から３秒後までの２秒間にボールが進んだきょりは何mですか。

続いて、**図2**のように、十分に広く平らな坂で転がるボールの速さと時間の関係について調べました。測定を始めた時間を0秒として、0秒から1秒ごとの速さを**表2－1**にまとめました。また、アオバさんは、ボールが進んだきょりについても調べました。その結果を**表2－2**にまとめました。実験をした場所では、風がなく、ボールにはたらく空気抵抗《ていこう》や摩擦《まさつ》は考えなくてよいものとします。

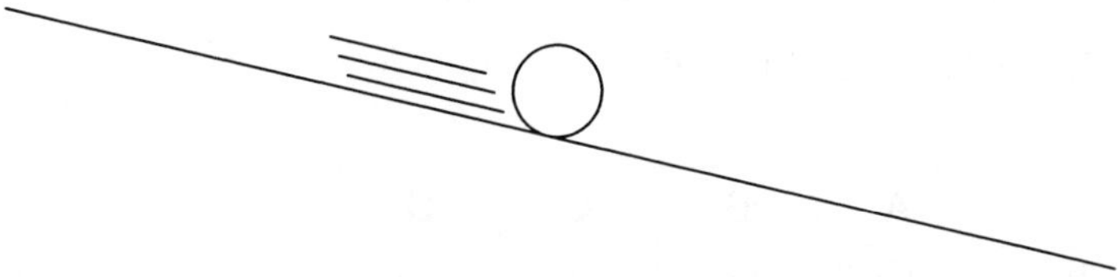

図2　平らな坂で転がるボール

表2－1　ボールの速さと時間の関係

時間［秒］	0	1	2	3	4	5
速さ［m/秒］	2	5	①	11	14	②

表2－2　ボールの進んだきょりと時間の関係

時間［秒］	0	1	2	3	4	5
進んだきょり［m］	0	3.5	10	19.5	32	③

問3　**表2－1**の①と②に入る数値を答えなさい。

問4　測定を始めてから、10秒後のボールの速さを答えなさい。

問5　**表2－2**からわかることについて、次の**ア～ウ**の中から適切なものを1つ選び、記号で答えなさい。

ア　測定を始めてから10秒後には、ボールは止まってしまう。
イ　測定を始めてから4秒間、ボールが1秒あたりに進んだきょりはだんだん大きくなった。
ウ　測定を始めてから4秒間、ボールは同じ速さで運動していた。

問6　**表2－2**の③に入る数値を答えなさい。

2 **アオバ君は同じこさの塩酸と水酸化《すいさんか》ナトリウム水よう液をまぜると温かくなることに気づき、その量を変えて温度をはかる実験をしました。**

［実　験］

同じ形の容器A～Gに水酸化《すいさんか》ナトリウム水よう液を30cm^{3}ずつ入れておき、これに塩酸を10cm^{3}ずつ増やして加えてみたら下の表のようになりました。まぜる液はどちらも20℃で、同じこさとします。

	A	B	C	D	E	F	G
加えた塩酸（cm^3）	10	20	30	40	50	60	70
まぜた後の温度（℃）	23.9	26.2	27.8	26.7	25.8	25.2	24.6

問１　加えたうすい塩酸の量と上がった温度の関係を解答用紙のグラフに合うように書きなさい。

問２　Dでできた液は何性ですか。次の**ア～ウ**の中から適切なものを１つ選び、記号で答えなさい。

ア　酸　性　　　**イ**　中　性　　　**ウ**　アルカリ性

問３　Eでできた液を中性にするには、{ ①水酸化《すいさんか》ナトリウム水よう液　②塩酸 } を何cm^{3}加えればよいか答えなさい。ただし、{　　} 内は適切なものを１つ選び、番号で答えなさい。

問４　Gでできた液を中性にするためには、この実験で使ったもの以外にどんなものを加えればよいか、１つ答えなさい。

問５　Bでできた液とDでできた液をまぜると、液の温度はどうなるか、次の**ア～ウ**の中から適切なものを１つ選び、記号で答えなさい。また、その理由も答えなさい。

ア　液の温度は変わらない。　　**イ**　液の温度は上がる。

ウ　液の温度は下がる。

3　**私たちの心臓を正面から見ると、下図のような形をしています。次の問いに答えなさい。**

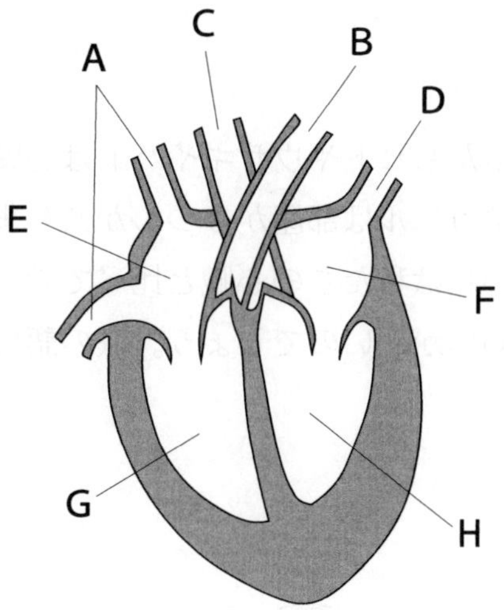

問１　下のように、心臓に血液が流れる順番に並べた時に（　**4**　）と（　**7**　）に当てはまる記号を上の**A～H**の中からそれぞれ１つ答えなさい。

全　身　→　（　**1**　）→（　**2**　）→（　**3**　）→（　**4**　）→ 肺
→　（　**5**　）→（　**6**　）→（　**7**　）→（　**8**　）→ 全身

問２　上の図の**C**と**D**と**E**の名称《めいしょう》を答えなさい。

問３　上の図の**G**と**H**の部屋の壁《かべ》の厚さを比べると**H**の方が厚いことがわかります。なぜ**H**の方が厚いのでしょう。理由を説明しなさい。

問４　全身を回ってきた血液が肺に入るまでの血液を静脈血《じょうみゃくけつ》、肺から出てきて全身を回る前の血液を動脈血といいます。

（１）　動脈血の特ちょうを「酸素《さんそ》」と「二酸化炭素《にさんかたんそ》」という言葉を使って説明しなさい。

（２）　下図のように、私たちヒトやウサギやハトは心臓の部屋が計４つありますが、トカゲやカエルは部屋が３つしかありません。このため、トカゲやカエルの心臓は私たちの心臓と比べて効率が悪いといえます。どのような点で効率が悪いのでしょう。次の語句を全て使って説明しなさい。

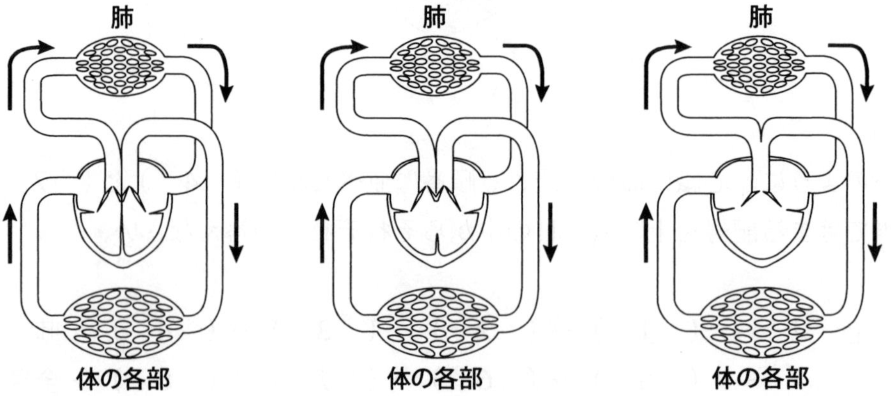

ヒト
ウサギ
ハト

トカゲ

カエル

語句　《　動脈血　　酸素《さんそ》　　全身　　静脈血《じょうみゃくけつ》　》

4 **地球を構成している代表的な岩石と金属である、カコウ岩、ハンレイ岩、カンラン岩と鉄の密度（体積１cm^{3}当たりの質量（g））について調べる実験を行いました。その結果を検討して、私たちの地球の成り立ちについて考えました。以下の問いに答えなさい。**

【１．準備するもの】

カコウ岩、ハンレイ岩、カンラン岩の試料（ビーカーに入る大きさ３～５cmくらいのもの）、鉄の試料（体積が22.5cm^3）、ビーカー（500mL）、電子てんびん、細い糸

【２．実験方法：岩石試料と鉄の試料について①から③を行う。】

① 電子てんびんで試料の質量を量る。

② ビーカーに水を入れて、このビーカーを電子てんびんにのせる。水の量は、ビーカー内に岩石や鉄の試料をいれたときに試料が完全にしずむ量とする。このときに表示される質量を０（g）にリセットする。

③ 試料を細い糸でしばってつるし、②のビーカーに試料全体が水にひたり、かつビーカーの底や側面にふれないようにしずめる。このときの電子てんびんに表示された質量（g）を記録する。

【３．結果：実験結果は、表のようになった。】

表

	岩石や鉄の試料の質量（g）	実験方法③で表示された質量（g）
カコウ岩	210.7	78.0
ハンレイ岩	168.8	56.3
カンラン岩	184.0	55.8
鉄	（ A ）	22.5

22.5cm^{3}の体積をもつ鉄の試料を用いた実験結果から、実験方法③で表示された質量（g）は、水にしずめた試料にはたらく［ 1 ］の大きさと等しいと考えてよいことがわかる。このことを用いて、それぞれの岩石試料の密度（体積１cm^{3}当たりの質量（g））を求めると、カコウ岩は［ 2 ］（g/cm^3）、ハンレイ岩は、［ 3 ］（g/cm^3）、カンラン岩は3.3（g/cm^3）となる。また、鉄の密度は、7.9（g/cm^3）である。

【4．考察】

地球は外側から、地殻《ちかく》、マントル、核《かく》に分かれている。大陸部分の地殻《ちかく》の上部はカコウ岩、下部はハンレイ岩、マントルの上部はカンラン岩でできていると考えられている。また、中心部の核《かく》は鉄が主成分と考えられていて、中心に向かうにつれて密度が大きな物質でできていることになる。このことは、昔、(a)岩石や鉄をふくむ小天体（微惑星《びわくせい》）が衝突《しょうとつ》・合体して、地球が形成されていく過程の中で中心に密度が大きな鉄が集まりやすい状態になっていたことを示している。

問１　カコウ岩やハンレイ岩は、深成岩と呼ばれる火成岩です。深成岩の特徴《とくちょう》として正しいものを次の**ア～エ**の中から１つ選び、記号で答えなさい。

ア　大きな結晶《けっしょう》である斑晶《はんしょう》を細かな結晶《けっしょう》と火山ガラスからなる石基が取り囲んでいる。

イ　水中に溶岩《ようがん》がおしだされてできる枕状溶岩《まくらじょうようがん》を作る岩石である。

ウ　地下深くで作られる岩石であるが、その後の地殻《ちかく》変動等によって地面近くに露出《ろしゅつ》することもある。

エ　プレートのしずみこみによって火成岩が地下深部に運ばれ、高い圧力を受けて作られた岩石である。

問２　問題文中の［　1　］には、力の種類が入ります。適する語句を答えなさい。

問３　［　2　］、［　3　］に入る数値を、四捨五入して小数第一位まで求めなさい。

問４　鉄の密度が7.9 (g/cm^3) であることを用いて、**表**の（　A　）に入る鉄の試料の質量を求めなさい。計算は四捨五入して小数第一位まで求めなさい。

問５　**下線 (a)** の小天体（微惑星《びわくせい》）が衝突《しょうとつ》・合体して、形成されていく過程の地球は、どのような状態であったと考えられますか。30字程度で簡単に説明しなさい。

問十二　――線部⑩「安っぽいあこがれ」とありますが、どういうことですか。その説明として適当なものを次の中から一つ選び、記号で答えなさい。

ア　地道な努力と苦労を続けていけば必ず一人前の職人になれると確信すること。

イ　金をかけずに節約しながら技術を習得することで職人になれるだろうと軽く考えること。

ウ　世間での人気にのせられて深く考えずに簡単に職人になりたいと考えること。

エ　職人仕事の中で表面的に目立つ華やかな部分の有無に関係なく職人になろうと心ひかれること。

問十三　――線部⑪「石橋をたたいて渡る」と同じ意味になる語を次の中から一つ選び、記号で答えなさい。

ア　豪快　**イ**　慎重《しんちょう》　**ウ**　丁寧　**エ**　集中

問十四　[D]に入る一文を次の中から一つ選び、記号で答えなさい。

ア　父は、勇が成功するのを信じている。

イ　父は、勇が家に帰ってくるのを待っている。

ウ　父は、勇をしかる機会が来るのを待っている。

エ　父は、勇が失敗するのを待っている。

問十五　[E]に入る漢字二字の語を考えて答えなさい。

問十六　あなたが「あこがれ」を持っている職業について百字以内で書きなさい。

※ベール…女性の帽子につける顔をおおうための透《す》き通ったうすい布。
※クイーン・エリザベス号…世界を一周する豪華《ごうか》客船。

問一　〰〰線部a～dのカタカナを漢字に直しなさい。

問二　――線部①「僕は完成品をつくっているわけではありません」とはどういうことですか。その説明として適当なものを次の中から一つ選び、記号で答えなさい。
ア　ジャムやスプレッドを塗っておいしく食べる食パンをつくっているわけではないということ。
イ　何かを塗ったりはさんだりしないでおいしく食べる食パンをつくっているわけではないということ。
ウ　料理の上にのせておいしく食べる食パンをつくっているわけではないということ。
エ　いろいろな具材をはさんでおいしく食べる食パンをつくっているわけではないということ。

問三　――線部②「スタッフを増やして、店を大きくしてはどうかという声もあちこちからかかるが、今は考えていない」とありますが、その理由を述べた二十字以上の一文を文中から探し出し、初めの五字をぬき出しなさい。

問四　[A]に入る語を次の中から一つ選び、記号で答えなさい。
ア　もちもち　イ　さらさら
ウ　ふわふわ　エ　すべすべ

問五　――線部③「彼女の中には、誰も知らないけれど、ステキなものばかりが詰まっている。濃厚なバター、まろやかなミルク、香り高い小麦……」とありますが、考えられる「彼女」の人物像の説明として適当なものを次の中から一つ選び、記号で答えなさい。
ア　誰にも知られないように素敵なものを身に着けているような人物。
イ　香り高い小麦のような高級で上品な食材を好むような人物。
ウ　まろやかなミルクのように周りの人の中に溶《と》けこみ気さくに接するような人物。
エ　濃厚なバターのようにこってりした表情をして会話にこくを出すような人物。

問六　――線部④「取材の記者が帰ると」とありますが、「取材の記者」に答えている部分を文中から探し出し、初めと終わりの五字をそれぞれぬき出しなさい。

問七　――線部⑤「先輩風を吹かされたくはなくて」とありますが、「先輩風を吹かす」を正しく使っている文を次の中から一つ選び、記号で答えなさい。
ア　年上の同僚が先輩風を吹かしてやたらと私に仕事を押しつけてくる。
イ　上級生が先輩風を吹かして下級生の見本となる言動をとっている。
ウ　部長が先輩風を吹かして気軽に他の部員に声をかけている。
エ　兄が先輩風を吹かして苦手な分野の勉強を教えてくれる。

問八　――線部⑥「親戚とは縁が切れている徹子」になってしまった理由を述べた部分を「から」に続くように文中から十一字でぬき出しなさい。

問九　――線部⑦「一[B]一[C]」とありますが、[B]・[C]に入る漢字をそれぞれ答えて、四字熟語を完成させなさい。

問十　――線部⑧「『彼女の乗っている船は……』いつか港を出たきりになる」とはどういうことですか。「こと」に続くように六字以内で答えなさい。

問十一　――線部⑨「顔が広い」と同じ意味になる「顔」ではじまる語句を五字以内で答えなさい。

「川端くんは、このままひとりでパン作りを？　毎日夜遅《おそ》くまでやってるんやろ？　大変やな」

　立ち話のまま、小野寺は店内を見回しながら話を変える。彼に気を遣《つか》われるのは不本意だが、これ以上、やせ細った大叔母の顔を思い浮かべたくはなかったから、問いに答えることにした。

「販売《はんばい》スタッフがいますから、僕はつくるのにｄセンネンできますし」

「パン作りに関してはきびしいらしいやん」

「僕がですか？」

「職人を雇《やと》っても、すぐやめるんやろ？」

　そのとおりだった。こだわりが強く、うまく人にまかせられないため、経験のある相手ほどうまくいかない。かといって、慣れていない職人志望にはイライラさせられる。

　小野寺はどういうわけか⑨顔が広い。地元の情報をどこで聞きつけてくるのだろう。

「川端くんさ、一生懸命《けんめい》になりすぎるんとちゃう？　もっと力を抜《ぬ》いても、変わりなくいいパンがつくれると思うんや」

「ほっといてくださいよ」

　ついぞんざいな口調になってしまうが、小野寺は気にしない。

「うん、これはひとりごと。僕の知り合いで、パン作りを勉強したい女の子がおってな。いい子やで」

　このごろは何かと、職人にスポットが当たることが多く、職業としてあこがれる若者も増えているという。料理人も、シェフだのパティシエなど人気の職業に取りあげられたりもする。

　けれど誰でも、華《はな》やかに見える人ほど、当然ながら努力と苦労を重ねているし、⑩安っぽいあこがれだけでできるわけじゃない。

　勇だってまだ完成しているとは思わない。人を雇って、店を広げたい気持ちももちろんある。百貨店から商品を置かないかと打診《だしん》されながらも、現状ではつくる数を増やせないし、かといって別のパン屋が出店しているのを見るとなんとなくあせる。

「失敗したくないんです。人を増やして、たくさんつくってたくさん売れば、店を大きくできるけど、きっと味が落ちる」

「落ちるとは限らんやろ」

　自信がないのだ。自分は⑪石橋をたたいて渡るタイプだ。地道に進まないと失敗するだろう。調子に乗って失敗したら……、勇はいまだに、父の存在におびえている。

　D　被害妄想《ひがいもうそう》かもしれないが、そんなふうに感じてしまう。

　やっと店を持ったときも、そんな小さな店すぐにつぶれると言ったし、ちょっと人気が出てきたときも、人気なんて一時だけだと決めつけられた。だから自分は、失敗はできないのだ。

「失敗したり後悔《こうかい》したり、人生波瀾万丈《はらんばんじょう》でも、クイーン・エリザベス号に乗って旅ができるんて、うらやましいなあ。徹子さんは無敵や」

　大叔母は、玉の輿《こし》のつもりでかけおちした相手がどん底に落ち、親戚中から嘲笑《ちょうしょう》された。クイーン・エリザベス号も　E　に過ぎない。うらやましいなんてどうかしている。心の中でそうつぶやきながらも、大叔母が無敵なのはわかるような気がした。

　だから、小野寺のこともうらやましい。

　小野寺は自由人だと思う。大叔母と同じ、根っからの自由人、きっと、今したいようにするだけで先のことは考えないし、後悔することもない。

　現実はどうでも、　E　するだけで幸せになれる。

（谷　瑞恵『めぐり逢いサンドイッチ』一部改変）

言っていい年齢《ねんれい》でも、目鼻立ちのくっきりした美人だっただろうとわかる。彼女は大きな目をやさしく細める。

「勇ちゃん、あんたはええ子やなあ。お父さんとお母さん、自慢《じまん》の子やって言ってたもんな」

そうして大叔母は、勇の頭にそっと手を置いた。幼い子供にするみたいだと、頰《ほお》が赤くなるのを感じたが、一瞬《いっしゅん》だけ触《ふ》れた手がやわらかくて A していて、不思議に思うほうに気を取られた。一見、骨っぽくてしなびた手なのに、どうしてあんなにやわらかいのだろう。目には見えない、c ワタのようなもので包まれているのだろうか。ワタよりも、もっとしっとりして、いい匂いがして。まるでパンのようだった。

勇のよく知っている、焼きたてのパンと手の感触《かんしょく》が重なった。③彼女の中には、誰《だれ》も知らないけれど、ステキなものばかりが詰《つ》まっている。濃厚《のうこう》なバター、まろやかなミルク、香り高い小麦……。

「そんな、ええ子やないよ」

「ううん、わたしにはわかるんや」

やがて勇は、両親の反対を押《お》し切って、パン作りの道へ進んだ。大学を勝手にやめたとき、母は泣いた。一人前になるまで家へ帰れなかったし、父はいまだに、まともに口をきいてくれない。

代わりに勇をささえてくれたのは、金銭《きんせん》的にも心理的にも大叔母だった。

④取材の記者が帰ると、入れ替《か》わりにドアをたたく者がいた。小野寺だ。

「もう店は終わってますけど。パンも売り切れました」

「いや、ちょっと話があってな」

「これから仕込《しこ》みなんで」

「すぐすむからさ」

小野寺とは、かれこれ十年のつきあいだ。大叔母の店で顔を合わせたときから、やけになれなれしく接してくるようになった。高校の同窓生で、三つ先輩《せんぱい》だと判明したが、⑤先輩風を吹《ふ》かされたくはなくて、ついそっけなくなってしまう。

「徹子さん、どんな様子?」

入院している大叔母のことを知りたかったようだ。自分で会いに行けばいいのに、と勇は思うけれど、そうすれば大叔母の夢を壊《こわ》すことになるから行かないのだという。

親しい人たちに、※クイーン・エリザベス号に乗ると言って店を閉めた徹子の言葉を、なぜかみんな、全力で信じようとしている。

⑥親戚とは縁が切れている徹子を見舞《みま》うのは、勇だけだ。

「⑦一 B 一 C 。いや、もう悪くなる一方かな」

「そうか」

小野寺は、彼らしくないほど淡々《たんたん》とそう言った。

「お見舞いは僕だけだし、友達に会いたくないかって訊《き》いても、まだ旅を続けたいなんてバカなことを言うだけだし」

徹子自身が、まだクイーン・エリザベス号に乗っているつもりだからやっかいだ。

「僕にも、次に港に着くまで来なくていいなんて言うし」

「ほんなら川端くんは、港に着くたびに会いに行ってる設定やな」

「ときどき、どこまでまともなのか、ちょっとぼけてるのかわからなくなりますよ。ステキな紳士《しんし》に声をかけられたとか、今夜のダンスパーティーに青いドレスを着るんだとか」

「徹子さんらしいわ」

「でも、⑧彼女の乗っている船は……」

いつか港を出たきりになる。言えずに勇は口をつぐんだ。

い。

昔から小さい店を持つのが夢だった。地域の人に親しんでもらえるような、そんなパン屋がいい。

勇がまだ小さかったころ、大叔母はすでに未亡人で、親戚《しんせき》でささやかれる噂《うわさ》は派手だとか奔放《ほんぽう》だとか、かけおちして勘当《かんどう》されたとかよくないことばかりだったが、祖母の葬式《そうしき》で見かけたときは、想像していたよりずっとやさしそうな雰囲気《ふんいき》で意外に思ったものだった。

それに、祖母より十歳《さい》以上若かったはずだが、祖母に似ていて、勇は初対面という気がしなかったのだ。

親戚の集まりというのは、中学生だった勇にとってとにかく窮屈《きゅうくつ》で、黙《だま》って座っていれば学校のことや成績のことやあれこれ詮索《せんさく》される。逃《に》げ出して、ぶらぶらと離《はな》れに行ったところ、縁側《えんがわ》に腰掛《こしか》けていたのが大叔母だった。

引き返すのも妙《みょう》だし、黙って通り過ぎるのも子供っぽい。困った勇に、大叔母のほうから話しかけてきた。

「退屈《たいくつ》になった？　まあ座ったら」

勇は言われたとおり、大叔母から少し距離《きょり》をとりつつ縁側に腰掛けた。

「勇くんやろ？　もう中学生なんや」

これまで、親戚のどんな集まりにも見かけなかった人が、勇の名前を知っているのが意外だった。

「将来は何になるん？」

「まだ考えてへん」

両親はaコウム員で、勇も漠然《ばくぜん》と、同じような仕事につくのだと思っていたが、まだまだ遠い話でしかなかった。

「パン屋さんになりたいんと違うん？　そんで、部活でパンをつくってるんやろ？」

たしかに勇は、小学校のころからパンをつくる子供サークルに参加していたし、今は調理クラブ員だ。その中の、パン・菓子《かし》bハンでパン作りに熱中していた。放課後のおいしそうなパンの匂《にお》いは、隣《となり》にあった小学校のころから知っていたし、窓から見えるクラブの様子はあこがれだった。

野球が好きな父には、ずっと野球部を勧《すす》められていたため、ずいぶん文句を言われたが、今は部活動が楽しくてしかたがない。

「なんで、僕の部活とか知ってるん？」

「部活はさっき小耳にはさんだの。パン屋さんになりたいっていうのは、おねえさんから。あんたのおばあさんが、そんな話をしてた」

祖母は、家を出たというこの大叔母と、ときどき会っていたのだろうか。縁を切ったと噂には聞いていたから意外だった。

「おねえさんはなあ、わたしを身内の恥《はじ》やと思ってたけど、いつも気にはかけてくれてたんよ。うちの旦那《だんな》さんに会《お》うてくれたんは、おねえさんだけ。そやから、身内に会うのはいややったけど、おねえさんだけにはお別れ言いとうてな」

※ベールのついた黒い帽子《ぼうし》が表情を隠《かく》していたが、大叔母の全身が姉の死を悼《いた》んでいた。

「旦那さん、イタリア料理のシェフでね。腕《うで》、よかったんやけど、店大きくしようとして、友達にだまされて、失敗してしもた。それで元気なくして病気になって……。もう、食欲もないし味もよくわからへんってときに、わたし、がんばってローストチキンをつくったんや。旦那さんがつくるローストチキンが、いちばん好きで、二人でよく食べたから、教えてもらったレシピ通りにね。旦那さん、出来映えをほめてくれたけど、もう一口も食べられへんかってん」

「……食べんかて、おいしいのはわかってたんちゃう？」

大叔母は、勇のほうに顔を向けた。ベール越しでも、おばあさんと

「もう一方の立場」に関係するものにはB、AともBともいえないものにはCを答えなさい。

ア　過去の音楽様式から現在の音楽様式までに至るいくつもの時代の音楽様式は、現在の音楽様式までの過程上にある途中の段階のものである。

イ　音楽史においては、「できあがりのかたち」とは、現在の私たちがなじんでいる音楽様式のことである。

ウ　過去の各時代の音楽とその文化は、それ自体として価値をもち、それ自体が理解されるべきものである。

エ　過去の時代のそれぞれにある音楽と文化の一つ一つはそれ自体の価値を持った独自の存在であり、途中の段階ではない。

オ　私たちが聴き慣れている音楽の起源をたずねて、過去の音楽の中に現在の音楽の萌芽や部分的なかけらを探しだそうとする。

問六　――線部⑥「過去の音楽を演奏する」ことに必要なものを、文中から二字・二十字でそれぞれぬき出しなさい。

問七　――線部⑦「自明」の意味として適当なものを次の中から一つ選び、記号で答えなさい。

ア　簡単に説明することができること。

イ　自分の力でしっかりと理解できること。

ウ　自然とわかるようになっていくこと。

エ　説明がなくてもわかりきっていること。

問八　[A]に入る否定の意味を持つ漢字一字を次の中から一つ選び、記号で答えなさい。

ア　非　イ　不　ウ　未　エ　無

問九　[B]に入る語を次の中から一つ選び、記号で答えなさい。

ア　記憶　イ　虚無《きょむ》　ウ　忘却《ぼうきゃく》　エ　消失

問十　[C]に入る接続語を次の中から一つ選び、記号で答えなさい。

ア　しかも　イ　しかし

ウ　だから　エ　そして

問十一　――線部⑧「大きな障害」とはどういうことですか。次の説明文の（　）Ⅰ・Ⅱに入る適当な語句を指示された字数でそれぞれ文中からぬき出しなさい。

Ⅰ（五字）が時がたってⅡ（二字）られること。

二　次の文章を読んで、後の問いに答えなさい。

登場人物

川端《かわばた》　勇《いさむ》　パン職人。

徹子《てつこ》　勇の大叔母《おおおば》。以前タバコ屋を開いていた。

小野寺《おのでら》　勇の知人。徹子の店にも出入りしていた。

パンがおいしいことは、よい食事の基本だと思っています。レストランでもご家庭でも、パンで満足度は大きく変わるはず。朝のベーコンエッグを、楽しみな御馳走《ごちそう》にできるかどうか、パンにかかっていると思いませんか？　だから僕《ぼく》は食パンにこだわっています。食パンは、ジャムやスプレッドを塗《ぬ》ったり、料理をのせたりはさんだり、そのまま食べるというよりは何かと組み合わせるパンですから、①僕は完成品をつくっているわけではありません。そこが楽しいというか、やりがいを感じますね。様々な食卓《しょくたく》に受け入れられて、存在感を持てるようなパン作りを心がけています。

肥後橋《ひごばし》にある川端勇のベーカリーは、このところメディアに取りあげられることも多い人気店だ。しかし勇は、人気に振《ふ》り回されることなく、丁寧《ていねい》なパン作りを続けている。②スタッフを増やして、店を大きくしてはどうかという声もあちこちからかかるが、今は考えていなて変化します。前の時代の音楽の「演奏の伝統」は、しばらくの間は音楽家たちの記憶《きおく》の中に留《とど》まるでしょうが、徐々《じょじょ》にその記憶も薄まって、やがて忘れられていきます。

例えば、現代の音楽家たちは、一九世紀後期（ヴァーグナー、ブラームスといった作曲家たちが生きていた時代）の「演奏の伝統」を、漠然《ばくぜん》とではあっても伝え知っています。しかし、一八世紀前期（バッハが活動していた時代）の「演奏の伝統」については、もはや遠い過去の深い霧《きり》の中にあって、現代からは見通せません。ましてや、それ以前の時代の「演奏の伝統」は、すでに　B　の彼方《かなた》です。二、三百年もたてばすべて失われてしまうのです。

このことは、私たちが過去の音楽を知ろうとするときに、非常に⑧大きな障害として目の前に立ちはだかります。楽譜が残っていたとしても、「演奏の伝統」が途絶《とだ》えてしまえば音楽は再現できないのですから、それが本当のところどのような音楽であったのかは、結局よくわからないのです。

　C　、楽譜がかなり精密に書かれるようになったのは、せいぜいこの二〇〇年間ほどのことでしかありません。それ以前の時代の音楽実践《じっせん》は、多くを「演奏の慣習」に依存《いぞん》していて、古く一〇世紀ごろの昔にまでさかのぼれば、楽譜というものはあっても、そこで楽譜が果たしていた役割は、現在とはとても比較《ひかく》にならないほど小さなものでしかありませんでした。当時の楽譜は簡素なもので、そこには、あまり多くの情報は書かれていません。さらに、楽譜に記すことなく、もっぱら「演奏の慣習」だけに基づいて行われていた音楽も少なくありません。その場合には、楽譜という記録さえもないのです。

このような大きな障害をなんとか乗り越《こ》えて、過去の音楽のようすを明らかにすることが、音楽史学の研究者たちのひとつの大きな目標です。一九世紀の後期にその学問が確立して以来、研究者たちは、古文書館の奥《おく》に人目に触《ふ》れずにうもれていた過去のさまざまな時代の楽譜を掘《ほ》りおこし、それとともに、当時の音楽理論書、楽器や歌の練習の手引きとして書かれた教則本、残存している当時の楽器、文学作品などでの音楽についての記述、絵画に描かれた演奏のようすをはじめとするさまざまな史料が示している根拠《こんきょ》に基づいて、当時の「演奏の伝統」の推定を進め、それによって、過去のいろいろな時代の音楽の姿をかなりの程度まで明らかにしてきました。そのおかげで、遠い過去の音楽も、現代の音楽家たちの演奏で聴けるようになり、そして、こうして音楽の「歴史」の物語を描くこともできるのです。

（近藤　譲『ものがたり西洋音楽史』一部改変）

※中世の単旋聖歌（いわゆる、グレゴリオ聖歌）…九世紀から十世紀にかけてヨーロッパの教会で歌われた賛美歌。現代の五線譜や音符ではなく記号を使って書かれていた。

問一　〜〜線部ａ〜ｃのカタカナを漢字に直しなさい。

問二　――線部①「客観的」の対義語を答えなさい。

問三　――線部②「普遍的」の類義語を文中からぬき出しなさい。

問四　――線部③「異質な音楽」と同じ内容を述べた部分を文中から十三字でぬき出しなさい。

問五　――線部④「前者の立場」、――線部⑤「もう一方の立場」とありますが、

１　その内容を述べた次の説明文の（　）に入る適当な語句を、指示された字数で文中からぬき出しなさい。

「前者の立場」とは、音楽史において過去の音楽様式から現在の音楽様式に至るまでの Ⅰ（ **四字** ）を重視する立場で、「もう一方の立場」とは、各時代に存在する音楽様式それぞれの Ⅱ（ **三字** ）を重視する立場である。

２　次の**ア**〜**オ**について、「前者の立場」に関係するものには**Ａ**、

ぞれの時代にそれぞれの音楽と文化があります。それらの間には、当然、さまざまなかかわりや共通性があるのですが、一つ一つはそれ自体の価値をもった独自の存在であって、けっして「途中の段階」ではない。

こうした見方に基づいた「音楽史」の物語は、いくつもの独立した音楽様式の鎖《くさり》のような連《つら》なりとして描かれることになります。

私たちが聴きなれている音楽の起源をたずねて、過去の音楽の中に現在の音楽の萌芽《ほうが》や部分的なかけらを探しだそうとするのではなく、各時代の音楽と音楽文化をできるかぎりそれ自体としてとらえ、理解すること。そうすることによって、西洋音楽というひとつの音楽伝統が、いくつもの「異質な音楽」から成り立っていることがはっきりと意識されるでしょうし、西洋音楽文化の豊かな多様性とそれがもっているさまざまな価値が見えてくるでしょう。

ところで、異国の音楽を聴くためにはその土地へ行って演奏を聴けばよいのでしょうが、過去の時代の音楽を聴くにはどうすればよいのでしょうか?

こんな質問をするのは、ばかげていると思われるかもしれません。なぜなら、現代の私たちの生活には、あらゆる種類の音楽の録音があふれていて、その気になりさえすれば、世界中のどの地域の音楽も、過去のどのような時代の音楽も、簡単に聴くことができるからです。異境の音楽を聴くためにわざわざ旅に出る必要はなく、それと同じように、タイムトラベルなどしなくても過去の時代の音楽を聴くことができます。

しかし、遠い土地の音楽の場合と、過去の時代の音楽の場合には、大きく異なる事情もあります。遠い土地には実際に行って録音することができますが、タイムトラベルは現在のテクノロジーでは不可能なのですから、実際に過去に行って録音をしてくることなどできません。いま私たちが聴くことのできる「過去の時代の音楽」は、当然、現代の演奏家の演奏によるもので、過去のその時代の音楽家の演奏ではありません。では、現代の演奏家は、どのようにして⑥過去の音楽を演奏することができるのでしょうか? この質問もまたばかげているかもしれません。あらためて問うまでもなく、答えは⑦自明であるように思えるからです。つまり、過去の音楽は、楽譜《がくふ》に記録されているので、現代の演奏家は楽譜からその音楽を再現できるということです。

しかし、実のところ、楽譜には、音楽の丸ごとすべてが記録されているわけではないのです。音楽は、音符《おんぷ》や文字といった記号に変換《へんかん》して表すことが非常に難しい要素をたくさん含《ふく》んでいます。そのために、たとえどれほど精密に楽譜を書いたとしても、楽譜だけによってそれらの要素を表し伝えることはできません。その意味で、楽譜は、Ａ完全な記録媒体《ばいたい》でしかなく、楽譜さえあればそこから音楽が再現できるというわけではないのです。

そうした楽譜の「Ａ完全さ」を補っているのが、「演奏の慣習」あるいは、「演奏の伝統」といわれるものです。「演奏の慣習」とは、いわば、音楽家たちの間で共有されている「演奏に関する常識」です。その「常識」は、楽譜の読み方、楽譜には書かれていない微妙《びみょう》な音楽的ニュアンスのつけ方、歌い方や楽器の弾《ひ》き方をはじめとして、おおよそ「音楽の演奏」に関するあらゆる種類の情報を含んでいます。それらの情報のほとんどは、文字や記号で書き記すことが難しいもので、cシから弟子《でし》へと、演奏のレッスンという場での伝授(教育)を通して、「演奏の伝統」として伝えられていきます。そして、音楽家たちは、楽譜と「演奏の伝統」が伝える情報によって、過去の時代の音楽も演奏することができるのです。

「演奏の伝統」は、しかし、永続的でも、不変でもありません。時代が移って、音楽様式が変われば、当然演奏のしかたもそれにともなっうに単に「異質な音楽」としてしまうのは、bランボウすぎるかもしれません。つまり、中世の単旋聖歌は、西洋音楽の起源（あるいは、初期の一段階）なのであって、現在の私たちが聴きなれている西洋音楽は、この起源から発して一連のさまざまな変化をたどった結果としてあるのですから、そこには、いわば、河の源流と下流のような、ひと続きのつながりがあります。

　西洋の古代から現代までの各時代には（他の文明の場合でもそうなのですが）、それぞれに異なる音楽様式（音楽の姿）が形成されてきました。各時代の音楽様式は、前後の時代の様式と、あるいは、時を隔《へだ》てた他の時代の様式とも強いかかわりをもっていて、そうしたかかわりが「西洋の音楽文化」の過去から現在までの連続性とまとまりを作り出しています。中世の単旋聖歌とベートーヴェンの交響曲《こうきょうきょく》は、どちらも、そうしたひとつの同じまとまり（「西洋の音楽伝統」）の上にあるのです。

　とはいえ、この西洋の音楽伝統がこれまでに経てきたいくつもの時代の音楽様式は、一つ一つが、時代ごとに異なる音楽観、価値観、美意識、聴き方、社会的・文化的状況などを映した、きわだった独自性を具《そな》えています。各時代に、他の時代とは異なった、その時代の音楽の様式と文化があるのです。

　各時代の音楽は、たがいに独立していると同時につながってもいる。

　このことは、「音楽史」という物語を描こうとするときに、二つの異なった姿勢が可能であることを示しています。ひとつは、つながりを大切にして、源流から現在の私たちになじみの音楽様式に向かってくるひと続きの流れとして見ること。そしてもうひとつは、各時代の音楽様式の独自性を尊重して、たがいに異なる独立したいくつもの音楽様式の交替《こうたい》として見ることです。

　④前者の立場をとれば、「音楽史」は、現在の音楽様式がその源流からどのように成立してきたか、その「過程」を述べる物語になります。音楽にかぎらず一般的にどのようなものごとに関してもいえることなのですが、何かができてくる「過程」を見るときは、つねに、「できあがりのかたち」（最終的なかたち）が頭の中にあり、そこからさかのぼって、それがどのような起源からどのような諸段階を経て、どのようにできてきたのかを観察することになります。「音楽史」の場合、「できあがりのかたち」とは、現在の私たちがなじんでいる音楽様式です（これから何十年かたてばそれはまた変化してしまうでしょうから、けっして最終的なかたちとはいえませんが、とりあえず、今の私たちにとってはそれが「できあがったかたち」です）。そして、中世の単旋聖歌という「起源」と現代の音楽様式との間にあるいくつもの時代の音楽様式はすべて、この「できあがったかたち」に至る過程の上にある途中《とちゅう》の段階としてみられることになります。

　そこでは、現代の音楽様式を構成しているいろいろな要素の中のどの要素が、どの段階で（どの時代の音楽様式に）姿を現したのかということが重視されます。そして、各時代の音楽様式は、そういった関心から観察される。つまり、過去のさまざまな音楽様式は、それぞれの独自性によってではなく、現在の音楽様式とのかかわりとつながりの度合い（あるいは、共通性）によって理解され、意味づけられることになります。

　それに対して、「音楽史」についての⑤もう一方の立場、すなわち、たがいに異なる独立したいくつもの音楽様式の交替というふうに見る場合には、現在の音楽様式とのつながりはそれほど重要ではありません。この見方の土台となっている考えは、次のようなものです。つまり、過去の各時代の音楽とその文化は、それ自体として価値をもち、それ自体として理解されるべきだ、という考えです。

　私たちに私たちの音楽と文化があるように、過去の時代には、それ

2024年度

淑徳中学校

【国　語】〈第一回スーパー特進入試〉（五〇分）〈満点：一〇〇点〉

注意　設問においては、特に注記のないかぎり句読点や記号等も字数に数えるものとします。

一　次の文章を読んで、後の問いに答えなさい。

「歴史」は、過去のできごとや事柄《ことがら》の単なる記録ではありません。「歴史」とは、過去のさまざまな事実や、事実であっただろうものをつづり合わせて描《えが》かれた、ひとつの「物語」なのです。無数にある過去の事実をどう選《え》り分け、それらの中からどれを取り上げるかによって、また、たとえ同じ諸事実を取り上げたとしても、それらをどのように解釈《かいしゃく》し、どのような見方からつづり合わせるかによって、この「歴史という物語」は異なったものになります。

そのために、これまで知られていなかった新たな事実の発掘《はっくつ》、あるいは、解釈にあたってのものの見方の変化にうながされて、「歴史」は絶えず書き直されていくことになります。①客観的で②普遍《ふへん》的な唯《ゆい》一《いつ》の正しい「歴史」などはありませんし、そもそもそのようなものはありえないのです。

そう考えれば、「音楽史」（音楽の「歴史」）について、これまでに非常にたくさんの本が書かれ、そして今日でも新たに書き続けられている理由が、aナットクできるでしょう。

この「音楽の歴史」という物語の主人公は、いうまでもなく、「音楽」です。しかし、一口に「音楽」といっても、いろいろ異なった種類のものがあります。テレビやラジオからいつも流れてくるポピュラー音楽は、いわゆる「クラシック音楽」とは少し違いますし、また、日本の伝統音楽は、それらのどちらともまた大きく異なっています。

地球のすみずみまで歩きまわって調査した現代の民族音楽学者たちによれば、世界のどこに行っても音楽がある。つまり、音楽をもたない文化は存在しないそうです。文化が異なればその言語が異なるように、音楽もまた異なります。それらの違いにはいろいろ程度の差がありますが、とくに遠いなじみのない文化の音楽はあまりにも異なっていて、とても不思議なものに感じられることもあるでしょう。

例えば、二〇世紀のイギリスの著名な作曲家ベンジャミン・ブリテンは、一九五六年にアジア旅行の最後の訪問地として日本を訪れて、雅楽《ががく》や能などの伝統音楽を初めて聴《き》き、「日本の音楽は、私がこれまでに聴いたものの中で最も奇妙《きみょう》だ。しかし、非常に強く心に残り、そして、美しい」（一九五六年三月二七日付、ハンフリー・サール宛《あて》の手紙）と、記しています。ブリテンは、初めて聴くその音楽の異質さに新鮮《しんせん》な驚《おどろ》きを感じて、強く心をひかれたようです。

③異質な音楽は、なにも、遠い異国だけにあるわけではありません。同じ西洋の音楽であっても、※中世の単旋《たんせん》聖歌（いわゆる、グレゴリオ聖歌）は、私たちが耳にする機会の多いクラシック音楽——主として、一八世紀後期から一九世紀の作曲家たち（ハイドン、モーツァルト、ベートーヴェン、ショパン、ヴァーグナーなど）の曲——とは、ようすがまったく違う音楽です。タイムマシンに乗って何世紀も時をさかのぼれば、そこには現代の人々にとってなじみの薄《うす》い文化があり、聴きなれない音楽があるのです。

しかし、中世の単旋聖歌のような「奇妙な」音楽は、はるかに遠い過去の音楽ではあっても、西洋の人々にとっては、実のところ、異境の音楽ではありません。ですから、それを異国の文化の音楽と同じよ

2024年度

淑徳中学校　▶解説と解答

算　数　＜第１回スーパー特進入試＞（50分）＜満点：100点＞

解　答

1 (1)　7　(2)　$\frac{1}{4}$　(3)　9　(4)　28　(5)　$\frac{5}{36}$　(6)　2024　**2** (1)　450冊
(2)　32度　(3)　350m　(4)　24個　(5)　月曜日　**3** (1)　210　(2)　32　(3)　34
4 (1)　16cm^2　(2)　ウ→イ→オ→エ→ア　(3)　13秒後　**5** (1)　240円　(2)　エ駅
(3)　Ｂ鉄道を利用した方が50円安い

解　説

1 **四則計算，計算のくふう**

(1)　$11-\{29+102\div17-(8\times3-17)\}\div7=11-\{29+6-(24-17)\}\div7=11-(35-7)\div7=11-28\div7=11-4=7$

(2)　$20\div42\times12\div32\times21\div15=\frac{20\times12\times21}{42\times32\times15}=\frac{1}{4}$

(3)　$(0.5+0.25-0.2)\times12+2.4=0.55\times12+2.4=6.6+2.4=9$

(4)　$\left(7-1\frac{3}{4}\right)\times\left(2\frac{5}{6}+2\frac{1}{2}\right)=\left(\frac{28}{4}-\frac{7}{4}\right)\times\left(\frac{17}{6}+\frac{5}{2}\right)=\frac{21}{4}\times\left(\frac{17}{6}+\frac{15}{6}\right)=\frac{21}{4}\times\frac{32}{6}=28$

(5)　$\frac{1}{N\times(N+1)}=\frac{1}{N}-\frac{1}{N+1}$であることを利用すると，$0.05+\frac{1}{30}+\frac{1}{42}+\frac{1}{56}+\frac{1}{72}=\frac{1}{20}+\frac{1}{30}+\frac{1}{42}+\frac{1}{56}+\frac{1}{72}=\frac{1}{4\times5}+\frac{1}{5\times6}+\frac{1}{6\times7}+\frac{1}{7\times8}+\frac{1}{8\times9}=\frac{1}{4}-\frac{1}{5}+\frac{1}{5}-\frac{1}{6}+\frac{1}{6}-\frac{1}{7}+\frac{1}{7}-\frac{1}{8}+\frac{1}{8}-\frac{1}{9}=\frac{1}{4}-\frac{1}{9}=\frac{9}{36}-\frac{4}{36}=\frac{5}{36}$

(6)　$44\times46\times48=22\times2\times23\times2\times24\times2=22\times23\times24\times8$，$66\times69\times72=22\times3\times23\times3\times24\times3=22\times23\times24\times27$より，(　)の中は，$22\times23\times24\times(1+8+27)=22\times23\times24\times36$となる。よって，$22\times23\times24\times36\div216=\frac{22\times23\times24\times36}{216}=22\times23\times4=2024$と求められる。

2 **売買損益，角度，速さと比，つるかめ算，周期算**

(1)　残った30冊も150円で売れたとすると，利益は，$150\times30=4500$(円)増えて，$27000+4500=31500$(円)になる。また，１冊あたりの利益は，$150-80=70$(円)だから，仕入れたノートの数は，$31500\div70=450$(冊)とわかる。

(2)　右の図１で，三角形ABCは二等辺三角形なので，角ABCの大きさは，$(180-40)\div2=70$(度)である。すると，●印の角の大きさは，$180-(74+70)=36$(度)だから，角AEBの大きさは，$36\times2=72$(度)とわかる。よって，三角形AECで，角ECA＋角CAE＝角AEBという関係があるので，$40+x=72$より，$x=72-40=32$(度)と求められる。

図１

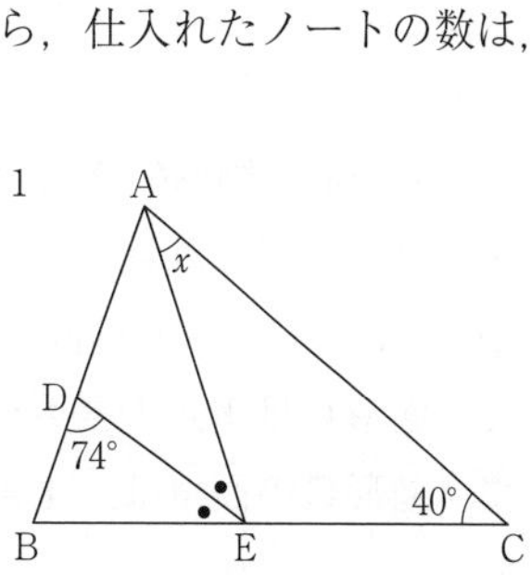

(3)　よし子さんとのりおさんの歩幅《ほはば》の比は，$\frac{1}{2}:\frac{1}{3}=3:2$だから，よし子さんとのりおさんが同じ時間で進む道のりの比は，$(3\times6):(2\times7)=9:7$となる。したがって，２人が出会うの

は，２人が右の図２のように進んだときである。図２で，⑨＋⑦＝⑯にあたる道のりが800ｍなので，①にあたる道のりは，800÷16＝50(ｍ)となり，のりおさんが歩いた道のりは，50×７＝350(ｍ)と求められる。

図２

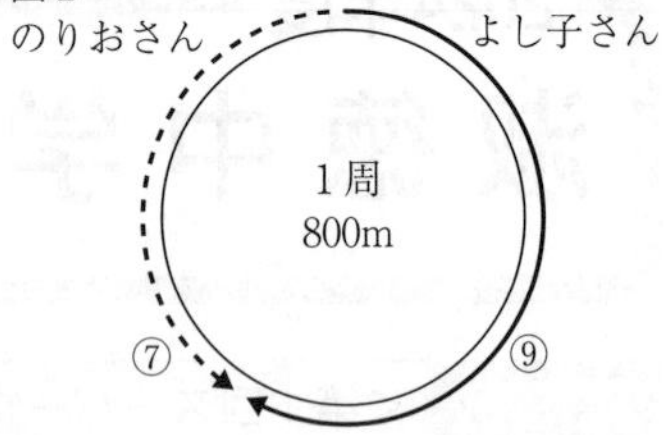

(4)　赤玉と青玉の個数が同じだから，赤玉と青玉に書いてある数字の平均は，(１＋３)÷２＝２となる。したがって，赤玉と青玉の数字をすべて２に変えても，書いてある数字の合計は変わらない。この赤玉と青玉が合わせて50個あったとすると，書いてある数字の合計は，２×50＝100となり，実際よりも，172－100＝72小さくなる。そこで，赤玉または青玉を黄玉に１個交換《こうかん》するごとに，数字の合計は，５－２＝３大きくなるので，黄玉の個数は，72÷３＝24(個)とわかる。

(5)　１か月の中に，同じ曜日の日は４回または５回ある。４回の場合，それらの日付の合計は最大でも，７＋14＋21＋28＝70だから，日付の合計が80になるのは５回の場合とわかる。また，このとき第３水曜日の日付は，平均の，80÷５＝16と求められるので，この年のある月の16日は水曜日である。次に，365÷７＝52余り１より，１年は52週と１日だから，１年後の同じ日の曜日は後ろに１つずれることになる。よって，翌年の同じ月の16日は木曜日なので，16日(木)→15日(水)→14日(火)→13日(月)より，13日は月曜日とわかる。

3　数列

(1)　一定の数ずつ増える数の和は，｛(はじめの数)＋(終わりの数)｝×(個数)÷２で求めることができるから，１＋２＋３＋…＋20＝(１＋20)×20÷２＝210とわかる。

(2)　(１＋□)×□÷２＞500にあてはまる最も小さい□の値を求めればよい。この式に２をかけると，(１＋□)×□＞1000となるので，(１＋31)×31＝992，(１＋32)×32＝1056より，はじめて500より大きくなるのは32までたしたときである。

(3)　右の例のように，前半分の数と後ろ半分の数の差を中央から１個ずつずらして求めると，１，３，５，７，…のように，１から連続する奇数《きすう》になる。また，１から連続する奇数の和は，(個数)×(個数)で求めることができるから，１から８までの場合の差は，１＋３＋５＋７＝４×４＝16と求めることができる。次に，289＝17×17なので，前半分の数と後ろ半分の数の差が289になるのは，前半分の数と後ろ半分の数の個数がどちらも17個である場合とわかる。よって，このようになるのは，17×２＝34までたしたときである。

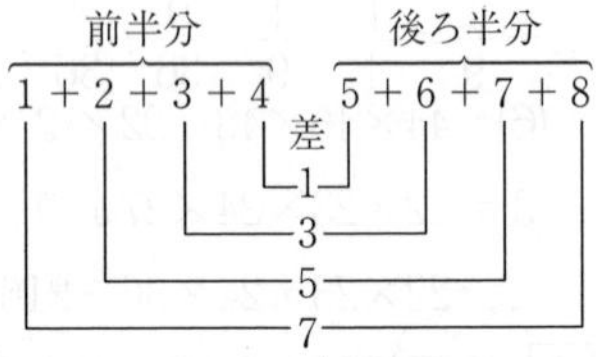

4　平面図形―図形の移動，面積

(1)　図形Ａは10秒間で，１×10＝10(cm)動くから，10秒後には右の図１のようになる。よって，図形Ｃは１辺の長さが４cmの正方形なので，図形Ｃの面積は，４×４＝16(cm²)とわかる。

図１

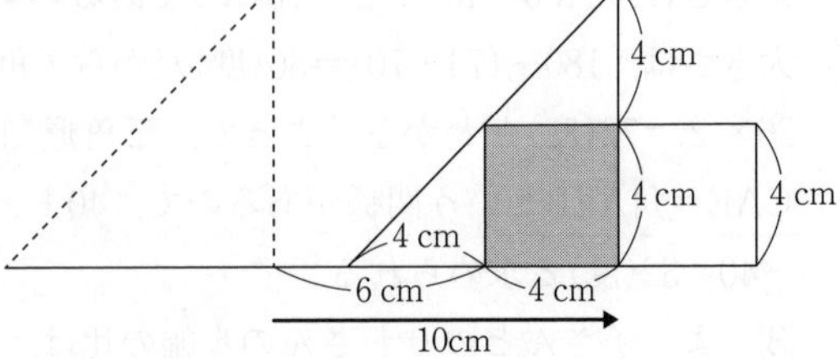

(2)　図形Ｃは下の図２のように変わるから，ウ(長方形)→イ(正方形)→オ(五角形)→エ(台形)→ア(直角二等辺三角形)となる。

図２

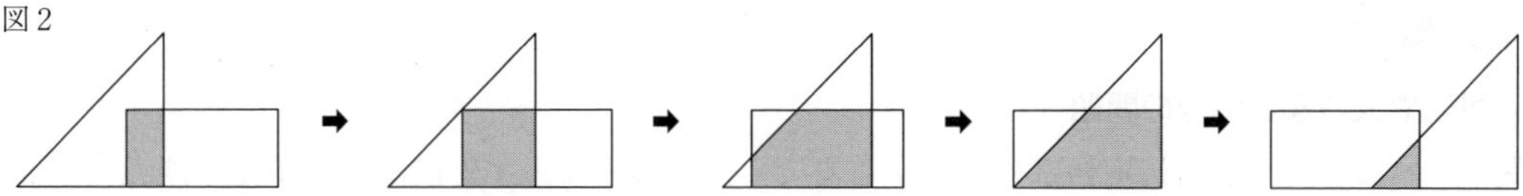

⑶　図２の台形のときの面積が，（４＋８）×４÷２＝24(cm²)なので，求める時間はそれよりも前であり，右の図３のようなときと考えられる。図３で，図形Ｃと斜線《しゃせん》部分を合わせた台形の面積が24cm²だから，斜線部分の面積は，24－23.5＝0.5(cm²)となる。また，１×１÷２＝0.5より，斜線部分は等しい辺の長さが１cmの直角二等辺三角形なので，□の長さは，８－１＝７(cm)とわかる。よって，図３のようになるのは図形Ａが，６＋７＝13(cm)動いたときだから，図形Ａが動き始めてから，13÷１＝13(秒後)と求められる。

図３

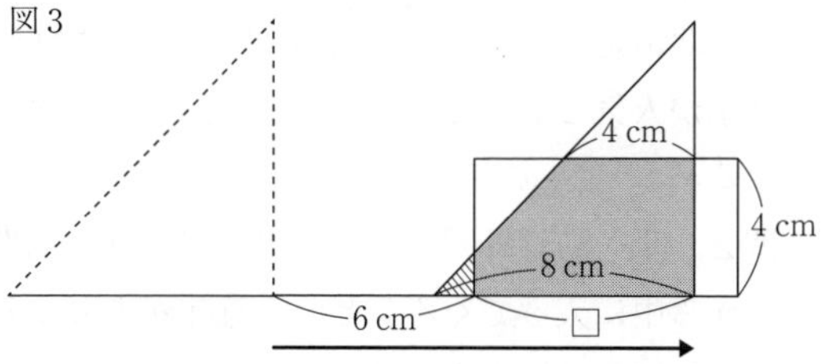

５　グラフ―条件の整理，調べ

⑴　イ駅からウ駅までの道のりは，21.4－9.6＝11.8(km)だから，このときの運賃は240円である。

⑵　４kmごとに40円ずつ加算されるので，Ａ鉄道の道のりと運賃の関係は右の図１のようになる。よって，500円では36kmまで乗ることができるから，エ駅まで行くことができる。

⑶　Ａ鉄道では，イ駅からオ駅までの道のりは，43.8－9.6＝34.2(km)なので，図１から，Ａ鉄道の運賃は480円とわかる。また，Ｂ鉄道では７kmごとに50円ずつ加算されるから，Ｂ鉄道の道のりと運賃の関係は右上の図２のようになる。よって，道のりが41.4kmのときのＢ鉄道の運賃は430円なので，Ｂ鉄道を利用した方が，480－430＝50(円)安くなる。

図１

道のり(km)	運賃(円)
０～４	160
４～８	200
８～12	240
12～16	280
16～20	320
20～24	360
24～28	400
28～32	440
32～36	480
36～40	520

図２

道のり(km)	運賃(円)
０～７	180
７～14	230
14～21	280
21～28	330
28～35	380
35～42	430

社　会　＜第１回スーパー特進入試＞（25分）＜満点：50点＞

解　答

１　**問１**　ウ　**問２**　⑴　インバウンド　⑵　イ　**問３**　景観　**問４**　エ　**問５**　**１**　自動車　**２**　３　**問６**　⑴　イ→ウ→ア　⑵　（例）　少子高齢化が進み，労働力が不足する。　**問７**　ウ　**２**　**問１**　エ　**問２**　オ　**問３**　ア　**問４**　オ　**問５**　イ　**３**　**問１**　イ　**問２**　ウ　**問３**　イ　**問４**　ア　**問５**　エ　**４**　**問１**　ウ　**問２**　エ　**問３**　イ　**問４**　SDGs　**問５**　自衛権　**問６**　ウ　**問７**　国連安全保障理事会，ア　**問８**　エ　**問９**　イ

解 説

1 観光や人口など地理の問題

問１ ニセコ町は北海道南西部に位置する町で，国内のみならず外国からも多くの観光客が訪《おとず》れることで知られる。観光リゾート地として人気があり，特にスキー場は外国人旅行者が多い。また，北海道中央部の旭川《あさひかわ》市にある旭山動物園は，動物本来の行動や能力を見ることができる行動展示が人気となっている(ウ…○)。なお，アは秋田県，イは福島県，エは福岡県について説明している。

問２ (1) 訪日外国人により生み出される消費をインバウンド消費という。インバウンドには「外国から中に入ってくる」という意味があり，日本の観光業界においては訪日外国人旅行者を意味する。2007年の観光立国推進基本法の施行《しこう》と2008年の観光庁設置にともない，外国人を呼びこむためのさまざまな策が実行されると，訪日外国人旅行者数は著《いちじる》しく増加した。 (2) 円高ではなく円安が進んだことで訪日外国人旅行者に有利になった。円安が進むとドルなどの手もちの外国通貨を円にかえるときにより多くの円が得られるため，訪日外国人旅行者に有利になり，訪日外国人旅行者が増加する(イ…×)。

問３ 多くの寺院や古くから存在している建物などで構成される歴史的な街並みを守るため，京都市は1995年に市街地景観整備条例を制定し，建築物や工作物などについて，美しい景観を損ねるような色づかいやデザイン，高さなどを制限する取り組みを行っている。

問４ オーバーツーリズムとは，観光客が増えすぎたことによってゴミや騒音《そうおん》による環境《かんきょう》悪化，交通機関の混雑などの状況《じょうきょう》が発生し，地域住民の生活や自然環境に悪い影響《えいきょう》をおよぼすことをいい，観光公害などといわれる(エ…×)。

問５ **1** 日本では，製造業で特に若手の働き手が減少していることや製造業の仕事が比較《ひかく》的外国人に任せやすい特性を持っていることなどから，日本の工業の中心となる自動車関連工場で多くの外国人が働いている。 **2** 図表より，2008年の外国人労働者数は48.6万人，2018年の外国人労働者数は146.0万人であることがわかる。したがって，外国人労働者数は，146.0万÷48.6万＝3.004…より，約３倍に増加したといえる。

問６ (1) 人口ピラミッドは一般《いっぱん》的に，その国の経済成長とともに富士山型→つりがね型→つぼ型へと移行する。したがって，年代の古いものから並べると，イ(富士山型－戦前の1935年)→ウ(つりがね型－1960年)→ア(つぼ型－2005年)の順となる。 (2) 資料より，日本では出生数が減少し，少子高齢化が進んでいることがわかる。出生数が減り続け，少子高齢化がさらに進行すると労働人口が減少するため，工業やサービス業で働く人が不足すると予測できる。

問７ 標高の高い高原地域で，夏でもすずしい気候を利用して栽培《さいばい》されるレタスやキャベツなどの野菜を高原野菜といい，長野県川上村ではレタスの生産がさかんである。また，POS(販売《はんばい》時点情報管理)システムは，商品の販売や支払《しはら》いが行われるその場で販売データを集め，「どの商品が」「どの店で」「いつ」「いくつ」売れたのかなどをバーコードで一元管理することができるため，コンビニエンスストアやスーパーマーケットなどで導入が進んでいる(ウ…○)。なお，ピーマンは冬でも温暖な気候を利用して行われる促成《そくせい》栽培に適した野菜，GIS(地理情報システム)は地図にいろいろな情報をのせて解析《かいせき》・分析を行うシステムである。

2 史料の年代についての問題

問１　①は７世紀(『隋書《ずいしょ》』倭国《わこく》伝)，②は紀元前１世紀ごろ(『漢書』地理志)，③は３世紀(『魏志《ぎし》』倭人《わじん》伝)のことなので，年代の古い順に，②→③→①となる(エ…○)。

問２　①は708年(和同開珎《わどうかいちん》の発行)，②は江戸時代(寛永通宝の流通)，③は７世紀(日本最古の貨幣《かへい》とされる富本銭)のものなので，年代の古い順に，③→①→②となる(オ…○)。

問３　①は1854年(日米和親条約)，②は1868年(明治政府の方針を示した五箇条の御誓文)，③は1895年(日清戦争の講和条約である下関条約)のことなので，年代の古い順に，①→②→③となる(ア…○)。

問４　①は安土桃山時代(狩野《かのう》永徳の『唐獅子図屏風《からじしずびょうぶ》』)，②は江戸時代(菱川師宣《ひしかわもろのぶ》の『見返り美人図』)，③は室町時代(雪舟の『秋冬山水図』)のものなので，年代の古い順に，③→①→②となる(オ…○)。

問５　①は1945年(ポツダム宣言)，②は1951年(日米安全保障条約)，③は1946年(日本国憲法)のことなので，年代の古い順に，①→③→②となる(イ…○)。

3 歴史的なことがらの正誤についての問題

問１　享保の改革(1716～45年)を行った江戸幕府第８代将軍の徳川吉宗は，幕府の財政を立て直すために新田開発をすすめて米の生産量を増やし，豊作・不作にかかわらず一定量の年貢を課す定《じょう》免《めん》法を採用した(①…正)。18世紀前半に行われた享保の改革で漢訳洋書の輸入が認められたことによって，蘭学《らんがく》が発達した。18世紀後半になると，杉田玄白や前野良沢はオランダ語の解剖《かいぼう》書『ターヘル・アナトミア』を翻訳《ほんやく》し，『解体新書』として刊行した(②…誤)。

問２　庶民《しょみん》の意見を集めるために目安箱を設置したのは，享保の改革のときである(①…誤)。寛政の改革を行った老中の松平定信は，ききんに備えて大名に米を蓄《たくわ》えさせる囲い米の制を実施した(②…正)。

問３　新紙幣の五千円札に描《えが》かれる津田梅子は，後の津田塾《じゅく》大学となる女子英学塾を創立した(①…正)。慶應《けいおう》義塾を創立したのは，2024年２月現在使用されている一万円札に描かれている福沢諭吉である。新紙幣の一万円札に描かれる渋沢栄一は，大阪紡績会社や第一国立銀行をつくったほか多くの会社の設立に関わり，「日本資本主義の父」と呼ばれた(②…誤)。

問４　戦争が長引くにつれ，さまざまな物資が不足していったため，日本政府は「欲しがりません勝つまでは」などぜいたくを禁止する標語をかかげ，国民に生活を切りつめるよう求めた(①…正)。太平洋戦争期の国民学校では，空襲《くうしゅう》に備えて防空演習をしたり，軍事訓練が行われたりした(②…正)。

問５　1950年代半ばから鉄鋼《てっこう》・石油化学・機械工業などの重化学工業を中心に産業が急速に発達し，日本は高度経済成長期をむかえたが，1973年に起こった第４次中東戦争の影響で第一次石油危機(オイルショック)が起きると，世界経済は混乱し，日本の高度経済成長も終わった(①…誤)。1929年にアメリカのニューヨークにあるウォール街で始まった株価の大暴落をきっかけに，世界的な不景気となり，世界恐慌《きょうこう》が起こった(②…誤)。

4 国際社会を題材とした問題

問１　Ｇ７サミット(先進７か国首脳会議)は，フランス・アメリカ・イギリス・ドイツ・日本・イタリア・カナダの７か国(Ｇ７)とEU(ヨーロッパ連合)の首脳が参加して，毎年行われる(ウ…×)。

問２　サミットの議長は議長国の首脳が務めることになっている。したがって，日本の場合はエの内閣総理大臣が議長となってサミットを開催《かいさい》する。なお，2023年に開かれたサミットは，岸田文雄《ふみお》首相が議長を務め，世界で最初の被爆地である広島で開催された。

問３　1950年には230万人を超《こ》えていた日本の出生数は，1950年から1960年ごろにかけて減少し，1960年代前半から第二次ベビーブーム(1971～74年)にかけて再び増加して，第二次ベビーブーム時には約200万人になったが，その後はまた減少が続いた。また，合計特殊《とくしゅ》出生率は1950年以降減少傾向が続き，65歳《さい》以上の人口割合は増加した。よって，1950年がエ，1965年がウ，1975年がイ，1985年がアとなる。

問４　SDGs(持続可能な開発目標)は，2015年９月に開催された国連サミットで採択《さいたく》された持続可能な開発のための17の目標である。

問５　集団的自衛権は，同盟などの関係にある国が武力攻撃《こうげき》を受けたときに，自国に対する攻撃とみなし，その国を守るためにその国と共同して反撃できる権利である。NATO(北大西洋条約機構)は，北米のアメリカ・カナダと西欧諸国間で結ばれた軍事同盟で，加盟国の領土と国民を守ることを責務としている。したがって，NATOにウクライナが加盟すれば集団的自衛権が行使され，NATO対ロシアの戦争へと発展するおそれがあるので，戦争が続いている間はウクライナのNATO加盟は不可能と考えられている。

問６　EU全体のGDPは約16兆ドル，日本のGDPは約５兆ドルであるので，EUが日本を上回っている。しかし，一人当たりのGDPはEUが約３万ドルであるのに対して，日本は約４万ドルであるので日本の方が上回っている(ウ…○)。なお，EU加盟国は面積についてアメリカを下回っているが，人口については上回っている(ア…×)。2020年にEUから離脱《りだつ》したのは，ドイツではなくイギリスである(イ…×)。EU加盟国全体の面積と人口は中国を下回っているが，GDPについては上回っている(エ…×)。

問７　５か国の常任理事国と10か国の非常任理事国とを合わせた15か国の理事国で構成された安全保障理事会は，国際社会の平和と安全の維持《いじ》にあたる国際連合の主要機関の１つである(ア…○)。2022年６月，日本は世界最多となる12回目の非常任理事国に選出され，2023年１月から２年間の任期を務めている。なお，イはILO(国際労働機関)，ウはFAO(国際連合食糧農業機関)，エはUNICEF(国際連合児童基金)について説明している。

問８　日本国憲法第９条は第１項《こう》で，「日本国民は，正義と秩序《ちつじょ》を基調とする国際平和を誠実に希求し，国権の発動たる戦争と，武力による威嚇《いかく》又は武力の行使は，国際紛争を解決する手段としては，永久にこれを放棄《ほうき》する」と規定し，戦争の放棄を明言している。また，第２項では「陸海空軍その他の戦力は，これを保持しない。国の交戦権は，これを認めない」とし，戦力の不保持と交戦権の否認を定めている。

問９　2017年７月に核兵器の使用や保有を全面的に禁止することを定めた核兵器禁止条約が採択されたが，アメリカの同盟国でその核の傘《かさ》のもとにある日本はこれに参加していない(イ…○)。なお，アメリカは全ての核実験を禁止する条約(包括《ほうかつ》的核実験禁止条約)に参加していない(ア…×)。アメリカ・ロシア・中国の３か国間で核兵器を減らす条約を結んだことはない(ウ…×)。常任理事国は５か国(アメリカ・イギリス・フランス・ロシア・中国)とも核兵器を保有している(エ…×)。

理　科　＜第１回スーパー特進入試＞（25分）＜満点：50点＞

解　答

1 **問１**　ウ　**問２**　４ｍ　**問３**　①　８　②　17　**問４**　32m/秒　**問５**　イ　**問６**　47.5　**2** **問１**　解説の図を参照のこと。　**問２**　ア　**問３**　①を20cm^3　**問４**　(例)　アンモニア水　**問５**　**液の温度**…イ　**理由**…(例)　Ｂの液にとけている水酸化ナトリウム水よう液とＤの液にとけている塩酸が反応して熱が発生したから。　**3** **問１**　**４**　Ｂ　**７**　Ｈ　**問２**　**Ｃ**　大動脈　**Ｄ**　肺静脈　**Ｅ**　右心ぼう　**問３**　(例)　Ｈの部屋は全身に向かって血液を送り出すため，血液を押し出す力が必要だから。　**問４**　(1)　(例)　酸素が多く，二酸化炭素があまりふくまれていない血液。　(2)　(例)　動脈血と静脈血が心室でまざり合うため，全身に酸素を送り届ける効率が悪くなる。　**4** **問１**　ウ　**問２**　浮力　**問３**　**２**　2.7　**３**　3.0　**問４**　177.8　**問５**　(例)　高温になりとけていて，密度の大きな鉄が中心に集まりやすかった。

解　説

1 **物体の運動についての問題**

問１　表１－１より，測定をしていた５秒間の速さは２m/秒のままで，ずっと同じ速さで運動していたことがわかる。

問２　表１－２より，測定を始めてからボールが進んだきょりは，１秒後までに２m，３秒後までに６mなので，１秒後から３秒後までの２秒間に進んだきょりは，６－２＝４(m)となる。

問３　表２－１より，測定を始めたときの速さが２m/秒で，１秒後の速さは５m/秒，３秒後の速さは11m/秒，４秒後の速さは14m/秒なので，５－２＝３(m/秒)，14－11＝３(m/秒)より，１秒増えるごとに３m/秒ずつ速くなっているとわかる。したがって，２秒後の速さは，５＋３＝８(m/秒)になり，５秒後の速さは，14＋３＝17(m/秒)になる。

問４　測定を始めたときの速さが２m/秒で，そこから１秒につき３m/秒ずつ増えるので，10秒後のボールの速さは，２＋３×10＝32(m/秒)になる。

問５，問６　表２－２より，ボールが１秒当たりに進んだきょりは，3.5m，10－3.5＝6.5(m)，19.5－10＝9.5(m)，32－19.5＝12.5(m)となっており，6.5－3.5＝３(m)，9.5－6.5＝３(m)，12.5－9.5＝３(m)と，１秒につき３mずつ大きくなっていることがわかる。したがって，５秒後までに進んだきょりは，４秒後のときより，12.5＋３＝15.5(m)だけ大きくなり，32＋15.5＝47.5(m)になると考えられる。

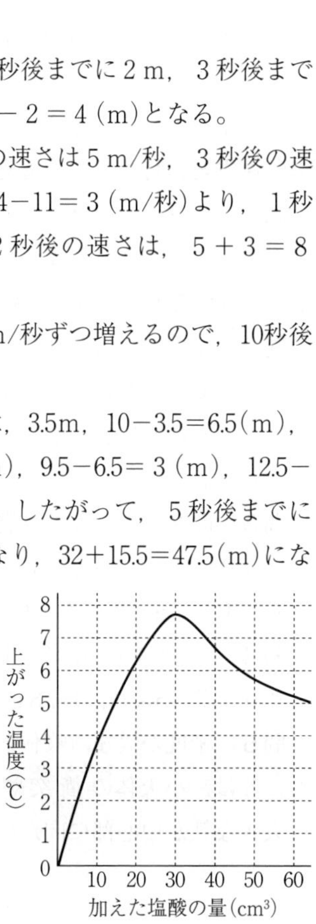

2 **中和反応についての問題**

問１　まぜる前の液の温度はどちらも20℃なので，塩酸を10cm^{3}加えたときに上がった温度は，23.9－20＝3.9(℃)，20cm^{3}加えたときは，26.2－20＝6.2(℃)であり，これ以降は，7.8℃，6.7℃，5.8℃，5.2℃と変化する。これらの値をすべて通るように，なめらかな線で結ぶと右の図のようなグラフとなる。

問２　Ｃでできた液の温度がもっとも高く，この実験で用いた水酸化ナトリウム水よう液と塩酸はどちらも同じこさなので，30cm^3の水酸化ナトリウム水よう液に30cm^3の塩酸を加えると，どちらもあまることなく反応して中性になると考えられる。よって，40cm^3の塩酸を加えたＤは，反応後に塩酸が10cm^3残るので酸性を示す。

問３　50cm^3の塩酸とあまることなく反応する水酸化ナトリウム水よう液は50cm^3なので，水酸化ナトリウム水よう液を，50－30＝20(cm^3)加えれば中性になる。

問４　Ｇでできた液は，70－30＝40(cm^3)の塩酸が残っているため，酸性である。よって，アルカリ性の水よう液であるアンモニア水や石灰水を加えると中性になる。

問５　Ｂでできた液には，30－20＝10(cm^3)の水酸化ナトリウム水よう液が残っていて，Ｄでできた液には10cm^3の塩酸が残っているので，これらをまぜると新たに中和反応が起きて発熱する。よって，液の温度は上がると考えられる。

3 ヒトの心臓についての問題

問１，問２　全身からＡの大静脈を通ってもどってきた血液は，Ｅの右心ぼうからＧ′の右心室へと流れ，Ｂの肺動脈を通って肺へと運ばれる。肺で血液中の二酸化炭素と空気中の酸素の交かんを行った血液は，Ｄの肺静脈からＦの左心ぼうへと流れ，Ｈの左心室から，Ｃの大動脈を通って全身に送り出される。

問３　Ｈの左心室の壁《かべ》は，全身に向けて強い力で血液を送り出すために，厚い筋肉でできている。

問４　(1)　肺から出て全身を回る動脈血は，ふくまれる酸素が多く，二酸化炭素が少ない。

(2)　ヒトなどの心臓は，心室が左右で分かれているので，動脈血と静脈血がまざり合うことがない。いっぽう，トカゲやカエルの心臓は心室が１つになっていて，そこで動脈血と静脈血がまざってしまうので，全身に酸素を送り届ける効率が悪くなっている。

4 深成岩の特ちょうと密度についての問題

問１　カコウ岩やハンレイ岩といった深成岩は，マグマが地下深くでゆっくり冷えて固まったものだが，これがさまざまな地殻《ちかく》変動によって地面近くに露出《ろしゅつ》することがある。深成岩を構成する粒《つぶ》のようすをルーペなどで観察すると，大きな結晶《けっしょう》がすきまなく組み合わさったつくりが見られる。

問２　水中にある物体は，その物体が押《お》しのけた水の重さと等しい大きさの浮力《ふりょく》を受ける。実験方法③では，22.5cm^3の体積をもつ鉄を用いたときに，電子てんびんでは22.5ｇを示したことから，電子てんびんに表示された質量は，水にしずめた試料にはたらく浮力の大きさの値と等しいと考えられる。

問３　問２より，カコウ岩の体積は78.0cm^3とわかるので，１cm^3当たりの質量である密度は，210.7÷78.0＝2.70…より，2.7ｇ/cm^3となる。同様にして，ハンレイ岩の密度は，168.8÷56.3＝2.99…より，3.0ｇ/cm^3と求められる。

問４　密度は１cm^3当たりの質量なので，7.9ｇ/cm^3の鉄が22.5cm^3あるとき，その質量は，7.9×22.5＝177.75より，177.8ｇとなる。

問５　密度が異なる液体どうしがまざると，密度の大きい方がしずむ。地球が形成されて間もないころは，小天体の衝突《しょうとつ》や合体によって熱が発生し，岩石や鉄がとけて液体になっており，密度の大きな鉄が中心部に向かってしずんで集まりやすかったと考えられる。

国　語　＜第１回スーパー特進試験＞（50分）＜満点：100点＞

解　答

一　**問１**　下記を参照のこと。　**問２**　主観的　**問３**　一般的　**問４**　遠いなじみのない文化の音楽　**問５**　**１**　Ⅰ　つながり　Ⅱ　独自性　**２**　**ア**　A　**イ**　C　**ウ**　B　**エ**　B　**オ**　A　**問６**　楽譜／「音楽の演奏」に関するあらゆる種類の情報　**問７**　エ　**問８**　イ　**問９**　ウ　**問10**　ア　**問11**　Ⅰ　演奏の伝統　Ⅱ　忘れ　**二**　**問１**　下記を参照のこと。　**問２**　イ　**問３**　人を増やし　**問４**　ウ　**問５**　ウ　**問６**　パンがおい～ています。　**問７**　ア　**問８**　かけおちして勘当された(から)　**問９**　**B**　進　**C**　退　**問10**　（例）　徹子が死ぬ(こと)　**問11**　顔がきく　**問12**　ウ　**問13**　イ　**問14**　エ　**問15**　（例）　空想　**問16**　（例）　あこがれの職業は，薬を開発する研究者です。コロナのパンデミックのなかで，素早くワクチンが作られたというニュースを見ました。このワクチンが１年で約２千万人を救ったそうです。素晴らしい職業だと思います。

●漢字の書き取り

一　問１　**a**　納得　**b**　乱暴　**c**　師　**二**　問１　**a**　公務　**b**　班　**c**　綿　**d**　専念

解　説

一　**出典：近藤《こんどう》 譲《じょう》『ものがたり西洋音楽史』**。「歴史」は「物語」であることを説明し，音楽の歴史を物語るにあたって二つの立場があることや，過去の音楽の再現の試みなどを述べている。

問１　**a**　人の考えや行動などを理解して受け入れること。　**b**　雑であらっぽいようす。　**c**　学問や技芸を教える人。

問２　「客観的」は，特定の立場にとらわれずに物事を見たり考えたりするようす。反対の意味の言葉は「主観的」で，個々の感じ方やものの見方で物事を見たり考えたりするようす。

問３　「普遍的《ふへんてき》」は，すべてに共通するようす。ぼう線部④の次の文に，広く当たり前と認められているようすを表す「一般的《いっぱんてき》」がある。

問４　直前の段落で，イギリスの作曲家ブリテンが日本の伝統音楽を聴《き》いて，その「異質さ」に驚《おどろ》いたという例が書かれている。さらにその前の段落で，世界各地の音楽は文化に応じて異なっていて，「とくに遠いなじみのない文化の音楽はあまりにも異なっていて，とても不思議なものに感じられることもある」と述べられている。

問５　**１**　前段落で，音楽史を描《えが》くときの二つの姿勢を説明している。「ひとつは，つながりを大切にして～ひと続きの流れとして見る」姿勢，「もうひとつは，各時代の音楽様式の『独自性』を尊重して，たがいに異なる独立したいくつもの音楽様式の交替《こうたい》として見る」姿勢である。よって，「前者の立場」では「つながり」，「もう一方の立場」では「独自性」を重視するといえる。　**２**　**ア**　各時代の音楽様式を「過程」と見るのは，つながりを重視する「前者の立場」にあたる。

イ　ぼう線部④で始まる段落に着目する。前者において「できあがりのかたち」は「現在の私たちがなじんでいる音楽様式」だが，時がたてばそれも変化して「最終的なかたち」とはいえないので，Aではない。また，「もう一方の立場」では，どの時代の様式も「独立」したものと考え，特定の「できあがりのかたち」はないので，Ｂでもない。　**ウ**　ぼう線部⑤がある「もう一方の立場」について説明された段落で，その考え方として，「過去の各時代の音楽とその文化は，それ自体として価値をもち，それ自体として理解されるべきだ」とある。　**エ**　どの時代の音楽も文化も独立したものと考えるのは，「もう一方の立場」である。　**オ**　「私たちが聴き慣れている音楽の起源」をさぐるのは，「前者の立場」である。

問6　同じ段落に，「過去の音楽は，楽譜《がくふ》に記載《きさい》されている」ので，そこから再現できるとある。また，続く二つの段落で，記号への変換《へんかん》が難しい要素は，音楽家たちが伝統的に共有している「演奏に関する常識」で補うと説明されている。その常識には，「『音楽の演奏』に関するあらゆる種類の情報」が含《ふく》まれ，それによって過去の音楽も演奏できるのである。

問7　「自明」は，わかりきっていること。意味が似ている言葉に，「歴然たる」「当たり前」などがある。

問8　ほかの語に付く否定の語は，それぞれ決まっている。「完全」に付くのはイ「不」。ほかに「不」が付くのは，「不公平」，「不適当」など。

問9　「忘却《ぼうきゃく》の彼方《かなた》」は，すっかり忘れてしまうこと，すでにわからなくなっていること。

問10　前では，「楽譜が残っていたとしても，『演奏の伝統』が途絶《とだ》えてしまえば音楽は再現できない」と述べられ，後では，楽譜が細かくなったのは「せいぜいこの二〇〇年間ほどのこと」でしかなく，それ以前は「多くを『演奏の慣習』に」たよっていたとあるので，前のことがらを受けて，さらに別の面から内容をつけ加えるときに使う「しかも」が入る。

問11　「大きな障害」とは，同じ文のはじめにある「このこと」なので，「このこと」が指す内容を，前の部分から読み取る。前の二つの段落で，古い時代の「演奏の伝統」がすべて失われ，「忘れられて」いると述べられている。

二　**出典：谷瑞恵《たにみずえ》『めぐり逢いサンドイッチ』**。両親に反対されながらもパン作りの道に進み，開いた小さな店が人気店になった「僕《ぼく》」（勇《いさむ》）が，ここまで支えてくれた大叔母《おおおば》との出会いを回想し，入院中の大叔母の病状を知人の小野寺《おのでら》と話している。

問1　**a**　「公務員」は，国または地方公共団体の職務を担当する者。　**b**　数人ずつ行動や作業を共にするように分けたグループ。　**c**　音読みは「メン」で「綿密」などの熟語がある。　**d**　それ一つだけに集中すること。

問2　すぐ前に，勇のつくる食パンの説明がある。「完成品」と言えないのは，食パンはジャムなどを塗《ぬ》ったり料理をのせたり「何かと組み合わせるパン」だからである。よって，イが合う。

問3　ぼう線部⑪の前で，「人を増やして，たくさんつくってたくさん売れば，店を大きくできるけど，きっと味が落ちる」と言っており，これが「店を大きく」しない理由に当たる。

問4　大叔母の手のやわらかさを表す言葉である。直後に説明があり，「綿よりも，もっとしっとりして，いい匂《にお》いがして。まるでパンのようだった」とあるので，「ふわふわ」が合う。なお，「もちもち」は，ねばりのあるやわらかさを表すから，やわらかくふくらんでいるようすを表すには，「ふわふわ」のほうがよい。

問5　やわらかく，焼きたてのパンと重なるような手の感触《かんしょく》から思いをはせていることに注意する。初めて会ったときの大叔母は，よくない噂《うわさ》とは違って「想像していたよりずっとやさしそうな雰囲気《ふんいき》」で，親戚《しんせき》の集まりから逃げ出した勇に話しかけ，初めてなのに勇のことをいろいろ知っていて気さくに話してくれている。そして，勇を「ええ子やなあ」とほめてくれて，両親の反対を押してパン作りの道に進んだときは「金銭的にも心理的にも」支えてくれた。こうした内容と合うのはウである。

問６　最初の段落全体が，取材時の談話に当たる。ほかの文とちがって丁寧語《ていねいご》で書かれていることもヒントになる。

問７　「～風を吹《ふ》かす」で，“えらそうに～らしくふるまう”という意味。先輩《せんぱい》という立場で上からものを言ったり，えらそうにふるまったりする意味で使っているので，アがよい。

問８　勇の祖母(大叔母の姉)の葬式《そうしき》で親戚が集まった回想場面に注目する。親戚でささやかれているよくない噂の中に「かけおちして勘当《かんどう》された」というものがある。「勘当」は，親や師などが子や弟子との縁《えん》を切ることなので，これが合う。

問９　「一進一退」は，状態や情勢がよくなったり悪くなったりすること。

問10　「港を出たきり」で戻らないのだから，大叔母(徹子《てつこ》)が死ぬことのたとえである。息を引き取る，亡《な》くなる，など，死ぬことがわかるように書く。

問11　「顔が広い」は，交際範囲《こうさいはんい》が広いようす，世間に広く知られているようす。「顔がきく」は，“信用や力があるために，相手に対して無理が言える”という意味。

問12　「安っぽい」は，程度が低いようす，質がよくないようす。直前の段落に，「シェフだのパティシエなど」の職業に「スポットが当たる」ことが多くなり，表面的な「華《はな》やか」さにあこがれている若者が増えているとある。実際には「努力と苦労を重ねている」のだが，そういう面を見ていないことをいっているので，ウが合う。

問13　「石橋をたたいて渡《わた》る」は，とても用心深いことのたとえなので，「慎重《しんちょう》」がふさわしい。

問14　ぼう線部③の後に，勇がパン作りの道に進むときに反対し，「父はいまだに，まともに口をきいてくれない」とある。また，空らんＤの直前に，勇がそういう「父の存在におびえている」ことが書かれているので，「失敗するのを待っている」と感じているのが合う。

問15　大叔母は，死期がせまっている今も，豪華客船《ごうかきゃくせん》のクイーン・エリザベス号に乗って世界一周しているつもりである。現実とかけはなれた想像の中で大叔母は自由な気分を味わい，幸福なのだから，「空想」，「夢想」などがよい。

問16　「あこがれ」は，理想とする物事や人物に強く心が引かれることなので，その職業のどのようなところに引かれるのかをはっきりさせる。具体的なきっかけや，自分の体験，自分がそのためにどうしたいかなどを入れてまとめるとよい。

Dr.福井の 入試に勝つ！ 脳とからだのウルトラ科学

勉強が楽しいと，記憶力も成績もアップする！

みんなは勉強が好き？　それとも嫌い？――たぶん「好きだ」と答える人はあまりいないだろうね。「好きじゃないけど，やらなければいけないから，いちおう勉強してます」という人が多いんじゃないかな。

だけど，これじゃダメなんだ。ウソでもいいから「勉強は楽しい」と思いながらやった方がいい。なぜなら，そう考えることによって記憶力がアップするのだから。

脳の中にはいろいろな種類のホルモンが出されているが，どのホルモンが出されるかによって脳の働きや気持ちが変わってしまうんだ。たとえば，楽しいことをやっているときは，ベーターエンドルフィンという物質が出され，記憶力がアップする。逆に，イヤだと思っているときには，ノルアドレナリンという物質が出され，記憶力がダウンしてしまう。

要するに，イヤイヤ勉強するよりも，楽しんで勉強したほうが，より多くの知識を身につけることができて，結果，成績も上がるというわけだ。そうすれば，さらに勉強が楽しくなっていって，もっと成績も上がっていくようになる。

でも，そうは言うものの，「勉強が楽しい」と思うのは難しいかもしれない。楽しいと思える部分は人それぞれだから，一筋縄に言うことはできないけど，たとえば，楽しいと思える教科・単元をつくることから始めてみてはどうだろう。初めは覚えることも多くて苦しいときもあると思うが，テストで成果が少しでも現れたら，楽しいと思えるきっかけになる。また，「勉強は楽しい」と思いこむのも一策。勉強が楽しくて仕方ない自分をイメージするだけでもちがうはずだ。

Dr.福井（福井《ふくい》一成《かずしげ》）…医学博士。開成中・高から東大・文Ⅱに入学後，再受験して翌年東大・理Ⅲに合格。同大医学部卒。さまざまな勉強法や脳科学に関する著書多数。

2024年度 淑徳中学校

【算　数】〈第１回スーパー特進東大選抜入試〉（50分）〈満点：100点〉

1 次の計算をしなさい。

（1） $\{7 \times 8 - 6 \times (17 - 9)\} \div 6$

（2） $\{70 - 2 \times (25 - 2 \times 6)\} \div (5 + 2 \times 3) \times 25$

（3） $2.024 \times 1.11 \div 7.59$

（4） $1\frac{7}{8} \div 1\frac{1}{20} \div 1\frac{11}{14}$

（5） $1.332 \times \frac{1}{4} - 0.4815 \div \frac{3}{2}$

（6） $1 + \frac{1}{2} + \frac{1}{3} + \frac{1}{4} + \left(\frac{1}{2} + \frac{1}{3} + \frac{1}{4}\right) \times 3 + \left(\frac{1}{3} + \frac{1}{4}\right) \times 5 + \frac{1}{4} \times 7$

2 次の問いに答えなさい。

（１） ４つの整数があります。そのうち異なる３つの数を選ぶ方法は全部で４通りありますが，その合計はそれぞれ 143，151，169，176 となります。はじめの４つの整数の中で２番目に大きい整数はいくつですか。

（２） ある川の下流にあるＰ地点と上流にあるＱ地点を船で往復しました。Ｐ地点とＱ地点は 16km はなれています。Ｐ地点からＱ地点へ上るときは１時間 40 分かかりました。Ｑ地点からＰ地点へ下るときは，川の流れが上りのときよりも１時間あたり 0.8km 速くなっていたので，かかった時間は１時間ちょうどでした。このとき，静水時の船の速さは毎時何 km ですか。

（３） 水がたまっている井戸があります。この井戸は一定の割合で水がわき出ます。この井戸から，毎分 24L で水をくみ上げられるポンプを使って水をくみ出すと 10 分で水がなくなり，毎分 30L で水をくみ上げられるポンプを使って水をくみ出すと７分 30 秒で水がなくなります。この井戸は毎分何Ｌの割合で水がわき出ていますか。

（４） 右の図の四角形ＡＢＣＤにおいて，かげのついた２つの部分の面積が等しいとき，ＢＥの長さは何 cm ですか。

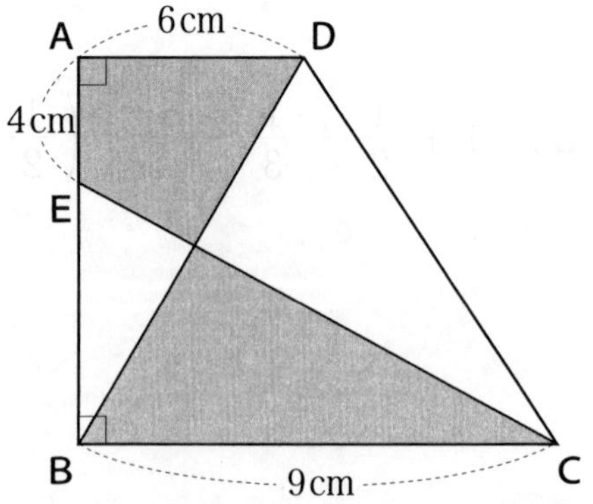

（５） 赤色と青色のビー玉が合わせて 40 個あります。40 個全部の重さは 252g で，赤色のビー玉全部の重さは青色のビー玉全部の重さよりも 108g だけ重くなっています。また，赤色のビー玉１個の重さは青色のビー玉１個の重さの 1.5 倍です。赤色のビー玉１個の重さは何 g ですか。

3 **図のように，奇《き》数を１から順に並べます。17 は上から２番目，左から３番目の数字です。下の問いに答えなさい。**

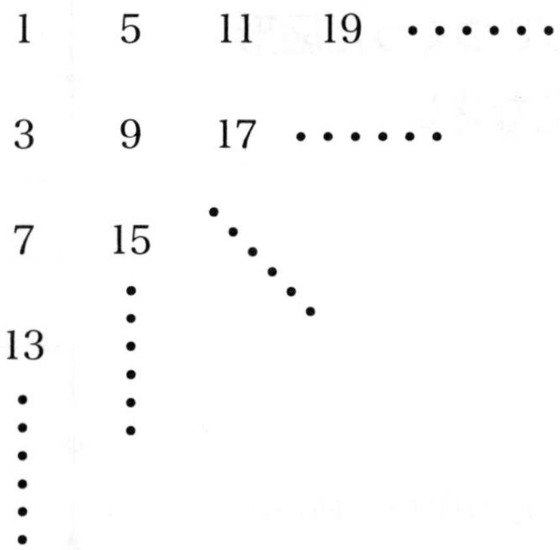

(1) 上から５番目，左から５番目にある数はいくつですか。

(2) 165 は上から何番目，左から何番目にありますか。

(3) **【例】** のように正方形で４つの数を囲み，その合計を考えます。
【例】 では，5，11，9，17 が囲まれていて，その合計は 42 です。この合計が最も 800 に近くなるとき，正方形の中にある４つの数のうち２番目に小さい数はいくつですか。

【例】

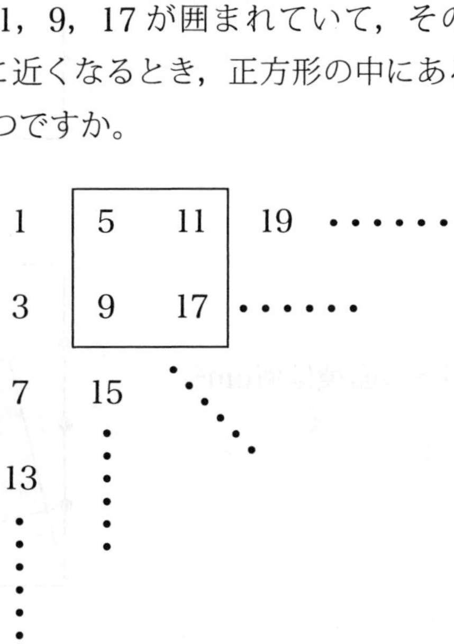

4 **【図1】は面積が40cm² の正方形で，辺上の点は４つの辺をそれぞれ四等分した点です。【図２】，【図３】，【図４】は【図1】の点を結んでつくった図形です。下の問いに答えなさい。**

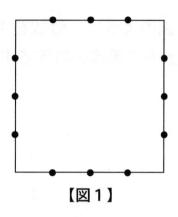

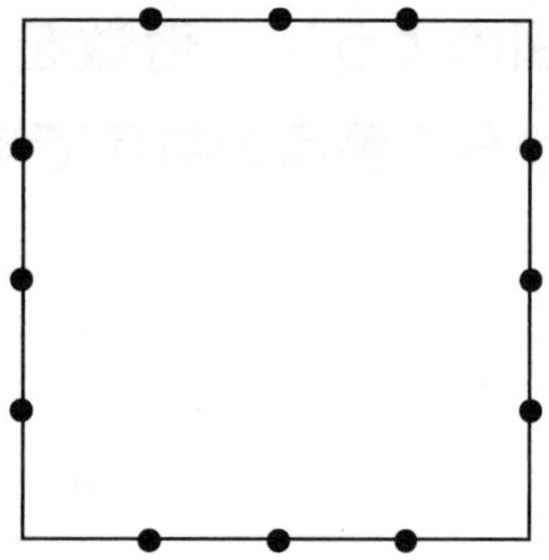

【図１】

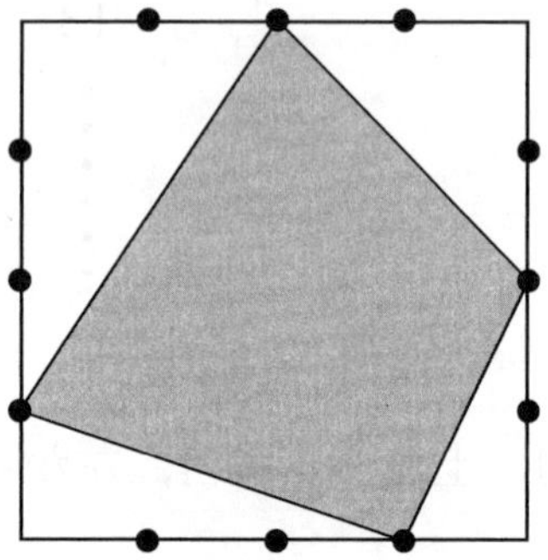

【図２】

（１）**【図２】**のかげの部分の面積は何cm² ですか。

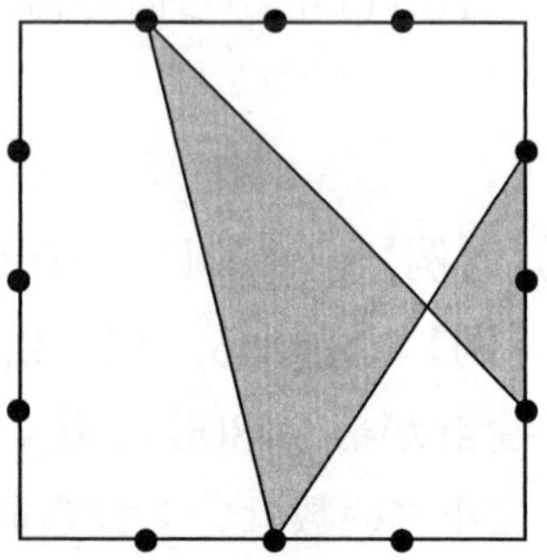

【図３】

（２）**【図３】**のかげの部分の面積は何cm² ですか。

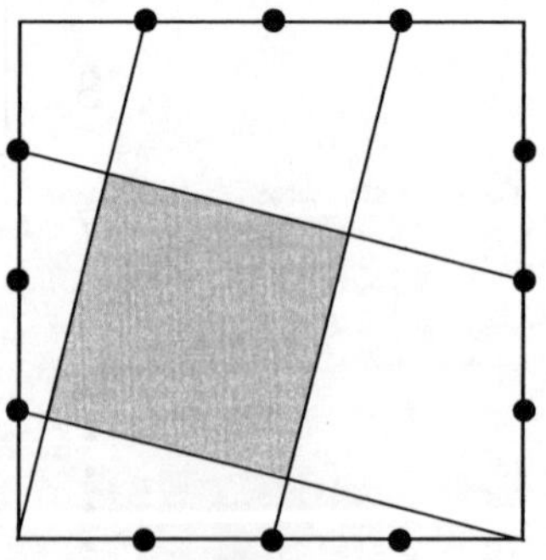

【図４】

（３）**【図４】**のかげの部分の面積は何cm² ですか。

5 【図】のような直方体の形をした空の水そうがあります。この水そうの底面は側面に平行な２つの仕切りでア，イ，ウの部分に分けられています。ア，ウの部分に水が入るような給水口A，Bから同時にそれぞれ一定の割合で水を入れていくと，入れ始めてから150秒でこの水そうは満水となります。【グラフ】はこのときのア，ウの部分の水面の高さを表しています。

下の問いに答えなさい。ただし，水そうと仕切りの厚さは考えないものとします。

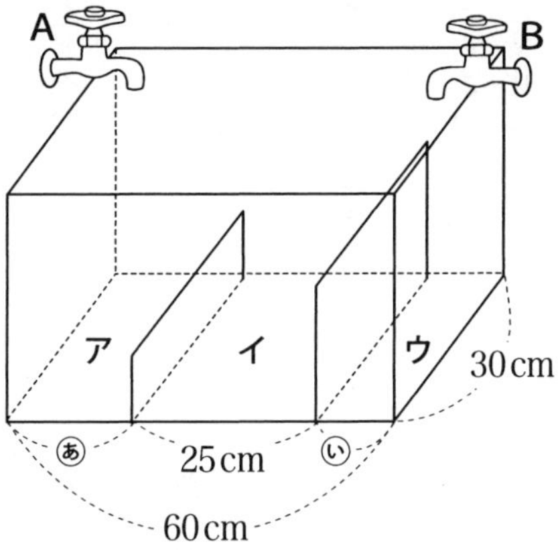

【図】

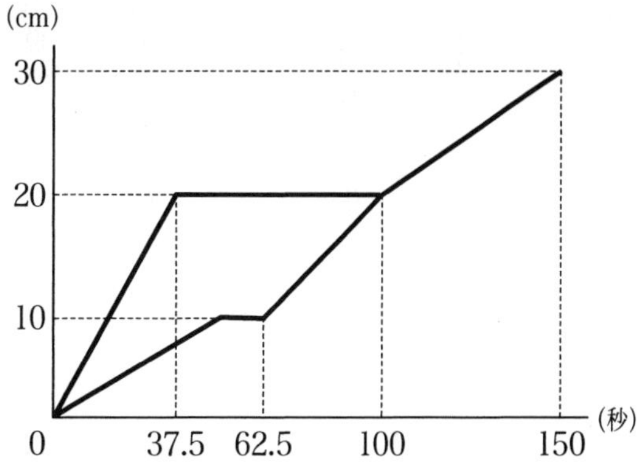

【グラフ】

（1） 給水口A，Bから出る水の量の合計は毎秒何 cm^3 ですか。

（2） 【図】の(あ)と(い)の長さの比を最も簡単な整数の比で答えなさい。ただし，(あ)は(い)より長いものとします。

（3） 水を入れ始めてから60秒後の**イ**の部分の水面の高さは何 cm ですか。考え方と答えを書きなさい。

エ　疎開する生徒と学校に残る生徒たちの間にみぞができてしまった生徒たちの愚《おろ》かな姿を見て、このような子どもに育ってしまったのは戦争を始めた大人たちのせいだとその罪を感じている。

オ　教師の立場として我慢を教えなくてはならないのに子供じみたことを大声で叫ぶような生徒を見て、やはり戦争は人の心を狂わせるとおそろしさを感じている。

問四　――線部③「啓太は顔を真っ赤にしてうつむいた」とありますが、この時の啓太の気持ちを五十字以内で答えなさい。

問五　――線部④「奇妙な揺らぎも覚えたのだ」とありますが、この「揺らぎ」がその後の悌子の物事の感じ方に変化を与えている。それがわかる一文の最初の五字をぬき出しなさい。

問六　――線部⑤「鎧を着込んで平気な顔をしていた」とありますが、これはどのようなことのたとえですか。その説明として適当なものを次の中から一つ選び、記号で答えなさい。

ア　戦争に賛成する立場をとり、信念を持って堂々と生徒たちに教えて、大きな顔をしていた

イ　国の方針を正しいものだと信じ込み、自分で考えたり疑問を持ったりせずに、そしらぬ顔をしていた

ウ　国から言われた方針にしたがって、生徒に戦争を美化したことを伝えてもまちがいに気づかなかった

エ　力の強いものの意見にしたがうことで、自分も生徒より上の立場であると思いたかった

オ　だれからも非難されないように正しい言動を心がけて自信をもってふるまっていた

問七　――線部⑥「それは、今の僕らにとって、かえって酷です」とありますが、優一はなぜそのように感じたのですか。「それ」の内容を明らかにして百字以内で答えなさい。

問八　――線部⑦「悌子は、自分がひどくみすぼらしい人間に思えてならなかった」とはどのようなことですか。その説明として適当なものを次の中から一つ選び、記号で答えなさい。

ア　吉川先生の発言を止めることができず、生徒を傷つけてしまったことを自分の責任だと感じ、賢治によってなごやかなふんいきになっても心が晴れないでいたということ。

イ　国の教育方針にしたがってきたのに、吉川先生の言葉でそれがまちがっていたことが分かり、生徒に対してもうしわけないと感じたということ。

ウ　賢治の発言で教室はなごやかな空気になったが、生徒たちの悩みや悲しみはなくなったわけではなく、それを解決できない教師としての自分に失望している。

エ　教室の重苦しい空気をなごやかなものに変えた賢治にくらべ、生徒たちを導くような対処ができなかった自分は、教師として力不足だと感じたということ。

オ　厳しい戦況の中、生徒たちがささいなことでいさかいをし、最後は冗談を言って笑っているのを見て、自分の指導力のなさをまざまざと感じていたということ。

確か彼女は、赤いスカートをはいて銀座の街にお買い物に行きたい、と唱えたはずだ。幸子は教室を見渡し、他の生徒がみな廊下に出たのを確かめてから、そっと打ち明けた。

「本当はあたし、女優になりたいんです。それも、田中絹代《たなかきぬよ》さんみたいな本当の本物の女優よ」

端《たん》整な顔立ち、この気の強さ。間違いなく女優向きだろう。

「米田さんなら絶対になれますよ」

絶対、などと軽々しく言える時世ではないのに、悌子は強くうなずいてみせた。

「ええ。もちろんです。そしたら先生を撮影《さつえい》所に呼んであげてよ」

幸子はたのもしい言葉を残し、笑顔のまま跳《は》ねるように駆《か》けて、学校を去っていった。

（木内　昇『かたばみ』一部改変）

※国民学校…現在の小学校にあたる。
※代用教員…教員資格を持たない臨時の教員。
※帝都学童集団疎開…空襲《しゅう》を避けるため、東京の国民学校の三年から六年生は集団で地方に避《ひ》難させることが政府により決定されたこと。
※吉川…吉川博《よしかわひろし》。悌子の指導教員として、ともに六年三組の担任をしている。
※初等科…現在の小学校の教育課程にあたるもの。
※勤労動員…労働力不足を補うために中等学校以上の生徒や学生を軍需《じゅ》工場や食料生産の労働に使うこと。
※少国民…年少の国民として、天皇に仕える者。
※麬…小麦の表皮を粉にしたもの。
※体錬科…体操、武道のほか、敵と戦うための技術も教えられた。
※予科練…十四歳～十七歳までの少年達に海軍の基礎教育を行う機関。
※あの日…悌子が小金井中央国民学校に勤めはじめた日。
※修身…道徳を教える科目。
※宮城遥拝…皇居を遠くからおがむこと。
※皇国…天皇が治める国のこと。

問一　［A］～［D］に入る漢字一字を書きなさい。

問二　――線部①「当の本人は驚いた顔で肩をすくめている」とは、誰のどんな気持ちを表していますか。次の文の［　］a b にそれぞれ指定された字数であてはまる語句を入れ、c には適当なものを後の中から選び、記号で答えなさい。

当の本人である a［四字］は、b［二十字以内］ので驚き、c［　］気持ちで肩をすくめた。

ア　気がもめる　　イ　気がおけない
ウ　気落ちする　　エ　気まずい
オ　気ばる

問三　――線部②「なんて馬鹿なことをしてしまったのか、と血の気が引く」とありますが、この時の悌子の気持ちの説明として適当なものを次の中から一つ選び、記号で答えなさい。

ア　戦時中には手に入らない食べ物のことを口にださせてしまったことで、生徒たちに決して実現しない希望をいだかせてしまったと、自分の教師としての未熟さを反省している。

イ　疎開する生徒たちを思いやらずに、自分の欲望だけを口にしてただうらやむばかりの生徒たちを見て、一年前に素直に夢をかたりあっていた姿とは全くちがってしまったことを悲しんでいる。

ウ　お国のために協力しなければならない戦時下なのに、自分がよく考えもせずに行った指導が今の生徒たちの発言につながっていることに気づき、大変なことをしてしまったと動揺している。

もまた、湧《わ》いていた。
教室は、湖底に沈んだかのように静かだった。三人の少女は、席に着きそびれて硬《かた》く立ちすくんでいる。
「吉川先生」
そのとき、手を挙げた者があった。青木優一《あおきゆういち》だった。彼は五年から六年にかけての学年考査で常に一番の成績をおさめ、通信簿《ぼ》もすべての教科で「優」をとっている。算数がことに得意で、数式を解いている時間がなにより幸せらしい。「それなのに、算数の時間が※修身に侵《しん》食されてつまらない」と、去年まではよく口を尖《とが》らせていたが、今年に入って厳しい戦況《きょう》が伝わってくるにつれ、その類《たぐい》のことは一切口にしなくなった。
優一はゆっくり立ち上がり、吉川をまっすぐに見て、力ない声で言った。
「そういうことをおっしゃらないでください。⑥それは、今の僕《ぼく》らにとって、かえって酷《こく》です」
吉川が、ハッと[C]を呑《の》む気配があった。彼はなにか言いたげに口元をうごめかしたが、やがてうなだれ、
「そうでしたね。今の発言は、私が浅はかでした」
と、[D]許《もと》ない声で詫《わ》びた。
悌子は、なにか言わなければ、この重苦しい空気を変えなければと焦《あせ》ったが、ふさわしい言葉はひとつとして浮かばなかった。脂《あぶら》汗が額ににじんだとき、耳の悪い松田賢治《まつだけんじ》が一番前の席で伸《の》び上がり、おどけた口調で、みなに向けて声を張ったのだ。
「おーい、今までの話、僕にはまったく聞こえなかったぞー」
授業中でも彼は、当てられて答えがわからないときなど、よくそんなふうに笑いを取って切り抜《ぬ》けてきたのだ。
クスクスと、忍《しの》び笑いがあちこちに立った。それが小さな波となって、教室中に伝播《でんぱ》した。やがて生徒たちの顔に、至って控《ひか》えめながらも笑みが戻っていく。幸子が安堵《あんど》したふうに、目尻《めじり》に溜《た》まった涙を拭《ぬぐ》った。温かな波がひたひたと寄せる中で、⑦悌子は、自分がひどくみすぼらしい人間に思えてならなかった。
学級総会をおえてから全員で教室と廊下の浄化《じょうか》作業をし、そろって国歌を奉唱、東に向いて※宮城遥拝《きゅうじょうようはい》、そののち校訓を唱えた。
〈※皇国に、生まれたる幸福を感謝すること
私心をはなれて公に尽くすことを本分とすること
誠の心をもって強い皇国の力になること〉
最前まで深く悌子の体に刻み込まれていたはずの言葉なのに、このときはひどくよそよそしく、隔《へだ》たったものに感じられた。
夏季休暇《か》中、授業は休みになるものの、毎朝六時から校庭で行われるラジオ体操会と、日中の水泳錬成は、低学年を除いて生徒たちの必修となっている。体錬科を教えるなら山岡先生、といつしか教員の間で申し合わせのようになってしまい、夏の間も悌子はほとんど毎日、学校へ通う予定になっていた。
生徒たちもそれと知っているから、教室を出しな、「山岡先生、さようなら。明日からまた、よろしくお願いします」と、悌子に一礼して帰っていく。その中で、
「今まで、ありがとうございました」
と、他とは異なる挨拶をしたのは疎開組の三人である。最後に悌子の前に立った幸子は、先刻の一件をもう忘れたのか、けろっとして、
「先生、あのね」と、伸び上がった。
「先生が去年、空に向かって夢を言いなさい、っておっしゃったでしょ。体操の授業のときに。実はあたし、あのとき、本当のことを言えなかったんです」
「本当のこと？」

みなさんとなにも変わりませんっ」

　腹から声を出すと、かしましかった教室はいっぺんに静まった。が、悌子がほっと息を吐いたところで、すぐそばから叫び声があがったのだ。

「あたしだって、行きたくないっ。お母さんと離れて、知らない村になんて行きたくないっ。ずっとこの学校にいたいのにっ」

　幸子だった。キッと前を見詰《つ》め、小さな体を震《ふる》わせている。彼女の家は今、母ひとり娘ひとりだ。父親は兵隊にとられ、南方に送られた。戦死の公報こそ届いていないが、どこにいるか知れず、葉書も途《と》絶えたままだと、以前不安そうに語っていたのだ。

「お母さんはここに残って、あたしだけ行くんです。よく知らない親《しん》戚《せき》と住むなんて嫌なのに、どうしてずるいって言われないといけないの？　啓太だって、お父さんと離れてつらいって言ってたのに。小金井なんて来たくなかったって言ってたのに。今のあたしと同じはずなのに。どうしてそんなふうに言えるの？」

　幸子の声に、③啓太は顔を真っ赤にしてうつむいた。

「米田さん、落ち着いて。席に戻りましょう」

　悌子がなだめても、彼女はこちらを見ようとすらしない。

「ご飯を食べたらずるいの？　工場で働かないとずるいの？　あたしはこんなに悲しい思いでいるのに、ずるいの？」

「ずるくなんてないですよ。米田さんたちは逃げるわけじゃないんですから」

　悌子が懸《けん》命に取り繕《つくろ》ったそのとき、カタン、と床が鳴った。それまで窓際で黙然《もくねん》として一部始 B を見守っていた吉川が教壇に上がり、白髪交じりの眉《まゆ》毛に覆《おお》われた目で教室全体を見渡した。そうして、ひとつうなずいてからはっきりと言ったのだ。

「逃げて、いいんですよ」

　悌子は息を詰め、それまでうつむいていた生徒たちも一斉に怪訝《けげん》な顔をはね上げた。

「おかしいな、と自分で感じたものからは、いくらだって逃げていいんです」

「いや、あの、先生、それは……」

　悌子は青ざめる。来年には上の学校に進む生徒たちに、間違った考えを植え付けるのはよくない。

「あなたがたは少国民である前に、すでにひとりの立派な人間です。これからいくらだって未来を創《つく》っていける人間なんです。人というのは、ひとりとして同じではありません。ですから、みんなと同じように考え、行動することは、必ずしもいいこととは言えないのです。本当は誰しも、自分が心から思ったこと、感じたことを大切にして、生きていく権利があるのです。他の誰にも真似できないことをして、人生を存分に楽しむ権利があるのです。なにも、大人が決めたことに、黙って従う謂《い》われはありません」

　吉川は静かな、だが確かな声で告げた。

「よ、吉川先生っ」

　悌子の声は、ほとんど悲鳴のようだった。吉川が、こちらに目を向ける。

「あなたもですよ、山岡先生。あなたは、せっかく個性的で面白い人だったのに……」

　そこまで言って、彼は口をつぐんだ。

　吉川がなにを言わんとしたか、悌子には、うっすらとしか感じられなかった。けれどなぜだかこのとき、※あの日以来ずっと棲《す》んでいた深い霧《きり》の中から現実世界に引き戻されたような、④奇妙な揺らぎも覚えたのだ。同時に、せっかく⑤鎧《よろい》を着込んで平気な顔をしていたのに、それを容赦《しゃ》なくはぎ取られて白日のもとに晒《さら》されたような困惑《わく》と動揺梨の大月《おおつき》、静岡の興津《おきつ》にそれぞれ散っていく。この中に、学級の中でもとりわけ活発で、極めて整った顔立ちの米田幸子《よねださちこ》もいた。

彼女は疎開することを報告に来た折、唇を噛《か》んで悌子に漏《も》らしたのだ。

「逃げるみたいで、嫌《いや》だ」

※初等科を卒業して上の学校に進んだら、男女ともに※勤労動員として近くの工場に通うことが決まっているから、自分だけ楽をするように感じたのかもしれない。裏表がなく、負けん気が強い幸子らしい考え方だった。

「米田さんは逃げるわけじゃないですよ。御国へのご奉公《ほう》は、どこにいてもできるんですから」

幸子と目線を合わせるために少し屈《かが》んで、悌子は力強く告げた。

「伊那に行っても、※少国民としての自覚をしっかり持って、御国のために尽《つ》くしてください。日本は必ず戦争に勝ちます。その暁《あかつき》には、また一緒にお勉強をしましょう」

幸子はそれでも釈《しゃく》然としない様子だった。

「明日、あなたたちのことを学級のみなさんに伝えます。きちんとご挨拶《あいさつ》をしてください」

全校生徒そろって校庭で行われた一学期の終業式後、教室に戻《もど》った三組は学級総会の時間を設け、三人の女子生徒を教壇《だん》前に呼んだ。悌子が転校のことを全員に知らせ、

「それでは、ひと言ずつ挨拶を」

と、疎開する三人を促《うなが》したとき、教室後方に声が立った。

「田舎に行ったら、たらふくうまいもんが食えるんだろうな」

豊島啓太《としまけいた》である。思わずつぶやいたものが、思いがけず大きく響《ひび》いてしまったのだろう。みなの視線が集まる中、①当の本人は驚《おどろ》いた顔で肩をすくめている。

今年に入って、配給はますます少なくなった。親類の家に預けられている啓太の弁当もこのところ、※麬《ふすま》団子やはんぺん状にこねた糠《ぬか》に塩を振って焼いたものを持たされるばかりで、ふかし芋《いも》さえ入っていたためしはないのだ。

「田舎に行けば、白い米や焼き魚や、具がたっぷり入った味噌汁《みそしる》を食えるなぁ」

「草餅《くさもち》や、せんべいや、汁粉も食うんだろう」

啓太につられたのか、生徒たちが口々に唱えはじめる。よだれをすする音や喉《のど》を鳴らす音が、Ａ継《つ》ぎ早に立ち上る。いいな、ずるいな、工場にも行かないで済むなんていいな、とざわめきの輪が、波紋《もん》のように広がっていく。

生徒たちはただうらやんでいるだけだったのだろうが、教壇前に立った三人は、責め苛《さいな》まれてでもいるように一様にうつむき、しおれていった。

本当の気持ちや願いを言葉にしてみましょう――一年ほど前、悌子は彼らに言ってしまった。※体錬《れん》科の授業のさなか、校庭に寝転がって夢を語らせたときだ。②なんて馬鹿なことをしてしまったのか、と血の気が引く。今は誰もが我慢をしなければならないときなのに。それを教えなければいけない立場なのに。生徒たちがこんな子供じみた、節操のないことを大声で叫んでいるのも、きっと自分の教育が至らなかったせいなのだ。

疎開組のひとりが、泣き出してしまった。悌子は彼女の背中をさすりながら、

「みなさんはもう六年生ですよ。土浦《つちうら》海軍航空隊では、みなさんと歳《とし》の変わらない※予科練生が、日々訓練に励《はげ》んでいるんです。それを、食べ物のことで騒《さわ》いで、恥ずかしくないんですかっ。疎開を決めたお三方は、よその土地に移っても少国民として立派にお務めをされます。

オ　人間が自然をまねることができれば

問四　――線部②「木の葉が落ちてバクテリアに分解され、土壌を豊かにする」は、人間ではどのような生き方にあたりますか。次の文の□にあてはまる二十字以内の語句を本文中からぬき出し、最初と最後の三字を答えなさい。

　人間は自然や他者とのつながりの中で生きるのに必要なことを身につけ、やがて［　　　　］していくという生き方。

問五　――線部③「私たちの中にある自然」と同じものを表している本文中の五字の語句をぬき出しなさい。

問六　――線部④「人間が、自分を全体として生きる」について、次の問いに答えなさい。

(1)　「人間が、自分を全体として生きる」とはどのように生きることですか。「仕事」「経済」「愛」「文化」の四語を使い、「～だけでなく、～生きること。」の形で、五十字以内で具体的に説明しなさい。

(2)　「人間が、自分を全体として生きる」ためには何が必要ですか。それに該《がい》当する本文中の四字の語句をぬき出しなさい。

問七　――線部⑤「人間の方から決められなければならない」とありますが、その理由として適当なものを次の中から一つ選び、記号で答えなさい。

ア　人間の欲望は果てしなく未知のものであるので、物質や精神のどの時点をもって豊かな社会と判断するのかは、人間にしかわからないものであるから。

イ　社会には多様な考え方をする人々が存在するので、全体的に豊かな社会がどういうものであるかは、そこに住んでいる人々にしか決められないものであるから。

ウ　モノとカネがあふれる社会は経済的には豊かであるが、そこに生きる人々の精神的な豊かさとは別のものであることが、多様性を目指す社会の常識であるから。

エ　豊かな社会の実現にはモノとカネだけではなく、人間の感覚、感情、身体という、人間の生を支えているものが充実していないと実現できないものだから。

オ　社会の豊かさは物質的なものとは限らず、未知の豊かさや幸せがあるはずであり、それは人間が体験をとおして感じる共通の感受性によって作るしかないから。

問八　――線部⑥「私たちの生を支えているものにも正当な座席を与えなければ」とありますが、「正当な座席」を与えられていない原因を説明した次の文の□にあてはまる本文中の語句をそれぞれ指定された字数で答えなさい。

　日本では「a［五字］」とよばれるb［六字］の価値の方が人々の心を強くc［二字］しているから。

二

　第二次世界大戦下の一九四四年、山岡悌子《やまおかていこ》は東京都小金井市の※国民学校で※代用教員として六年三組の担任をしていた。次の文章を読んで、後の問いに答えなさい。

　七月、東條《とうじょう》内閣総辞職を前にして、政府は※帝都学童集団疎《そ》開実施《し》細目を発表、小金井中央国民学校は、またもや対応に追われることになったのだ。

　もっとも東京の集団疎開指定地域は都区部だけで、小金井町は対象から外れていたが、生徒の中にはこれを機に、田舎《いなか》の親類の家に身を寄せるという者が幾《いく》人かあった。その多くは低学年だったが、悌子が※吉川と共に去年から引き続き受け持っている六年三組の生徒の中にも転校を決めた者が三名出たのである。全員女子で、長野の伊那《いな》、山にそぐわないことではないだろうか。

日本には、アメニティという言葉の正確な訳語がないといわれるが、アメニティとは、あるべきところに、あるべきものがある、ということだという。[B]、それは、第一の自然と第二の自然が、統一され、敵対的でなく、共存をひろげていくことを意味する言葉であろう。そして日本では、技術や生産力の価値があまりに支配的になってしまっているため、「あるべきもの」も「あるべきところ」も、わからなくなっているのであろう。

二つの自然の統一、調和というとき、注意しておかなければならないことがある。科学とか、技術とか、生産などの、いわゆる第二の自然にかかわる言語表現は、数字や法則を含めて、多様で正確な表現形式を持っていると思われる。金銭については最も簡《かん》明である。[C]、あの山はすばらしい、とか、この絵や音楽はいい、という感覚的な、第一の自然にかんしては、私たちは、ほとんど数字や法則のような客観的な表現を持っていない。「悲しい」という一言の背後には、おそらくいろいろなものがあるのだが、悲しみが深くなればなるほど、それは「悲しい」としか言いようがなく、人びとは、それを、体験的に悟《さと》るか、あるいは感覚的身体的なものによって、相互《ご》に了《りょう》解しあうことができるにすぎない。

感覚や感情を正確に客観的に表現するのが難しいだけでなく、人間には無意識のエリョウイキさえあるのだという。

私がここで問題にしたいのは、人間というものは（あるいは自然というものは）、まだ知られていない多くのものを持っている未知の存在で、ただモノとカネがあれば幸せだ、ときめつけられるほど単純なものではない、ということである。つまり、豊かな社会の実現は、モノの方から決められるのでなく、⑤人間の方から決められなければならないということである。

客観的な表現はできないけれども、この第一の自然、感覚や感情や身体という、⑥私たちの生を支えているものにも正当な座席を与えなければ、本当の豊かさ感は得られないのではないだろうか。

ここでオゴカイをさけるために言えば、この感覚の世界は一人一人に完全に個別的なものではない。また、捉《とら》えにくいもの、カショウメイできないものは、存在しない、ということでもない。[D]、あまりにも自明なことのために、ことさらに説明する必要がないのだと思われる。

だからこそ、カネや、政治家のキエンゼツではごまかされないものとして、この人間の、共通の感受性の世界がある。この世界にも豊かさ感をかんじさせるような技術、生産、社会のありかたこそが、本当の豊かさではないだろうか。それは地球的な豊かさと共通する豊かさである。そしてその豊かさは、体験の中でしか感じ表現することができないからこそ、人間は、豊かな全人間的体験を体験できるような余暇《か》――つまり自由時間を必要とする。

（暉峻淑子『豊かさとは何か』一部改変）

問一　――線部ア～キのカタカナを漢字に直しなさい。

問二　[A]～[D]に入る語として適当なものを次の中から一つ選び、記号で答えなさい。

ア　つまり　**イ**　ところが　**ウ**　だから
エ　たとえば　**オ**　むしろ

問三　[①]に入る語句として適当なものを次の中から一つ選び、記号で答えなさい。

ア　人間が弱い存在であると考えると
イ　人間という一つの種に限ってみると
ウ　他の生物とは異なる人間の特性では
エ　人間もまた自然の一部である限り

2024年度 淑徳中学校

【国　語】〈第一回スーパー特進東大選抜《セレクト》入試〉（五〇分）〈満点：一〇〇点〉

注意　設問においては、特に注記のないかぎり句読点や記号等も字数に数えるものとします。

一　次の文章を読んで、後の問いに答えなさい。

人間は、もちろん、物質的な、ある基本がみたされていなければ、飢《う》えや凍《こご》えのもとでは、豊かだとはいえない。

しかし、豊富とか豊饒《じょう》という言葉は、生態学者が言うように、もともと生物にとって、地球的な豊かさ、つまり、なるべく多くの種が共存していること、を意味していた。多くの種が共存しているほど、それぞれの個体もまた、豊かな生き方を保障されているのが、大自然の原理原則だからである。人間の個性を大切に、とか、弱者もともに生きる、ということは、［　①　］、地球的な豊かさからみれば当然のことなのである。

②木の葉が落ちてバクテリアに分解され、土壌《じょう》を豊かにするように、小鳥が木の実を食べたり、土中に蓄《たくわ》えたりすることによって、結果的に植林しているように、多くの種は、依《い》存しあいながら生きている。人間もまた、相互に依存しあい、アレンタイしあいながら、社会の中に根を下ろし、労働や対人関係や自然との交流の中から、養分をイキュウシュウし、自分自身も社会にいくばくかのものを還《かん》元して、植物のように生の循《じゅん》環をくり返す。その循環の環は、いくつもの他者の循環の環とからみ合いレンタイしあうことによって、豊かなのである。

企《き》業の歯車のひとつになりきって、全人生を会社に捧《ささ》げたり、家に帰りついたら、寝るだけでは、自分自身の全体としての人生はない。カネというひとつの価値だけに支配されることも豊かではない。

もともと、生きる、とは生命力の全体的な発揮《き》であり、偏《かたよ》った部分的な人生は豊かな人生とはいえないのである。私たちは食物、暖かさ、眠り、愛し愛されること、社会からはじき出されないこと、教育、信念、文化的活動、政治参加などのすべてに対する欲求を持つ者として、全体として生きるのである。それが自己《こ》実現である。

また私たちは、雄《ゆう》大な山を見たり、森の中を歩いたり、太陽の輝きが雨上りの樹々にきらめくのを見たりしたとき、また、一本の草や花、風のそよぎ、水の音、虫や鳥に出会ったときにも、心をひかれ、美しさや感動を覚えて立ちどまることがある。自然の中にいると、何ともいえない気持になり、永遠の自然や、命のふしぎさに、神秘《ぴ》的な何かをかんじたりもする。人生の挫《ざ》折の中で、自然にふれて立ち直るきっかけをつかんだりするのも、人間そのものが自然的存在であるからだろう。

私たちは、近代文明にまきこまれないで自然を友として生きているウミンゾクに豊かさと羨《せん》望をかんじたりもする。それは、③私たちの中にある自然と、外界の自然が、お互いに交流し、呼び合うからだろう。

比喩《ゆ》的な表現であるが、人間は、外の自然と共通で、外の自然と交流しあう、情緒《ちょ》的で、感覚的な、あるいは食欲や性欲という生命力の表現をはじめとする身体的な、いわゆる「第一の自然」とよばれるものと、科学、技術、生産などにかかわる「第二の自然」とよばれる二つの自然を持っており、その交錯《さく》、調和、統一によって生きている。

［　A　］、④人間が、自分を全体として生きることは、第一の自然と、第二の自然を統一して、他者との共存の中で生きることを意味しており、それが豊かさ感、という充《じゅう》実した幸せ感をもたらすのだと考えられる。経済価値にのみつっ走ることは、人間の二つの自然の調和

2024年度

淑徳中学校

▶解説と解答

算　数　＜第１回スーパー特進東大選抜入試＞（50分）＜満点：100点＞

解　答

1 (1)　$1\frac{1}{3}$　(2)　100　(3)　0.296　(4)　1　(5)　0.012　(6)　10　**2** (1)　62　(2)　毎時12.4km　(3)　毎分６Ｌ　(4)　８cm　(5)　7.2ｇ　**3** (1)　81　(2)　上から９番目，左から５番目　(3)　199　**4** (1)　$21\frac{1}{4}$cm^2　(2)　$10\frac{1}{4}$cm^2　(3)　$9\frac{7}{17}$cm^2　**5** (1)　毎秒360cm^3　(2)　４：３　(3)　8.8cm

解　説

1　四則計算，計算のくふう

(1)　$\{7\times8-6\times(17-9)\}\div6=(56-6\times8)\div6=(56-48)\div6=8\div6=\frac{8}{6}=\frac{4}{3}=1\frac{1}{3}$

(2)　$\{70-2\times(25-2\times6)\}\div(5+2\times3)\times25=\{70-2\times(25-12)\}\div(5+6)\times25=(70-2\times13)\div11\times25=(70-26)\div11\times25=44\div11\times25=4\times25=100$

(3)　$2.024\times1.11\div7.59=2.024\div7.59\times1.11=\frac{4}{15}\times1.11=0.296$

(4)　$1\frac{7}{8}\div1\frac{1}{20}\div1\frac{11}{14}=\frac{15}{8}\div\frac{21}{20}\div\frac{25}{14}=\frac{15}{8}\times\frac{20}{21}\times\frac{14}{25}=1$

(5)　$1.332\times\frac{1}{4}-0.4815\div\frac{3}{2}=1.332\div4-0.4815\div1.5=0.333-0.321=0.012$

(6)　$1+\frac{1}{2}+\frac{1}{3}+\frac{1}{4}+\left(\frac{1}{2}+\frac{1}{3}+\frac{1}{4}\right)\times3+\left(\frac{1}{3}+\frac{1}{4}\right)\times5+\frac{1}{4}\times7=1+\frac{1}{2}+\frac{1}{3}+\frac{1}{4}+\frac{3}{2}+\frac{3}{3}+\frac{3}{4}+\frac{5}{3}+\frac{5}{4}+\frac{7}{4}=1+\left(\frac{1}{2}+\frac{3}{2}\right)+\left(\frac{1}{3}+\frac{3}{3}+\frac{5}{3}\right)+\left(\frac{1}{4}+\frac{3}{4}+\frac{5}{4}+\frac{7}{4}\right)=1+\frac{4}{2}+\frac{9}{3}+\frac{16}{4}=1+2+3+4=10$

2　消去算，流水算，ニュートン算，辺の比と面積の比，和差算，比の性質

(1)　４つの整数を小さい順にA，B，C，Dとすると，４通りの合計は右の図１のようになる。これらの式をすべて足すと，A，B，C，Dの３つずつの合計が，143＋151＋169＋176＝639となるから，$A+B+C+D=639\div3=213$とわかる。ここから図１の２番目の式をひくと，$C=213-151=62$と求められる。

図１

$A+B+C=143$
$A+B+D=151$
$A+C+D=169$
$B+C+D=176$

(2)　上りの速さは毎時，$16\div1\frac{40}{60}=9.6$(km)，下りの速さは毎時，$16\div1=16$(km)なので，上りのときの流れの速さを毎時□kmとして図に表すと，右の図２のようになる。したがって，□の２倍が毎時，$16-(9.6+0.8)=5.6$(km)だから，□は毎時，$5.6\div2=2.8$(km)とわかる。よって，静水時の速さは毎時，$9.6+2.8=12.4$(km)である。

図２

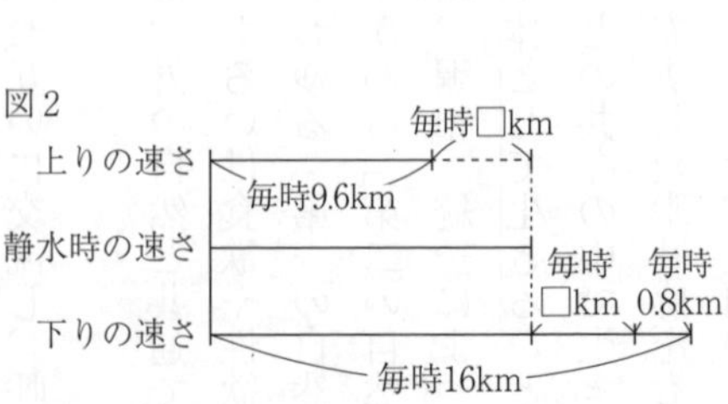

(3)　１分間にわき出る水の量を①Ｌとする。毎分24Ｌの割合でくみ上げるとき，10分で，①×10＝

$\boxed{10}$（L）の水がわき出て，その間に，24×10＝240（L）の水をくみ上げて空になる。同様に，毎分30Ｌの割合でくみ上げるとき，７分30秒（＝7.5分）で，$\boxed{1}$×7.5＝$\boxed{7.5}$（L）の水がわき出て，その間に，30×7.5＝225（L）の水をくみ上げて空になるので，右の図３のように表すことができる。図３から，$\boxed{10}$－$\boxed{7.5}$＝$\boxed{2.5}$にあたる水の量が，240－225＝15（L）とわかるから，$\boxed{1}$＝15÷2.5＝６（L）と求められる。つまり，わき出る水の割合は毎分６Ｌである。

図３

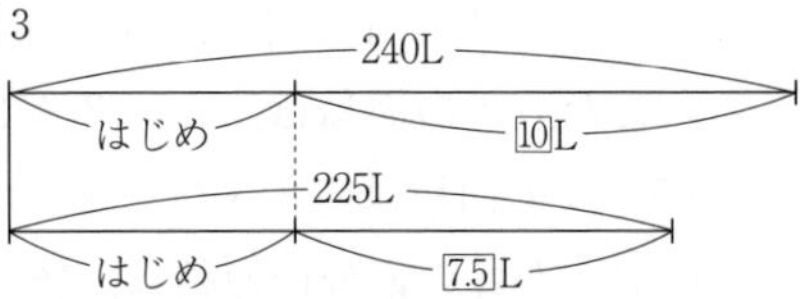

⑷　右の図４で，かげのついた２つの部分の面積が等しいので，それぞれに★の部分の面積を加えると，三角形ABDと三角形EBCの面積も等しくなる。また，この２つの三角形の底辺の長さの比は，AD：BC＝６：９＝２：３だから，高さの比は，AB：BE＝$\frac{1}{2}$：$\frac{1}{3}$＝３：２とわかる。よって，AE：BE＝（３－２）：２＝１：２なので，BEの長さは，$4\times\frac{2}{1}$＝８（cm）と求められる。

図４

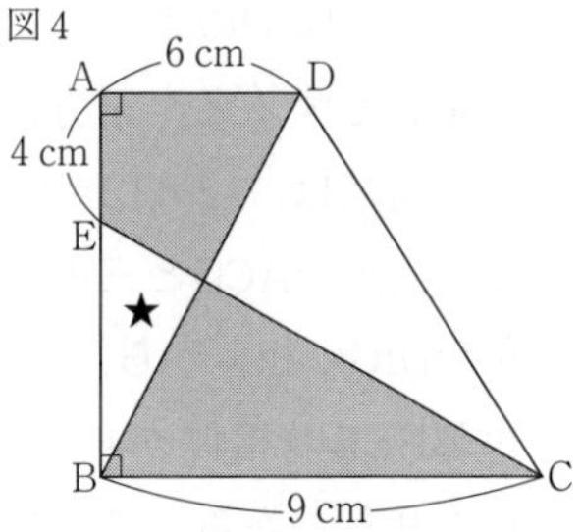

⑸　右の図５から，赤玉全部の重さは，（252＋108）÷２＝180（ｇ），青玉全部の重さは，252－180＝72（ｇ）とわかり，赤玉全部と青玉全部の重さの比は，180：72＝５：２となる。また，赤玉１個と青玉１個の重さの比は，1.5：１＝３：２なので，赤玉と青玉の個数の比は，$\frac{5}{3}$：$\frac{2}{2}$＝５：３と求められる。この和が40個だから，赤玉の個数は，$40\times\frac{5}{5+3}$＝25（個）であり，赤玉１個の重さは，180÷25＝7.2（ｇ）とわかる。

図５

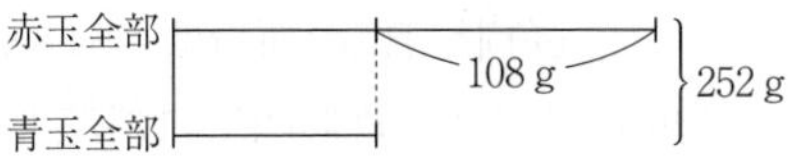

3　数列

⑴　右の図の太字の部分には，１×１＝１，３×３＝９，５×５＝25，…のように，同じ奇数《きすう》を２個かけた数が小さい順に並ぶ。また，小さい方から５番目の奇数は，２×５－１＝９だから，上から５番目，左から５番目にある数は，９×９＝81と求められる。

	1番目	2番目	3番目	4番目	5番目	6番目	7番目	8番目	9番目	10番目
1番目	**1**	5	11	19	29	41				
2番目	3	**9**	17	27	39					
3番目	7	15	**25**	37						
4番目	13	23	35	**49**						
5番目	21	33			**81**				173	201
6番目	31					**121**		171	199	229
7番目							**169**	197	227	
8番目						167		**225**		
9番目					165					

⑵　13×13＝169であり，13は小さい方から，（13＋１）÷２＝７（番目）の奇数なので，上から７番目，左から７番目の数が169とわかる。そこからさかのぼると図のようになるから，165は上から９番目，左から５番目にある。

⑶　図の太線で囲んだ数の場合，11と27の平均が19になるので，左上，右上，右下の数の合計は19の３倍になる。また，17は19よりも２小さい数だから，４つの数の合計は，19の４倍よりも２小さくなる。ほかの部分でも同様なので，右上の数を□とすると，４つの数の合計は（□×４－２）と表すことができる。これが最も800に近くなるのは，□が，（800＋２）÷４＝200.5に最も近い奇数，つまり201になるときである。次に，●印の部分に，２×２＝４，４×４＝16，６×６＝36，…を補うと，169と225の間の●は，14×14＝196となるから，図のようになることがわかる。よって，右上の数が201になるのはかげをつけた部分であり，そのうち２番目に小さい数は199である。

4　平面図形―相似，面積

⑴　下の図①のように，正方形の辺を四等分したうちの１つ分の長さを１とすると，正方形の１辺

図①

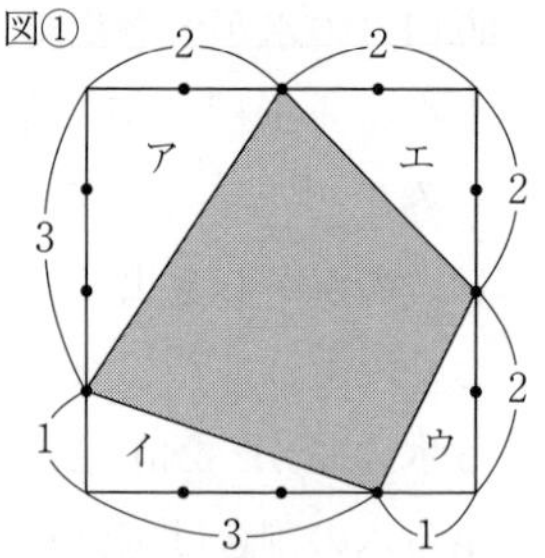

の長さは，１×４＝４だから，正方形の面積は，４×４＝16となる。また，アの面積は，２×３÷２＝３，イの面積は，３×１÷２＝1.5，ウの面積は，１×２÷２＝１，エの面積は，２×２÷２＝２なので，かげの部分の面積は，16－（３＋1.5＋１＋２）＝8.5と求められる。よって，正方形とかげの部分の面積の比は，16：8.5＝32：17だから，かげの部分の面積は，$40\times\frac{17}{32}=\frac{85}{4}=21\frac{1}{4}$(cm²)と求められる。

図②

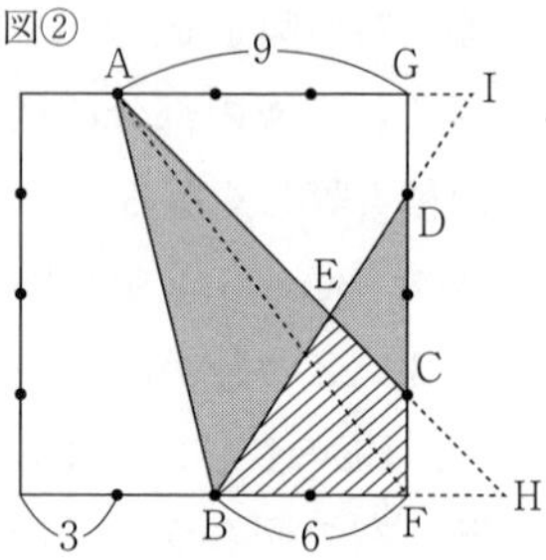

⑵　右の図②のように，正方形の辺を四等分したうちの１つ分の長さを３とすると，正方形の１辺の長さは，３×４＝12なので，正方形の面積は，12×12＝144となる。また，図②のように線を延長すると，三角形ACGと三角形HCFの相似から，FH＝３，三角形DBFと三角形DIGの相似から，GI＝２と求められる。すると，三角形AEIと三角形HEBの相似から，AE：EH＝AI：BH＝（９＋２）：（６＋３）＝11：９とわかる。さらに，三角形ABHの面積は，９×12÷２＝54だから，三角形ABEの面積は，$54\times\frac{11}{11+9}=29.7$と求められる。次に，三角形ABEと三角形DECに斜線《しゃせん》部分を加えて考えると，三角形ABEと三角形DECの面積の差は，四角形ABFCと三角形DBFの面積の差と等しくなる。ここで，四角形ABFCの面積は，６×12÷２＋３×９÷２＝49.5，三角形DBFの面積は，６×９÷２＝27なので，三角形ABEと三角形DECの面積の差は，49.5－27＝22.5とわかる。したがって，三角形DECの面積は，29.7－22.5＝7.2と求められる。よって，正方形とかげの部分の面積の比は，144：(29.7＋7.2)＝160：41となるので，かげの部分の面積は，$40\times\frac{41}{160}=\frac{41}{4}=10\frac{1}{4}$(cm²)と求められる。

図③

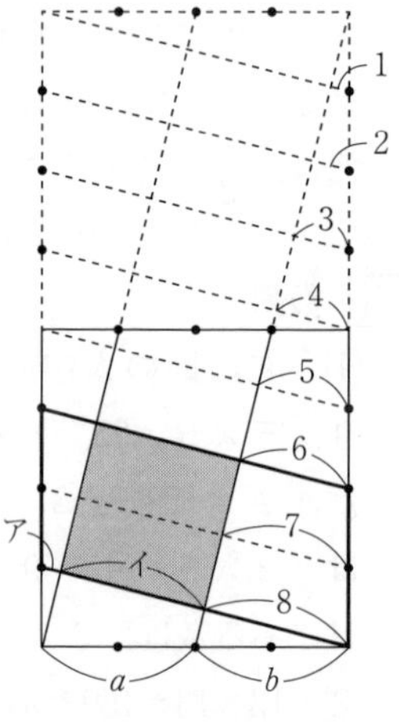

⑶　右の図③のように同じ正方形を加えると，三角形の相似から，図③のように長さを決めることができる。また，この図形は点対称《たいしょう》な図形だから，アの長さは１となる。さらに，a：b＝１：１より，イの長さも８になるので，かげの部分の面積は太線で囲んだ平行四辺形の面積の，$\frac{8}{1+8+8}=\frac{8}{17}$にあたることがわかる。よって，太線で囲んだ平行四辺形の面積は正方形の面積の半分だから，かげの部分の面積は，$40\times\frac{1}{2}\times\frac{8}{17}=\frac{160}{17}=9\frac{7}{17}$(cm²)である。

5　グラフ―水の深さと体積

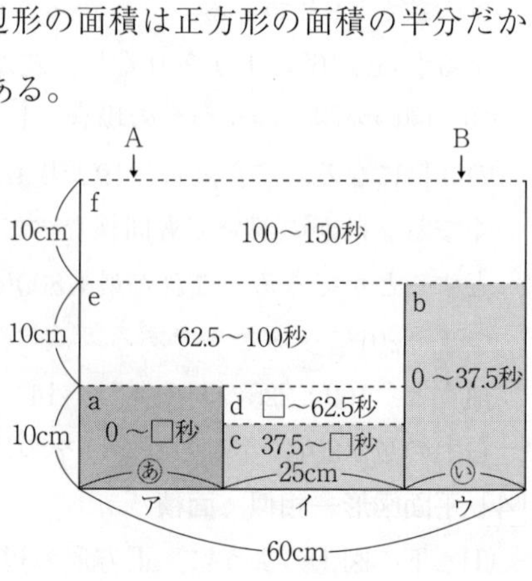

⑴　水そうを正面から見たときのようすを表した右の図で，ａの部分にはＡから出た水だけが入り，ｂとｃの部分にはＢから出た水だけが入る。その後，ｄ，ｅ，ｆの部分にはＡとＢから出た水が入る。また，ａの部分がいっぱいになる時間を□秒とすると，各部分に入る時間は図のようになる。ｆの部分の体積は，30×60×10＝18000(cm³)であり，ｆの部分がいっぱいになるのにかか

る時間は，150－100＝50(秒)だから，Ａ，Ｂから出る水の量の合計は毎秒，18000÷50＝360(cm^3)とわかる。

(2)　ｅの部分がいっぱいになるのにかかる時間は，100－62.5＝37.5(秒)なので，ｅの部分の体積は，360×37.5＝13500(cm^3)となる。したがって，ｅの部分の横の長さは，13500÷10÷30＝45(cm)だから，(あ)＝45－25＝20(cm)，(い)＝60－45＝15(cm)と求められる。よって，(あ)：(い)＝20：15＝４：３である。

(3)　ｂの部分の体積は，30×15×20＝9000(cm^3)なので，Ｂから出る水の量は毎秒，9000÷37.5＝240(cm^3)であり，Ａから出る水の量は毎秒，360－240＝120(cm^3)とわかる。また，ａの部分の体積は，30×20×10＝6000(cm^3)だから，□＝6000÷120＝50(秒)と求められる。したがって，水を入れ始めてから60秒後までにイの部分に入るのは，Ａからは，60－50＝10(秒)，Ｂからは，60－37.5＝22.5(秒)なので，合わせて，120×10＋240×22.5＝6600(cm^3)となる。よって，水を入れ始めてから60秒後のイの部分の水面の高さは，6600÷25÷30＝8.8(cm)である。

国　語　＜第１回スーパー特進東大選抜入試＞（50分）＜満点：100点＞

解　答

一　**問１**　下記を参照のこと。　**問２**　**Ａ**　ウ　**Ｂ**　ア　**Ｃ**　イ　**Ｄ**　オ　**問３**　エ　**問４**　自分自～を還元　**問５**　第一の自然　**問６**　(1)　(例)　仕事や経済的価値を中心にして生きるだけでなく，愛し愛されることや文化的活動も大切にして生きること。　(2)　自由時間　**問７**　オ　**問８**　**ａ**　第二の自然　**ｂ**　技術や生産力　**ｃ**　支配　**二**　**問１**　**Ａ**　矢　**Ｂ**　終　**Ｃ**　息　**Ｄ**　心　**問２**　**ａ**　豊島啓太　**ｂ**　(例)　自分のつぶやきが思いがけず大きく響いた　**ｃ**　エ　**問３**　ウ　**問４**　(例)　幸子が自分と同じつらさを感じているのに気づき，うらやむような発言をしてしまったことを恥じる気持ち。　**問５**　最前まで深　**問６**　イ　**問７**　(例)　自分が感じたことを大切にして生きていく権利があり，大人に従う必要はないという吉川先生の言葉は，戦争中で自分の意見や感じたことを隠して国に従わなければならない今の状況では実現不可能なことでしかないから。　**問８**　エ

●漢字の書き取り

一　**問１**　**ア**　連帯　**イ**　吸収　**ウ**　民族　**エ**　領域　**オ**　誤解　**カ**　証明　**キ**　演説

解　説

一　**出典：暉峻《てるおか》淑《いつ》子《こ》『豊かさとは何か』**。大自然の原理原則からみた「豊かさ」や「幸せ」を得るには，人がもっている「第一の自然」と「第二の自然」の調和が必要である。

問１　**ア**　集団で気持ちが結びつき，協力し合うこと。　**イ**　中に取り入れて自分のものにすること。　**ウ**　同じ土地の出身で，言語や文化や生活習慣などが同じ人々の集団。　**エ**　あるものごとが関係する範《はん》囲《い》。　**オ**　まちがった理解をすること。相手の言葉などの意味を取りちがえること。　**カ**　ものごとや判断が正しいかどうか理由やよりどころをあげて明らかにすること。　**キ**　大勢の前で自分の意見を述べること。

問２　**A**　前では，人は「第一の自然」と「第二の自然」を持ち，「その交錯《こうさく》，調和，統一によって生きている」とあり，後では，「人間が，自分を全体として生きることは，第一の自然と，第二の自然を統一して，他者との共存の中で生きることを意味」するといっている。よって，前のことがらを根拠として考えた内容を，後につなげるときに用いる「だから」がよい。　**B**　前では「アメニティとは，あるべきところに，あるべきものがある，ということ」と述べ，後では，「それは，第一の自然と第二の自然が〜共存をひろげていくことを意味する言葉」だという筆者の解釈《かいしゃく》が続くので，“要するに”という意味の「つまり」が入る。　**C**　前では，「第二の自然にかかわる言語表現」が「多様で正確な表現形式を持っている」と述べられ，後では，第一の自然には「客観的な表現」がないことが述べられている。よって，前のことがらを受けて，後に対立することがらを述べるときに用いる「ところが」が合う。　**D**　前で，「感覚の世界」が「完全に個別的なもの」ではなく，「捉《とら》えにくいもの，証明できないもの」が「存在しない，ということでもない」と否定し，後で，「自明なこと」なので説明は不要だと述べている。よって，二つのことを並べて，前のことがらより後のことがらを選ぶ気持ちを表す「むしろ」が入る。

問３　同じ段落で，「地球的な豊かさ」は「なるべく多くの種が共存していること」だと説明されている。つまり，人間においても，「個性を大切に」や「弱者もともに生きる」とは，多くの種を共存させるための姿勢であり，これらを重視しようとする人間もまた，「大自然の原理原則」にもとづいているということである。

問４　この段落では，豊かさを生む循環《じゅんかん》が説明されている。ぼう線部②の次の文に「人間もまた」とあるように，人間も「自然との交流の中から，養分を吸収」する。つまり，人間は，「生きるのに必要なことを身につけ」た上で，受け取る一方ではなく，分解された木の葉が土壌《どじょう》の養分となるように「自分自身も社会にいくばくかのものを還元《かんげん》」して豊かさを生むのである。

問５　次の段落で，二つの自然を説明している。「外の自然と交流しあう，情緒的《じょうちょてき》で〜身体的な，いわゆる『第一の自然』」と，「科学，技術，生産などにかかわる『第二の自然』」である。ぼう線部③の「自然」は，「外界の自然」と呼び合うのだから，「第一の自然」である。

問６　(1)　ぼう線部④は，直後にあるように，「第一の自然と，第二の自然を統一して，他者との共存の中で生きること」である。「それが豊かさ感，という充実した幸せ感をもたらす」のであり，「経済価値」のみでは「二つの自然の調和」にならないのである。「二つの自然」については，指定語のうち「愛」と「文化」は第一の自然，「仕事」と「経済」は第二の自然にあたる。　(2)「自分を全体として生きる」ことで，「豊かさ感」がもたらされるとある。「豊かさ感」を得るためには，第一の自然に通じる「感覚や感情や身体」と第二の自然に通じる「豊かさ感をかんじさせるような技術，生産，社会のありかた」が必要であり，筆者はこのような「地球的な豊かさと共通する豊かさ」は「体験の中でしか感じ表現することができない」と述べている。この「豊かな全人間的体験」には「余暇《よか》」，つまり「自由時間」が必要だとある。

問７　人間は，「モノとカネ」で計れない「未知」のものをたくさん持っており，こうしたものを「正当」に評価することで，「本当の豊かさ感」が得られる。だから，モノで計れない豊かさや幸せを決めるのは，「人間」なのである。よって，オがよい。

問８　「私たちの生を支えているもの」とは，「第一の自然，感覚や感情や身体」である。これより四つ前の段落に，「日本では，技術や生産力の価値があまりに支配的になってしまっている」とある。

二 **出典：木内《きうち》 昇《のぼり》**『かたばみ』。第二次世界大戦下の国民学校で，山岡悌子《やまおかていこ》が担任をする六年三組で，親類の家に疎開《そかい》することになった子たちが，転校の挨拶《あいさつ》をしようとしたときに騒《さわ》ぎが起きる。

問１　A「矢継《やつ》ぎ早に」で，立て続けに物事が起きるようす。　B「一部始終」は，始めから終わりまですべて。　C「息を呑《の》む」は，“驚《おどろ》きなどで一瞬《いっしゅん》息が止まる”という意味。　D「心許《こころもと》ない」は，頼《たよ》りない気持ちで落ち着かないようす。

問２　a「当の本人」とは，転校する子たちが挨拶しようとしたとき，「田舎《いなか》に行ったら，たらふくうまいもんが食えるんだろうな」と言った豊島啓太《としまけいた》である。　b　直前の一文に「思わずつぶやいたものが，思いがけず大きく響《ひび》いてしまった」とあるので，これをまとめる。　c「肩《かた》をすくめている」は，“両肩を縮こめる”という意味で，居心地悪さや恥《は》ずかしさなどの表れである。この後の生徒たちの反応から，つぶやきの内容が，疎開する子たちをうらやむだけでなく非難に聞こえたことがわかるので，エの「気まずい」が合う。

問３　「血の気が引く」は，“怒《いか》り，恐《おそ》れ，悲しみ，不安などで寒気を感じたり青ざめたりする”という意味。「誰《だれ》もが我慢《がまん》をしなければならない」戦時下なのに，疎開する子たちをうらやんで，残る生徒たちが食べたいものを口々に叫《さけ》ぶ事態になったのは，「きっと自分の教育が至らなかったせい」だと悌子は考えている。具体的には，一年ほど前に授業で夢を語らせたことがあり，悌子はそのことを目の前の騒ぎと結びつけ，焦《あせ》っているのだからウがよい。

問４　幸子《さちこ》の言葉への反応である。幸子は体を震《ふる》わせながら，母と離《はな》れて疎開など「行きたくないっ」と叫び，「啓太だって，お父さんと離れてつらいって言ってたのに～どうしてそんなふうに言えるの？」と，興奮して言っている。これを聞いて赤面し，うつむいたのだから，啓太は，自分も父と離れて知らない場所で暮らすつらさを知っているのに疎開をうらやんだので，それを恥じる気持ちになっている。

問５　悌子が気持ちの「奇妙《きみょう》な揺《ゆ》らぎ」を覚えたのは，吉川先生の言葉による。吉川先生は，全員が同じように考えて行動する危険に触《ふ》れ，自分自身で「心から思ったこと，感じたことを大切にして，生きていく権利」を語り，「あなたもですよ，山岡先生」と言っている。今の悌子は生徒に「夢」を語らせたことをくやみ，「御国《おくに》へのご奉公《ほうこう》」に従う教師である。その悌子を吉川先生の言葉が揺さぶり，本当の感情に気づかせたようすを，この後に出てくる校訓を唱える場面で描《えが》いている。「皇国」を讃《たた》える校訓は「最前まで深く悌子の体に刻み込《こ》まれていたはずの言葉なのに，このときはひどくよそよそしく，隔《へだ》たったものに感じられた」のである。

問６　「鎧《よろい》」は，自分を外部から守るための思想や行動のたとえ。悌子は生徒に自由に「夢」を語らせる教師だったが，戦時下の風潮に従って「皇国」を讃えることを当然と思い，口にするようになっていた。そういう考えや言動が「鎧」に当たる。そして，悌子は，吉川先生の言葉に揺さぶられるまで，本当の感情に目をつむっていたのだから，イが適する。

問７　「それ」は吉川先生の発言を指す。「酷《こく》」は，思いやりに欠けひどいこと。「今の僕ら」とは，「皇国」を讃えてそれにつくすことを強いられている戦時下の子どもたちである。つまり，大人の言うなりにみんなと同じようにすることはない，自分の感じたことを大切にして生きる権利があるという先生の意見は，皇国につくす以外の生き方や考え方が許されない戦時下では，とうていかなわない理想なのである。以上の内容をまとめるとよい。

問８　今この場は，一連の騒動の後，戦時下の不自由な現実を思う「重苦しい空気」に満ちており，悌子は空気を変えられず焦っている。そんなとき松田賢治が，自身の不自由な耳をネタに「おーい，今までの話，僕にはまったく聞こえなかったぞー」とおどけ，みんなを笑わせたのである。そんな賢治にくらべて何もできなかった自分がみすぼらしく思えたのだから，エが合う。「みすぼらしい」は貧弱なようす。

Memo

Memo

2023年度

淑徳中学校

【算　数】〈第１回スーパー特進入試〉（50分）〈満点：100点〉

1 次の計算をしなさい。

（1） $(12 \div 3 + 7 \times 3) \div (1 + 24 \div 6)$

（2） $\left(1 - \frac{7}{100} + \frac{4}{5} \times \frac{4}{5}\right) \div \frac{1}{2}$

（3） $99.7 - 3.2 \div 0.025 \times 0.75 + 7.3$

（4） $4.9 \times 5.1 - \left(2\frac{2}{5} + 2\frac{1}{2} - 0.1\right) \times 1.3 \times 4$

（5） $3 - 1 + 5 - 3 + 7 - 5 + 9 - 7 + \cdots\cdots - 4043 + 4047 - 4045$

（6） $1 + \frac{1}{3} + \frac{1}{9} + \frac{1}{27} + \frac{1}{81} + \frac{1}{243}$

2　次の問いに答えなさい。

（1）　1脚《きゃく》に最大で17人が座れる長いすがいくつかあります。生徒が17人ずつ座ると，３人だけ座っている長いすが１脚だけでき，５脚あまります。座る間かくを１人分ずつあけ，１脚に９人ずつ座ると，149人が座れなくなります。生徒の人数は何人ですか。

（2）　よし子さんとお母さんは近くのお店にカフェラテを家族全員分買いに行きました。すべて持ち帰る予定で，お金をちょうど持っていきましたが，店内で飲むと，３％引きで買うことができるので，よし子さんとお母さんは店内で飲み，他の家族の分は持ち帰ることにしたところ，24円安くなりました。カフェラテを１つ持ち帰るときの値段は，いくらですか。

（3）　下の図のように，オーストラリアの６つの州に**1**～**6**の番号をふりました。この６つの州を{赤・オレンジ・黄・緑・青・むらさき}の６つの色でぬり分けます。となり合う州には同じ色を使わないとき，色のぬり方は何通りありますか。

　ただし，同じ色を何度使ってもよいものとします。

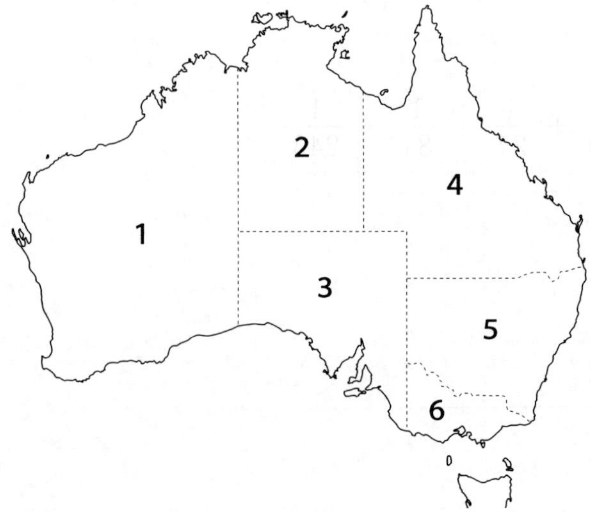

（4） お父さんが36m前を歩いているのりおさんを追いかけます。お父さんが4歩進む間に，のりおさんは5歩進みます。1歩の歩《ほ》幅《はば》はお父さんが72cm，のりおさんが48cmです。お父さんがのりおさんに追いつくまでに，お父さんは何歩進みますか。

（5） ある中学校の運動会では緑組，黄組，赤組，青組の4つの組に分かれます。各組の2年生の人数の比はこの順番に17：19：20：16で，3年生の人数の比は6：5：6：7です。3年生全体の人数は2年生全体の人数よりも48人多いです。また，黄組の2年生と3年生は合わせて78人います。4つの組の人数が等しくなるように1年生180人を加えるとき，赤組に入る1年生は何人ですか。

3　**【図１】のあみだくじを使って，文字の列を並べかえます。このあみだくじで文字の列ＡＢＣＤはＣＡＤＢに並びかわります。次の問いに答えなさい。**

（１）【図１】のあみだくじを縦に２個つなげて【図２】のようなあみだくじを作ります。このあみだくじによって，文字の列ＡＢＣＤはどのように並びかわりますか。

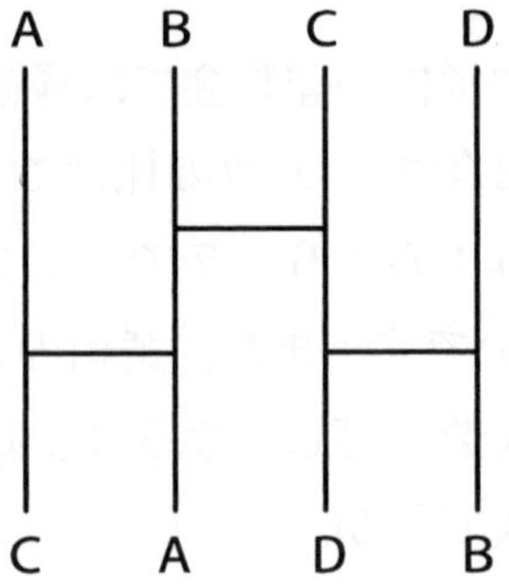

【図1】

（２）【図１】のあみだくじを縦に何個かつなげるとき，文字の列ＡＢＣＤがはじめて文字の列ＡＢＣＤにもどるのはちょうど何個つなげたときですか。

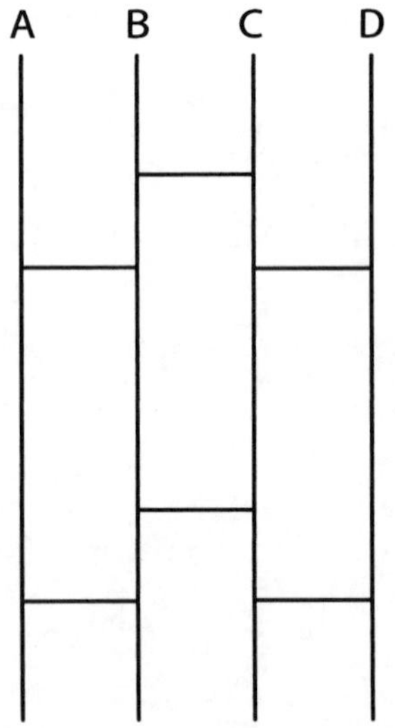

【図2】

（３）【図1】のあみだくじを縦に2023個つなげるとき，文字の列ABCDはどのように並びかわりますか。

考え方と答えを書きなさい。

4 **図は正三角形を８個組み合わせた図形です。**
この図形の面積が36cm²のとき，下の問いに答えなさい。

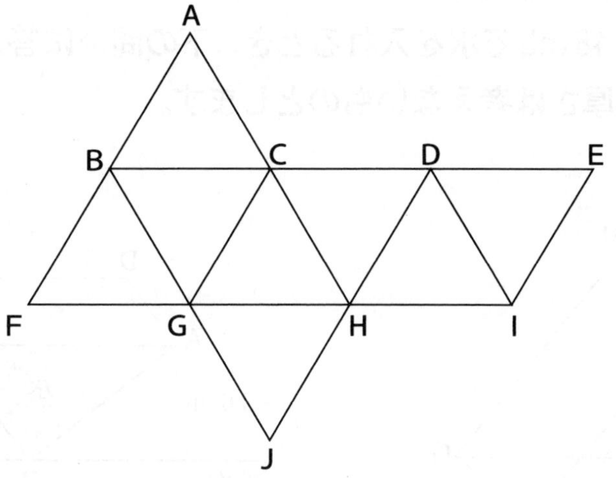

（１） 点Ａと点Ｊを結び三角形ＡＢＪを作ります。
三角形ＡＢＪの面積はいくつですか。

（２） 点Ａと点Ｊを結んだ直線と辺ＢＣ，ＣＧとの交わる点をそれぞれＬ，Ｍとします。四角形ＢＧＭＬの面積はいくつですか。

（３） 点Ａと点Ｅ，点Ｅと点Ｊを結び三角形ＡＥＪを作ります。
三角形ＡＥＪの面積はいくつですか。

5 【図1】のような立体ＡＢＣＤＥＦＧＨの形をした空の容器があります。この容器の面ＡＢＣＤと面ＥＦＧＨは形と大きさが同じ台形で，それ以外の面はすべて長方形です。

この容器に毎秒48mLで水を入れるとき，下の問いに答えなさい。ただし，容器の厚さは考えないものとします。

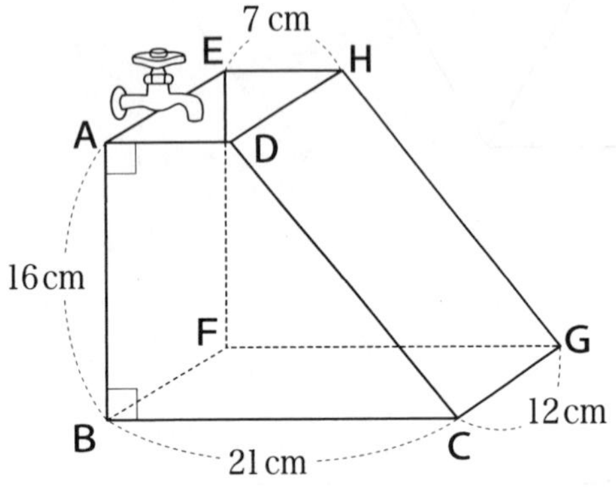

【図1】

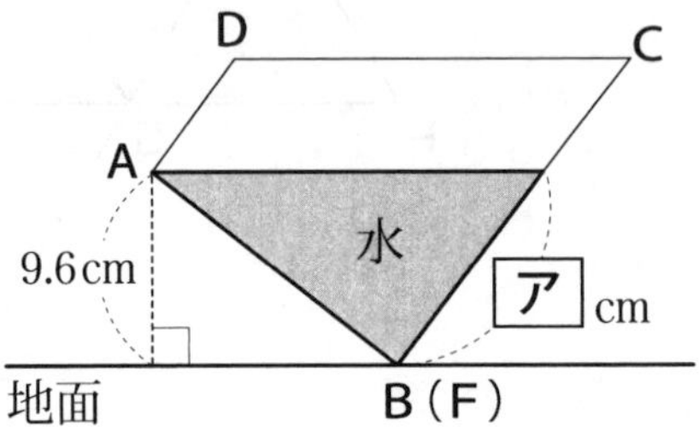

【図2】

（1） 水を入れはじめてからこの容器が満水になるまで何秒かかりますか。

（2） 満水の状態から【図２】のようになるまで，辺ＢＦを地面につけながらゆっくりと容器をかたむけます。次の問いに答えなさい。

ただし，【図２】は面ＡＢＣＤを正面から見た図です。

（i） 【図２】の ア に入る数はいくつですか。

(ii) このとき，容器からこぼれた水の量はいくつですか。

【社　会】〈第１回スーパー特進入試〉（25分）〈満点：50点〉

（注　意）教科書等の表記に従って，漢字で書くべきものは漢字で書くこと。

1　地図について説明した次の文を読み、あとの問いに答えなさい。

地形や建物、道路など、地表のさまざまなことがらを縮小・記号化して平面上に表現したものを地図といいます。私たちの生活の中で、地図はとても役に立ち、なくてはならないものです。みなさんの身近にある地図には、学校で使われる地図帳などがありますが、それだけではありません。たとえば、みなさんの最寄りの駅にはどんな地図があるでしょうか？

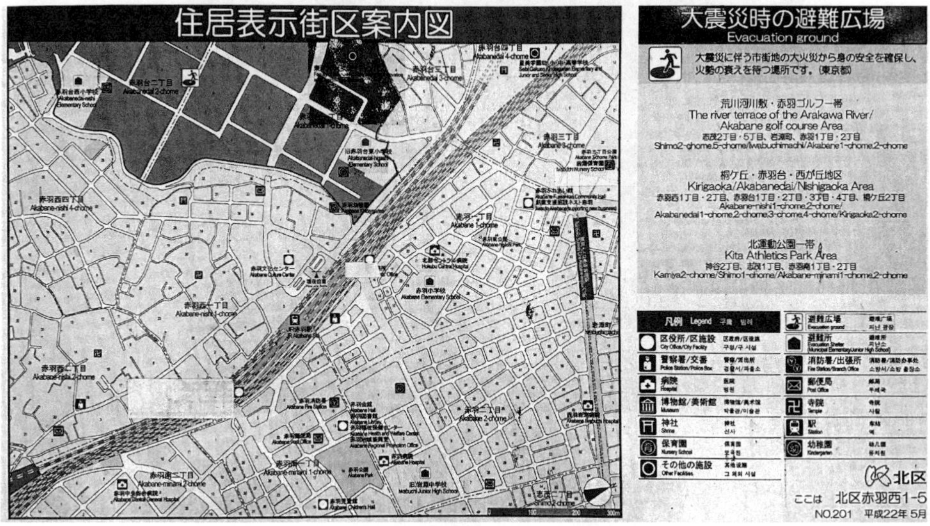

写真１

写真１は赤羽駅周辺の①<u>案内図</u>です。初めて訪れたところの様子や目的の場所へどのように向かえばよいのかなどが、わかりやすく示されています。また、東京を中心とした大都市圏には、たくさんの②<u>鉄道</u>が走っています。目的

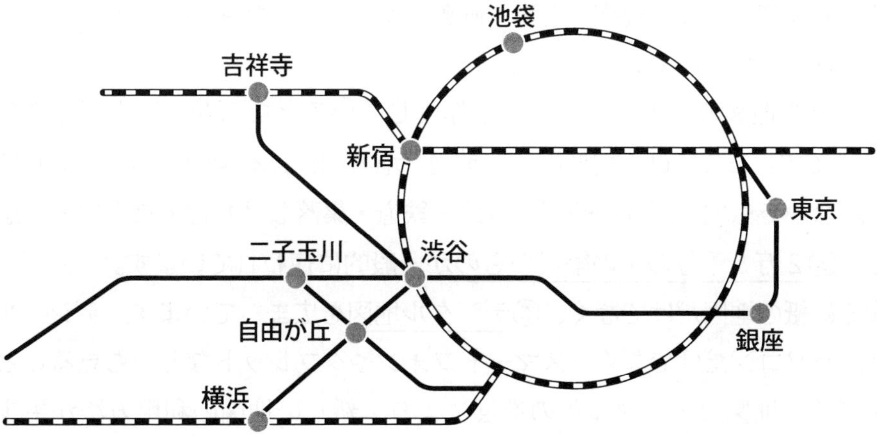

「JR東日本　東京近郊路線図（車内掲出版）」より作成

図１

地まで向かうのにどの鉄道に乗ればよいか、どこで乗り換えればよいかを示しているのが、駅で目にする電車の路線図です。

図１は東京周辺のJRの路線図をイメージしたものです。無駄な情報を極力省《はぶ》き、電車に乗る人にとって必要な情報がわかりやすく描かれています。この路線図にある、新宿駅や渋谷駅、池袋駅など、都心の機能を分散させるために開発された地区を（　**A**　）と呼びます。

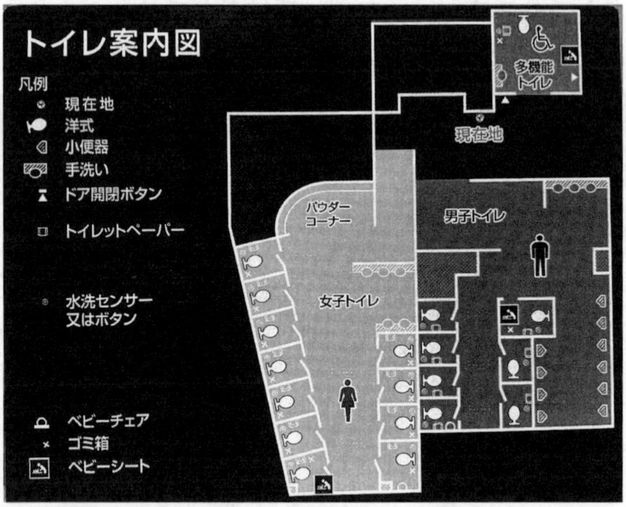

写真２

写真２は駅のトイレの入り口に掲《かか》げられている地図です。これは、目の不自由な人のためでもわかるように、点字が使われています。このように、多様な人が社会に参加するための障壁《しょうへき》をなくすことを（　**B**　）フリーといいます。

昨年の夏から秋にかけて③日本列島は、豪《ごう》雨や台風などで大きな被害を受けました。近年では、発生の予測される自然災害について、その被害の及ぶ範《はん》囲、被害の程度、さらに避難《ひなん》の道筋、避難場所等を表した④ハザードマップと呼ばれる地図も作られています。

さまざまな地図の基本となる地図を作成しているところが、国土交通省の（　**C**　）です。ここでは、地形図、地勢図、地方図、日本全図などを作成しています。なかでも地形図は山や川、道路・鉄道・集落なども含めた土地の状態を表し、⑤２万５千分の１の縮尺のものが一般的に使われています。

現代では紙の地図だけでなく、⑥デジタル地図も広まっています。デジタル地図は、パソコンだけでなく、スマートフォンやタブレットなどでも見ることが可能です。地図のデジタル化の進展により、新しい地図の利用方法が生まれ、活躍《やく》の幅《はば》が広がっているのです。

問１　下線部①について、中学１年生の地理の授業で、新しい地図記号や外国人向けの地図記号を使って、淑徳中学校周辺の案内図（**図２**）を作成しました。これについて、以下の問いに答えなさい。

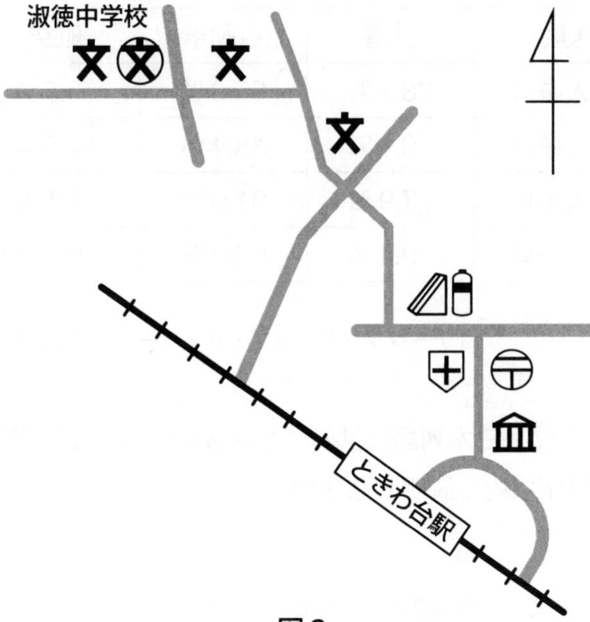

図２

（１）　淑徳中学校周辺の様子を述べている文で、**誤っているもの**を次の**ア～エ**より１つ選び、記号で答えなさい。

ア　淑徳中学校はときわ台駅から、おおむね北西の方角にある。
イ　ときわ台駅近辺に博物館がある。
ウ　ときわ台駅から淑徳中学校に向かう道の途中、右側に病院、左側に郵便局が見える。
エ　淑徳中学校には高等学校が併設されている。

（２）　地図中の下の記号は、外国人でもわかりやすいように作られた記号です。何を表しているか答えなさい。

問２　下線部②について、次の表はアメリカ、ドイツ、イギリス、日本における国内旅客輸送量の輸送機関別割合を示したものです。日本にあてはまるものを次の**ア～エ**より１つ選び、記号で答えなさい。

	旅客輸送量	鉄道	自動車	航空	水運
ア	13,708億人キロ	28.7％	65.6％	5.5％	0.2％
イ	77,232億人キロ	0.1％	88.4％	11.5％	0.1％未満
ウ	7,895億人キロ	7.9％	91.0％	1.1％	0.1％未満
エ	10,546億人キロ	9.4％	90.0％	0.6％	0.1％未満

データは2009年
「データブック・オブ・ザ・ワールド2022（二宮書店）」より作成

問３　下線部③について、日本列島は世界でも有数の地震《しん》多発地帯になっています。その理由を30字以内で説明しなさい。

問４　下線部④について、次の**図３**の地図は、板橋区のハザードマップです。どのような災害の予測図か答えなさい。

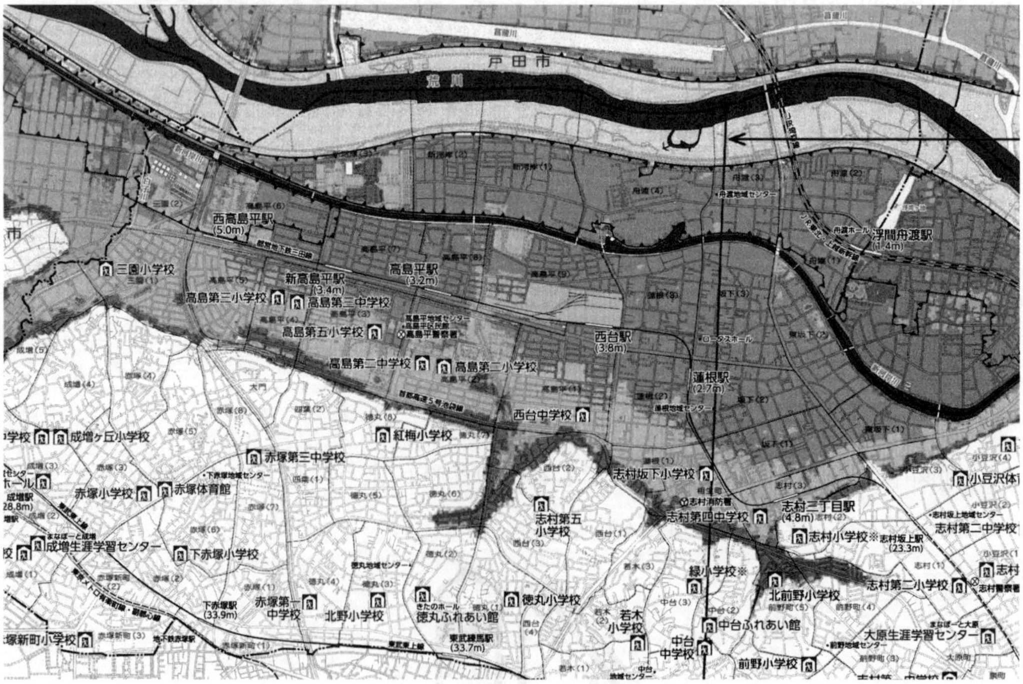

「国土交通省ハザードマップポータルサイト」より作成

図３

問５　下線部⑤について、２万５千分の１の地形図で、ある地点からある地点の距離《きょり》を測ったら、2.4cmでした。実際の距離は何mか答えなさい。

問６　下線部⑥について、紙の地図ではできないが、デジタル地図で可能になったこととして、**適切でないもの**を次の**ア〜エ**より１つ選び、記号で答えなさい。

ア　インターネットを通じてデータを更新して最新の状態を保《たも》つことができる。
イ　表示領域の拡大・縮小や変更ができる。
ウ　目的地までの距《きょ》離・時間を検索《さく》することができる。
エ　東西南北を回転させて見ることができる。

問７　文章中の空らん（　**A**　）〜（　**C**　）にあてはまる語句を答えなさい。

2　**次の問１～５の各文に関して、年代の古いものから順番に正しくならべたときの組み合わせを、次のア～カより１つずつ選び、記号で答えなさい。(同じ記号を何度使ってもよい)**

ア　①－②－③	イ　①－③－②	ウ　②－①－③
エ　②－③－①	オ　③－①－②	カ　③－②－①

問１　①　中国や朝鮮半島から九州に稲作が伝わり、収穫《かく》した米は高床倉庫に貯蔵された。

②　気候があたたかくなったため、森にすむ動物の種類がかわり、弓矢を用いてけものを狩るようになった。

③　人々は簡単な小屋や洞窟《どうくつ》などに住み、打製石器を用いて狩りや採集が行われた。

問２　①　中国の制度にならって、大宝律令という法律が制定された。

②　天智天皇の死後、そのあとつぎとなる天皇の位をめぐって戦乱がおこった。

③　小野妹子らが遣隋《けんずい》使として派遣され、隋との対等な国交を目指した。

問３　①　唐から鑑真《がんじん》が来日し、奈良に唐招提寺《とうしょうだいじ》を建て、日本の仏教の発展につくした。

②　藤原頼通《よりみち》が代表的な阿弥陀《あみだ》堂である平等院鳳凰《ほうおう》堂を建てた。

③　法然《ほうねん》が念仏を重視する浄土宗をひらいた。

問４　①　京都で院政をしていた後鳥羽上皇が、朝廷勢力の回復をねらって承久の乱をおこした。

②　平治の乱で、平氏と源氏が対立し、勝利した平氏が政治の実権を握った。

③　文永の役で、幕府は集団戦法などをつかう元軍と戦った。

問５　①　足利義満は中国との貿易を開始し、その貿易では勘《かん》合という合札の証明書がつかわれた。

②　兵庫の大輪田泊《とまり》で中国との貿易が行われ、その利益は平氏政権の経済的基盤となった。

③　平戸・長崎などの九州の港で南蛮《ばん》人との貿易が行われた。

3 **次の問１～５について、その正誤の組み合わせとして正しいものを、次のア～エの中より１つずつ選び、記号で答えなさい。（同じ記号を何度使ってもよい）**

ア ①＝正　②＝正	**イ** ①＝正　②＝誤
ウ ①＝誤　②＝正	**エ** ①＝誤　②＝誤

問１　①　江戸幕府はアメリカと日米和親条約を結び、浦賀と下田を開港した。
　　　②　江戸幕府がアメリカとの間に結んだ条約は、日本にとって不利な内容を含んでいた。

問２　①　日清戦争後の下関条約で、日本は中国から遼東《りょうとう》半島や台湾などを獲《かく》得した。
　　　②　満州への進出をねらうロシアは、イギリスとフランスとともに日本に対して三国干渉を行った。

問３　①　大日本帝国憲法に基づいて開かれた帝国議会は、参議院と衆議院の二院制であった。
　　　②　大日本帝国憲法においては、国民が主権をもつとされた。

問４　①　ドイツ、オーストリア、イタリアの三国協商とイギリス、フランス、ロシアの三国同盟が第一次世界大戦で戦った。
　　　②　シベリア出兵前後の日本では米価が急上昇《しょう》し、米騒《そう》動が全国に広がった。

問５　①　加藤高明は、民本主義を唱えて、普通選挙の実現を主張した。
　　　②　立憲政友会総裁の原敬《はらたかし》を首相とする本格的な政党内閣が成立した。

4 **次の文章を読んで、あとの問いに答えなさい。**

日本は太平洋戦争を最後にして、現在まで戦争を経験していません。この太平洋戦争において、日本国内で戦場となった場所があります。そのひとつは沖縄です。1945年３月26日、アメリカ軍は慶良間《けらま》諸島に上陸、日本軍との間で約３カ月間地上戦が続きました。太平洋戦争後、敗戦国日本は連合国に占領されました。その後1952年４月、①サンフランシスコ講和条約が発効して占領は終わりました。この条約によって日本は②独立した国としての主権を回復しましたが、沖縄はその後も戦後27年にわたり③アメリカの統治下にありました。アメリカから沖縄が返還されたことは④「本土復帰《ほんどふっき》」と言われるできごとでした。その時、沖縄の人たちが望んだのは、「⑤核も⑥基地もない平和な島」として復帰することでした。復帰の日、お金は⑦ドルから円にかわり、パスポートなしで本土と行き来できるようになりました。また⑧日本国憲法をはじめとする諸法令が本土並みに適用されるようになりました。その後、沖縄は国の集中的な⑨経済支援もあって発展し、今は独自の歴史と文化、そして亜熱帯という気候を生かした観光業を中心に人気のある場所になっています。

「月刊Newsがわかる（毎日新聞出版）」一部引用

問１　下線部①の条約と同時に日本がアメリカと結んだ条約名を答えなさい。

問２　「主権」という語にはさまざまな意味があるが、下線部②においての「主権」の意味の説明として最も適切なものを次の**ア～エ**より１つ選び、記号で答えなさい。

ア　国民を法律にもとづき裁く権利。
イ　国民が守る法律をつくる権利。
ウ　国民の自由が法律の範囲内で認められる権利。
エ　国家が他国からの干渉を受けずに独自の意思決定を行う権利。

問３　下線部③について、アメリカが沖縄を返還しなかった理由として最も適切なものを次の**ア〜エ**より１つ選び、記号で答えなさい。

ア　アジアにおける軍事基地として利用するため
イ　観光産業として経済的な効果を期待したため
ウ　ソビエト連邦との関係を改善するため
エ　近海の漁業資源が豊富であったため

問４　下線部④から2022年は何年目にあたるか答えなさい。

問５　下線部⑤に関連して、以下の問いに答えなさい。

（１） 日本が核の保持に対してとっている「非核三原則」について、下記の空らん■を埋めて完成させなさい。（■に一文字ずつ入る）

非核三原則 **『核をもたず、つくらず、■■■■■■』**

（２） 日本が批じゅんしていない条約を次の**ア〜エ**より１つ選び、記号で答えなさい。（※「批じゅん」とは条約に同意していることを意味します。）

ア　部分的核実験禁止条約
イ　包括《かつ》的核実験禁止条約
ウ　核拡散防止条約
エ　核兵器禁止条約

問６　下線部⑥については、本土復帰以降も沖縄に残り今もなお沖縄の人にとって重い負担になっています。日本にあるアメリカ軍の専用施設の総面積のうち何％が沖縄に集中しているか、適切なものを次の**ア～エ**より１つ選び、記号で答えなさい。

ア　約20％　　**イ**　約35％　　**ウ**　約50％　　**エ**　約70％

問７　下線部⑦に関連して、現在アメリカのドルの価値が日本の円の価値に対して高くなっています。このような現象を何と言うか答えなさい。

問８　下線部⑧に関連して、アメリカの統治下の沖縄では日本の憲法は適用されず、日本国憲法で保障されている基本的人権は必ずしも守られていませんでした。日本国憲法において定められている基本的人権についての条文の内容として**誤っているもの**を次の**ア～エ**より１つ選び、記号で答えなさい。

ア　公共の福祉《し》に反しない限り、立法その他の国政の上で、最大の尊重を必要とする
イ　日本に住むすべての人々に国政に参加する権利が与えられる
ウ　すべて国民は、法の下《もと》に平等であって差別されない
エ　侵すことのできない永久の権利として国民に与えられる

問９　下線部⑨に関連して、2021年度に発表された各都道府県の最低賃金のうち、沖縄は時給820円と全国47都道府県中、高知県と並んで最下位だったため、産業の見直しなどが今後の課題となっています。このような最低賃金を公表する国の機関を次の**ア～エ**より１つ選び、記号で答えなさい。

ア　経済産業省　　**イ**　法務省　　**ウ**　厚生労働省　　**エ**　財務省

【理　科】〈第１回スーパー特進入試〉（25分）〈満点：50点〉

1　**２種類のばねＡとＢを用意しました。のびちぢみする前の長さは、ばねＡ・Ｂはともに 10cm でした。下の表はばねＡ・Ｂにそれぞれおもりをつるしたときのばねの長さです。ただし、ばねの重さは無視できるものとします。以下の問いに答えなさい。**

おもりの重さ［g］	10	20	30	40
ばねの長さ［cm］	10.6	11.2	ア	12.4

表１　おもりの質量とばねＡの長さの関係

おもりの重さ［g］	10	20	30	40
ばねの長さ［cm］	10.9	11.8	12.7	13.6

表２　おもりの質量とばねＢの長さの関係

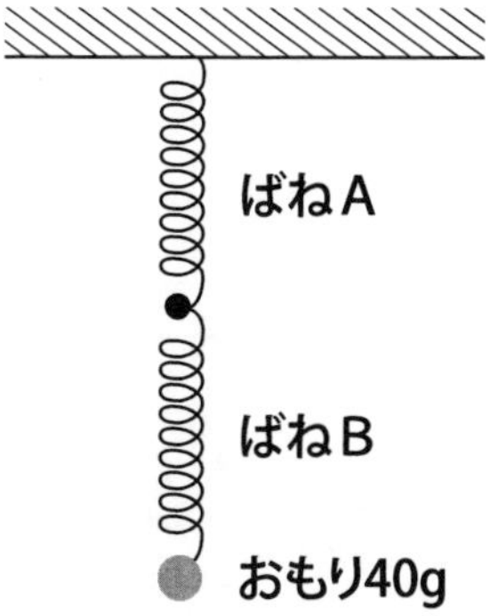

図１

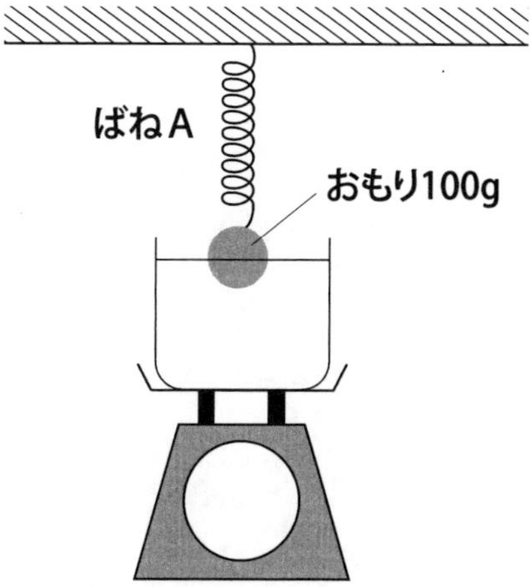

図２

問1　**表1**の［　ア　］に入る数字を答えなさい。

問2　ばね**B**に70gのおもりをつるしたときのばねの長さは何cmになりますか。

問3　**図1**のように、ばね**A**と**B**を直列つなぎにして、40gのおもりをつるしました。ばね**A**と**B**の長さの合計は何cmになりますか。

問4　ビーカーに水を入れて、台はかりの上に乗せました。はかりの値は400gでした。そこに**図2**のようにおもり100gをつるしたばね**A**をおもりの半分が水につかるようにして入れました。そのときのばね**A**は14.2cmでした。
　台はかりは何gを示しているか答えなさい。

問５　**問４**のあと、おもりの上部が水面につかるまでゆっくりと一定の速さで下ろしました。その際の台はかりの示す値と時間の関係のグラフとして最も適切な形は次の**ア〜キ**のうちどれですか。ただし、おもりにかかる浮力《ふりょく》は水につかる体積の分だけ大きくなるものとします。また、このおもりは球体であるとします。

ア

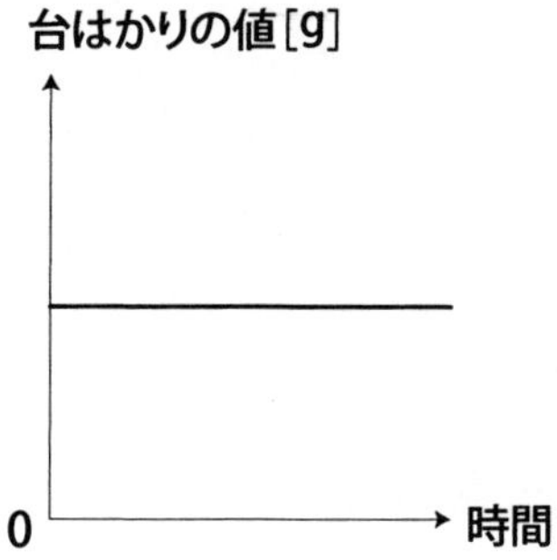

イ

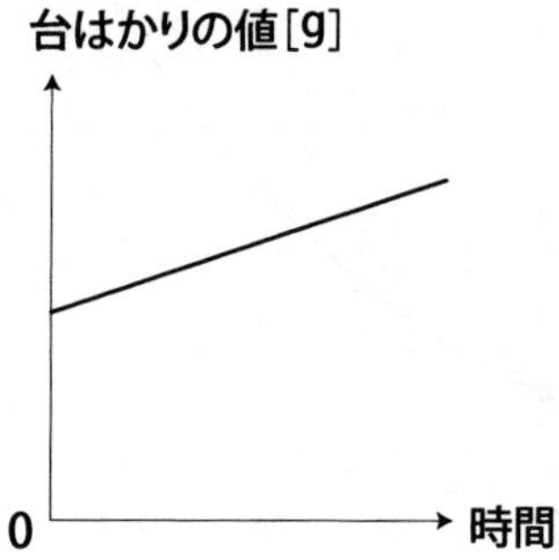

ウ

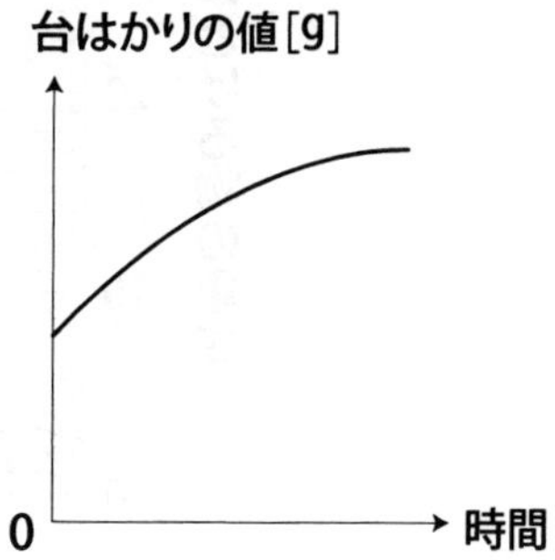

エ

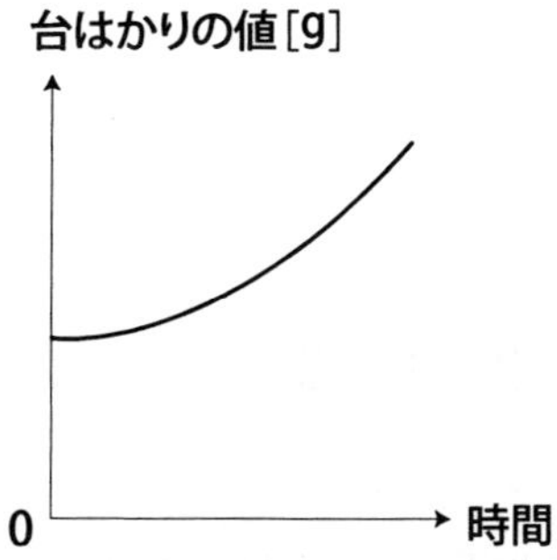

オ

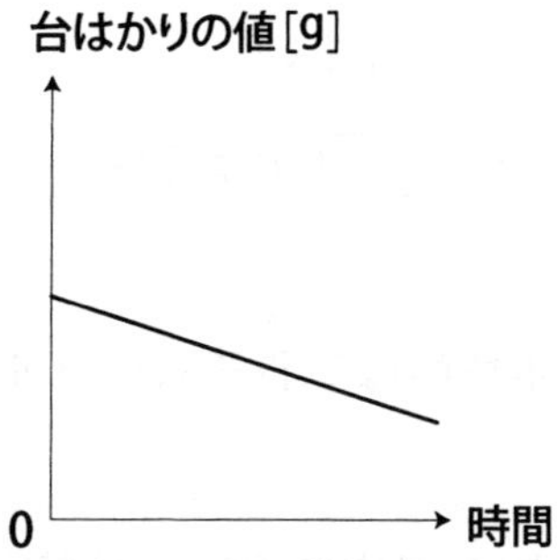

カ

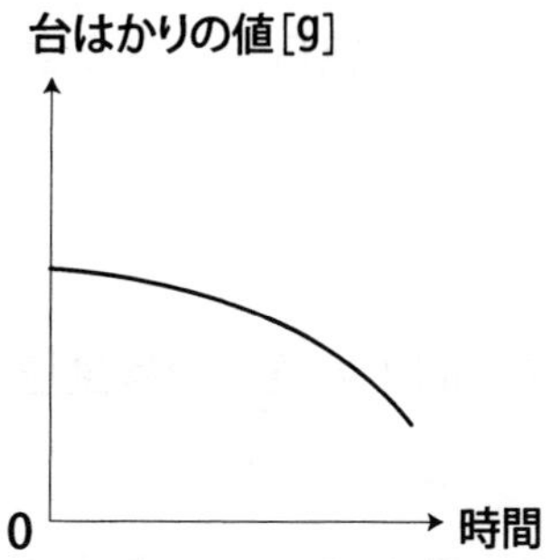

キ

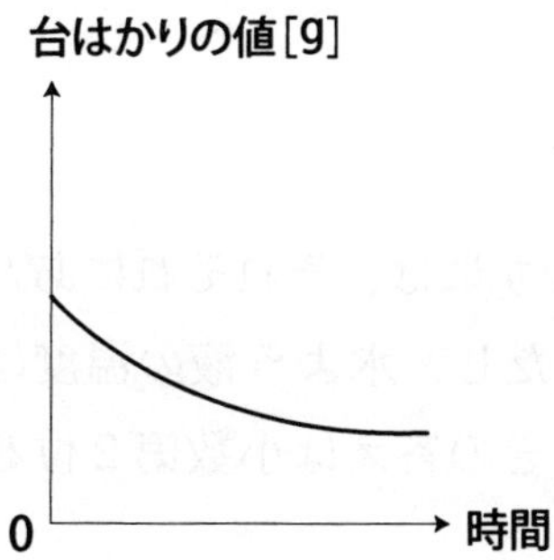

２　水 100g にとける食塩とホウ酸の重さを温度ごとに調べると次のグラフのようになりました。これを見て以下の問いに答えなさい。

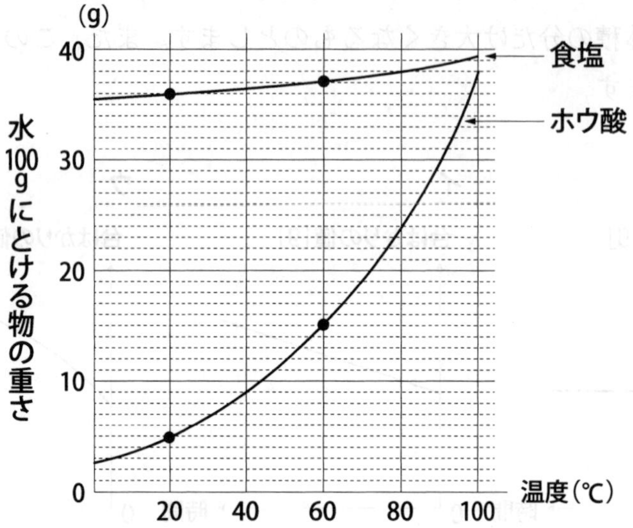

問１　２つのビーカーに 60℃の水を 200g ずつ入れて、それぞれに食塩とホウ酸をとけるだけとかしました。このような水よう液を何というでしょうか。
次の空らんに合うように答えなさい。

[　　　　] 水よう液

問２　**問１**の条件では食塩とホウ酸はそれぞれ何 g ずつとけているでしょうか。

問３　**問１**でとかした水よう液の温度を 20℃まで下げたとき、それぞれとけていたものが出てきました。その量は、どちらが何 g 多いでしょうか。
次の文の空らんをうめなさい。

[**1**] が [**2**] g 多い。

問４　**問３**の状態で出てきた食塩とホウ酸をすべてとかすには、それぞれにあと何 g、20℃の水を加えればよいか答えなさい。ただし、水よう液の温度は 20℃のまま変化しないものとし、割り切れないときの答えは小数第２位を四捨五入し、小数第１位まで答えなさい。

3 次の〔文１〕と〔文２〕を読み、以下の問いに答えなさい。

〔文１〕

地球上に生物は約 180 万種いると考えられています。似たような種類の生物でも、ちがう環境《かんきょう》で生活すると、姿・形や生態的な特徴《とくちょう》が異なる場合があります。例えば、恒温動物《こうおんどうぶつ》で寒い地域にすむ種は、暖かい地域にすむ種に比べて (A)体が大きかったり、耳などが短かったり小さかったりする傾向《けいこう》があります。これらは寒い気候に適応した体の形といえます。

問１ 背骨のある動物を何というか答えなさい。

問２ まわりの温度が変化しても体温が一定に保たれている動物を恒温《こうおん》動物といいます。恒温動物の例に当てはまる動物を以下の**ア〜オ**から１つ選び、記号で答えなさい。

ア メダカ　　**イ** ヘビ　　**ウ** カエル　　**エ** カメ　　**オ** イヌ

問３ **下線部（A）**について、以下の地域ごとでみられるクマの資料を参考にすると、寒い地域に生息する種は体が大きくなることが分かります。その理由を以下に示しました。空らんに当てはまる適切な数字や語句を答えなさい。

なお（　③　）、（　④　）についてはそれぞれの（　　　）の中からいずれかの語句を選び、答えなさい。

〔資料〕

地　域	地域ごとでみられるクマ	大きさ・重さ
暑い地域	マレーグマ	約 1.4m・ 30〜 65kg
↕	ヒグマ	約 2.1m・120〜400kg
寒い地域	ホッキョクグマ	約 2.5m・150〜450kg

《理由》

例として１辺が２cm の立方体**A**と１辺が４cm の立方体**B**を比較《ひかく》したとき、立方体**B**の表面積は立方体**A**の表面積の（　①　）倍です。また、立方体**B**の体積は立方体**A**の体積の（　②　）倍です。これより大きさが大きくなるにつれて、体積当たりの表面積が（　③：**大きく・小さく**　）なることで失われる熱を（　④：**多く・少なく**　）することができるから。

〔文２〕

動物は、気候に適応した体の形だけでなく、生存や子孫を残すのに有利な行動をとります。動物の行動には、(B)習わずとも生まれつき備わっている行動と、経験や学習によりできるようになる行動とがあります。

問４　繁殖期《はんしょくき》をむかえたイトヨ（トゲウオという魚の一種）のオスは、腹部が赤色になり、水底に巣を作ります。そして、巣に近づくものがイトヨのオスであれば攻撃《こうげき》しておいはらい、産卵の準備のできたイトヨのメスであればジグザグダンスをおどって求愛します。ある動物行動学者は、イトヨの繁殖期のオスが巣に近づいたオスとメスをどのように区別しているのかを知るため、さまざまな模型を巣に近づけてオスの行動を調べ、**図**のような結果を得ました。

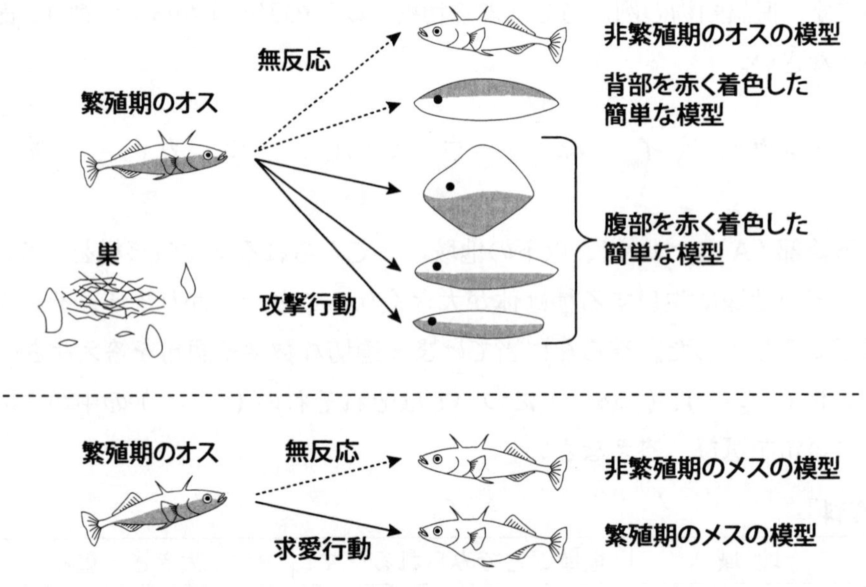

図

（１）　以上の結果から、オスの攻撃《こうげき》行動を引き起こさせる原因を推理して答えなさい。

（２）　以上の結果から、メスの求愛行動を引き起こさせる原因を推理して答えなさい。

問５　**下線部（Ｂ）**について、生まれつき備わっている行動であるものを以下の**ア～エ**から１つ選び、記号で答えなさい。

ア　ホシムクドリは、渡《わた》りの時期になると太陽が見えるときには北西に頭を向ける。

イ　アメフラシは、水管にふれるとえらをひっこめるが、これをくり返し行うとやがてえらをひっこめなくなる。

ウ　キンカチョウのオスは、練習することによって習得した上手なさえずりによってメスに求愛する。

エ　チンパンジーは、手の届かないところにバナナがつるしてあると最初はとび上がって取ろうとするが、やがて身近なものを使って足場をつくったり、棒でたたき落としたりしてバナナを入手する。

4 **シリウスは、太陽を除くと全天の恒星《こうせい》の中で一番明るく、冬の大三角を作る星の一つです。Ｓ君は、シリウスに関心を持ち、自由研究を行いました。自由研究では、実際に観測したり、インターネットや本などで調べたりして、以下の１～４の内容を新たに知りました。**

わかったこと１：
北緯《ほくい》36度、東経140度の日本のある場所で、シリウスは２月３日の午後９時20分に真南を通過（南中）し、そのときの南中高度（真南を通過するときの高さを地平線からの角度で測ったもの）は、ほぼ37度でした。

わかったこと２：
一つの星だと思っていたシリウスは、実際には、明るいシリウスＡとそれよりも約10等級暗いシリウスＢという二つの恒星《こうせい》がおたがいに引力で引き合ってめぐりあっている連星という星でした。

わかったこと３：
シリウスは地球から8.6光年はなれたところにあります。１光年は、光の速さ（秒速30万km）で進んで１年かかる距離《きょり》で、およそ9.5兆kmです。

わかったこと４：
NASAのホームページによると、1977年に地球を出発し、太陽系のさまざまな惑星《わくせい》の探査を行ったボイジャー１号は、現在、太陽系の外の、太陽と他の恒星《こうせい》の間の空間（星間空間）を秒速17kmの速さで進んでいます。

このＳ君の研究に関して、以下の問いに答えなさい。

問１　シリウスは何座にふくまれる星ですか。星座の名前を答えなさい。

問２　冬の大三角を作る、シリウス以外の二つの恒星《こうせい》の名前を答えなさい。

問３　星は、１等星と６等星のように５等級ちがうと明るさが 100 倍ちがい、１等星と２等星のように１等級ちがうと明るさが約 2.5 倍ちがいます。シリウスAは、シリウスBの何倍の明るさですか。最も近いものを以下の**ア～カ**から１つ選び、記号で答えなさい。

ア　$\frac{1}{10000}$　　**イ**　$\frac{1}{2500}$　　**ウ**　$\frac{1}{200}$

エ　200　　**オ**　2500　　**カ**　10000

問４　地球上では、シリウスが地平線から上ってこないために見ることができない場所があります。その場所の緯度《いど》を以下の**ア～ク**から選び、記号で答えなさい。答えが複数ある場合には、すべて答えなさい。

ア　北緯《ほくい》80 度　　**イ**　北緯《ほくい》70 度　　**ウ**　北緯《ほくい》60 度　　**エ**　北緯《ほくい》50 度

オ　南緯《なんい》50 度　　**カ**　南緯《なんい》60 度　　**キ**　南緯《なんい》70 度　　**ク**　南緯《なんい》80 度

問５　シリウスが、Ｓ君が観測した観測点で午前０時 40 分に南中するのはいつですか。最も近いものを以下の**ア～ク**から１つ選び、記号で答えなさい。

ア　10 月 15 日　　**イ**　11 月 15 日　　**ウ**　12 月 15 日　　**エ**　１月 15 日

オ　２月 15 日　　**カ**　３月 15 日　　**キ**　４月 15 日　　**ク**　５月 15 日

問６　Ｓ君は自由研究の中で、探査機でシリウスまで行くのにどれくらいの時間がかかるか計算してみることにしました。ボイジャー１号の速さを参考にして、探査機の速さは秒速 20km とします。この探査機で地球から出発し、シリウスに到着《とうちゃく》するまで何年かかりますか。最も近いものを以下の**ア～ケ**から１つ選び、記号で答えなさい。ただし、探査機の速さは一定であるとします。

ア　100 年　　**イ**　300 年　　**ウ**　1000 年

エ　3000 年　　**オ**　10000 年　　**カ**　30000 年

キ　100000 年　　**ク**　300000 年　　**ケ**　1000000 年

ア　ゴール後にすぐに倒れ込んでしまった八千代が、とても話ができるような体調ではなかったから。

イ　競歩のルールがよくわかっていない榛名が、八千代に「おめでとう」と言える資格はないと思ったから。

ウ　長崎龍之介の圧倒的勝利に対して、自己ベスト更新くらいの八千代に「おめでとう」を言うほどではなかったから。

エ　一時は二位につけていたのが結局順位を下げて四十位でゴールし、八千代本人が納得のいかない様子だったから。

問八　――線部④「心のシャッターをぴしゃりと下ろされた」時の「八千代」の気持ちを表した語として適当なものを次の中から一つ選び、記号で答えなさい。

ア　遮断《しゃだん》　**イ**　拒絶《きょぜつ》　**ウ**　引退　**エ**　集中

問九　――線部⑤「仮面を貼りつけたまま、八千代は『おめでとう』と言った」時の様子の説明として適当なものを次の中から一つ選び、記号で答えなさい。

ア　感情を見せないように硬い表情をして淡々としている様子。

イ　本心を相手に悟《さと》られないように表面的に笑顔をつくっている様子。

ウ　ライバルへの賞賛の気持ちをこめたすがすがしい様子。

エ　長崎龍之介に話しかけられて暗い気分で落ち込んでいる様子。

問十　［　］部「あの夏の日」は、榛名忍、八千代篤彦にとってどのような日であったのか。それを説明した次の文のⅠ～Ⅵの［　］に入る適当な語句を指示された字数でそれぞれ文中からぬき出しなさい。

あの夏の日、榛名忍はⅠ［**十一字**］で八千代篤彦とⅡ［**六字**］。

八千代はⅢ［**四字**］で活躍する長崎龍之介を大型テレビで見てⅣ［**五字**］。

八千代にとってその日は、Ⅴ［**七字**］ことを諦めてⅥ［**七字**］ことを決意した日であった。

問十一　もし、あなたがこの本文中の能美の競歩大会を八千代の家族として見に来ていたとしたら、どのように観戦しますか。百字以内で書きなさい。

八千代は話してくれた。レース直後の一番悔《くや》しくて辛《つら》いタイミングのはずなのに――だからこそなのかもしれないけれど、話してくれた。

長崎とは、高校時代に競歩の大会でよく顔を合わせた。あの頃は二人の実力は拮抗《きっこう》していた。でも、八千代は競歩なんて興味なかった。部の顧問から勧められて、仕方なく出場しているだけだった。長距離走でも競歩でも結果が出ていたから、悪い気はしなかった。

八千代篤彦が見据《す》えていたのは箱根駅伝を走ることだった。

だから、箱根駅伝の常連校である慶安大学に進学した。慶安大には全国から有望選手が集まる。入学直後、自分は強い長距離選手ではないのだと思い知った。

慶安大の陸上部じゃやっていけないと、大学一年の終わりに気づいた。選手ではもう先がないからと監督からマネージャー転身を勧められても、それでも諦めきれなかった。

諦める勇気を持てないでいるうちに、長崎はリオ五輪に日本代表として出場した。

だから、涙《なみだ》が出た。

途切れ途切れに八千代の話を聞いていると、周囲から人がいなくなっていた。

（額賀　澪『競歩王』一部改変）

※ロス・オブ・コンタクト…競歩競技で、両足が同時に地面から離れた状態があるという反則。

※ベント・ニー…競歩競技で、脚を前に振り出したときに膝が伸びていない状態（膝曲がり）があるという反則。

※インハイ…全国高等学校総合体育大会（インターハイ）の略。高校スポーツの全国大会。

問一　～～線部ａ～ｄのカタカナを漢字に直しなさい。

問二　[Ａ]に入ることばを次の中から一つ選び、記号で答えなさい。

ア　高校時代のコーチが指示してくれるんじゃないですか

イ　長距離走のコーチが一緒に指導してくれるにきまってるじゃないですか

ウ　そんなのいるわけないじゃないですか

エ　家族がアドバイスするんじゃないですか

問三　――線部①「――だから」のすぐ後に、「福本」が続けて言いたかったと思われることばを、文中から十一字でぬき出しなさい。

問四　[Ｂ]に入る接続語を次の中から一つ選び、記号で答えなさい。

ア　だから　　イ　しかし

ウ　しかも　　エ　その上

問五　――線部②「忍は唇を噛んだ」時の気持ちの説明として適当なものを次の中から一つ選び、記号で答えなさい。

ア　必死になって戦っている八千代に対して何もできない自分がはがゆい気持ち。

イ　どんどん順位を落としている八千代に対してがっかりしている気持ち。

ウ　反則の多さなど競歩のルールの複雑さにあきれている気持ち。

エ　八千代の状況よりも競歩の奥深さに感心している百地にいらいらする気持ち。

問六　[Ｃ]に入ることばを次の中から一つ選び、記号で答えなさい。

ア　頑張れ！

イ　リラックスしろ！

ウ　負けるな！

エ　八千代！

問七　――線部③「『自己ベスト更新おめでとう』なんて言えるわけがなかった」理由の説明として適当なものを次の中から一つ選び、記号で答えなさい。

ずかにほころばせる。そういうお面を咄嗟に被《かぶ》ったような、温かさの感じられない笑みだった。

「篤彦が前半からぐいぐい来てたからさ、焦《あせ》ったよ。でも、知り合いが競歩に来てくれて嬉しいや」

　長崎が右手を差し出す。握手《あくしゅ》に応じた八千代が、一瞬だけ、足の裏に画鋲《がびょう》でも刺《さ》さったような顔をした。

「龍之介が前にいたから、前半から突っ込みすぎた」

　⑤仮面を貼《は》りつけたまま、八千代は「おめでとう」と言った。忍は無意識に拳を握り込んだ。彼がどんな気持ちで賞賛の言葉を贈《おく》ったのか考えたら、胸を抉《えぐ》られる気分だった。

「次も勝つからな」

　ぐいぐいと自分の顔を指さして、長崎は「じゃあな」と去っていった。一瞬だけ忍の方を見て、「お邪魔しました」と礼儀正しく会釈《えしゃく》する。どうやら離れたところに同じ大学の仲間がいるようだ。そういえば、百地さんが彼は東京体育大の学生だと、夏頃《なつごろ》言っていたっけ。

　ベンチコートを翻《ひるがえ》して駆けていく長崎の背中を、八千代はずっと見ていた。ぴくりとも動かず、じっと。まるでそれは、大学のラウンジで泣いていたときみたいだった。

「……八千代？」

　恐る恐る、背後から声を掛《か》けた。八千代は、電池が切れたように再び蹲ってしまった。

　疲れただけ。ちょっと休んでるだけ。そんな風をdヨソオう背中に、忍は傍《かたわ》らにあったベンチコートを摑《つか》んだ。

　瑠璃《るり》色のコートを、八千代の頭から被せてやる。

「なんですか」

　くぐもった声が、厚手のコートの下から聞こえてくる。

「いや、だって」

　小さく溜《た》め息をついて、忍は八千代の隣《となり》に腰《こし》を下ろした。

「君の考えてることはよくわかんないけど、とりあえず、泣いてるところは他人に見られたくないだろうと思って」

　鼻を啜《すす》る音が聞こえた。コートが八千代の肩から摺り落ちる。何も言わず、忍はコートの位置を直してやった。

「地元が一緒」

　布擦《ぬのず》れの音に搔《か》き消されそうなくらいか細い声で、八千代が言う。

「え？」

「さっきの……長崎龍之介と、地元が一緒なんです。年も一緒」

「ああ、だから親しそうだったんだ。めちゃくちゃフランクだったから、驚《おどろ》いた」

「あいつは人懐《ひとなつ》っこくて誰からも可愛がられますから」

　俺はそうじゃないけど。そんな卑屈《ひくつ》な本音が、勝手に聞こえてくる。

「高校時代から競い合ってきた仲、ってやつ？」

「龍之介は高校からずっと競歩。俺は長距離走でしたけど、陸上部の顧問《こもん》に勧《すす》められてときどき競歩の大会にも出てました。意外と※インハイに出れたりしたんです。でも、大学では長距離走一本で行くつもりでした。俺が箱根《はこね》駅伝にこだわってぐだぐだ足搔いているうちに、あいつはオリンピックに出ました。このまま行けば、東京オリンピックも出ます」

　八千代は淡々《たんたん》としていた。長崎のことを賞賛しているのに、実力を認めているのに、平坦で、冷徹《れいてつ》で、抑揚《よくよう》がなくて、声の上を感情がつるつると滑《すべ》っていく。

　滑り落ちた感情は、どこに行くのか。

「夏に、大学の図書館のラウンジで……」

「あの日、箱根を諦《あきら》めることにしたんです。競歩に転向することにしたんです。何やってんだろうと思って」

百地さんに一言そう言って、忍は沿道を走った。

彼の歩くスピードは速い。忍の駆け足と変わらない。

「八千代!」

叫んだ。八千代には、果たして聞こえただろうか。

背負ったリュックが重い。一泊《いっぱく》旅行だから荷物を少なくまとめたのに、重い。邪魔《じゃま》だ。どうしてこんなに重いんだ。

「八千代っ!」

なんとか八千代に追いついた。並んだ。彼がわずかに首を動かして、こちらを見た。忍を見た。サングラスに、忍の顔が小さく映り込んだ。

頑張れ? 違《ちが》う、何か違う。リラックスしろ? していいのか? 俺にそんなことを言われて、こいつは嬉《うれ》しいか? お前に何がわかるって思わないか?

わからない。彼の気持ちなんて何もわからない。どうして競歩なのか。どうしてあの日泣いていたのか。何のつもりでたった一人で能美に来て、歩いているのか。

わからない。全然、わからない。

でも、彼が何かに負けたくないと思っているのは、よくわかる。

「　C　」

叫び声は、八千代にはちゃんと届いたと思う。

彼のサングラスの中にいた榛名忍にも、ついでに。

一位は長崎龍之介だった。ラスト二周で警告を一つもらったけれど、危なげない様子でゴールした。

八千代は四十位だった。ゴール横に設置されたスポーツタイマーでタイムを確認すると、1時間30分23秒だ。元旦《がんたん》競歩のときは1時間34分30秒だったから、五分近く自己ベストを更新《こうしん》したことになる。祝うべきなのだろうけど、ゴールした途端《とたん》にその場に倒《たお》れ込み、無言でアスファルトを拳《こぶし》で叩いた八千代に③「自己ベスト更新おめでとう」なんて言えるわけがなかった。

でも、それでも、八千代がスタッフに誘導《ゆうどう》されて待機場所に向かうのを、追いかけないわけにはいかなかった。百地さんは何を思ったのか、「どうぞ行ってらっしゃい」と穏《おだ》やかな顔で忍を送り出した。

コースの目の前にあるcジドウセンターが大会の受付や選手の待機場所になっていた。白いテントが張られ、次のレースに参加する選手達がウォーミングアップをしている。

駐車《ちゅうしゃ》場の隅《すみ》っこに、八千代は蹲《うずくま》っていた。元旦競歩のときと一緒《いっしょ》だ。周囲にいる同じ年くらいの選手達はマネージャーやチームメイトと一緒にいるのに、彼は一人だ。

片膝《かたひざ》を抱《かか》えて動かずにいる八千代に、忍は近づいて行った。足音に気づいた八千代が、顔を上げる。

途端に、あの夏の日が、空から降ってきた。

真珠《しんじゅ》色を切り裂《さ》くようにして、真っ青な夏空が覗《のぞ》く。リオ五輪に日本中が沸《わ》いていたあの日が、忍の肌《はだ》を掠《かす》めて蘇《よみがえ》る。

「また、あんたか」

八千代が顔を伏《ふ》せる。④心のシャッターをぴしゃりと下ろされた。

その冷たく硬《かた》いシャッターを、静かにノックすることにした。

「初めて会った日、泣いてたよな」

どうして? そんな忍の問いに、正反対の陽気な声が重なった。

篤彦! と八千代を親しげに呼ぶ声が。

「篤彦、お疲《つか》れ。寒かったな」

振り返って、忍は「は?」と声を上げた。

スキップでもするようにしてやって来たのは、先ほど一位でゴールテープを切った長崎龍之介だったから。

むくりと立ち上がった八千代は、「おう」と短く頷《うなず》いた。口元をわうるさい、好感度低くて悪かったな。そんな軽口を叩《たた》きたいのに、言葉が出てこない。

長崎龍之介の姿が、再び大きくなってきた。電話を切って、忍は彼《かれ》を見つめた。流石《さすが》は日本代表だ。スタート時とフォームが変わらない。顎《あご》も上がってないし、口も開いてない。まだ余力がある。一挙手一投足からそれが伝わってくる。

八月を思い出す。大学の図書館のラウンジで、彼がリオデジャネイロで活躍《かつやく》する姿を大型テレビで見た。振《ふ》り返ったら、八千代がいた。彼は長崎龍之介の姿を見て泣いていた。

八千代の心根なんてわからない。わからないけれど。今その長崎龍之介と同じレースを歩いている八千代は――あいつはもしかしたら、どうしようもなく、自分でも逃《のが》れられない感情に振り回されるようにして、足搔《あが》いているのかもしれない。

「あ、榛名さん」

ずっと黙《だま》って観戦していた百地さんが、忍の肩《かた》を叩いてきた。

「八千代さんに、二つ目の警告が出ちゃいました」

沈《しず》んだ声に引き摺《ず》られるように、忍は「うわっ」と呻《うめ》いた。ボードには、確かに二つ目のロス・オブ・コンタクトが記されていた。

「マジか……」

長崎龍之介が通過して、数十秒。後続の選手がやって来る。

二番手だったはずの八千代は順位を落としていた。15キロ過ぎから明らかに他の選手達の動きが変わった。ラスト5キロ。ここから勝負をかけるのだろうか。

ぱっと見では順位がわからないくらい後ろに、八千代がいた。歩型は保っているけれど、足に力が入っていない。二本の b ボウを引き摺るみたいにして忍の前を通過する。前半でスピードを出しすぎた。もう体力が残っていない。

「……八千代！」

咄嗟《とっさ》に、彼の名を呼ぶ。言葉が続かない。どんな言葉で励《はげ》ませばいいのか、わからない。

その間に、後ろから来た選手に八千代は抜《ぬ》かれてしまう。

「そうか」

しみじみとした声で、百地さんが呟いた。

「スピードを上げれば警告を取られやすくなる。勝負所で勝負するには、余力を残しておくだけじゃなく、できるだけ警告をもらわないでおく必要があるんですね」

八千代は、あと一つ警告が出たら失格だ。 B スピードを上げられない。警告がゼロの選手は、多少のリスクを負ってでもスピードを出せる。勝負所で、勝負ができる。

体力もなければ、あと一つの警告で失格になる八千代に、勝負なんてできるわけがない。

「凄《すご》い。ただ歩くだけじゃなくて、そういう駆《か》け引きがあるんだ」

感心した様子で何度も首を縦に振る百地さんを余所《よそ》に、②忍は唇《くちびる》を噛《か》んだ。

より速く、より高く、より強く、より美しく、より人間らしく。

歩型、ロス・オブ・コンタクト、※ベント・ニー、注意、警告、失格――ルールにガチガチに縛《しば》られて、失格にならないように注意を払《はら》って、その中で競争相手と駆け引きをしながら、長い距離を《歩く》。

なんて不可思議な競技なんだ。

なんて、人間らしい競技なんだ。

足が痙攣《けいれん》する。足の裏が震《ふる》える。体の奥底《おくそこ》で何かが叫《さけ》んでいる。なんだよこれ、ふざけるなよ。誰に対してなのか、何に対してなのか、憤《いきどお》っている。

「すいません！」

以降、文化や経済が発展してくるにつれて、いろいろな種類の物品が一般家庭にあふれるようになった。

ウ　古い絵巻物によると昔の日本の家屋には収納家具も物品も見当たらないが、実際は倉や納戸のような部屋に置いて外から物品がわからないように隠していた。

エ　欧米の国々の家は、本棚や飾り棚などの収納家具もイスやテーブルなどの家具や調度も多いが、日本と違いへんなモノ、いらないモノが部屋にない。

二　**次の文章を読んで後の問いに答えなさい。**

登場人物
榛名《はるな》　忍《しのぶ》　慶安《けいあん》大学学生　二年　小説家
八千代《やちよ》篤彦《あつひこ》　慶安大学学生　二年　競歩選手
福本《ふくもと》　慶安大学学生　一年　新聞部記者
百地《ももち》　出版社の編集者
長崎《ながさき》　龍之介《りゅうのすけ》　競歩選手

高校生時代に小説家デビューした榛名忍は、編集者の百地とともに、小説の取材のために石川県能美《のみ》で開催《かいさい》中の競歩大会を観戦しにやってきた。現地に来られない新聞部の福本はライブ配信で大会を観戦しながら、榛名に電話をかけてきた。

『あのですね、榛名さん』

こちらを教え諭《さと》すような改まった口調で、福本は言った。

『まず、慶安大の陸上部には競歩のコーチはいません。競歩の選手が一人しかいないのに、コーチなんて雇《やと》うわけないじゃないですか。ていうか、練習見学してて見ました？　八千代先輩《せんぱい》のことを指導してるコーチ』

「たまに、それっぽい人と話してたから」

『あれは長距離《きょり》走のコーチです。競歩の指導者じゃないです。あと、一人の競歩選手のためにマネージャーを**a**タイドウさせられるほど、陸上部も暇《ひま》じゃないんです。それに八千代先輩の性格的に、マネージャーに能美までついてきてほしいなんて、絶対言わないですよ』

「じゃあ、八千代のことを誰《だれ》が応援《おうえん》してるんだ」

足下にぽとりと言葉を落とすように、忍は呟《つぶや》いた。

「フォームが崩《くず》れたときとか、そういうときに、誰がアドバイスするんだ」

『　A　』

一拍《いっぱく》置いて、福本が答える。側にいた人が、前を通りかかった選手に「頑張《がんば》れ！　後半勝負だ！」と声を張り上げた。福本にも、きっと聞こえただろう。

『八千代先輩、一人で歩いてるんですよ。応援してくれる人がいなくても、注意や警告を出されたときに指示をくれる人がいなくても、ずっと一人で歩いてるんです』

①――だから。

福本がそう言った瞬間《しゅんかん》、警告が掲示《けいじ》されるボードに、スタッフが近づいた。息を呑《の》んで、忍はボードを見つめた。

「ああ……」と声が漏《も》れてしまいそうになった。

八千代篤彦のナンバーの横に、一つ、警告がついた。※ロス・オブ・コンタクトだった。

『榛名さん、沿道にいるんだったらせめて応援してあげてください。八千代先輩からの好感度低いだろうけど、名前を呼ばれるくらいなら悪い気しないだろうし』

に、“室内光景は人生の大事”と考えるようにするしかあるまい。そんなことを人生の大事と思いたくない人は、物品の海でおぼれつづけるしかないだろう。私は、もちろん、おおかたの読者諸賢《しょけん》同様、おぼれつづける決意である。

（藤森照信『増補版　天下無双の建築学入門』一部改変）

問一　〰〰線部a〜cのカタカナを漢字に直し、漢字はその読みを答えなさい。

問二　——線部①「推して知るべし」の意味として適当なものを次の中から一つ選び、記号で答えなさい。

ア　考えてはならない
イ　知らないはずがない
ウ　まちがいない
エ　言うまでもない

問三　[A]に入る語を次の中から一つ選び、記号で答えなさい。

ア　ピッタリ　イ　ギッシリ
ウ　タップリ　エ　ドッサリ

問四　[B]〜[E]に入る語の組み合わせを次の中から一つ選び、記号で答えなさい。

ア　B　少ない　C　多い　D　少ない　E　多い
イ　B　多い　C　少ない　D　少ない　E　多い
ウ　B　少ない　C　多い　D　多い　E　少ない
エ　B　多い　C　少ない　D　多い　E　少ない

問五　——線部②「内容と器」とはどういうものをたとえていますか。その説明として適当なものを次の中から一つ選び、記号で答えなさい。

ア　物品と収納　イ　玄関と住宅
ウ　収納と家　エ　くだらない物と住まい

問六　——線部③「記念品」と同じ内容を述べた語を文中から八字でぬき出しなさい。

問七　——線部④「非情になる」とありますが、この文章の場合は何をどうすることですか。「（　一字　）を（　三字　）」という形で答えなさい。

問八　——線部⑤「無理矢理」の類義語を漢字二字で答えなさい。

問九　——線部⑥「物神崇拝」とはどういうことですか。その内容を述べた一文を探し出し、はじめの五字をぬき出しなさい。

問十　[F]に入る否定の意味を持つ漢字一字を次の中から一つ選び、記号で答えなさい。

ア　非　イ　不　ウ　未　エ　無

問十一　——線部⑦「整理整頓」と同じ内容を述べた部分を——線部の後から探し出し、文中から十四字でぬき出しなさい。

問十二　——線部⑧「これ見よがしに」と同じ意味となるように、次の語句の（　）に入る漢字二字の語を答えなさい。

（　　）げに

問十三　——線部⑨「日本のおおかたの家々の今日の室内光景」を四字で述べた部分を探し出し、文中からぬき出しなさい。

問十四　——線部⑩「欧米の人々のように、“室内光景は人生の大事”と考える」とありますが、そのように欧米人が考える理由がわかる一文を探し出し、はじめの五字をぬき出しなさい。

問十五　本文の内容と合っているものを次の中から一つ選び、記号で答えなさい。

ア　現在の日本の家にあるテレビやオーディオなどの電化製品の数は多くはないけれども、その一方で、人からもらったお土産や記念品のようなくだらない物品であふれている。
イ　日本の家の室内に昔は物品がなかったが、戦後の高度成長期もちろん、必要な物は棚に残すのだが、絶対に棚のキャパシティ以上にはしない。この野口流の⑤無理矢理整理法を聞いて、先生は自分の中に流れる⑥物神崇拝の伝統を意識的に断ち切るため、こういう非情なやり方をわざとしている、と思った。

ついで収納について。日本人は、野口先生のように生きる姿勢の一つとして整理に取り組んでいる人を除くと、物を整理するとか、しかるべきところに納めるとかの感覚が、これを

〝収納感覚〟

というなら、それが乏《とぼ》しいのではあるまいか。F発達といってもいい。

収納感覚の乏しさには、日本の住宅の伝統が深く関係しているといわざるをえない。日本の住宅に住んできたからこそ、日本人は⑦整理整頓《せいとん》のbジュツを学ぶことができなかった。

わが身の来し方を振《ふ》り返り、目の前に広がる諸物散乱の光景を見るにつけ、そういわざるをえない。もし、読者の皆《みな》さん方の家の中が散らかっていたとしても、それは皆さん自身の責任ではなく、あくまで日本列島で生まれ育った宿命なのである。

なぜか。

日本人が物をどのようにしまってきたかを考えてみよう。源氏物語絵巻など古い絵巻物の室内の光景を思い出してもらうと分かるが、室内に物品がないし、収納家具も見当たらない。この傾向《けいこう》はずっと続き、現在でもちゃんとした和室においては収納家具や物品を排除《はいじょ》する。わずかに、床《とこ》の間に花びんや文箱《ふばこ》を点散させるばかり。

それにくらべ、ヨーロッパや中国はどうかというと、たとえばヨーロッパのどこの国でもいいから王様や貴族の家を見ればいいが、室内には飾り棚やら本棚やら食器棚やらの収納家具が⑧これ見よがしに置かれている。収納家具だけでなくイス、テーブルなどなどの家具、調度の類が充満《じゅうまん》し、それらがインテリアの決め手となっている。さまざまな物品、家具調度を室内に取り込み、それをいかに上手に美的かつ機能的に配列するかが室内構成の根本だった。生まれながらにそういう根本を学ぶのだから、当然のように収納感覚が身に付く。字を覚え、本を読むのと同じように、一つの教養として身に付けてゆく。だから、欧米においては室内に物品が散らかるというのは、無教養のしるしとしてとらえられる。身の回りの物品のコントロールもできないようなフシダラなヤツ。

日本の室内には物品はない。本当はあるのだが、隠《かく》されていた。どこにか。納戸《なんど》とか倉の戸の向こうの暗がりの中に。タンスや長持ちといった収納家具はあるのだが、それらは人目に付かない暗がりに置かれた。収納家具も物品も、日陰《ひかげ》の身だったのである。

日陰の身でも、その総量が少ないうちは散乱問題は起きなかった。納戸や押入《おしい》れのようなどこかちょっとした場所に隠して置けば済むのだから。ところが、明治以後、というより一般《いっぱん》の家庭では戦後の高度成長以後、長く続いてきた少量物品日陰の身システムは破綻《はたん》を余儀《よぎ》なくされる。

電気釜《がま》、テレビ、オーディオをはじめとする各種家庭用電化製品、ブームとなった旅行の土産物などがドッと家庭に流れ込んでくる。流れ込んでくるのは仕方ないとして、問題は受け止める人間の方で、流れ込んで来た物品をコントロールする感覚がないのである。泳ぎ方も知らないのに物品の海に飛び込んだようなもので、おぼれるしかない。そして、⑨日本のおおかたの家々の今日の室内光景が生まれたのだった。

なんだか自己cベンゴのための一文のような気もしないでもないが、とにかく歴史的な宿命なのである。

では、二十一世紀に向けてどうすればいいか。⑩欧米の人々のよう

2023年度 淑徳中学校

【国語】〈第一回スーパー特進入試〉（五〇分）〈満点：一〇〇点〉

注意　設問においては、特に注記のないかぎり句読点や記号等も字数に数えるものとします。

一　次の文章を読んで、後の問いに答えなさい。

おそらく世界の古今の住宅で、現在の日本の住まいほど散らかってる例はないのではあるまいか。

玄関《げんかん》には下駄《げた》箱に入り切らない靴《くつ》がいく足も連なり、下駄箱の上には、花びんやら額やらお土産やらが並ぶ。一応体面を考える玄関でこうなのだから、家族専用の部屋は①推して知るべしで、居間なんかテレビやオーディオといった電化製品は仕方ないとして、壁《かべ》にはカレンダーやら予定表やら、飾《かざ》り棚《だな》の上には捨てるわけにはいかない記念品や人形やら、本、パンフレットの類やら。ピアノなんか何とかしてくれ。物置台になってしまっている。台所、洗面台と進むにつれ事態は切迫《せっぱく》し、ほとんど立錐《りっすい》の余地もないまで、ビンやら器具やらが[A]。

世界の古今の住宅で、と私が自信を持って断言するには、理論的な裏付けがそれなりにある。まず、発展途上《とじょう》国は、家は狭《せま》いが、それ以上に物品が[B]。一方、先進国としての歴史の長い欧米《おうべい》は、物品も[C]が、それ以上に家が広い。いずれも、原理的に散らかりようがないのである。

ところがわが日本ときたら、欧米に負けず劣《おと》らず物品は[D]のに、家は広くなく、収納スペースは[E]。②内容と器のバランスを失している。

これが、現在の日本の住まいが人類史上まれな大散乱状態を呈《てい》してしまったａ根本原因にちがいないのだが、そういう大原因には収束しないさまざまな原因もあって、その辺のことについて物品と収納の両方から考えてみたい。

まず、物品の方から。欧米の住宅にそう詳《くわ》しいわけではないが、日本にくらべヘンなモノ、いらないモノが少ないように感じられる。日本のヘンなモノ、いらないモノの代表は、お土産や③記念品の類で、どうしてあのようなクダラナイものが大量に家に持ち込《こ》まれ、保管されなければならないのか。これには、日本人の〈物神崇拝《すうはい》〉の長い伝統がきいているように思う。物品に対し、その性能や美だけでなく、何か精神的、心理的に大事なものが宿っていると考える。物にカミが宿る。たとえば、職人は道具にそういう気持ちを持ち、そのことを誇《ほこ》りとしてきた。特に刃物《はもの》に対してはそうで、大工の名人上手は、毎日、刃物を使い終わると、きれい、というより清浄《せいじょう》に保つことを旨《むね》とした。お針子（裁縫《さいほう》をする人）が使い終わった針を捨てずに、〝針塚《はりづか》〟に納めて、仏サマ同然に扱《あつか》ったのも同じ心情だろう。調理人たちは〝包丁塚〟を作り、文化人はかつて〝筆塚〟を作った。

そういう心の伝統が、何かしらメモリアルな物品を捨てがたくしているのではあるまいか。実際、私のような戦後生まれの者でも、どっかの会社からもらった創立〇〇周年記念のつまらないガラスの置き物なんかをゴミ袋《ぶくろ》に入れる時には、ちょっと躊躇《ちゅうちょ》する。意識しないにしても、物品に宿る精霊《せいれい》に対し気がとがめているのだろう。困ったことに、日本人は、物品に対し非情になれないのである。

④非情になるにはどうすればいいか。これについては日本を代表する経済学者で整理法の達人として知られる野口悠紀雄《のぐちゆきお》先生の方法が面白い。先生は本を捨てるために、棚を利用していて、片方からどんどん新しい本を入れ、もう片方からどんどん落として捨てるのだという。

2023年度

淑徳中学校

▶解説と解答

算　数　＜第１回スーパー特進入試＞（50分）＜満点：100点＞

解　答

[1] ⑴　5　⑵　$3\frac{7}{50}$　⑶　11　⑷　0.03　⑸　4046　⑹　$1\frac{121}{243}$　[2] ⑴　428人　⑵　400円　⑶　7680通り　⑷　300歩　⑸　41人　[3] ⑴　DCBA　⑵　4個　⑶　BDAC　[4] ⑴　9 cm^2　⑵　3.75cm^2　⑶　31.5cm^2　[5] ⑴　56秒　⑵　(i)　12　(ii)　1536mL

解　説

[1] 四則計算，数列

⑴　$(12\div3+7\times3)\div(1+24\div6)=(4+21)\div(1+4)=25\div5=5$

⑵　$\left(1-\frac{7}{100}+\frac{4}{5}\times\frac{4}{5}\right)\div\frac{1}{2}=\left(1-\frac{7}{100}+\frac{16}{25}\right)\div\frac{1}{2}=\left(\frac{100}{100}-\frac{7}{100}+\frac{64}{100}\right)\div\frac{1}{2}=\frac{157}{100}\times\frac{2}{1}=\frac{157}{50}=3\frac{7}{50}$

⑶　$99.7-3.2\div0.025\times0.75+7.3=99.7-3.2\div\frac{1}{40}\times\frac{3}{4}+7.3=99.7-3.2\times40\times\frac{3}{4}+7.3=99.7-3.2\times30+7.3=99.7-96+7.3=3.7+7.3=11$

⑷　$4.9\times5.1-\left(2\frac{2}{5}+2\frac{1}{2}-0.1\right)\times1.3\times4=4.9\times5.1-(2.4+2.5-0.1)\times5.2=4.9\times5.1-4.8\times5.2=(4.8\times5.1+0.1\times5.1)-(4.8\times5.1+4.8\times0.1)=0.51-0.48=0.03$

⑸　$3-1+5-3+7-5+9-7+\cdots-4043+4047-4045=(3-\underline{1})+(5-\underline{3})+(7-\underline{5})+(9-\underline{7})+\cdots+(4047-\underline{4045})=2+2+2+2+\cdots+2$となる。ここで，＿部分には１から順に奇《き》数《すう》が並んでいるから，＿部分の個数は，(4045＋１)÷２＝2023(個)とわかる。よって，２×2023＝4046と求められる。

⑹　$1+\frac{1}{3}+\frac{1}{9}+\frac{1}{27}+\frac{1}{81}+\frac{1}{243}=\frac{243}{243}+\frac{81}{243}+\frac{27}{243}+\frac{9}{243}+\frac{3}{243}+\frac{1}{243}=\frac{364}{243}=1\frac{121}{243}$

[2] 差集め算，相当算，場合の数，速さと比，比の性質，消去算

⑴　17人ずつ座るときに17人座った長いすの数を□脚《きゃく》とすると，２通りの座り方は右の図１のようになる。太線の右側の人数を比べると，㋐が３人，㋑が，９×６＋149＝203(人)だから，㋑の方が，203－３＝200(人)多い。したがって，太線の左側の人数は㋐の方が200人多いことがわかる。これは，17－９＝８(人)の差が□脚集まったものなので，□＝200÷８＝25(脚)と求められる。よって，生徒の人数は，17×25＋３＝428(人)である。

図１

□脚
㋐ 17人，…，17人 ｜ ３人，０人，０人，０人，０人，０人
㋑ ９人，…，９人 ｜ ９人，９人，９人，９人，９人，９人→あと149人

⑵　２つ分で24円安くなったから，１つ分では，24÷２＝12(円)安くなる。これは持ち帰るときの値段の３％にあたるので，持ち帰るときの値段は，12÷0.03＝400(円)とわかる。

⑶　下の図２で，①～⑥の順番にぬっていく。①には６通り，②には①に使った色を除いた５通り

図２

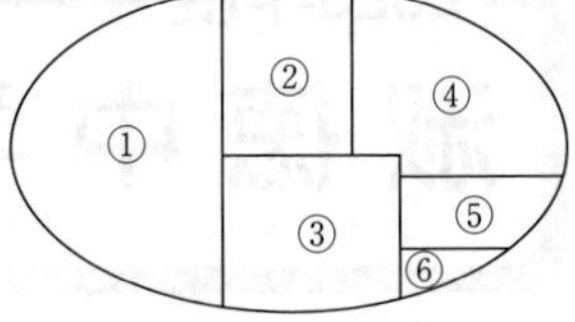

の色を使うことができる。また，③には①と②に使った色を除いた４通り，④には②と③に使った色を除いた４通り，⑤には③と④に使った色を除いた４通り，⑥には③と⑤に使った色を除いた４通りの色を使うことができる。よって，全部で，６×５×４×４×４×４＝7680(通り)となる。

⑷　お父さんが，72×４＝288(cm)進む間にのりおさんは，48×５＝240(cm)進むから，お父さんとのりおさんの速さの比は，288：240＝６：５である。したがって，右上の図３のように表すことができる。図３で，⑥－⑤＝①にあたる道のりが36mなので，お父さんがのりおさんに追いつくまでに歩く道のりは，36×６＝216(m)，216×100＝21600(cm)とわかる。また，お父さんの歩《ほ》幅《はば》は72cmだから，このときお父さんが歩く歩数は，21600÷72＝300(歩)と求められる。

図３

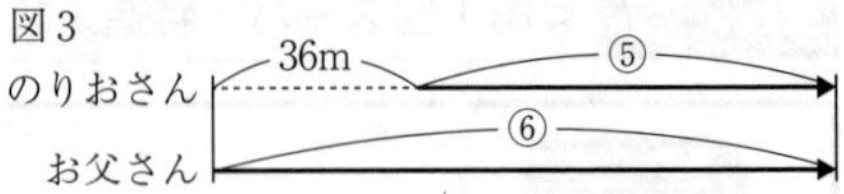

⑸　２年生の各組の人数を[17]，[19]，[20]，[16]とすると，２年生の合計は，[17]＋[19]＋[20]＋[16]＝[72]となり，３年生の各組の人数を⑥，⑤，⑥，⑦とすると，３年生の合計は，⑥＋⑤＋⑥＋⑦＝㉔になる。ここで，３年生は２年生よりも48人多いので，右の図４のアの式を作ることができる。また，黄組の人数は，２年生が[19]，３年生が⑤であり，この合計が78人だから，イの式を作ることができる。はじめに，アの式の等号の両側を24で割るとウのようになり，さらにウの式の等号の両側を５倍するとエのようになる。次に，イの式とエの式の差から，[19]＋[15]＝[34]にあたる人数が，78－10＝68(人)とわかるので，[1]＝68÷34＝２(人)と求められる。これをウの式にあてはめると，①＝２＋２×３＝８(人)となるから，この中学校の人数は右上の図５のようになる。したがって，全体の人数は，180＋144＋192＝516(人)なので，４つの組の人数を等しくするには，各組の人数を，516÷４＝129(人)ずつにすればよい。よって，赤組の１年生の人数は，129－(40＋48)＝41(人)と求められる。

図４

{㉔－[72]＝48(人)…ア
{⑤＋[19]＝78(人)…イ
↓
①－[3]＝２(人)…ウ
↓
⑤－[15]＝10(人)…エ

図５

	緑組	黄組	赤組	青組	合計
１年生					180人
２年生	34人	38人	40人	32人	144人
３年生	48人	40人	48人	56人	192人

[3] 周期算

⑴　問題文中の図２のあみだくじを順にたどっていくと，Ａは左から４番目，Ｂは左から３番目，Ｃは左から２番目，Ｄは左から１番目になる。よって，文字の列ABCDはDCBAになる。

⑵　問題文中の図１から，１個のあみだくじによって，左から１番目の文字は左から２番目に，左から２番目の文字は左から４番目に，左から３番目の文字は左から１番目に，左から４番目の文字は左から３番目に移動することがわかる。よって，あみだくじをつなげたときのようすは右の図のようになるから，はじめてABCDにもどるのは４個つなげたときである。

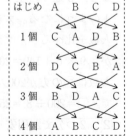

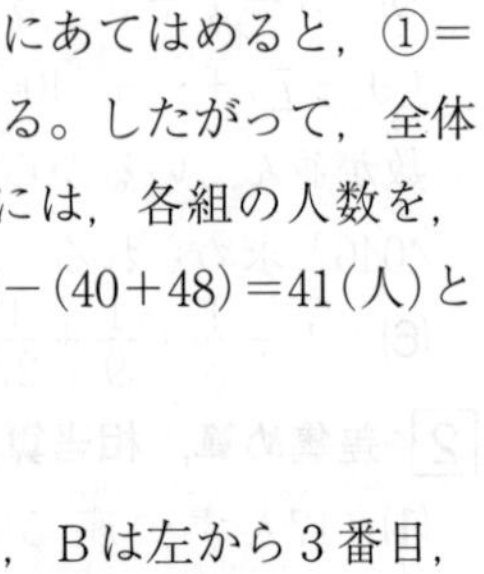

⑶　４個ごとにABCDにもどるので，2023÷４＝505余り３より，2023個つなげたときの文字の列は，３個つなげたときの文字の列と同じになることがわかる。よって，2023個つなげたときの文字の列はBDACである。

4 平面図形―面積，相似，辺の比と面積の比

(1) 正三角形８個分の面積が36cm^{2}だから，正三角形１個の面積は，36÷８＝4.5(cm^2)である。よって，下の図１で，平行四辺形ABJHの面積は，4.5×４＝18(cm^2)なので，三角形ABJの面積は，18÷２＝９(cm^2)とわかる。

(2) 図１で三角形ALCと三角形JLBは相似であり，相似比は，AC：JB＝１：２だから，CL：LB＝１：２とわかる。さらに，三角形AMCと三角形JMGは合同なので，CM：MG＝１：１である。したがって，三角形CLMの面積は三角形CBGの面積の，$\frac{1}{1+2}\times\frac{1}{1+1}=\frac{1}{6}$(倍)だから，$4.5\times\frac{1}{6}$＝0.75(cm^2)となる。よって，四角形BGMLの面積は，4.5－0.75＝3.75(cm^2)と求められる。

(3) (1)と同様に考えると，下の図２で三角形AJHの面積は９cm^{2}とわかる。また，３つの三角形AJH，JED，EACは合同なので，これらの面積はすべて９cm^{2}である。さらに，三角形CHDの面積は4.5cm^{2}だから，三角形AEJの面積は，９×３＋4.5＝31.5(cm^2)と求められる。

図１

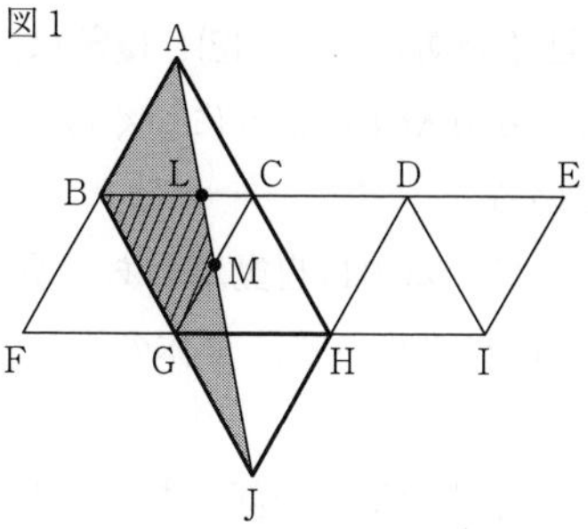

図２

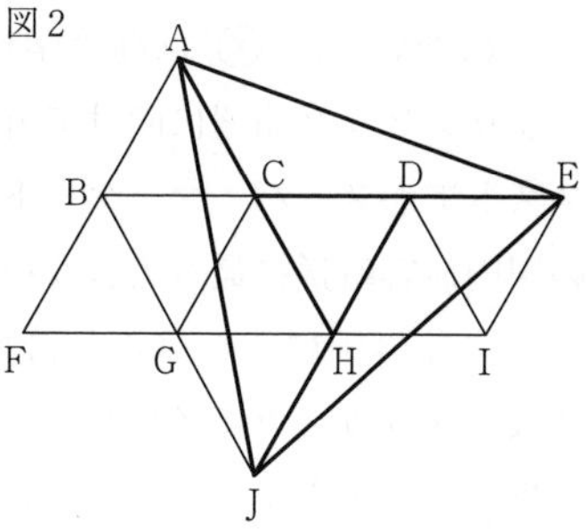

5 立体図形―水の深さと体積

(1) 台形ABCDの面積は，(７＋21)×16÷２＝224(cm^2)だから，この容器の容積は，224×12＝2688(cm^3)とわかる。よって，毎秒48mL(＝48cm^3)の割合で水を入れると，2688÷48＝56(秒)で満水になる。

(2) (i) 水面は地面と平行になるので，右の図でAIとJBは平行である。したがって，同じ印をつけた角の大きさはそれぞれ等しいから，三角形AJBと三角形IBAは相似になる。ここで，AJ：AB＝9.6：16＝３：５なので，三角形AJBは３辺の長さの比が３：４：５の直角三角形とわかる。よって，三角形IBAで，AB：BI＝４：３となるから，㋐に入る数は，$16\times\frac{3}{4}$＝12(cm)とわかる。　(ii) 三角形IBAの面積は，12×16÷２＝96(cm^2)なので，容器に残っている水の量は，96×12＝1152(cm^3)である。よって，こぼれた水の量は，2688－1152＝1536(cm^3)より，1536mLと求められる。

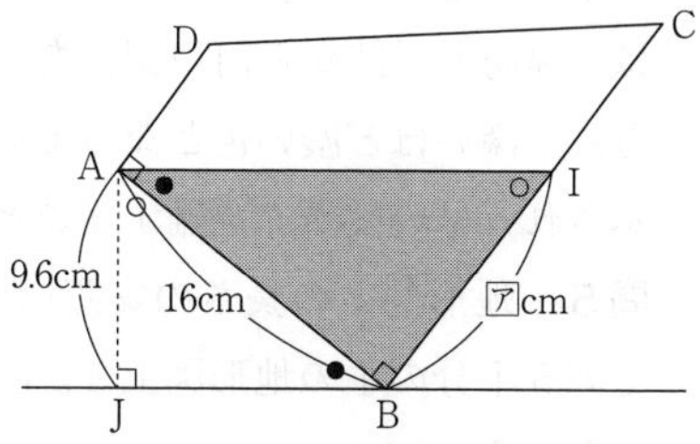

社　会　＜第１回スーパー特進入試＞（25分）＜満点：50点＞

解　答

1 問１ (1) ウ　(2) コンビニエンスストア(スーパーマーケット)　問２ ア　問３

(例) 日本列島はプレートのしずみこむ境界の上に位置しているから。 **問4** 洪水 **問5** 600(m) **問6** エ **問7** **A** 副都心 **B** バリア **C** 国土地理院 **2** **問1** カ **問2** カ **問3** ア **問4** ウ **問5** ウ **3** **問1** ウ **問2** イ **問3** エ **問4** ウ **問5** ウ **4** **問1** 日米安全保障(条約) **問2** エ **問3** ア **問4** 50(年目) **問5** ⑴ もちこませず ⑵ エ **問6** エ **問7** 円安ドル高 **問8** イ **問9** ウ

解 説

1 地図についての問題

問1 ⑴ ときわ台駅から淑徳中学校に向かう道の途中，右側に郵便局()，左側に病院()が見えるので，ウは誤っている。なお，アについて，方位記号()から，この地図では上が北，左が西にあたり，淑徳中学校はときわ台駅から見て北西の方角にある。イについて，()は博物館の地図記号である。エについて，()は高等学校の地図記号である。 ⑵ ()は，2020年東京オリンピック・パラリンピック開催《かいさい》に向けて外国人でもわかりやすいようにつくられた地図記号で，コンビニエンスストアかスーパーマーケットを表している。

問2 日本の国内旅客輸送に最も大きな役割をはたしているのは自動車であるが，鉄道が３割近く占《し》めているため，諸外国にくらべると自動車の割合はやや小さく，全体の約３分の２となっている。なお，イはアメリカ，ウはイギリス，エはドイツ。

問3 日本列島は，太平洋をとりまいて連なる環太平洋造山帯の一部にある。また，西南日本にはユーラシアプレート，東北日本には北アメリカプレート，日本列島の東側には太平洋プレート，南側にはフィリピン海プレートがあり，これらのプレートどうしがぶつかり合う力によって，地震が多発している。

問4 地図の北部には荒川が流れ，その周囲に色が塗《ぬ》られていることから，洪水《こうずい》が発生したときに浸水《しんすい》が予想される地域であると考えられる。また，川と接しているところに色が塗られていないのは，堤防と堤防から河川側にある土地だからと考えられる。想定される浸水の深さによって色分けされ，深いほど濃い色となっている。また，氾濫《はんらん》によって家屋が倒壊することが想定される区域も示され，早い段階で避難することをうながしている。

問5 地形図上の長さの実際の距離は，(地形図上の長さ)×(縮尺の分母)で求められる。縮尺が２万５千分の１の地形図上で2.4cmの実際の距離は，2.4(cm)×25000＝60000(cm)より，600mと求められる。

問6 東西南北を回転させて見ることは，紙の地図でも回転させれば可能であるので，エが適切でない。デジタル地図と比べて，紙の地図のみで可能なことは少ないが，大きくひろげて一度に広範囲を見ることができることや，災害などで電気や通信の状況によってデジタル地図が使えないときでも見ることができるといったことが考えられる。

問7 **A** 中心都市の機能の一部を分担する地区を副都心といい，おもな鉄道の起点となる大きな駅を中心に発展し，東京では，新宿・渋谷・池袋が三大副都心とよばれる。 **B** 目の不自由な人のために点字を設置したり，車いすの人や高齢者のために段差をなくしてスロープやエレベーターを設置したりするなど，社会に参加し生活していく上で障壁となるものを取り除き，誰もが暮

らしやすい環境を整えることをバリアフリーという。　**C**　国土地理院は，土地の測量や地図の作成をおもな仕事とする国土交通省の特別の機関で，茨城県の筑波《つくば》研究学園都市にある。

2 **各時代の歴史的なできごとの年代順についての問題**

問１　①は弥生時代，②は縄文時代，③は旧石器時代のことなので，年代の古いものから順に③－②－①となる。

問２　①は701年(大宝律令の制定)，②は672年(壬申の乱)，③は607年(遣隋使の派遣)のことなので，年代の古いものから順に③－②－①となる。

問３　①は奈良時代の753年(鑑真《がんじん》の来日)，②は平安時代中ごろの1053年(平等院鳳凰堂の完成)，③は平安時代末期の1175年(法然が浄土宗を開いた)のことなので，年代の古いものから順に①－②－③となる。

問４　①は鎌倉時代前半の1221年(承久の乱)，②は平安時代末期の1159年(平治の乱)，③は鎌倉時代後半の1274年(文永の役)のことなので，年代の古いものから順に②－①－③となる。

問５　①は室町時代前半(勘合貿易の開始，1404年)，②は平安時代末期(平氏による日宋貿易)，③は戦国時代～江戸時代初期(南蛮貿易)のことなので，年代の古いものから順に②－①－③となる。

3 **歴史的なできごとの正誤についての問題**

問１　①　1854年に結ばれた日米和親条約により開港されることになった港は，函館《はこだて》(北海道)と下田(静岡県)である。　②　1858年に結ばれた日米修好通商条約は，アメリカに領事裁判権を認め，日本に関税自主権がないことが日本にとって不利であったので，正しい。

問２　①　1895年に結ばれた下関条約により，日本は遼東《リヤオトン》半島・台湾・澎湖《ポンフー》諸島と賠償《ばいしょう》金を獲得したので，正しい。　②　下関条約が結ばれた直後，日本に対して三国干渉を行ったのは，ロシア・ドイツ・フランスである。日本はこれを受け入れて遼東半島を返還した。

問３　①　帝国議会を構成していたのは，貴族院と衆議院である。　②　大日本帝国憲法において主権をもつとされたのは，天皇であった。天皇には，緊急勅令《ちょくれい》を出す，陸海軍を指揮する，条約を締結するなど，広範囲にわたる権限が与えられた。

問４　①　三国協商を結んだ国と三国同盟を結んだ国の説明が逆である。また，イタリアはオーストリアと対立し，三国協商(連合国)側で第一次世界大戦に参戦した。　②　1918年にシベリア出兵を見こして米が買い占められ，米価が大きく上がったため米の安売りを求める米騒動が起こり，全国に広がったので，正しい。

問５　①　加藤高明首相は1925年に普通選挙の実現をはたしたが，民本主義を唱えていたわけではない。　②　原敬は，米騒動の責任をとって総辞職した寺内正毅内閣にかわり，大部分の閣僚が立憲政友会の党員からなる日本最初の本格的な政党内閣を組織し，爵位《しゃくい》を持たない初めての首相であったことから平民宰相として民衆から支持を得たので，正しい。

4 **沖縄の復帰についての問題**

問１　1951年，吉田茂首相が連合国48か国との間にサンフランシスコ講和条約を結んだ日に，日米安全保障条約が結ばれた。これにより，アメリカ軍が軍隊を日本国内に駐留し，軍事基地を使用することが認められ，アメリカとの連携《れんけい》が強化された。

問２　主権の概念は16世紀のフランスの思想家ボダンによって確立され，その意味は大きく２つに分けられた。その１つは，その国の政治の形を最終的に決定する権力という意味で，天皇にあれば天皇主権，国民にあれば国民主権ということになる。もう１つは，他の国に干渉されない独立した権力という意味で，本文の「独立した国としての主権」はこれにあたる。

問３　1951年に結ばれたサンフランシスコ講和条約が1952年に発効したことによって日本は独立を回復したが，1949年に中華人民共和国(中国)が誕生し，1950年に朝鮮戦争が起こったことなどから，沖縄は東アジアにおける軍事拠点と位置づけられ，引き続きアメリカの施政権下に置かれることになった。

問４　1971年に沖縄返還協定が結ばれ，1972年５月15日に沖縄は本土復帰をはたしたので，2022年はそれから50年目にあたる。

問５　(1)「核をもたず，つくらず，もちこませず」という日本政府の核兵器に関する基本方針を非核三原則という。1967年の国会答弁で佐藤栄作首相が表明したのが始まりで，1971年の衆議院本会議の決議で確認され，それ以降，政府の方針となっている。　(2)　核兵器禁止条約は，核兵器の使用や保有を全面的に禁止することを定めた条約で，2017年７月に国際連合の会議で122か国の賛成によって採択された。しかし，日本はアメリカの同盟国でその核の傘の下にあるため，この条約を批准《ひじゅん》していない。

問６　本土復帰以降も，沖縄県には日米安全保障条約にもとづいて多くのアメリカ軍基地が置かれ，軍専用施設の総面積のうち約70％が国土面積の約0.6％しかない沖縄県に集中しているため，沖縄の人にとって重い負担になっている。

問７　ドルの価値が高い状況をドル高といい，このとき相対的に円の価値は低くなるので円安となる。

問８　日本国憲法第15条では，選挙で投票することができる権利など，国の政治や地方の政治に参加する権利について定められているが，これは日本国民(日本国籍を持っている人)に適用される規定で，在日外国人には認められていない。なお，アは第13条，ウは第14条，エは第11条と第97条の内容。

問９　最低賃金法という法律にもとづき，都道府県ごとに使用者が労働者に支払わなければならない地域別最低賃金が定められている。この最低賃金は，最低賃金審議会による話し合いにより毎年改定され，国民の健康を守り，労働に関する仕事を担当する厚生労働省によって公表される。

理　科　＜第１回スーパー特進入試＞（25分）＜満点：50点＞

解　答

[1]　**問１**　11.8　**問２**　16.3cm　**問３**　26cm　**問４**　430ｇ　**問５**　ウ　[2]　**問１**　ほう和(水よう液)　**問２**　食塩…74ｇ　ホウ酸…30ｇ　**問３**　１　ホウ酸　２　18ｇ　**問４**　食塩…5.6ｇ　ホウ酸…400ｇ　[3]　**問１**　セキツイ動物　**問２**　オ　**問３**　①　4　②　8　③　小さく　④　少なく　**問４**　(1)　(例)　腹部が赤いこと。　(2)　(例)　腹部が丸みを帯びていること。　**問５**　ア　[4]　**問１**　おおいぬ座　**問２**　ベテルギウス，プロキオン　**問３**　カ　**問４**　ア　**問５**　ウ　**問６**　キ

解　説

1　ばねの長さ，浮《ふ》力についての問題

問１　ばねＡに10ｇのおもりをつるすと，10.6－10＝0.6(cm)のびるので，ばねＡにつるすおもりの重さが30ｇのとき，ばねの長さは，$10+0.6\times\frac{30}{10}=11.8$(cm)になる。

問２　ばねＢに10ｇのおもりをつるすと，10.9－10＝0.9(cm)のびるので，ばねＢにつるすおもりの重さが70ｇのとき，ばねの長さは，$10+0.9\times\frac{70}{10}=16.3$(cm)と求められる。

問３　図１のように２本のばねを直列につなぐと，ばねＡとばねＢそれぞれに40ｇの重さがかかる。このとき，表１から，ばねＡの長さは12.4cm，表２から，ばねＢの長さは13.6cmなので，ばねＡとばねＢの長さの合計は，12.4＋13.6＝26(cm)とわかる。

問４　ばねＡの長さが14.2cmのとき，のびは，14.2－10＝4.2(cm)なので，ばねＡにかかる重さは，$10\times\frac{4.2}{0.6}=70$(ｇ)である。つるしたおもりの重さは100ｇであるから，このときおもりは上向きに，100－70＝30(ｇ)の浮力を受けている。台はかりの値は浮力の大きさの分だけ増えるので，400＋30＝430(ｇ)を示す。

問５　図２のおもりは球体であり，問４のとき半分が水につかっている。このあと，おもりを一定の速さで下ろしていくと，おもりの水につかる部分の体積は増えていくが，その増え方はだんだんと小さくなる。よって，おもりが受ける浮力の大きさが大きくなるので，台ばかりの値は増えていく。しかし，その増え方は，はじめ大きく，しだいに小さくなるので，ウが選べる。

2　もののとけ方についての問題

問１　ある温度で，水にとける限度までとかした水よう液のことを，ほう和水よう液という。

問２　物質を水にとかすことができる量は，とかす水の重さに比例する。グラフから，60℃の水100ｇにとける食塩の限度の重さは37ｇなので，200ｇの水には，$37\times\frac{200}{100}=74$(ｇ)までとける。同様に，60℃の水100ｇにホウ酸は15ｇまでとけるので，200ｇの水には，$15\times\frac{200}{100}=30$(ｇ)までとかすことができる。

問３　20℃の水200ｇにとける食塩の限度の重さは，$36\times\frac{200}{100}=72$(ｇ)なので，食塩水を20℃まで下げると食塩の固体が，74－72＝２(ｇ)出てくる。また，20℃の水200ｇにとけるホウ酸の限度の重さは，５×２＝10(ｇ)なので，ホウ酸水の温度を20℃まで下げるとホウ酸の固体が，30－10＝20(ｇ)出てくる。したがって，出てくる固体の重さは，ホウ酸が，20－２＝18(ｇ)多い。

問４　問３で出てきた２ｇの食塩をとかすためには，20℃の水があと，$100\times\frac{2}{36}=5.55\cdots$より，5.6ｇ必要である。同様に，20ｇのホウ酸をとかすためには，20℃の水があと，$100\times\frac{20}{5}=400$(ｇ)必要となる。

3　セキツイ動物の分類，体の大きさと体温，動物の行動についての問題

問１　体に背骨がある動物のことを，セキツイ動物という。セキツイ動物はさらに，魚類，両生類，は虫類，鳥類，ほ乳類にわけることができる。

問２　セキツイ動物のうち恒温《こうおん》動物は，鳥類とほ乳類である。アは魚類，イ，エはは虫類，ウは両生類，オはほ乳類なので，オが当てはまる。

問３　１辺が２cmの立方体Ａの表面積は，２×２×６＝24(cm^2)で，１辺が４cmの立方体Ｂの表面積は，４×４×６＝96(cm^2)なので，立方体Ｂの表面積は立方体Ａの，96÷24＝４(倍)である。

また，立方体Ａの体積は，２×２×２＝８(cm^3)，立方体Ｂの体積は，４×４×４＝64(cm^3)となり，立方体Ｂの体積は立方体Ａの，64÷８＝８(倍)とわかる。このとき，体積が８倍になっても，表面積は４倍しか増えていないことから，体の大きさが大きくなると，体積当たりの表面積は小さくなる。よって，体を大きくすることで体の表面から失われる熱を少なくすることができると考えられる。

問４ ⑴ 図の繁殖《はんしょく》期のオスは，非繁殖期のオスの模型や，背部を赤くした簡単な模型には無反応だが，腹部を赤く着色した簡単な模型には，形が異なっていても攻撃《こうげき》行動を起こしていることから，攻撃行動を引き起こさせる原因は，腹部が赤いことであると考えられる。 ⑵ 非繁殖期のメスの模型と比べて，繁殖期のメスの模型は腹部が丸くなっている。繁殖期のオスが求愛行動を起こしたのは繁殖期のメスの模型だけなので，求愛行動を起こさせる原因は，腹部が丸みを帯びていることであると考えられる。

問５ イのようにくり返し行うことで行動が変わったり，ウのように練習することで習得したりする場合や，エのように経験や周囲の状況をもとにして別の方法を考えることは，生まれつき備わっている行動とはいえない。したがって，アがあてはまる。

４ 恒星の明るさ，シリウスの見え方についての問題

問１ シリウスは太陽を除くと全天で最も明るい恒星で，おおいぬ座にふくまれる白色の１等星である。

問２ おおいぬ座のシリウス，オリオン座のベテルギウス，こいぬ座のプロキオンを結んでできる三角形を，冬の大三角とよぶ。

問３ ５等級ちがうと明るさは100倍ちがうことから，シリウスＢより10等級明るいシリウスＡは，10＝５×２より，シリウスＢの，100×100＝10000(倍)の明るさとわかる。

問４ 北半球では緯《い》度が高くなった分だけ，南の空に見られる恒星の南中高度が低くなる。北緯36度の地点ではシリウスの南中高度がほぼ37度なので，ここよりさらに37度北の北緯，36＋37＝73(度)の土地では，南中時にシリウスが地平線と同じ高さに見える。よって，さらに北の場所であるアが適当である。

問５ 午前０時40分は午後９時20分より，12時40分－９時20分＝３時間20分＝200(分)おそい時刻である。地球の公転によって，太陽を除く恒星は，360÷365＝0.98…より，１日に約１度ずつ西へ動いて見えるので，南中時刻は１日に，24×60÷360＝４(分)ずつはやくなる。よって，200÷４＝50より，シリウスが午前０時40分に南中するのは，２月３日の50日前の12月15日ごろとわかる。

問６ 光の速さは探査機の速さの，30万÷20＝1.5万(倍)なので，光の速さで進むと8.6年かかるシリウスまで探査機で行くと，8.6×1.5万＝12.9万(年)かかる。よって，最も近いキが選べる。

国　語　＜第１回スーパー特進入試＞（50分）＜満点：100点＞

解　答

一 **問１** a こんぽん　b，c 下記を参照のこと。　**問２** エ　**問３** イ　**問４** ウ　**問５** ア　**問６** メモリアルな物品　**問７** (例) 物(を)捨てる　**問８** (例) 強

引　**問９**　物品に対し　**問10**　ウ　**問11**　身の回りの物品のコントロール　**問12**　(例)　得意(げに)　**問13**　諸物散乱　**問14**　だから，欧　**問15**　ウ　**二**　**問１**　a～d　下記を参照のこと。　**問２**　ウ　**問３**　応援してあげてください　**問４**　ア　**問５**　ア　**問６**　ウ　**問７**　エ　**問８**　イ　**問９**　イ　**問10**　Ⅰ　大学の図書館のラウンジ　Ⅱ　初めて会った　Ⅲ　リオ五輪　Ⅳ　泣いていた　Ⅴ　箱根駅伝を走る　Ⅵ　競歩に転向する　**問11**　(例)　目指していた箱根駅伝で走れなくなったときのつらさや，競歩に転向してコーチもなく，一人でレースに臨む真剣さが伝わってくるので，家族として，いい結果が出るように，完歩できるように願って観戦すると思う。

●漢字の書き取り

一　**問１**　b　術　c　弁護　**二**　**問１**　a　帯同　b　棒　c　児童　d　装(う)

解説

一　**出典は藤森照信《ふじもりてるのぶ》の『増補版　天下無双《むそう》の建築学入門』による。**現在の日本の住まいが大散乱状態になっていることを指摘《してき》し，欧米《おうべい》と比べつつ，整理の感覚がとぼしい理由を考察している。

問１　a　ものごとの大もと。　b　取りあつかいや処理の方法，手段，技術。　c　「自己弁護」は，自分に向けられた周囲の非難や疑いに対して自分の正当性を主張すること。

問２　「推《お》して知るべし」は，“容易に推察できる”という意味。

問３　「立錐《りっすい》の余地もないまで，ビンやら器具やらが」並んでいるので，すき間なく詰《つ》まっているようすの「ギッシリ」が入る。「立錐の余地がない」は，細い錐《きり》を刺《さ》すところもないほど狭《せま》いようすで，ほんのわずかな隙間《すきま》もないようすを表す。

問４　B　発展途上《とじょう》国の場合である。「家は狭いが，それ以上に物品が」という文脈なので，「少ない」が入る。　C　欧米では物品の量「以上に家が広い」のだから，物も「多い」。　D　日本では，「欧米に負けず劣《おと》らず」物があるのだから，「多い」が合う。　E　日本の「家は広くなく」狭いのだから，収納スペースは当然「少ない」。

問５　直前の文で，日本の家における「物品」の多さと，「収納スペース」の少なさを述べている。つまり，「バランスを失している」のは，アの「物品と収納」である。

問６　次の段落のはじめに「メモリアルな物品」とある。「メモリアル」は，記念したもの。

問７　「非情」は，冷淡《れいたん》であること。記念品の置き物をゴミ袋《ぶくろ》に入れるのにためらう筆者自身の例をあげているので，この「非情になる」は“物を捨てる”，“物を手放す”という意味。

問８　「無理矢理」は，筋が通らない状況《じょうきょう》や困難な状況などをおし切って，力づくで行うようす。類義語に「強引」などがある。

問９　二つ前の段落で，日本人の「物神崇拝《すうはい》」を説明している。日本人は「物品に対し，その性能や美だけでなく，何か精神的，心理的に大事なものが宿っていると考える」のである。

問10　“今まで～したことがない”，“まだ～なっていない”という意味の「未」がつく。

問11　「整理整頓《せいとん》」は，不要なものをどけて片付けること。要するに，身の回りの物をきちんと片付けることである。四つ後の段落に「身の回りの物品のコントロール」とある。「コントロール」は，管理すること。

問12「これ見よがし」は，得意そうにわざと見せつけるようすだから，「得意げに」がよい。「自《じ》慢《まん》げに」などでもよいだろう。

問13　直前の段落で，「流れ込《こ》んで来た物品をコントロール」できず，「物品の海」で「おぼれ」ていると，日本の今日の室内風景を説明している。こうした状況を，ぼう線部⑦の次の段落で「諸物散乱の光景」と表現している。「諸物」は，いろいろな物。「散乱」は，散らかっていること。

問14「欧米の人々」のようすについて書かれた，ぼう線部⑧をふくむ段落に注目する。ヨーロッパでは，室内に物品を「美的かつ機能的に配列する」ことは「教養」の一つに当たる。「だから，欧米においては室内に物品が散らかるというのは，無教養のしるしとしてとらえられる」ため，「室内光景は人生の大事」なのである。

問15　ア　最後から四番目の段落にあるように，日本では「各種家庭用電化製品」も「ドッと家庭に流れ込んで」きている。よって，合わない。　イ　最後から六・五番目の段落に，昔の日本では，物品は存在しなかったのではなく，納戸《なんど》や倉や押入《おしい》れなどに隠《かく》していたと書かれている。よって，ふさわしくない。　エ　ぼう線部③をふくむ段落で，欧米の室内には「ヘンなモノ，いらないモノが少ない」とあるが，まったく「ない」とは述べられていない。よって，誤りである。

二　**出典は額《ぬか》賀《が》澪《みお》の『競歩王』による。**石川県まで競歩大会の取材にきた大学生作家の榛《はる》名《な》忍《しのぶ》が，コーチもいないまま一人でレースを歩く八《や》千《ち》代《よ》篤彦《あつひこ》選手を追いかけ，応援《おうえん》し，寄り添《そ》うようすである。

問１　a　いっしょに連れていくこと。　b　この「棒」は，疲《つか》れなどで足がこわばった状態のたとえ。　c　小学生，または十八歳未満の子。　d　音読みは「ソウ」「ショウ」で，「服装」「衣装」などの熟語がある。

問２　慶安《けいあん》大学の陸上部で競歩選手は一人だけなので，八千代選手はコーチもマネージャーもつかずに大会に来ている。それを聞いて「誰《だれ》が応援してるんだ」「誰がアドバイスするんだ」と呟《つぶや》いた忍への，福本の返答が入る。このあと福本は「一人で歩いてるんですよ～ずっと一人で歩いてるんです」と説明しているので，ウが合う。

問３　八千代への「警告」の掲示《けいじ》を見たあと，福本は言葉を続けている。忍が沿道にいるなら「応援してあげてください」と言いたかったのである。

問４「あと一つ警告が出たら失格だ」という前の文は，「スピードを上げられない」という後の文の理由にあたるので，前のことがらを理由・原因として，後にその結果をつなげるときに用いる「だから」が入る。

問５「唇《くちびる》を噛《か》む」は，憤《いきどお》りやくやしさをこらえるしぐさである。忍が見ているのは，あと一つの警告で失格になるため勝負をかけられない八千代が，もう残っていない体力をふりしぼって歩く姿である。また，ほかの選手が勝負をかけ始める「ラスト５キロ」地点で「……八千代！」と呼んだ忍は，どう「励《はげ》ませばいいのか」わからず，「言葉が続かない」でいる。この後，その忍が憤りに突《つ》き動かされ，八千代を追いかけ，沿道から「八千代！」「八千代っ！」と叫《さけ》んだのだから，アがよい。なお，この憤りは，どう「励ませばいいのか」わからない状況と自分に向けられたものなので，ア以外は不適切。

問６「八千代！」「八千代っ！」と叫んだ後，忍は八千代にどんな気持ちでいるのかわからず自問している。ただ，直前にあるように，八千代が「何かに負けたくないと思っているのは，よくわかる」とは思っているので，ウがよい。なお，「頑張《がんば》れ」は「違《ちが》う」，「リラックス」は「していいのか」と考えているので，アとイは外れる。

問７　二番手だった八千代が四十位でゴールし，「無言でアスファルトを拳《こぶし》で叩《たた》いた」のを忍は見ているのだから，エがふさわしい。

問８　忍を見た八千代が，「また，あんたか」と言って「顔を伏《ふ》せ」た場面である。冒頭《ぼうとう》の福本との電話で，忍が福本から「八千代先輩《せんぱい》からの好感度低い」と言われたことに着目する。好感度の低い相手と，不本意な競技結果で落ちこんでいるとき，話す気はないという意思表示だから，「拒絶《きょぜつ》」が合う。なお，「遮断《しゃだん》」は，流れをさえぎることだから，ここは相手をこばむ「拒絶」のほうがよい。

問９　八千代が，一位になった長崎《ながさき》龍《りゅう》之《の》介《すけ》に，「仮面」のような「笑《え》み」をつくって「おめでとう」と言った場面である。長崎が立ち去ってから，八千代は泣く姿を見られまいとうずくまっており，長崎に見せた「笑み」は泣きそうな本心をかくす仮面だとわかる。イが，この内容に合う。なお，イ以外は，泣きそうな気持ちを「仮面」の「笑み」でかくした点を正しくとらえていない。

問10　「あの夏の日」のことを，前のほうで忍が回想するところと，後のほうで八千代が忍に話すところがある。　Ⅰ，Ⅱ　二人が，どこで，どうしたかが入る。場所は「大学の図書館のラウンジ」で，忍はそこで泣いている八千代を見た。そのできごとについて忍は，ゴールしたあとの八千代に「初めて会った日，泣いてたよな」と話しかけている。つまり，二人はそこで「初めて会った」のである。　Ⅲ，Ⅳ　八千代がラウンジのテレビで見たのは，長崎が「リオ五輪」で活躍《かつやく》する姿である。そのとき八千代は「泣いていた」と，忍の回想にある。　Ⅴ，Ⅵ　八千代が諦《あきら》めたこと，決めたことが入る。諦めたのは「箱根駅伝を走ること」で，箱根を諦めて決めたのは「競歩に転向すること」である。

問11　箱根駅伝を目指していた八千代選手が競歩に転向した背景，忍が感じた「何かに負けたくない」という八千代の心情に着目する。マネージャーとして箱根駅伝にかかわるより，コーチなしでも競歩でレースに出ると八千代が決めたのは，状況や力不足などに「負けたくない」からである。ペース配分をあやまって後半に大きく失速し，足を引きずるように歩き続けたこと，実績をあげている長崎選手の前で強がったことにも注目する。一人で工夫《くふう》を重ねても長崎選手におよばない状況や自分に負けまいとしているのがわかる。家族としてレースを観戦するのだから，八千代選手の選んだ状況や心情への理解，応援するときの自分の気持ちなどをまとめればよい。

Dr.福井の

入試に勝つ！脳とからだのウルトラ科学

睡眠時間や休み時間も勉強!?

みんなは寝不足になっていないかな？　もしそうなら大変だ。睡眠時間が少ないと，体にも悪いし，脳にも悪い。なぜなら，眠っている間に，脳は海馬《かいば》という部分に記憶をくっつけているんだから。つまり，自分が眠っている間も頭は勉強しているわけだ。それに，成長ホルモン（体内に出される背をのばす薬みたいなもの）も眠っている間に出されている。昔から言われている「寝る子は育つ」は，医学的にも正しいことなんだ。

寝不足だと，勉強の成果も上がらないし，体も大きくなりにくく，いいことがない。だから，睡眠時間はちゃんと確保するように心がけよう。ただし，だからといって寝すぎるのもダメ。アメリカの学者タウブによると，10時間以上も眠ると，逆に能力や集中力がダウンしたという研究報告があるんだ。

睡眠時間と同じくらい大切なのが，休み時間だ。適度に休憩するのが勉強をはかどらせるコツといえる。何時間もぶっ続けで勉強するよりも，50分勉強して10分休むことをくり返すようにしたほうがよい。休み時間は，散歩や体操などをして体を動かそう。かたまった体をほぐして，つかれた脳を休ませるためだ。マンガを読んだりテレビを見たりするのは，頭を休めたことにならないから要注意！

頭の疲れに関連して，勉強の順序にもふれておこう。算数の応用問題や理科の計算問題，国語の読解問題などを勉強するときには，脳のおもに前頭葉という部分を使う。それに対して，国語の知識問題（漢字や語句など）や社会などの勉強では，おもに海馬《かいば》という部分を使う。したがって，それらを交互に勉強すると，１日中勉強しても疲れにくい。

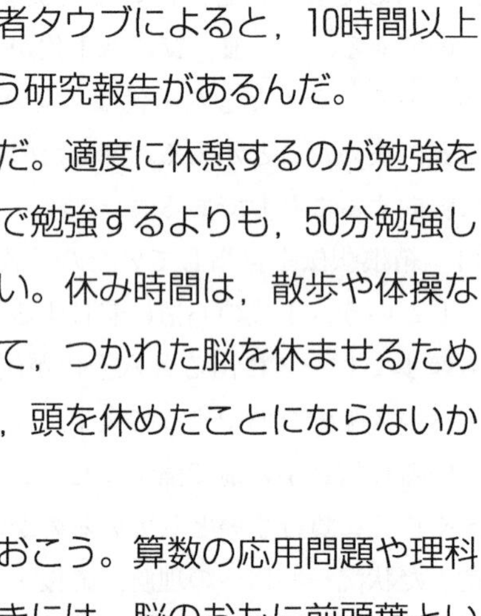

Dr.福井（福井《ふくい》一成《かずしげ》）…医学博士。開成中・高から東大・文Ⅱに入学後，再受験して翌年東大・理Ⅲに合格。同大医学部卒。さまざまな勉強法や脳科学に関する著書多数。

2023年度 淑徳中学校

【算　数】〈第１回スーパー特進東大選抜入試〉（50分）〈満点：100点〉

1　次の計算をしなさい。

（1）$(29+23\times 11)\div 2-(21\times 13+11)\div 4$

（2）$(2023\div 17-1001\div 13)\div 7$

（3）$18\div 4\frac{4}{5}-2\frac{2}{7}+5\times\left(\frac{1}{4}-\frac{1}{7}\right)$

（4）$3\div 0.5\times 0.32\times 0.2\div 0.04$

（5）$3.14\times 2+6.28\times 7+1.57\times 6-12.56\times 3$

（6）$1+5+9+13+17+\cdots+45+49$

2 次の問いに答えなさい。

（1） あるクラスの生徒の人数は 43 名です。先生から４名か５名のグループを作るように言われ，話し合って決めたところ，全部で 10 個のグループができました。５名のグループはいくつできましたか。

（2） 1から 18 までの整数の中から異なる４個の数を選びます。その４個の数をすべてかけ算をした答えをＡとします。Ａの一の位，十の位，百の位の数字がすべて０で，Ａが２で５回割り切ることができるとき，選んだ４個の数を小さい方から順にすべて答えなさい。

（3） 容器Ａには 12％の食塩水が 300g，容器Ｂには４％の食塩水が 300g入っています。それぞれの容器から［　　］gの食塩水を取り出した後，Ａから取り出した食塩水をＢに，Ｂから取り出した食塩水をＡに入れてよくかき混ぜます。このとき，Ａに入っている食塩水の濃《こ》さがＢの食塩水よりも６％高くなりました。［　　］に入る数はいくつですか。

（4） 右の図の四角形ＡＢＣＤは，平行四辺形です。
ＡＰ：ＰＤ＝４：３，
ＤＱ：ＱＣ＝２：３
のとき，ＡＲ：ＲＱを最も簡単な整数の比で答えなさい。

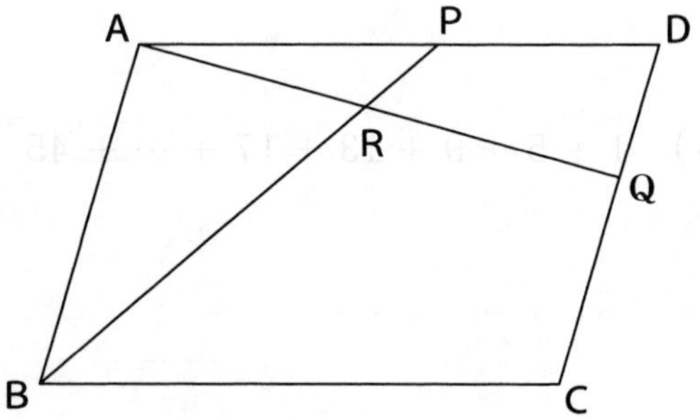

（5） Ａさんは１周 1200ｍの学校のまわりを何周か走ります。ＢさんはＡさんが出発してから 10 分後に自転車で同じ地点から出発します。２人はそれぞれ一定の速さで同じ方向にまわります。Ａさんが出発してから 13 分 20 秒後にＢさんは２周目を走っているＡさんをはじめて追いぬきました。Ｂさんの速さが毎分 240ｍのとき，Ａさんの速さはいくつですか。

3　ある規則にしたがって並べられた数の列

1，2，3，3，4，5，4，5，6，7，5，6，7，8，9，6，…

について，次の問いに答えなさい。

（１）　11 がはじめて現れるのは，左から数えて何番目ですか。

（２）　15 は全部で何回現れますか。

（３）　左から数えて 46 番目の数から 66 番目の数をすべてたすといくつになりますか。考え方と答えを書きなさい。

4 右の図は，８つの面がすべて同じ大きさの正三角形でできた立体です。

この立体の体積が $36cm^3$ であるとき，次の問いに答えなさい。

ただし，円周率は 3.14 とします。

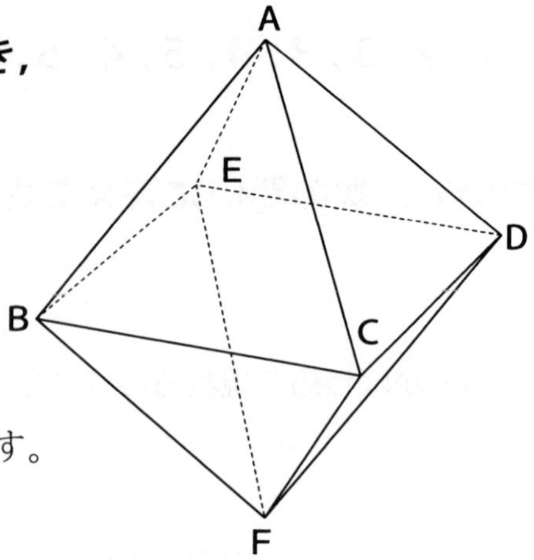

（1） AF，BD，CEはすべて同じ長さです。
AFの長さはいくつですか。

（2） 三角形ABFを直線AFを軸《じく》として
1回転させてできる立体の体積はいくつですか。

（3） 辺BCの真ん中の点をMとします。三角形AMFを直線AFを軸として
1回転させてできる立体の体積はいくつですか。

5 【図１】のような直方体の空の水そうがあります。底面は，側面と平行で高さが異なる長方形のしきりを２枚使って，３つの部分Ａ，Ｂ，Ｃに分けられています。この水そうのＡの部分に一定の割合で水を入れ，水そうがいっぱいになるまで水を入れ続けます。【図２】は，水を入れ始めてからの時間と，Ａの部分の水面の高さの関係をグラフにしたものです。水そうやしきりの厚さを考えないものとして，下の問いに答えなさい。

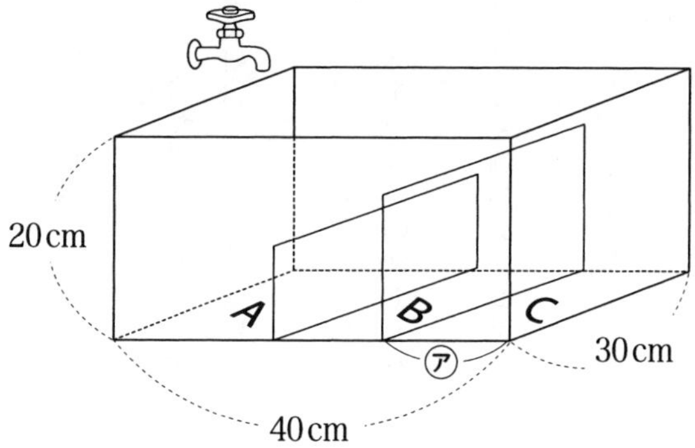

【図１】

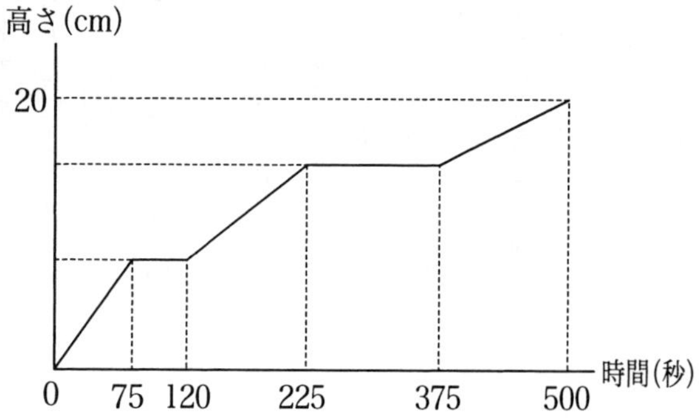

【図２】

（１） 水そうに入れる水の量は毎秒何mLですか。

（２） 【図１】の㋐の部分の長さはいくつですか。

（３） ＡとＢの間のしきりの高さはいくつですか。

感じられないよ。

生徒D　男は泥棒だったんじゃないかな。盗んだ勲章を売って未亡人からお金をだまし取ったんだ。

生徒E　僕は一つ疑問があるんだ。「私」はなぜ男の父の詩集を図書館から借りたんだろう。単なる好奇心とは思えないけれど。

生徒C　「私」も「男」も［ b ］ことは共通しているね。だから詩人がどんな人だったのか興味を持ったのかもしれない。

生徒D　男が泥棒だと確信したから、男の身元を調べようと思ったのではないかな。

生徒E　そうかな？　理由はわからないけれど、cどうしても詩集を読みたいと思っていたようだね。

生徒B　私の疑問は、未亡人がすぐに店を閉めなかった理由だな。勲章の店はそれほど繁盛していなかったと思うしね。

生徒A　繁盛していなくても、勲章は［ d ］から、閉められなかったのではないかな。きっとこれからも店を続けていくと思うな。

(1)　**生徒B**が――線部**a**の発言の根拠としたと思われる一文を、男の会話部分以外で探し、はじめの五字を書きなさい。

(2)　［ b ］に当てはまる語句を十字以内で書きなさい。

(3)　**生徒E**が――線部**c**の発言の根拠としたと思われる描写を次の中から**すべて**選び、記号で答えなさい。

ア　歩いても歩いても書棚の列は途切れることなく続き、

イ　見落としがないように注意しつつ、

ウ　そこだけぽっかり空気が切り取られたように

エ　あとからあとからいくらでも湧き出してくる。

オ　それを何度でも繰り返す。

カ　私はカウンターにリクエストシートを提出する。

(4)　［ d ］に入る語句として**適当でないもの**を次の中から一つ選び、記号で答えなさい。

ア　ご主人との思い出につながるものだ

イ　ご主人が大切にしていたものだ

ウ　その人にとって大切な思い出だ

エ　何事においてもがんばった証だ

オ　亡くなった人との悲しい思い出だ

(5)　**生徒A**～**E**の中で根拠のない発言をしている人がいたら**A**～**E**で答えなさい。いない場合は解答らんに**×**を書きなさい。

度に怖くなり、男を落ち着かせるためにとりあえず何か話して応対しておこうと思っている。

イ　男の出した勲章はひどく壊れていて臭いもするので、ほめるような言葉も見つからず、男には申し訳ないが見たままを言うしかないとあきらめている。

ウ　主人が大切にしていた勲章がこんなにボロボロになってしまったことが悲しく、自分の心を落ち着けるために何でも良いから言葉にしようと思っている。

エ　生活のために父の形見を売ろうとしている男に同情はするが、勲章の状態を見ると安い値段でしか買い取れそうにないのを申し訳なく思っている。

オ　もともと店を閉じるつもりであり、ましてやかなり傷んでいる勲章なので買い取る気はないが、男の気がすむようにしかたなく応対しようと思っている。

問三　――線部②「カウンターから視線をそらし、自分の足元を見やりながら男は答える」には男のどのような気持ちが表れていますか。文中の五字をぬき出して答えなさい。

問四　――線部③の男の発言に対し、その後「私」はどう思いましたか。五十字以内で答えなさい。

問五　――線部④「持込のお客さんがあると、いつも少し、ぐったりしちゃうの」とありますが、ぐったりする原因を「私」はどう考えていますか。それが示されている二文続きの部分をぬき出し、はじめと終わりの五字で答えなさい。

問六　――線部⑤で「男の姿」と「結婚詐欺の女の姿」が重なり合っているのを感じているとはどのようなことですか。適当なものを次の中から一つ選び、記号で答えなさい。

ア　輪っか屋さんに近づいた結婚詐欺の女も初老の男も、ともに現在の姿から想像できないような栄光の時があったのだと驚いているということ。

イ　初老の男が大切な勲章を手放した理由がわかれば、メダルを売って輪っか屋さんをだまそうとした結婚詐欺の女の気持ちがわかるかもしれないと考えているということ。

ウ　結婚詐欺の女も初老の男も、ともにこの平和でおだやかな商店街にわざわいをもたらす不吉な存在ではないかと、大家の娘の立場で警戒しているということ。

エ　結婚詐欺の女も初老の男も、勲章を手放すようなことをしてしまったから、その後の生活に困り、落ちぶれてしまったのだと寂しく感じているということ。

オ　結婚詐欺の女にも過去にはメダルを取るような晴れがましいことがあったように、初老の男の人生にも今の姿からはうかがい知れない出来事があっただろうと思っているということ。

問七　――線部⑥「未亡人の横顔と詩集のページを、澄んだ光が包んでいた」という描写からどのようなことが読みとれますか。あなたが感じたことを自由に書きなさい。

問八　この文章を読んだ生徒たちが感想を述べあっています。これを読んで後の問いに答えなさい。

生徒Ａ　初老の男はなぜ勲章を売りに来たのかな。父親の大切な形見なのに。

生徒Ｂ　ａ男は生活に困っていたのではないかな。わずかなお金でも手に入れたい状況だったのかもしれない。

生徒Ｃ　父親との関係が悪かったとも考えられるよ。「少しでもそれを自分から遠ざけたい」と書いてあるし。

生徒Ａ　そうかもね。「売れない詩人」「とうに忘れ去られている」という男の言葉からは、父親に対する尊敬の気持ちはシートに目を通す。
「本のタイトルは？」
「分かりません。でも、この詩人の詩集なら、何でもいいんです」

（中　略）

　借りてきたばかりの詩集を中庭で読んでいると、珍しく勲章店の未亡人がラジオを提げてやって来た。
「あら、読書？」
　揺れる木漏《こも》れ日の下で、いつになく未亡人の顔が晴れやかに見えた。ちらっと詩集の表紙に目をやりながら、余計なことは何も言わなかった。
「図書館で借りたの」
「そう」
「ちゃんと、貸してくれたわ」
「それはよかった」
　未亡人はテーブルの真ん中にラジオを置き、スイッチを入れ、ご主人に似た手つきでアンテナの向きを調節した。※ご主人が死んで、初めて巡《めぐ》ってくるオリンピックの季節だった。
「さて、何の競技かしら」
　私はページから目をそらし、未亡人と一緒に耳を澄《す》ませた。馬術・障害飛越個人のようだった。再び私は詩集の続きに戻った。

（中　略）

　詩集は古いものだったが、洗練された装丁《そうてい》で、しっかりした造本になっていた。紙の手触りや余白の変色具合から、これを手に取った人々が皆、一ページ一ページ丁寧《ねい》にめくっていったのだろうという気配が感じられた。彼らにならい、私も一篇《ぺん》一篇をゆっくり味わった。勲章は売られてしまったけれど、あなたの父親の残した詩は、こうして今も誰かの胸に響いているのですよと、男に伝えるように、その証拠を示すように、声にならない声で詩を読み上げた。
　ラジオからは土を蹴《け》る蹄《ひづめ》の音が聞こえていた。⑥未亡人の横顔と詩集のページを、澄んだ光が包んでいた。
「さあ、次は表彰式よ」
　微笑を浮かべながら未亡人が言った。まるでメダルを捧げ持つご主人の入場を待つかのような口振りだった。

（小川洋子『最果てアーケード』一部改変）

※べべ…「私」の飼い犬。
※輪っか屋…アーケードにあるドーナツ店。
※リクエストシート…図書館に入れてほしい本を書いて出す用紙。
※司書…図書館のさまざまな業務をする専門の人。
※ご主人が死んで～オリンピックの季節だった…勲章店の主人は表彰式が大好きで、オリンピックの表彰式をラジオで聞くのを楽しみにしていた。

問一　a～d に入る漢字一字を次の中から一つずつ選んで書きなさい。

差	千	手	目	物	査	作
得	相	可	絵	重	優	有

問二　――線部①「気休めに、見たままの感想を未亡人は口にする」とありますが、この時の未亡人の気持ちの説明として適当なものを次の中から一つ選び、記号で答えなさい。
ア　買い取りはしないときっぱり断っても居すわるような男の態

た。それは元オリンピック体操選手だと偽って※輪っか屋さんに近づいた、結婚詐欺《さぎ》の女の名前だった。

　誰がどういういきさつでそれを勲章店に持ち込んだのか、もちろん分からなかった。私は何も気づかなかった振りをして、メダルを箱の中に戻した。町の小さな大会で、三位のメダルを獲得した少女が、平均台の上に描く完全な円の形は、勲章店の片隅に押しやられ、再び長い眠りについた。

「あのお金、息子は何に使うのかしら」

⑤少し震《ふる》える手でコートのポケットにお札をねじ込んでいた男の姿と、結婚詐欺の女の姿がいつの間にか重なり合っているのを感じながら、私はつぶやいた。べべが目を覚まし、私と未亡人を順番に見上げてから大きな伸びをした。

「さあ。大した金額じゃないからね。美味《おい》しいお酒でも二、三杯飲めば、それで終わりじゃない？」

「えっ。お父さんの形見をお酒にして飲んじゃうの？」

「いっとき気分が良くなって、その晩ぐっすり眠れたら十分」

　未亡人は掌の勲章を引き出しに仕舞《しま》った。引き取ったまま、修理やクリーニングが必要でまだ店頭に出せないでいるいくつかの勲章たちが、カタカタと小さな音を立てた。べべが体を私の足にすり寄せ、鼻を鳴らして散歩の催促《さいそく》をはじめた。

　ある日、私はべべと町の図書館へ行く。私が小さい頃はアーケードの近くの、電車通りに面した古いビルの中にあった図書館が、いつしか町の南側の操車場跡に移転し、立派な建物に生まれ変わっている。もうすっかり角が磨《す》り減って変色しかかった貸し出しカードを持ち、私とべべは南へ向かって電車通りを歩いてゆく。途中の児童公園で一度休憩《けい》し、水飲み場の水をべべに飲ませる。

　図書館はとてもにぎわっている。駐車場の入口には車が連なり、絵本コーナーには子供たちがあふれ、自習用の机もほとんど埋《う》まっている。

「大人しく待つのよ」

　そう言い聞かせ、私はべべを駐輪場の鉄の柱にくくりつける。べべは落ち着いて丸くなれる場所を探し、あたりのにおいをクンクンかぎ回る。

　図書館は何もかもが新しい。床はテカテカと光り、本に貼られたシールには染み一つなく、書棚には木のにおいが残っている。そのうえ、アーケードの読書休憩室に馴染《なじ》んだ私には、そこはあまりにも広すぎる。歩いても歩いても書棚の列は途《と》切れることなく続き、びっしりと隅から隅まで本が詰まっている。

　迷子になりながらようやく私は詩集のコーナーにたどり着き、あの日、男が口にした詩人の名前を探す。さほど個性の強くない、しかし平凡とも言い切れないその名前を胸の中で繰り返し、見落としがないよう注意しつつ一冊、一冊、背表紙を確かめてゆく。そこだけぽっかり空気が切り取られたように、詩集のコーナーは空いている。おかげで私はじっくり探し物に集中することができる。

　カラフルなの、半透明なの、分厚いの、薄いの、大きいの、小さいの、面白そうなの、難しそうなの……詩集はたくさんある。あとからあとからいくらでも湧《わ》き出してくる。背伸びをして上の方の段を探し、中段を往復し、ひざまずいて一番下の段に d を凝《こ》らす。それを何度でも繰り返す。けれど男の父親の名前は、どこにも見つけられない。

「取り寄せてもらいたい本があるんです」

　私はカウンターに※リクエストシートを提出する。

「はい」

忙《いそが》しそうに事務仕事をしていた※司《し》書は、手を止め、慣れた様子で汚れている。

「お父様のお名前は？」

未亡人の質問に男は、ぶっきらぼうに一つの名前を口にする。

「③知ってる人なんかいやしない。とうに忘れ去られてる。誰一人、詩の一行、タイトル一つ、覚えてもいないさ」

私は胸の中でその詩人の名前を三度繰り返し、記憶に刻む。べべが前脚を組み、上に顎《あご》を載せて一つ欠伸《あくび》をする。

C無を言わせない男の雰《ふん》囲気に負けて未亡人は買い取りを承諾《しょうだく》し、値段を提示する。男は感謝するでもなく、安堵《ど》の表情を浮かべるでもなく、勲章を取り出した時と全く同じ仕草《しぐさ》で、受け取ったお金をポケットにねじ込む。そして、勲章に一瞬の別れの合図さえ送らないまま、店を出て行く。未亡人はゆっくりと、カウンターに残されたポロポロを床に払《はら》い落とす。

「④持込のお客さんがあると、いつも少し、ぐったりしちゃうの」

と、未亡人は言った。

「だからさっさと店じまいしてしまえばいいんだけど……」

自分でもどうしてそうできないのか不思議でならない、という口振りだった。

古い勲章を買いに来るお客さんは無邪気なものだった。種類や階級にはあまりこだわらず、ましてや元持ち主がどういう人物であったかということなど考えもせずに、自分なりに細工を施《ほどこ》してアクセサリーにしたり壁飾りにしているらしかった。

しかし売りに来る人たちは皆、何かしらの事情を抱えていた。詩人の息子のように、早く清々したいと思いながらどこかに後ろめたさを感じている人もいれば、陽気に振る舞っていた人が、それを手放す瞬間、不意に涙をこぼす場合もあった。未亡人はどんな客にも、「買い取りはしていないんです」と告げるのだが、彼らは一様に粘《ねば》った。簡単には引き下がらなかった。ご主人が亡くなったあとでも、ここなら、と思わせる何かが、勲章店には残っていたのだろうか。結局は追い返すこともできないまま、引き取らざるを得ない成り行きに陥《おちい》った。

一つため息をついてから、未亡人は詩人の勲章をケースに納め直した。

「修繕《ぜん》に出さなければ駄《だ》目ね」

「クリーニングすれば、きっと綺麗《きれい》になるわ。だって臙脂色の花びらがとっても可愛らしいもの」

私は言った。

「そうね」

未亡人はケースを掌に載せ、目の高さまで持ち上げた。ケースの中に、勲章以外の、息子が置いていった何かの事情が込められている、とでもいうかのように、その重さを確かめていた。勲章を買い取ることは、そこに潜《ひそ》むさまざまな記憶も一緒に引き受けるということだった。未亡人はまだ、そういうやり取りに慣れていないのかもしれなかった。しかし目の前に勲章を置かれた時、それが行き場を失い、途方に暮れている様を感じ取る力だけは、勲章店の妻として備えているのだった。

古い勲章の類は、カウンターの左手奥あたりに陳列《ちんれつ》してあった。多少でも高価なものはガラスの展示ケースに並べられ、さほど値打ちがない品は、値札を貼《は》られ、平たい木の箱にまとめて入れられていた。いつだったか、何気なく木箱をかき回していた時、一つの小さなメダルを見つけたことを私は思い出した。表にはレオタード姿でポーズを取る女性が彫られ、その下には『春季体操発表会中学生の部・種目別平均台第三位』の文字。珍しくもない、粗末な作りのメダルで、値札の感じから随《ずい》分長い間売れ残っているのは間違いなかった。そんなメダルに目を留めたのは、裏に刻まれた名前に見覚えがあったからだっ

うこと。

イ　たまたま与えられた才能や環境を生かし、その上に自分の懸命な努力を重ねることで真の実力がついてくるものだということ。

ウ　実力は自分の努力だけで得られたものではなく、生まれや才能、環境といった偶然与えられたものが影響を与えているということ。

エ　素晴らしい成果は自分の実力だけで得られたのではなく、周囲の人々の協力や指導がなければ達成できなかっただろうということ。

オ　生まれながらに持つ才能や恵まれた環境がないと本当の実力は得られず、自分の努力だけではどうにもならないということ。

二

十六歳の「私」は、亡くなった父が大家をしていた小さなアーケード商店街で配達のアルバイトをしている。その商店街にある勲《くん》章店の主人は数年前に亡くなり、未亡人は店を閉じるつもりであったが、やめ時を逃してぐずぐずと店を開いていた。次の文章を読んで、後の問いに答えなさい。

ある日、無口な初老の男が勲章店に現われる。

「これ、買い取ってもらえないだろうか」

そう言ってコートのポケットから、無造 **a** に小さな勲章を差し出す。それは群青《ぐんじょう》色の革製ケースに納められているが、長い年月そこに押し込められたまま放置されてきたらしく、留め金は錆《さ》び付き、リボンは虫が食い、何か **b** 体の知れないポロポロしたものがまとわりついている。顔を寄せれば嫌な臭《にお》いがしてきそうな気さえする。

「すみません。うちはもう、買い取りはしていないんですよ」

と、未亡人が応対する。

「近々、店じまいするもので……」

しかし男は動じない。何も答えず、表情も変えず、ただ立ち尽くしている。私と※べべは店の片隅で、大人しく成り行きを見守っている。

「いくらでも構わない。別に、高くなくたって……」

男は少しでもそれを自分から遠ざけたいというかのように、指先でケースを押し、未亡人の方へ更《さら》に近づける。男は小柄《がら》で、顔色が悪く、関節でも患《わずら》っているのか動きがぎこちない。くすんだ色の着古したコートは肘《ひじ》と背中が毛羽立っている。

客の強引さに負けて未亡人は、一応勲章を手にとってみる。慎重に持ち上げ、掌《てのひら》に載《の》せると、カウンターの上にポロポロしたものがこぼれ落ちる。勲章は八角形の花びら形で、臙脂《えんじ》色の花弁を銀が縁《ふち》取り、中央には紋《もん》章のようなものが彫刻されている。同じ臙脂とグレーのストライプになったリボンには、胸に留めるためのピンが刺《さ》さったままになり、それが錆びてリボンをいっそうみすぼらしい姿にしている。

「かなり、傷んでいますね」

①気休めに、見たままの感想を未亡人は口にする。

「親父の形見でね」

男はつぶやく。

「かなり、名誉ある勲章のようですが」

「売れない詩人で、長生きだけはしたから。こんなものが一個だけ残った」

「大事な形見を、お売りになったりしてよろしいんですか？」

未亡人は尋《たず》ねる。

「捨てるよりはましだろう」

②カウンターから視線をそらし、自分の足元を見やりながら男は答える。雨が降っているわけでもないのに、靴の踵《かかと》とズボンの裾《すそ》が泥で

過信を諌め、謙虚な姿勢を生み出すことになると言います。そして、そこに社会の「共通善」（コモン・グッド）が生まれ、行きすぎた格差を是《ぜ》正しようとする「正義」が発生すると主張します。つまり、私の存在にかかわる「偶然」や「運」に目を向けることで、私たちは他者へと開かれ、共に支えあうという連帯意識を醸《じょう》成すると言うのです。

ここで言えるのは、「利他は偶然への認識によって生まれる」ということです。私の存在の偶然性を見つめることで、私たちは「その人であった可能性」へと開かれます。そして、そのことこそが、過剰な「自己責任論」を鎮《しず》め、※社会的再配分に積極的な姿勢を生み出します。ここに「利他」が共有される土台が築かれます。

（中島岳志『思いがけず利他』一部改変）

※ＯＥＣＤ（経済協力開発機構）諸国…日米ヨーロッパ諸国を含む三十八ヵ国。
※ＧＤＰ…経済を総合的に把握する統計で一定期間内に国内で産み出された物やサービスの合計。
※リスク…危険性。
※セーフティネット…危険や損害に備えるための制度や仕組み。
※既得権益…法律に基づいて以前から取得している権利と利益。
※バッシング…度を越して非難すること。
※バックパッカー…バックパック（リュックサック）を背負って低予算で旅する人。若者に多い。
※親鸞…浄土真宗の宗祖。十二世紀後半～十三世紀前半の人。『歎異抄』は親鸞の教えを記した書物。
※業縁…因縁。物事の直接的、間接的原因。
※マイケル・サンデル…アメリカ合衆国の哲学者。ハーバード大学での講義を収録した「ハーバード白熱教室」は日本でも放送され注目を集めた。
※社会的再配分…国が集めた税金を、社会保障や税金の制度を通して国民に分配すること。

問一　――線部**ア**～**キ**のカタカナを漢字に直しなさい。

問二　[**A**]、[**B**]に漢字二字を入れ、四字熟語を完成させなさい。

問三　――線部①「自己責任論という魔物」とありますが「魔物」から逃れるためにはどのようなことが大切だと筆者は考えていますか。百字以内で答えなさい。

問四　――線部②「深く考えさせられる出来事」とありますが、その内容を説明した次の文章の[　]に当てはまる語句を本文中から指定の字数でぬき出して答えなさい。

タイの洞窟遭難事故は、コーチが少年たちを**ア**[**八字**]に誘ったことが遭難という大事故につながり、さらに救出の過程で**イ**[**十六字**]ことになったが、タイの人々は少年たちやコーチが**ウ**[**十九字**]した。これが日本だったらコーチの**エ**[**六字**]が多く上がり、その家族にむけても激しい**オ**[**十字**]のではないかと考えさせられた。

問五　[③]に当てはまる語句として適当なものを次の中から一つ選び、記号で答えなさい。

ア　自己の能力への過信
イ　他者への過剰な非難
ウ　脆弱な自己への失望
エ　他者への共感や寛容
オ　寛容な自己への共感

問六　――線部④「実力も運のうち」の説明として適当なものを次の中から一つ選び、記号で答えなさい。

ア　偶然に与えられた幸運は、何もしないでは得られず、普段から努力して実力をつけているからこそ得られるものであるといさるべき※業縁《ごうえん》のもよおせば、いかなるふるまいもすべし。

現代語に訳すと「しかるべき業縁にうながされるならば、どんな行いもするだろう」という意味になります。親鸞は「いい人」と「悪い人」という二分法をとりません。人間はすべて愚かで、間違いを犯してしまう存在です。どんなに「いい人」と見なされている人でも、失敗や過失を犯してしまうことがあります。親鸞は、人間の「どうしようもなさ」に向き合い、自己の能力に対する過信を諫《いさ》めました。

親鸞だったら、「自己責任論」を振りかざし、心無い言葉を投げつけている人に対して、「あなたが『その人』だった可能性はないのですか？」「あなただって境遇が違えば、判断を間違えることがありうるのではないですか？」と言ったのではないかと思います。

親鸞が見つめたのは存在の偶然性という問題です。

——今の私が、今の状態にあることは「たまたま」である。様々な縁が重なり合い、偶然手にしているのが、私の境遇である。だから、私は「その人」であった可能性を捨てきれない。私たちは、業や縁によっていかなる振る舞いをするのか、わからない存在である。

そんな深い内省が、他者に対する過剰《じょう》な非難を諫め、「自分もそうなっていたかもしれない」という意識へと導きます。自己と他者は置き換え可能な存在であり、自分も、いつ判断ミスをするかわからない存在です。親鸞の洞察は、脆弱《ぜいじゃく》な自己への想像力を喚《かん》起します。

親鸞が見つめたのは「私が私であることの偶然性」であり、その「偶然の自覚」が［③］へとつながるという構造です。

私は、現代日本の行きすぎた「自己責任論」に最も欠如《じょ》しているのは、自分が「その人であった可能性」に対する想像力だと思います。そして、それは自己の偶然性に対する認識とつながり、「自分が現在の自分ではなかった可能性」へと自己を開くことになります。「ハーバード白熱教室」で知られる※マイケル・サンデルは、『実力も運のうち——能力主義は正義か？』という本を出しています。普通は「運も実力のうち」と言いますが、この本のタイトルは逆で「④実力も運のうち」となっています。

サンデルが見るところ、私たちが「自分の実力の結果だ」と思っているものは、多分に「運」によってもたらされたものです。難関大学の入学試験に合格した人は、自分一人の力で成功したと思いがちです。しかし、そんなことはありません。そこには様々な「運」が介《かい》在していることを、サンデルは指摘します。

［B］正銘《めい》の輝かしい成績によって入学した者は、自ら達成した成果に誇りを感じ、自力で入学したのだと考える。だが、これはある意味で人を誤らせる考え方だ。彼らの入学が熱意と努力の賜《たま》物《もの》であるのは確かだとしても、彼らだけの手柄《てがら》だとは言い切れない。入学へ至る努力を手助けしてくれた親や教師はどうなるのだろうか？　自力ですべてをつくりあげたとは言えない才能や**オ**ソシツは？　たまたま恵まれていた才能を育て、**カ**ムクいを与えてくれる社会で暮らしている幸運についてはどう考えればいいだろうか？

［サンデル前掲書］

その通りですよね。自分が難関校に合格できたことの背景には、自分**キ**センヨウの部屋や机が与えられ、家庭教師をつけたり塾に通ったりする機会が与えられたことがあります。そのような環境が与えられたのは、そのような家に生まれたからに他なりません。私たちは、自分の生まれを自分の力で選択することはできません。それは私にたまたま与えられたものです。決して、自分の努力の賜物ではありません。

サンデルは、この「所与《しょよ》性」への認識こそが、自己の能力に対するが起こりました。

人質になったのは当時二十四歳の香田証生《こうだしょうせい》さん。彼は※バックパッカーとしてイラクに入国し、「イラクの聖戦アルカーイダ組織」を名乗るグループによって拉致《らち》されました。彼らが「四十八時間以内の自衛隊撤退」を要求する声明を出すと、小泉純一郎首相は「テロに屈することはできない。自衛隊は撤退しない」と表明し、交渉に応じない姿勢を鮮明にしました。結果、香田さんは殺害され、その動画がインターネットで公開されました。

私がショックだったのは、香田さんの遺族が息子のイラク入国を「自己責任」とし、「危険は覚悟《ご》の上での行動です」というコメントを出したことでした。そして、世論が香田さんの死を悼《いた》むよりも、「自己責任だから仕方がない」という冷たい反応を示したことでした。

世の中全体が、殺害された青年に「自己責任」を突きつけ、悲しみの中にいる遺族までもが、その圧力にエフクジュウさせられる。そんな光景を目の当たりにして、絶望的な気持ちになったことをよく覚えています。

（中　略）

一方、「自己責任」という問題をめぐって、②深く考えさせられる出来事がありました。二〇一八年にタイのタムルアン洞窟《どうくつ》で起きた遭《そう》難事故です。

地元のサッカーチームのコーチ一人と少年十二人の計十三人が洞窟に入ったものの、雨季で水位が上昇し、出ることができなくなりました。この様子は日本でも大きく報道されたため、記憶にある方が多いと思います。

遭難した十三名は、無事ダイバーによって救出されたのですが、その過程で、一名のダイバーが亡くなりました。また、周辺住民に大きな被害が出る問題も浮上しました。救出のためには、洞窟内に溜《た》まった大量の水を汲《く》みだす必要があり、その水が樹木を枯らしてしまう可能性があったのです。実際、ポンプで排出した水によって、多くの樹木が根枯れし、畑にも被害が出ました。

しかし、周辺住民は誰も遭難者を責めず、温かく迎えました。タイの世論も安堵《ど》の声に包まれ、自己責任論はごく一部を除いて浮上しませんでした。

私は、とても安心したとともに、「これが日本だったら、どうなっただろう？」と考えざるを得ませんでした。

サッカーチームのコーチが、少年たちを洞窟に誘ったのは「肝《きも》だめし」をするためでした。要はちょっとした遊びのつもりが、取り返しのつかない出来事を引き起こし、多くの人たちの犠牲《ぎせい》と労力を費やすことになったのです。

なのに、タイの人たちは寛《かん》大でした。このコーチをバッシングすることはなく、無事、元気に洞窟から出られたことを祝福したのです。

おそらくこれが日本だったら、コーチを批判する声が沸き上がり、その家族にまで激しいバッシングがなされたのではないでしょうか。少年たちはかわいそうな被害者と見なされ、その分、リーダーの責任を問う声が殺到したのではないかと思います。

私は※親鸞《しんらん》に大きな影響を受けてきたため、よく「こんなとき親鸞だったら、何て言うだろう？」と考えます。なので、イラク人質事件やタイ洞窟遭難事故のときも、「親鸞がコメントを求められたら何と言うだろう」と想像しました。

そのとき、思い浮かんだのが『歎異抄《たんにしょう》』第十三章の言葉でした。親鸞は次のように言っています。

2023年度

淑徳中学校

【国　語】〈第一回スーパー特進東大選抜《セレクト》入試〉（五〇分）〈満点：一〇〇点〉

注意　設問においては、特に注記のないかぎり句読点や記号等も字数に数えるものとします。

一　次の文章を読んで、後の問いに答えなさい。

今の日本には、①自己責任論という魔物が棲《す》みついています。菅義《すがよし》偉《ひで》内閣は「共助」「公助」よりも「自助」を先に掲《かか》げ、自己責任を原則とする方針を掲げました。

日本の現状は、※ＯＥＣＤ（経済協力開発機構）諸国と比較すると Ａ 瞭然《りょうぜん》です。日本は明らかに「小さな政府」になっています。いや、正確に言うと「小さすぎる政府」になっています。租税負担率は低く、全※ＧＤＰ（国内総生産）に占める国家歳出《さいしゅつ》の割合も低い。つまり、日本政府の収入・支出のアキボは小さく、基本的に国民任せになっています。

私たちは生きていると様々な※リスクに直面します。今は元気に仕事ができているけども、突然大きな事故に遭《あ》い、これまでのように仕事ができなくなってしまうことって、ありえますよね。難病を発症することだってあるかもしれません。コロナウィルスに感染して、後遺症に苦しむことになるかもしれない。みんな生きている以上、思いがけないリスクを抱えながら生活しています。

「小さすぎる政府」になると、国や行政は手厚い支援をしてくれません。リスクについては「自己責任で対応してくださいね」という姿勢になります。日本は、様々なイリョウイキで※セーフティネットが崩《ほう》壊し、思いがけないことが起きると、あっという間に生活が成り立たなくなってしまう状況になっています。

一方で、この自己責任論は、行政からの福祉《し》的支援を受けている人たちを「※既《き》得権益」と見なして※バッシングします。生活保護の受給者に対してバッシングが起こり、心無い言葉が投げかけられたりします。社会的な連帯は失われ、支えあいの精神が溶解していきます。

自己責任論の原点となったとされるのが、二〇〇四年に起きたイラクでの日本人人質事件です。前年に始まったイラク戦争では、アメリカが戦況を優位に進めていたものの、現地の武装勢力との交戦状態はなかなか解消されず、戦争状態が長引いていました。武装勢力は、外国人の誘拐《ゆうかい》・監禁を行い、人質との交換として自国の軍隊のイラクからの撤《てっ》兵を要求しました。

イギリス人やイタリア人と共に、日本人三名も誘拐され、武装勢力からイラクに駐留する自衛隊の撤兵が要求されました。このとき、沸《わ》き上がったのが自己責任論でした。人質になった人たちは、イラクの人たちの生活支援のボランティアであり、戦場の様子を伝えるジャーナリストでした。しかし、「自らの判断で危険なところに行ったのだから、リスクは自分で引き受けるべき」という自己責任論にさらされ、釈《しゃく》放後に帰国すると、様々な嫌がらせや誹謗中傷《ひぼうちゅうしょう》の声が向けられました。

このときの「自己責任論」の発端は、政治家の発言でした。当時、環境大臣をウツトめていた小池百合子《こいけゆりこ》さん（現東京都知事）は、拘《こう》束発覚直後に「（三人は）無謀《むぼう》ではないか。一般的に危ないと言われている所にあえて行くのは自分自身の責任の部分が多い」と述べています。この発言をきっかけに、自民党の国会議員から次々と「自己責任」という声が沸き上がり、三人へのバッシングが過熱化しました。

私が今でも忘れられずに覚えていることがあります。この人質事件が解決し、世論が平静を取り戻した頃、再び日本人が拘束される事件

2023年度

淑 徳 中 学 校

▶解説と解答

算　数　＜第１回スーパー特進東大選抜入試＞（50分）＜満点：100点＞

解　答

1 (1) 70　(2) 6　(3) 2　(4) 9.6　(5) 21.98　(6) 325　**2** (1) 3個　(2) 5，10，15，16　(3) 37.5　(4) 20：23　(5) 毎分150m　**3** (1) 21番目　(2) 8回　(3) 321　**4** (1) 6cm　(2) 56.52cm^3　(3) 28.26cm^3　**5** (1) 毎秒48mL　(2) 16cm　(3) 8cm

解　説

1 **四則計算，計算のくふう，数列**

(1)　$(29+23\times11)\div2-(21\times13+11)\div4=(29+253)\div2-(273+11)\div4=282\div2-284\div4=141-71=70$

(2)　$(2023\div17-1001\div13)\div7=(119-77)\div7=42\div7=6$

(3)　$18\div4\frac{4}{5}-2\frac{2}{7}+5\times\left(\frac{1}{4}-\frac{1}{7}\right)=18\div\frac{24}{5}-\frac{16}{7}+5\times\left(\frac{7}{28}-\frac{4}{28}\right)=18\times\frac{5}{24}-\frac{16}{7}+5\times\frac{3}{28}=\frac{15}{4}-\frac{16}{7}+\frac{15}{28}=\frac{105}{28}-\frac{64}{28}+\frac{15}{28}=\frac{56}{28}=2$

(4)　$3\div0.5\times0.32\times0.2\div0.04=6\times0.32\times0.2\div0.04=1.92\times0.2\div0.04=0.384\div0.04=9.6$

(5)　$A\times B+A\times C=A\times(B+C)$であることを利用すると，$3.14\times2+6.28\times7+1.57\times6-12.56\times3=3.14\times2+3.14\times2\times7+3.14\times0.5\times6-3.14\times4\times3=3.14\times2+3.14\times14+3.14\times3-3.14\times12=3.14\times(2+14+3-12)=3.14\times7=21.98$

(6)　1で始まり4ずつ増えてできる数の和である。したがって，1から49までの個数を□個とすると，$1+4\times(□-1)=49$と表すことができるから，$□=(49-1)\div4+1=13$とわかる。よって，$1+5+9+13+17+\cdots+45+49=(1+49)\times13\div2=325$と求められる。

2 **つるかめ算，整数の性質，濃度《のうど》，相似，速さ**

(1)　4名のグループが10個だと，$4\times10=40$(名)となり，$43-40=3$(名)少なくなる。4名のグループを1個減らし，かわりに5名のグループを1個増やすと，$5-4=1$(名)増えるから，5名のグループの数は，$3\div1=3$(個)とわかる。

(2)　一の位，十の位，百の位が0になるので，Aを素数の積で表したとき，(2×5)の組が3個できる。つまり，4個の数の中には，5，$2\times5=10$，$3\times5=15$が含《ふく》まれている。この中には2が1個含まれているから，Aが2で5回割り切れるためには，これ以外に2が，$5-1=4$(個)必要である。よって，残りの数は，$2\times2\times2\times2=16$なので，選んだ4個の数は，5，10，15，16とわかる。

(3)　(食塩の重さ)＝(食塩水の重さ)×(濃《こ》さ)より，はじめにAに含まれている食塩の重さは，$300\times0.12=36$(g)，Bに含まれている食塩の重さは，$300\times0.04=12$(g)とわかる。すると，AとBに含まれている食塩の重さの合計は，36＋12＝48(g)であり，これは食塩水の交換《こうかん》をした後も変わらない。また，同じ重さずつ交換しているから，交換した後の食塩水の重さはどちらも300gである。さらに，このときの濃さはＡの方が６％高いので，交換した後に含まれている食塩の重さはＡの方が，300×0.06＝18(g)重いことがわかる。つまり，右上の図１のように表すことができるから，Ａに含まれている食塩の重さは，(48＋18)÷２＝33(g)であり，交換した後のＡの濃さは，33÷300＝0.11，0.11×100＝11(％)と求められる。したがって，交換した重さを□gとすると，上の図２のように表すことができる。図２で，ア：イ＝(12－11)：(11－４)＝１：７なので，混ぜた食塩水の重さの比は，$\frac{1}{1}:\frac{1}{7}$＝７：１とわかる。この合計が300gだから，□＝300×$\frac{1}{7+1}$＝37.5(g)と求められる。

図１

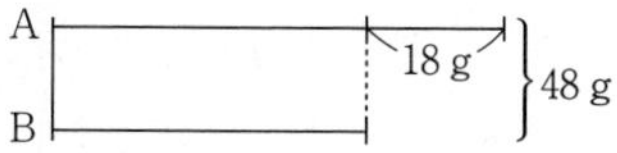

図２

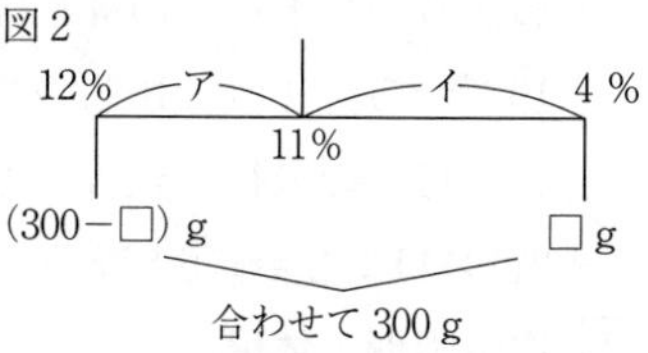

(4)　下の図３のように，BPとCDを延長して交わる点をＥとする。はじめに，三角形ABPと三角形DEPは相似であり，相似比は，AP：DP＝４：３なので，AB：DE＝４：３となる。また，AB＝$\boxed{2}+\boxed{3}=\boxed{5}$だから，DE＝$\boxed{5}\times\frac{3}{4}=\boxed{3.75}$とわかる。次に，三角形ABRと三角形QERも相似であり，相似比は，AB：QE＝５：(２＋3.75)＝20：23なので，AR：RQ＝20：23と求められる。

(5)　ＢさんがＡさんを追いぬいたのは，Ｂさんが出発してから，13分20秒－10分＝３分20秒後である。その間にＢさんが走った距離《きょり》は，240×$3\frac{20}{60}$＝800(m)だから，下の図４のように表すことができる(実線がＡさん，点線がＢさん)。よって，ＡさんがＢさんに追いぬかれるまでに走った距離は，1200＋800＝2000(m)なので，Ａさんの速さは毎分，2000÷$13\frac{20}{60}$＝150(m)と求められる。

図３

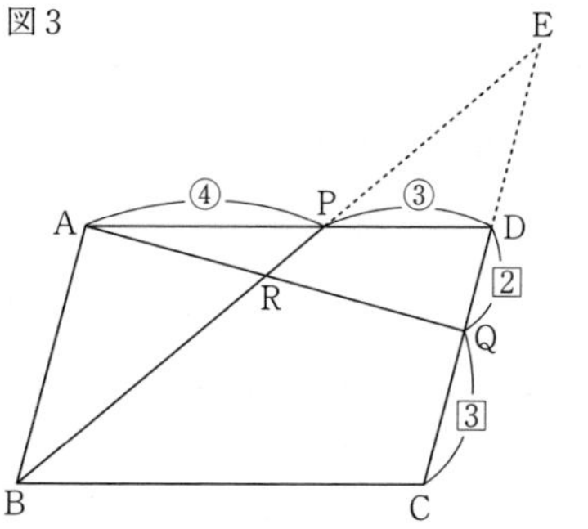

図４

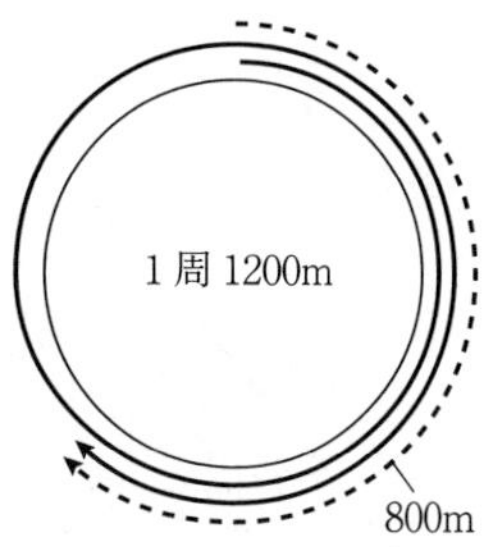

3　数列

(1)　右のように組に分けることができる。各組の最後には奇数《きすう》が１から順に並んでいるから，11がはじめて現れるのは６組の最後とわかる。また，各組に並んでいる個数は１個ずつ増えるので，１組から６組までの個数は，１＋２＋３＋４＋５＋６＝(１＋６)×６÷２＝21(個)と求められる。よって，11がはじめて現れるのは21番目である。

(１組)１
(２組)２，３
(３組)３，４，５
(４組)４，５，６，７
(５組)５，６，７，８，９
…… ……………………

(2)　(1)より，７組の最後の数は13，８組の最後の数は15だから，15がはじめて現れるのは８組である。また，15組の最初の数は15，16組の最初の数は16なので，15が現れるのは８組から15組までとわかる。よって，15は全部で，15－８＋１＝８(回)現れる。

(3)　１組から９組までの個数は，(１＋９)×９÷２＝45(個)だから，46番目の数は10組の最初の数である。また，１組から11組までの個数は，45＋10＋11＝66(個)であり，66番目は11組の最後の数とわかる。つまり，10組と11組のすべての数の和を求めればよい。10組の最後の数は，２×10－１＝19だから，10組の10個の数の和は，10＋11＋…＋19＝(10＋19)×10÷２＝145と求められる。同様に，11組の最後の数は，２×11－１＝21なので，11組の11個の数の和は，11＋12＋…＋21＝(11＋21)×11÷２＝176となる。よって，これらを合計すると，145＋176＝321となる。

4　立体図形―体積

(1)　下の図１のように，OA，OB，OCの長さを□cmとすると，三角形OBCの面積は，□×□×$\frac{1}{2}$ (cm^2)だから，正方形BCDEの面積は，□×□×$\frac{1}{2}$×４＝□×□×２(cm^2)となり，四角すいA－BCDEの体積は，□×□×２×□×$\frac{1}{3}$＝□×□×□×$\frac{2}{3}$ (cm^3)とわかる。これが，36÷２＝18(cm^3)なので，□×□×□×$\frac{2}{3}$＝18より，□×□×□＝18÷$\frac{2}{3}$＝27と求められる。よって，27＝３×３×３より，□＝３とわかるから，AFの長さは，３×２＝６(cm)となる。

(2)　三角形ABFを１回転させてできる立体は，三角形ABOを１回転させてできる円すいを２つ組み合わせたものである。また，この円すいは，底面の円の半径が３cm，高さが３cmの円すいである。よって，三角形ABFを１回転させてできる立体の体積は，$\left(3\times3\times3.14\times3\times\frac{1}{3}\right)\times2$＝18×3.14＝56.52($\mathrm{cm}^3$)と求められる。

(3)　三角形AMFを１回転させてできる立体は，三角形AMOを１回転させてできる円すいを２つ組み合わせたものである。また，この円すいの底面の円の半径はOMである。ここで，下の図２のようにOMの長さを△cmとすると，正方形BMONの面積は，３×３÷２＝4.5(cm^2)なので，△×△＝4.5とわかる。よって，三角形AMFを１回転させてできる立体の体積は，$\left(\triangle\times\triangle\times3.14\times3\times\frac{1}{3}\right)\times2=\left(4.5\times3.14\times3\times\frac{1}{3}\right)\times2$＝９×3.14＝28.26($\mathrm{cm}^3$)と求められる。

図１

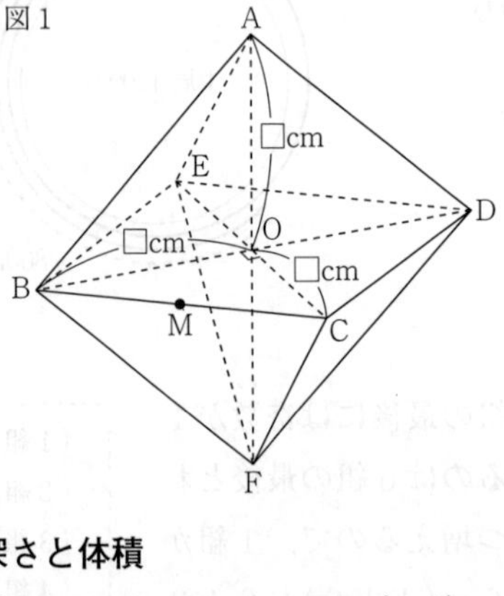

図２

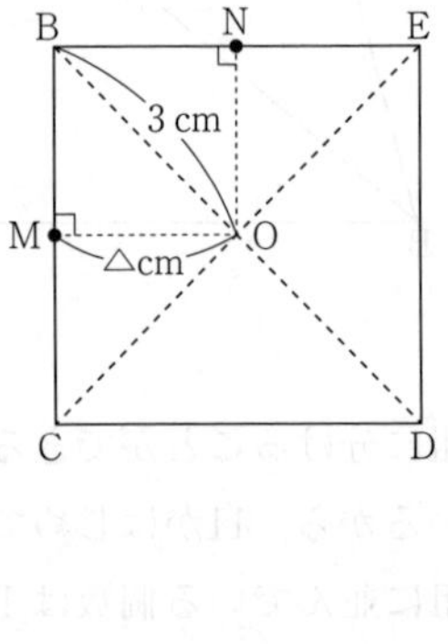

5　グラフ―水の深さと体積

(1)　水そうの容積は，30×40×20＝24000(cm^3)である。また，水そうがいっぱいになるまでの時間は500秒だから，水そうに入れる水の量の割合は毎秒，24000÷500＝48(cm^3)，つまり48mLと求められる。

(2)　水そうを正面から見ると，下の図の①～⑤の順に水が入り，各部分がいっぱいになるのにかかる時間は図のようになる。⑤の部分の容積は，48×125＝6000(cm^3)なので，⑤の部分の高さは，

6000÷30÷40＝５(cm)となり，④の部分の高さは，20－５＝15(cm)とわかる。また，④の部分の容積は，48×150＝7200(cm^3)だから，㋐の部分の長さは，7200÷15÷30＝16(cm)と求められる。

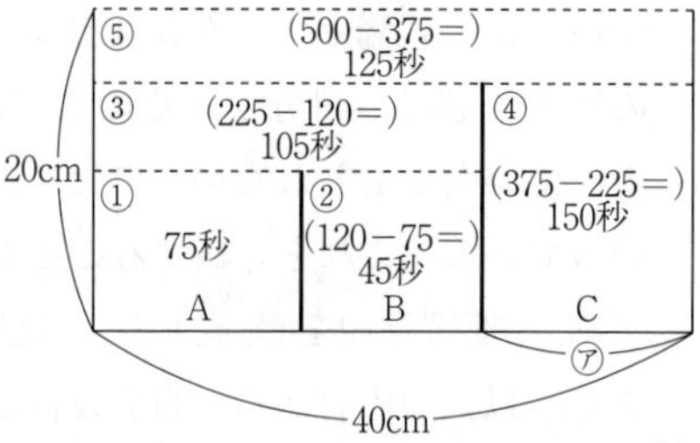

(3)　①の部分と②の部分の容積の合計は，48×120＝5760(cm^3)である。また，①の部分と②の部分の横の長さの合計は，40－16＝24(cm)なので，ＡとＢの間のしきりの高さは，5760÷24÷30＝８(cm)とわかる。

国　語　<第１回スーパー特進東大選抜入試>（50分）<満点：100点>

解　答

一 **問１**　下記を参照のこと。　**問２**　**A**　一目　**B**　正真　**問３**　(例)　今の自分という存在は偶然に与えられたものだと認識することで自己の能力に対する過信を防ぎ，他者の立場になっていたかもしれないと想像して，他者を思いやり共に支えあうという連帯意識を育てることが大切だ。　**問４**　**ア**　ちょっとした遊び　**イ**　多くの人たちの犠牲と労力を費やす　**ウ**　無事，元気に洞窟から出られたことを祝福　**エ**　責任を問う声　**オ**　バッシングがなされた　**問５**　エ　**問６**　ウ　**二** **問１**　**a**　作　**b**　得　**c**　有　**d**　目　**問２**　オ　**問３**　後ろめたさ　**問４**　(例)　男の父の詩集には丁寧に読まれた跡があるので，その詩は私を含め多くの人の心に残っているはずだと思った。　**問５**　勲章を買い～なかった。**問６**　オ　**問７**　(例)　亡くなった勲章店の主人と詩人の魂は，未亡人の心の中と詩集を読んだ人々の心の中に，それぞれ生き続けていることが暗示されている。　**問８**　(1)　くすんだ色（雨が降って）　(2)　(例)　父を亡くしている　(3)　イ，オ，カ　(4)　オ　(5)　D

●漢字の書き取り

一 **問１**　**ア**　規模　**イ**　領域　**ウ**　務(めて)　**エ**　服従　**オ**　素質　**カ**　報(い)　**キ**　専用

解　説

一 **出典は中島岳志《なかじまたけし》の『思いがけず利他』による。**今の日本に棲《す》みついている「自己責任論という魔《ま》物《もの》」について，その魔物の所業，棲みついてしまった理由，そこから逃《のが》れる方法を説明する。

問１　**ア**　物事の構造，内容，しくみなどの大きさ。　**イ**　何らかの関係が及《およ》ぶ範囲《はんい》。　**ウ**　音読みは「ム」で，「義務」などの熟語がある。　**エ**　他者からの命令や指示にしたがうこと。**オ**　生まれつき持っている能力や性質。　**カ**　音読みは「ホウ」で，「報復」などの熟語がある。**キ**　決まった人だけが使うこと。

問２　**A**　「一目瞭然《いちもくりょうぜん》」は，一目見ただけではっきりわかること。　**B**　「正真正銘《しょうしんしょうめい》」は，うそいつわりがまったくないこと。

問３　「自己責任論という魔物」の例に，行政からの福祉《ふくし》的支援《しえん》を受けている人たちへのバッシング，イラクで武装勢力に誘拐《ゆうかい》された人たちへのバッシングをあげ，「社会的な連帯」や「支えあいの精神」が失われていることが指摘《してき》されている。この魔物がはびこる原因，そこから逃れる方法については，親鸞《しんらん》とマイケル・サンデルの言葉を引用した説明が後半にある。まず，「自己責任論」の行きすぎは，自分が「その人であった可能性」に対する想像力の欠如《けつじょ》からくる。「自分もそうなっていたかもしれない」ことを，親鸞は「存在の偶然《ぐうぜん》性」，マイケル・サンデルは「所与《しょよ》性」といっている。これを認識《にんしき》することで，「自己の能力に対する過信」が諫《いさ》められ，「謙虚《けんきょ》な姿勢」が生まれ，「連帯意識を醸成《じょうせい》」し，「魔物」すなわち「他者に対する過剰《かじょう》な非難」をしずめられるのである。以上の内容から，自分は偶然与《あた》えられた存在だと認識し，「その人であった可能性」を想像することで，自己過信を防ぎ，他者と支え合う連帯意識を育てることが大切だという内容にまとめる。

問４　「考えさせられ」たのは，タイのタムルアン洞窟《どうくつ》に地元のサッカーチームの少年たちとコーチが入り，水位が上がって出られなくなったが，ダイバーたちによって救出されたできごとと，そのときのタイの人々の対応である。　**ア**　コーチが少年たちを洞窟に誘《さそ》ったのは，「肝《きも》だめし」という「ちょっとした遊び」のためである。　**イ**　救出の過程では，大量の水を汲《く》みだす必要があり，その水で樹木や畑が被害《ひがい》を受けたり，ダイバーが死亡したりしている。これを「多くの人たちの犠牲《ぎせい》と労力を費《つい》やすことになった」とまとめている。　**ウ**　救出されたときのタイの人々の反応が入る。タイの人々は少年たちやコーチが「無事，元気に洞窟から出られたことを祝福」している。　**エ**，**オ**　日本なら，コーチ(リーダー)の「責任を問う声」が殺到《さっとう》し，その家族にも「激しいバッシングがなされた」のではないかと述べている。

問５　親鸞のいう「偶然の自覚」は，サンデルのいう「『所与性』への認識」に当たる。最後から二つ目の段落で，「『所与性』への認識」は「自己の能力に対する過信を諫め，謙虚な姿勢を」生み出し，「他者」と共に支えあう「連帯意識」を形成すると述べている。この内容に合うのは，エの「他者への共感や寛容《かんよう》」である。「寛容」は，心が広く人の言動をよく受け入れること，人の過《あやま》ちを厳しくとがめないこと。

問６　サンデルは，難関大学への合格を例に，それが「熱意と努力」よりも多分に「運」がもたらした結果であることを指摘している。たとえば「入学へ至る努力を手助けしてくれた親や教師」がいた環境《かんきょう》，「たまたま恵《めぐ》まれていた才能」，それを「育て，報《むく》いを与えてくれる社会で暮らしている」こと，そういう「幸運」の結果なのである。ウが，この内容に合う。

二　**出典は小川洋子《おがわようこ》の『最果てアーケード』による。**「私」が，配達のアルバイトをしている商店街の勲章《くんしょう》店で，店じまいを考えている未亡人と勲章を売りに来た男の話を聞き，男の父親の詩集に興味を持つ場面である。

問１　**a**　「無造作」は，手軽にするようす。　**b**　「得体」は，正体。「得体の知れない」で，正体がよくわからず怪《あや》しいようす。　**c**　この「有無」は，承知と不承知。「有無を言わせない」は，無理やりさせるようす。　**d**　「目を凝《こ》らす」は，“じっと見つめる”という意味。

問２　「気休め」は，相手の気持ちを収めるための，形だけのなぐさめ，その場しのぎの言動。勲章を売りに来た男に，未亡人は「近々，店じまいするもので」と断ったが，食い下がられた場面である。未亡人が「一応」勲章を手にしたのは，男の「強引さ」に負けたからにすぎない。「かなり，傷《いた》んでいますね」という感想も，値段の交渉《こうしょう》のためではなく，その場をやりすごそうとしているのだから，オがよい。なお，オ以外は，買い取るつもりのないことをおさえていない。

問３　詩人の父親が残した「勲章」を，初老の息子が売りに来ている。店主から「大事な形見をお売りになったりしてよろしいんですか？」と問われ，視線をそらしてうつむいたのだから，気まずさが読み取れる。そういう心情について少し後で，この人のように「後ろめたさ」を感じて売りに来る人もいると説明している。「後ろめたさ」は，自分に落ち度があってやましい気持ち。

問４　最後の「中略」の後に，図書館から借りてきた詩集について，「私」が思ったことが書かれている。「私」は「これを手に取った人々が皆《みな》，一ページ一ページ丁寧《ていねい》にめくっていったのだろうという気配」を感じ，男の父親の詩は「今も誰《だれ》かの胸に響《ひび》いている」と思っている。つまり，この詩集は，男が言うように「誰一人，詩の一行，タイトル一つ，覚えてもいない」詩集ではなかったのである。

問５　少し後に，売られた「事情」の重さを確かめるように，未亡人が勲章をあつかう描写《びょうしゃ》がある。「私」はそれを見て「勲章を買い取ることは，そこに潜《ひそ》むさまざまな記憶《きおく》も一緒《いっしょ》に引き受けるということだった。未亡人はまだ，そういうやり取りに慣れていないのかもしれなかった」と思っている。

問６　男の身なりはみすぼらしく，形見の「勲章」を売りに来ている。中学生のとき「メダル」を獲得《かくとく》した女は，結婚詐欺師《けっこんさぎし》である。つまり，二人の現状は望ましくない。一方，「勲章」も「メダル」も，かつての誇《ほこ》らしさを表すものだから，オが合う。

問７　「澄《す》んだ光」に包まれているとは，迷いや濁《にご》りがないようす，そういう善《よ》きものに守られていることを表す。このあと未亡人は，亡《な》くなった夫が楽しみにしていた「オリンピックの表彰《ひょうしょう》式《しき》」をラジオで聞こうとしている。詩集は，問４でも検討したように，読む「私」の「胸に響いている」。勲章店の主人は亡くなったが，思い出は未亡人の心に明るい光のように存在し，詩集の作者も亡くなっているが，私をふくめ，その詩を読む人々の心に濁りなく響くのである。勲章店の主人も詩集の作者も亡くなっているが，主人は未亡人の心に，詩は読む人の心に，濁りのない澄んだ光のように在り続け，未亡人や人々を守っている，というような内容にまとめる。

問８　⑴　男のみすぼらしい身なりに注目する。「くすんだ色の着古したコートは肘《ひじ》と背中が毛羽立っている」し，「雨が降っているわけでもないのに，靴《くつ》の踵《かかと》とズボンの裾《すそ》が泥《どろ》で汚《よご》れている」のだから，ここに経済的な余裕《よゆう》のなさが表れている。「毛羽立つ」は，“紙や布などの表面がこすれて細かい毛がたくさん立つ”という意味。　⑵　前書きに，「私」の父は「亡くなった」とある。男も「親父《おやじ》の形見」を売りに来ているので，父親が亡くなっていることが共通している。「形見」は，死んだ人が残した品。　⑶　どうしても読みたい気持ちが表れた行動だから，図書館で詩集を探しているときの「見落としがないよう注意しつつ」背表紙を確かめるようすが合う。そのとき，上段から下段まで目を凝らし，次の棚《たな》，その次の棚と探し，「それを何度でも繰《く》り返す」行動もあてはまる。見つけられないので「私はカウンターにリクエストシートを提出する」とあり，これは入れてほしい本を書いた用紙だから，どうしても読みたい気持ちが表れた行動といえる。⑷　生徒Aは，未亡人は「これからも店を続けていく」と予想している。前向きな予想だから，オの「悲しい思い出」は不適切。　⑸　生徒Dの「男が泥棒《どろぼう》だと確信した」という発言は，根拠《こんきょ》がない。「私」は，男のみすぼらしい身なりを見ても「泥棒」とは思っていないし，怪しむようすもない。

Memo

2022年度　淑 徳 中 学 校

〔電　話〕　(03) 3969－７４１１
〔所在地〕　〒174－8643　東京都板橋区前野町５－14－１
〔交　通〕　都営三田線─「志村三丁目駅」13分　東上線─「ときわ台駅」13分
JR各線─「赤羽駅」よりスクールバス

【算　数】〈第１回スーパー特進入試〉（50分）〈満点：100点〉

1　次の計算をしなさい。

（1） $24-5\times\{10-(6+2)\div 4-4\}$

（2） $18+\{33-4\times 5\div(14-4)\}\times 2\div 31$

（3） $1.6\times(2.7-0.95)-0.25\div(1.4-0.15)$

（4） $\left\{\left(\dfrac{4}{15}+\dfrac{5}{6}\right)\div\dfrac{11}{12}-\dfrac{3}{7}\right\}\div\left(\dfrac{3}{5}+\dfrac{3}{4}\right)+\dfrac{3}{7}$

（5） $3-\left\{1-\left(2.25-1\dfrac{2}{3}\right)\div 0.75\right\}\div 1\dfrac{1}{6}$

（6） $\dfrac{1}{2}+1+1\dfrac{1}{2}+2+2\dfrac{1}{2}+3+3\dfrac{1}{2}+\cdots+7\dfrac{1}{2}$

2 次の問いに答えなさい。

（１） 分数 $\frac{9}{41}$ を小数で表すとき，小数第１位から第2022位までにあらわれる各位の数字をすべて足すといくつになりますか。

（２） 太郎くんと花子さんは3.2kmはなれた地点AとBを往復します。太郎くんは，行きは毎時4km，帰りは毎時6kmで歩きました。花子さんは行きも帰りも同じ速さで歩いたところ，太郎くんよりも往復で40分多くかかりました。花子さんの歩く速さはいくつですか。

（３） 容器の中に16％の食塩水が200gあります。この容器から50gの食塩水を捨て，同じ量の水を入れてよくかき混ぜます。その後もう一度，50gの食塩水を捨て，同じ量の水を入れてよくかき混ぜました。何％の食塩水ができますか。

（４） なし，もも，ぶどう，りんごの４種類の果物で７個入りのつめ合わせを作ります。４種類とも必ず１個は入れるとすると，全部で何通りの作り方がありますか。

（５） 下の図のしゃ線部分の面積はいくつですか。

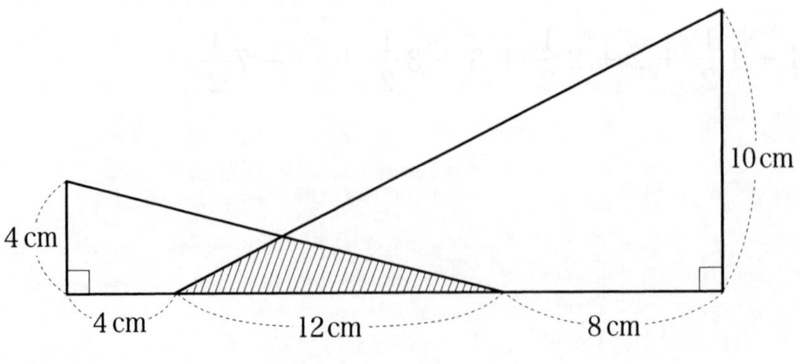

3 **5つの枠《わく》にA，B，Cを書くか，または空らんとして，図のようにある決まりにしたがって，整数を表すことにします。**
下の問いに答えなさい。

					…0
				A	…1
				B	…2
				C	…3
			A		…4
			A	A	…5
			B		…8
		C	C	B	…62
	A		B	C	…75

（1） 100を図で表すと，どのようになりますか。解答らんにある5つの枠に表しなさい。

（2） 右の図が表す整数はいくつですか。
考え方と答えを書きなさい。

		A	B	C

（3） 5つの枠にA，B，Cを書いて表せる整数の中で最も大きい整数はいくつですか。

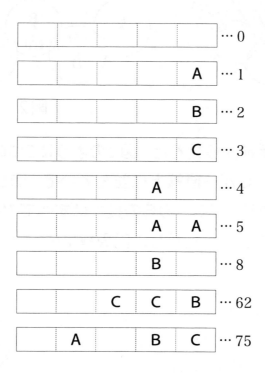

4　ある会社で，底面の円の半径が6m，高さが25mの円柱を5個組み合わせたオブジェ（図1）を作りました。

図1

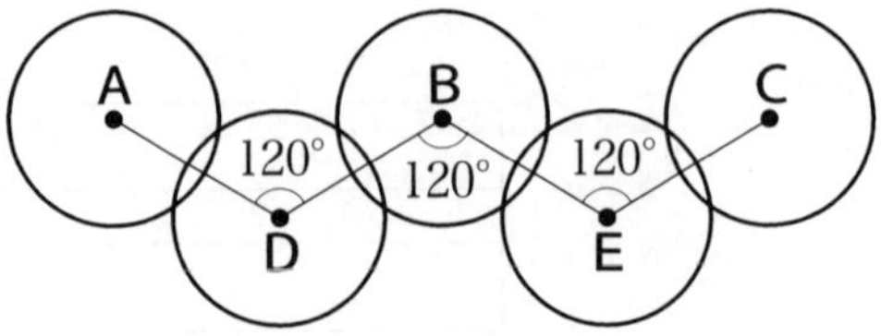

図2

このオブジェを手前から見ると，図2のように5つの円のうち3つの円の中心A，B，Cが一直線上に並んでいて，DEはACと平行になっています。AB，BC，DEの長さはすべて18mです。

次の問いに答えなさい。ただし，円周率は3.14とします。

（1）図2のDを中心とする円とABとの2つの交わる点を図3のように点Aから近い順にF，Gとします。角アの大きさはいくつですか。

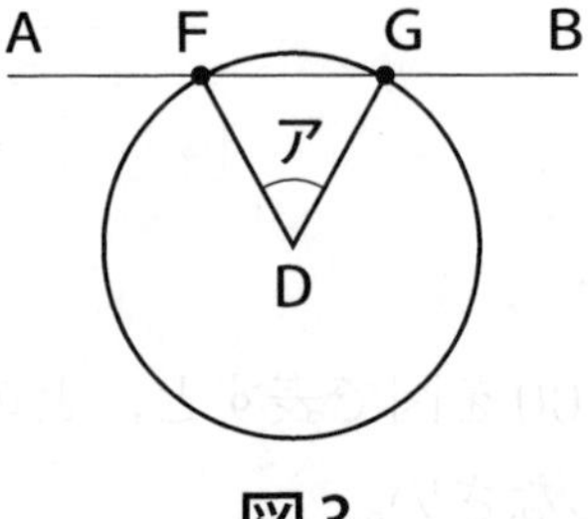

図3

（2）図2のAを中心とする円の円周のうち，Dを中心とする円と重なっている部分の長さはいくつですか。

（3）オブジェの側面（しゃ線部分）の面積はいくつですか。

5 1辺が40cmの立方体の空の水そうがあり，その底には長方形の穴が開いています。高さ40cmの直方体が，図のように，立方体の底面の穴と，直方体の底面（しゃ線部分）がぴったりと重なるようにくっついています。

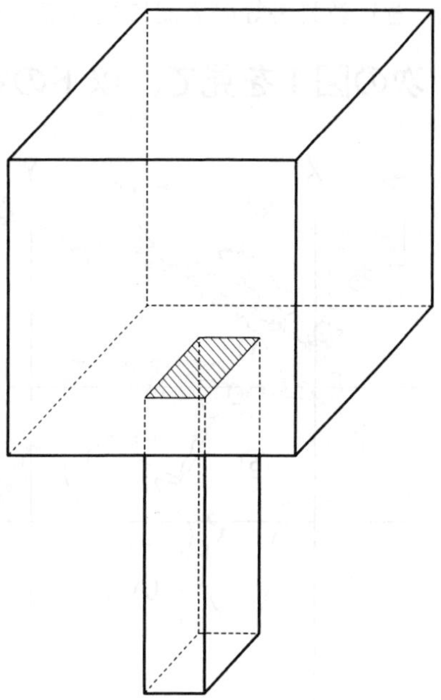

毎分1800cm³で水を入れ始めると同時に，直方体を水そうの中に毎分1cmの速さで真上に動かします。

水を入れ始めてから５分後の水面の高さが，水そうの底から６cmになるとき，次の問いに答えなさい。

ただし，直方体の中には水が入ることはなく，直方体を動かすとき，水はもれないものとします。

（1） 水そうがいっぱいになるのは，水を入れ始めてから何分何秒後ですか。

（2） しゃ線部分の面積はいくつですか。

（3） 水を入れ始めてから20分22秒後に水を入れる量を２倍にしました。その後しばらくして直方体を動かすのを止めたところ，水を入れ始めてから27分４秒後に水そうがいっぱいになりました。直方体を動かすのを止めたのは，水を入れる量を２倍にしてから何分何秒後ですか。

【社　会】〈第１回スーパー特進入試〉（25分）〈満点：50点〉

（注　意）教科書等の表記に従って，漢字で書くべきものは漢字で書くこと。

1　次の図１を見て、以下の各問いに答えなさい。

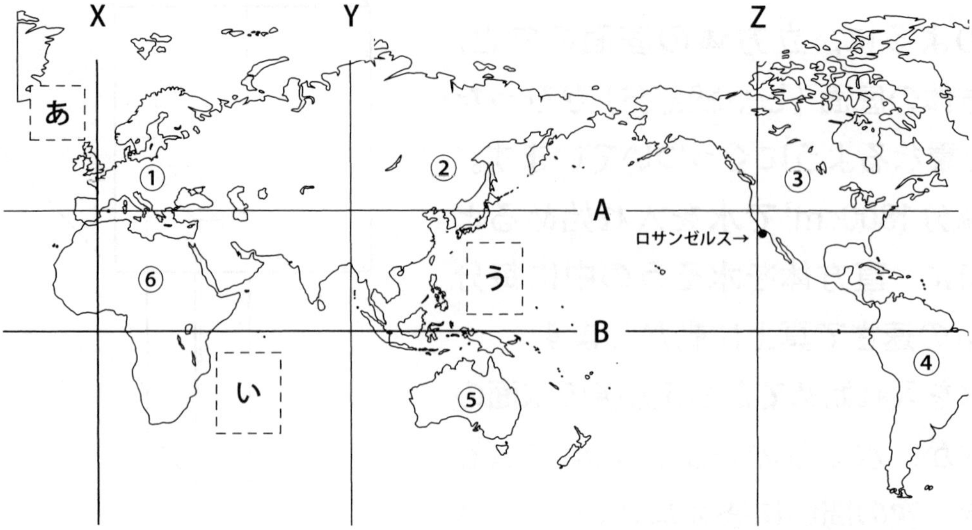

図１

問１　次の**表１**は各大陸（アジアとヨーロッパは別）の高度別面積割合（%）を示しています。**図１**中に描かれていない大陸にあてはまるものを**ア～オ**より１つ選び、記号で答えなさい。

表１　大陸の高度別面積割合（%）

大陸 ＼ 高度(m)	ア	イ	ウ	北アメリカ	エ	オーストラリア	オ	全大陸
200未満	24.6	52.7	9.7	29.9	38.2	39.3	6.4	25.3
200～500	20.2	21.2	38.9	30.7	29.8	41.6	2.8	26.8
500～1000	25.9	15.2	28.2	12.0	19.2	16.9	5.0	19.4
1000～2000	18.0	5.0	19.5	16.6	5.6	2.2	22.0	15.2
2000～3000	5.2	2.0	2.7	9.1	2.2	0.0	37.6	7.5
3000～4000	2.0	0.0	1.0	0.7	2.8	0.0	26.2	3.9
4000～5000	4.1	0.0	0.0	0.0	2.2	0.0	0.0	1.5
5000以上	1.1	—	0.0	0.0	0.0	—	—	0.4
平均高度	**960**	**340**	**750**	**720**	**590**	**340**	**2200**	**875**

「データブック・オブ・ザ・ワールド2020」（二宮書店）より作成

問２　地図の性質を述べた文について、正しいものを**ア～オ**より選び、記号で答えなさい。**ただし答えは１つとは限りません。**

ア　球体である地球を平面に表すため、１枚で地球の全てを正確に表すことができない。

イ　地図の中心は全世界で共通しており、**図１**と同じ地図が各地域で使用されている。

ウ　使用目的に応じて、様々な図法の地図がつくられている。

エ　目的によって面積や形が実際と異なったものが見られるが、これは地図とはいえない。

オ　緯線と経線が直角に交わる地図は、大陸の面積も正しく表現されている。

問３　次の**表２**は、世界の地域（アジア・ヨーロッパ・アフリカ・オセアニア・北アメリカ・南アメリカ）の国の数を示しています。**図１**中の「⑥」の地域にあてはまるものを**ア～カ**より１つ選び、記号で答えなさい。

表２　各大陸の国の数

	ア	**イ**	**ウ**	**エ**	**オ**	**カ**
2017年現在の国の数	54	45	23	12	16	47

（2017年国連統計より）

問４　次の各文**ア～オ**より②と④の地域について述べている文をそれぞれ１つ選び、記号で答えなさい。

ア　世界で最も多くの人口が生活している。
イ　第二次世界大戦前から工業が発達している国が多い。
ウ　過去にスペインとポルトガルの植民地になった国が多く、現在でも植民地時代の影響《えいきょう》からスペイン語とポルトガル語を用いる国が多い。
エ　アボリジニーやマオリという先住民が暮らしていたが、19世紀以降イギリスの植民地になった国が多い。
オ　18世紀に東部にあった13の植民地の人々が独立宣言を発表して建国した国がある。

問５　**図１**中の**A**の線は、北緯40度を表しています。北緯40度が通過していない国を次の**ア～ク**より選び、記号で答えなさい。**ただし答えは１つとは限りません。**

ア　ポルトガル　　**イ**　トルコ　　**ウ**　大韓民国
エ　アメリカ合衆国　　**オ**　ドイツ　　**カ**　イタリア
キ　パキスタン　　**ク**　ギリシャ

問６　**図１**中の**B**の線は赤道を表しています。赤道付近にみられる気候や景色について述べた正しい文を次の**ア～エ**より選び、記号で答えなさい。**ただし答えは１つとは限りません。**

ア　一年を通じて高温であり、年間の気温の差は大きい。
イ　一年を通じて降水があり、特に午前中には激しい降雨がみられる。
ウ　多種多様な樹木が多く、密林がみられる。
エ　湿気が高いため、家の中に湿気がたまらないように「たて穴住居」が多くみられる。

問７　**図１**中の**X**は経線です。日本の時間を決める基準となる経線との経度差を５の倍数で答えなさい。

問８　**図１**中の**Ｙ**は東経 90 度を示しています。**Ｙ**が通過していない国を次の**ア～カ**より選び、記号で答えなさい。**ただし答えは１つとは限りません。**

ア　インド　　**イ**　中華人民共和国　　**ウ**　イラン
エ　バングラデシュ　　**オ**　ウクライナ　　**カ**　カンボジア

問９　**図１**中の**Ｚ**は西経 120 度を示しています。**Ｚ**が通過するアメリカ合衆国の西海岸にある都市ロサンゼルスと東京の時差を求めなさい。

問 10　成田国際空港を 12 月 4 日（土）の 17:00 に出発する航空機が、ロサンゼルス国際空港に現地時間 12 月 4 日（土）の 11:00 に到着します。この航空機の飛行時間を求めなさい。

問 11　**図１**中の **あ** と **い** に本来えがかれるはずの島を、次の**ア～オ**より選び、それぞれ記号で答えなさい。**ア～オ**は縮尺の都合上、それぞれの島で縮尺は異なります。

ア

イ
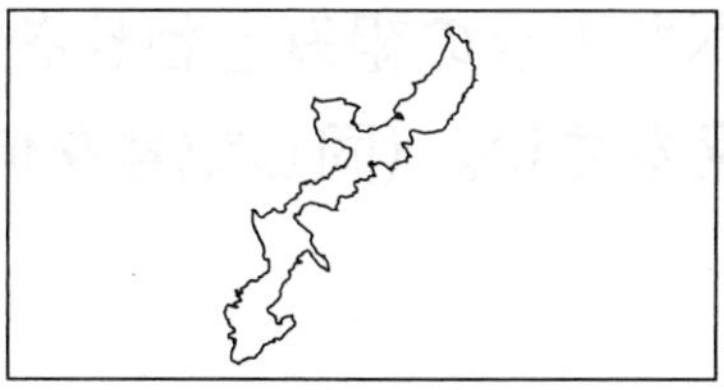

ウ
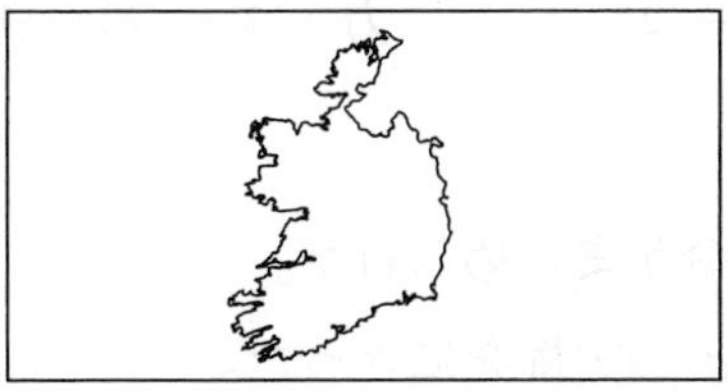

エ
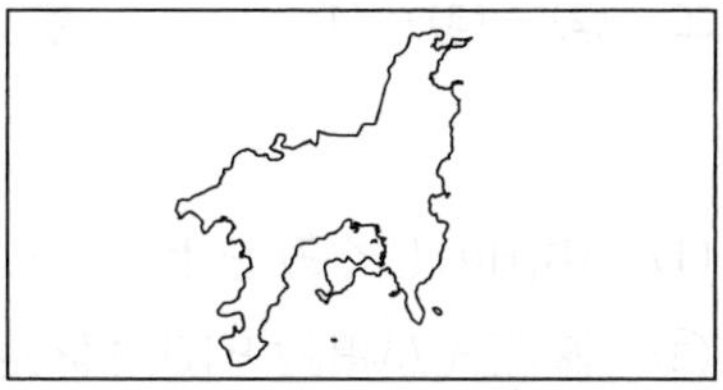

オ
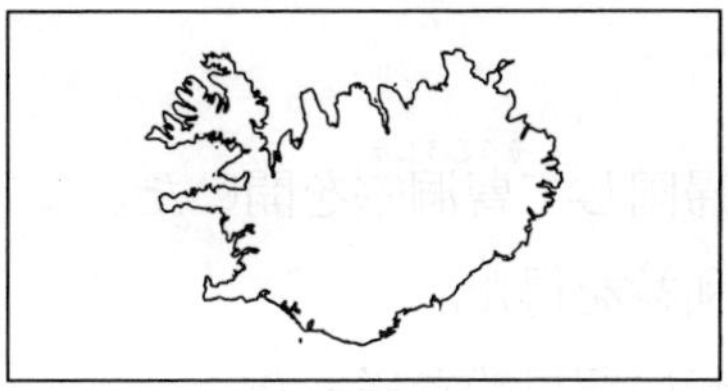

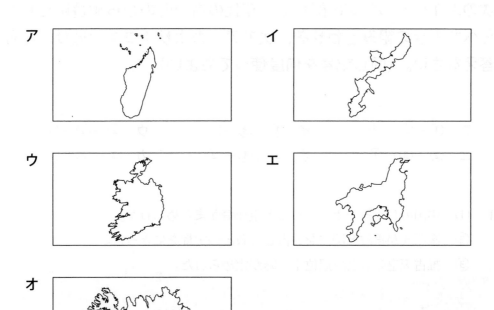

問 12 **図 1** 中の [**う**] の地域は、世界でも地震《しん》が多く発生している所です。震《しん》源地を・で表現した図として [**う**] の地域のものを、次の**ア〜エ**より 1 つ選び、記号で答えなさい。

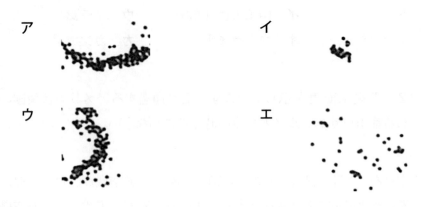

ア

イ

ウ

エ

問 13 **図 1** 中の [**う**] の地域で地震が多く発生している主な要因を、「海」「陸」を用いて説明しなさい。

2 次の問１～５の各文に関して、年代の古いものから順番に正しくならべたときの組み合わせを、次のア～カより１つずつ選び、記号で答えなさい。(同じ記号を何度使ってもよい)

ア ①－②－③　　イ ①－③－②　　ウ ②－①－③
エ ②－③－①　　オ ③－①－②　　カ ③－②－①

問１
① 中国のしくみを手本として大宝律令がまとめられた。
② 藤原氏が摂政《せっしょう》と関白を独占して政治の実権をにぎった。
③ 推古天皇のもとで冠位《かんい》十二階が定められた。

問２
① 宋にわたって仏教を学んだ道元は帰国して曹洞宗《そうとうしゅう》を開いた。
② 日宋貿易を行った平清盛は大きな利益を得た。
③ 足利尊氏は天龍寺《てんりゅうじ》をつくるために元に貿易船を送った。

問３　①　院政を始めた白河上皇は北面の武士をおいて軍事力とした。

②　後醍醐《ごだいご》天皇は地方の政治を行うために国司と守護をおいた。

③　幕府は京都に六波羅探題《ろくはらたんだい》をおいて朝廷を監視《かんし》した。

問４　①　幕府の許可を得て戦国時代に焼失した東大寺大仏殿《だいぶつでん》が再建された。

②　幕府に保護された禅宗の影響を受けて京都の東山に銀閣が建てられた。

③　幕府を倒した織田信長によって豪華《ごうか》壮大な安土城が建てられた。

問５　①　幕府は生活が苦しい御家人を救うために永仁の徳政令を出した。

②　天明のききんで苦しむ民衆により百姓一揆《いっき》や打ちこわしがおきた。

③　生活に苦しむ武士や民衆が京都の酒屋・土倉をおそう正長の徳政一揆がおきた。

３　**次の問１～５について、その正誤の組み合わせとして正しいものを、次のア～エの中より１つずつ選び、記号で答えなさい。（同じ記号を何度使ってもよい）**

ア　①＝正　②＝正　　　**イ**　①＝正　②＝誤

ウ　①＝誤　②＝正　　　**エ**　①＝誤　②＝誤

問１　①　明治政府は五箇条の誓文《せいもん》をだして政府の方針を示した。

②　明治天皇は大日本帝国憲法を定めて天皇主権を否定した。

問２　①　日露《にちろ》戦争後のポーツマス条約において樺太《からふと》の南半分が日本領となった。

②　日露戦争後に日本は領事裁判権の撤廃《てっぱい》と関税自主権の回復を達成した。

問３　①　自由民権運動を始めた板垣退助は立憲改進党を結成して党首になった。

②　最初の衆議院議員選挙が行われたのちに第一回帝国議会が開かれた。

問4　①　渋沢《しぶさわ》栄一は民本主義を唱えて大正デモクラシーの中心となった。

②　津田《つだ》梅子は青鞜社《せいとうしゃ》を結成して女性の地位向上に力をつくした。

問5　①　1960 年代には石炭から石油へのエネルギー革命が進んだ。

②　1970 年代には石油危機が発生して日本経済は大きな影響を受けた。

4　**2021 年夏に日本で夏季オリンピックが開催《さい》されました。次の文章を読んで、以下の各問いに答えなさい。**

〔編集部注…課題文は著作権上の都合により掲載しておりません。文章の該当箇所につきましては以下の URL を参考にしてください〕

https://www.yomiuri.co.jp/olympic/2020/20210724-OYT1T50078/

なお,
下線部①は「東京 1964 オリンピック競技大会」
下線部②は「東日本大震災からの復興」
下線部③は「社会の中の一層の連帯が必要」
下線部④は「オリンピック競技」
下線部⑤は「世界をより良い場所にする」
下線部⑥は「難民選手団」
下線部⑦は「皆平等」
という部分に引かれていました。

問１　下線部①に関連して、右のような図があります。これは「外国から来た人にひと目でわかるように」と1964年の東京オリンピックで初めて開発されたもので、今回のオリンピックでも話題になりました。この名前を何というか答えなさい。

問２　下線部①に関連して、1964年の出来事に日本がOECDに加盟したことが挙げられます。この国際機関に加盟したことで日本が仲間入りしたものとして、最も適当なものを次の**ア～エ**より１つ選び、記号で答えなさい。

ア　健康福祉推進国の一員
イ　核兵器廃絶《はいぜつ》推進国の一員
ウ　国連平和維持《いじ》活動参加国の一員
エ　先進資本主義国の一員

問３　下線部②について、2011年に起きた東日本大震災では多くの国々からの支援を受けました。その中でアメリカは「トモダチ作戦」という名の被災地支援が行われましたが、その「トモダチ」に関連する日米関係として最も適切なものを次の**ア〜エ**より１つ選び、記号で答えなさい。

ア　日米安全保障条約の締結《ていけつ》　　**イ**　核兵器禁止条約の批准《ひじゅん》
ウ　太平洋戦争の開戦　　**エ**　日米貿易摩擦《まさつ》の交渉《こうしょう》

問４　下線部③について、世界の国々のより一層の連帯が求められる国際機関の１つとして、「国際連合」が挙げられます。現在193ヵ国の加盟国からなる機関で、運営に必要である主な財源は各国の分担金です。下の**表**の上位**ＡＢＣ**３ヵ国の組み合わせとして正しいものを次の**ア〜エ**より１つ選び、記号で答えなさい。

表　2021年国連通常予算分担率上位10ヵ国

順位	国名	分担率（%）
1	A	22.000
2	B	12.005
3	C	8.564
4	ドイツ	6.090
5	イギリス	4.567
6	フランス	4.427
7	イタリア	3.307
8	ブラジル	2.948
9	カナダ	2.734
10	ロシア	2.405

（外務省ホームページより作成）

ア	Aアメリカ	B日本	C中国
イ	A日本	B中国	Cアメリカ
ウ	A中国	Bアメリカ	C日本
エ	Aアメリカ	B中国	C日本

問5　下線部④について、今回東京オリンピック2020開催にあたり、新たに4競技が追加となりました。オリンピックを通じて若者をひきつける狙《ねら》いがありましたが、追加された新競技ではないものを次の**ア〜エ**より1つ選び、記号で答えなさい。

ア　スポーツクライミング　　**イ**　スケートボード
ウ　カヌー　　**エ**　サーフィン

問6　下線部⑤について、世界をより良い場所にする取り組みとして「SDGs」の取り組みが挙げられます。東京オリンピック2020において行われた取り組みで、SDGsと関連のないものを次の**ア〜エ**より1つ選び、記号で答えなさい。

ア　陸上、柔道などで「男女混合種目」を新設し、女性の参加比率が48.8%まで向上した。
イ　選手村などでの車両に、燃料電池自動車（FCV）や電気自動車（EV）などの低公害・低燃費車両を導入した。
ウ　民間ボランティアスタッフの献身《けんしん》的なサポートに加えて、自衛隊が約8,500人からなる支援部隊を臨時に編成して協力体制をとった。
エ　約5,000個のメダルは、国民の使用済み小型家電から作られた。

問7　下線部⑥について次の各問いに答えなさい。

Ⅰ　紛争や迫害《はくがい》のために自分の国を追われた難民たちは、優れた選手であっても自分の国の代表にはなれません。そこで結成されたのがIOCの支援を受けた「難民選手団」です。この選手団が初めて結成されたオリンピック開催《かいさい》地を次の**ア〜エ**より1つ選び、記号で答えなさい。

ア　アテネ　　**イ**　北京　　**ウ**　リオデジャネイロ　　**エ**　東京

Ⅱ　UNHCR（国連難民高等弁務官事務所）によると、2020 年末時点で自分の国を脱出した難民及び国内で避難《ひなん》している人も合わせると、世界で約 8,240 万人が自分の家や故郷を追われています。このうち 18 歳未満は何割になるか**ア～エ**より１つ選び、記号で答えなさい。

ア　約２割　　**イ**　約４割　　**ウ**　約６割　　**エ**　約８割

問８　下線部⑦について、日本国憲法第 14 条にある「平等権」について次の各問いに答えなさい。

すべて国民は、（１）に平等であって、人種、信条、性別、社会的身分又は門地により、（２）において差別されない。

Ⅰ　（１）にあてはまる語句を答えなさい。

Ⅱ　（２）にあてはまる言葉を次の**ア～エ**より１つ選び、記号で答えなさい。

ア　政治的、経済的又は公務員の選挙
イ　政治的、経済的又は社会的関係
ウ　政治的、文化的又は公務員の選挙
エ　経済的、文化的又は社会的関係

【理　科】〈第１回スーパー特進入試〉（25分）〈満点：50点〉

1　磁石について、以下の各問いに答えなさい。

問１　磁石に**つかないもの**はどれですか。次の**ア～オ**の中からすべて選び、記号で答えなさい。

ア　チタンリング　　**イ**　アルミかん　　**ウ**　スチールかん
エ　鉄くぎ　　**オ**　液体酸素

問２　**図**のように、ゴム磁石を中央で切りました。切ったところを**図**の右のように近づけ合うと、どうなりますか。次の**ア～ウ**の中から適当なものを１つ選び、記号で答えなさい。

図

ア　引き合う　　**イ**　反発し合う　　**ウ**　引き合いも反発もしない

問３　鉄くぎに磁石の性質をもたせる方法として、磁石でこする方法が知られています。このとき、磁石のこすり方について注意しなければならないことはどれですか。次の**ア～エ**の中から適当なものを１つ選び、記号で答えなさい。

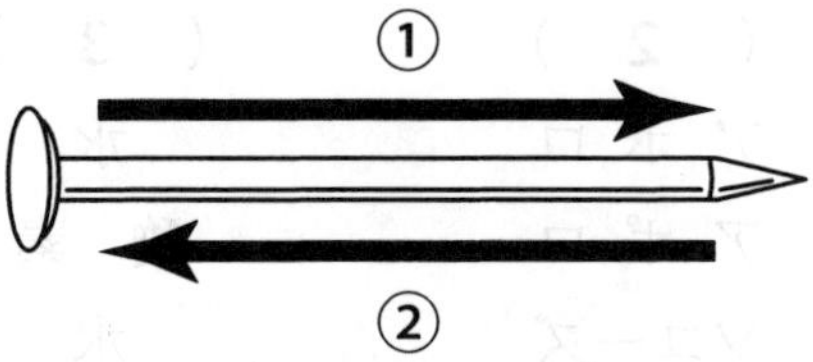

ア　①の方向にはゆっくりこすり、②の方向にはすばやくこする
イ　②の方向にはゆっくりこすり、①の方向にはすばやくこする
ウ　一定の方向にこすり、磁石をもどすときには鉄くぎから遠ざける
エ　①と②の方向へ交互《こうご》にすばやくこする

問４　**問３**の鉄くぎを使って、北の方角を調べるにはどうしたらよいですか。考えられる実験方法を１つ書きなさい。ただし、鉄くぎのとがった方が**Ｎ**極とします。

問５　地球は大きな磁石であることが知られています。実際に磁石の性質をもつしくみは棒磁石とは異なりますが、地球の中に大きい棒磁石が入っていると考えると、北極付近は**Ｎ**極、**Ｓ**極のどちらですか。次の**ア**、**イ**の中から適当なものを１つ選び、記号で答えなさい。

ア　**Ｎ**極　　　　　**イ**　**Ｓ**極

[2] 次の文を読み、以下の各問いに答えなさい。

水素に外部から酸素を与え、それを反応させ電気をとり出す装置《そうち》を（　**１**　）という。（　**１**　）は、1960年代に打ち上げられたアメリカの有人宇宙船（　**２**　）号の電源《でんげん》として用いられ、発電《はつでん》後に生じた（　**３**　）を乗組員《のりくみいん》の体に入れていたことでも有名である。

問１　文中の（　**１**　）～（　**３**　）に当てはまるものを次の**ア～ク**の中から１つ選び、記号で答えなさい。

	（　**１**　）	（　**２**　）	（　**３**　）
ア	燃料電池	アポロ	水
イ	燃料電池	アポロ	酸素
ウ	燃料電池	ソユーズ	水
エ	燃料電池	ソユーズ	酸素
オ	ボルタ電池	アポロ	水
カ	ボルタ電池	アポロ	酸素
キ	ボルタ電池	ソユーズ	水
ク	ボルタ電池	ソユーズ	酸素

問2　水素を実験室で発生させるには、亜鉛《あえん》やマグネシウムなどの金属に何を加えればよいですか。次の**ア～エ**の中から適当なものを1つ選び、記号で答えなさい。

ア　石灰水《せっかいすい》　　　　**イ**　うすい塩酸
ウ　アンモニア水　　　**エ**　オキシドール

問3　酸素を実験室で発生させるには、オキシドールに何を加えればよいですか。

問4　**問3**の実験でオキシドールに加えるものを多くしても、酸素の発生した量は変わりません。この理由として**適切でないもの**を次の**ア～エ**の中から1つ選び、記号で答えなさい。

ア　**問3**の実験で加えたものは触媒《しょくばい》であるから
イ　**問3**の実験で加えたものの役割は反応をさせやすくするものだから
ウ　酸素は**問3**の実験で加えたものから発生するから
エ　酸素はオキシドールから発生するものだから

問5　酸素は、体積の割合で空気の約何％を占《し》めていますか。整数で答えなさい。

問6　水素や酸素のような水にとけにくい気体の集め方を何法といいますか。

問7　試験管に集めた気体が水素なのか酸素なのかを調べるには、何をすればよいですか。次の**ア～エ**の中から適当なものを1つ選び、記号で答えなさい。

ア　手であおぐようにしてにおいをかぐ
イ　試験管内に石灰水を入れる
ウ　おだやかに燃えている線香《せんこう》のけむりを試験管に入れる
エ　試験管の口に火のついたマッチを近づける

問８　（　**１**　）がさかんに研究されているのは、この装置にどのような利点《りてん》があるからですか。

３　**淑子《よしこ》さんは、花を生けた花びんの水が減っていくことに興味をもち、実験Ⅰ、Ⅱを行いました。以下の各問いに答えなさい。**

［実験Ⅰ］

葉の枚数と葉のおおきさがほぼ同じ植物を４本用意しました。**図１**のように、水や水蒸気を通さないワセリンを用いてそれぞれ異なる処理をし、水が20 cm^3 ずつ入った４本のメスシリンダーに１つずつ入れました。次に日光が当たる風通しのよい場所に植物を入れた４つのメスシリンダーを置き、３時間後にメスシリンダーの目盛りを読んで残った水の量を調べました。**表１**は、植物に行った処理と水の減少量をまとめたものです。

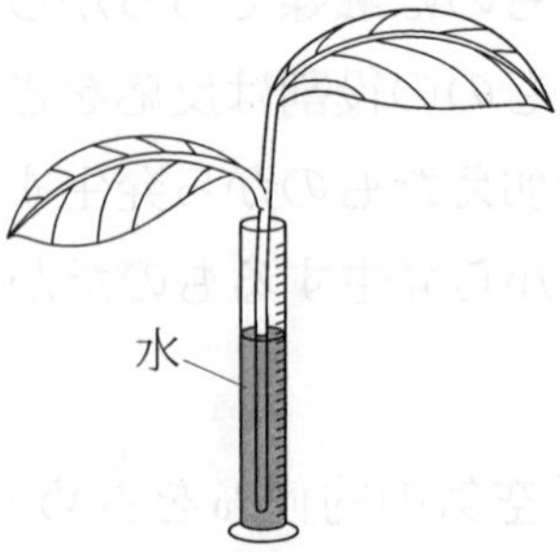

メスシリンダー

図１

		A	B	C	D	E
葉への処理		葉にワセリンをぬらなかった	すべての葉の表側と裏側にワセリンをぬった	すべての葉の表側にだけワセリンをぬった	すべての葉の裏側にだけワセリンをぬった	植物と同じ太さのガラスぼうと、水を20 cm^3 入れて置いた
模式図	葉の表	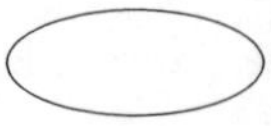			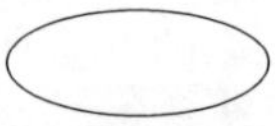	
	葉の裏	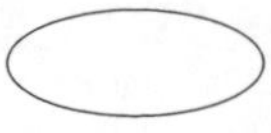				
残った水の量 (cm^3)		12.1	19.3	13.9	17.5	19.8

表１

 ワセリンをぬった部分

問１　水が植物のからだから水蒸《すいじょう》気《き》となって出ていく現象《げんしょう》を何といいますか。

問２　植物の葉にある水が出ていく穴《あな》を何といいますか。

問３　**実験**Ⅰの結果から、次の（**１**）と（**２**）の水の量は何cm^3か求めなさい。

（**１**）　葉の裏側から失われた水の量

（**２**）　葉の表側から失われた水の量

問４　**実験**Ⅰの結果から、葉の「**問２**の穴」はどのように分布していることがわかりますか。次の**ア〜エ**の中から適当なものを１つ選び、記号で答えなさい。

ア　表側に多く分布している
イ　裏側に多く分布している
ウ　表と裏で同じように分布している
エ　この実験ではわからない

［**実験**Ⅱ］

①　**実験**Ⅰの結果から、「**問２**の穴」の分布について、淑子さんは次の仮説を立てました。

仮説：「**問２**の穴」は、葉の表と裏では、
どの部分にも均一に分布している。

②　**実験**Ⅰで用いた植物と葉の枚数やおおきさがほぼ同じ植物**F**、**G**を新たに準備しました。

③ 植物**F**、**G**の葉に、葉の付け根と葉先側でワセリンをぬった面積とぬらなかった面積とが等しくなるように、それぞれ違《ちが》う処理をし、水が入った２本のメスシリンダーを用いて、**実験**Ⅰと同じように、３時間後に残った水の量を調べました。**表２**は、植物に行った処理と残った水の量をまとめたものです。

		F	G
葉への処理		すべての葉の付け根側に ワセリンをぬった	すべての葉の葉先側に ワセリンをぬった
模式図	葉の表	付け根側  葉先側	付け根側  葉先側
	葉の裏	付け根側  葉先側	付け根側  葉先側
残った水の量 (cm^3)		15.1	17.2

表２　　　● ワセリンをぬった部分

問５　**実験**Ⅱの結果から、次の（**１**）と（**２**）の水の量は何cm^3か求めなさい。

（**１**）　葉の付け根側から失われた水の量

（**２**）　葉の葉先側から失われた水の量

問６　**実験**Ⅱの結果から、葉の「**問２**の穴」はどのように分布していることがわかりますか。次の**ア**～**エ**の中から適当なものを１つ選び、記号で答えなさい。

ア　「**問２**の穴」は、葉の表と裏では、どの部分も均一に分布している
イ　「**問２**の穴」は、葉の表と裏では、葉の付け根側に多く分布している
ウ　「**問２**の穴」は、葉の表と裏では、葉先側に多く分布している
エ　「**問２**の穴」の分布は、この実験ではわからない

4 **北緯《ほくい》40°の場所で、東・西・南・北のそれぞれの方向の夜空にカメラを向けてシャッターをしばらく開いたままにして星の動きを撮影《さつえい》しました。図１～４は、そのときの撮影した星の動きを示したものです。以下の各問いに答えなさい。**

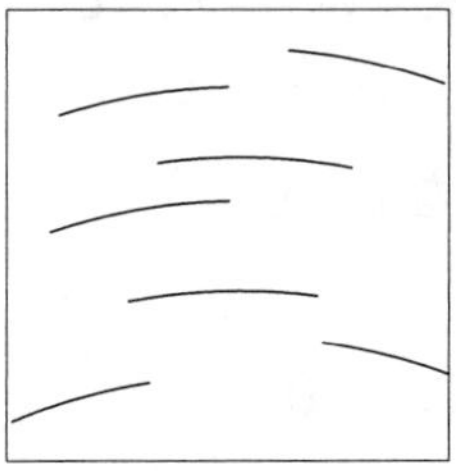

図１

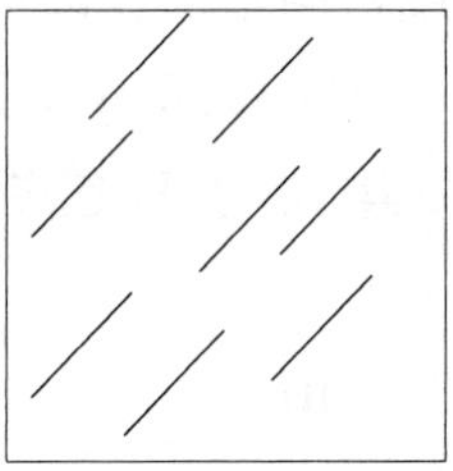

図２

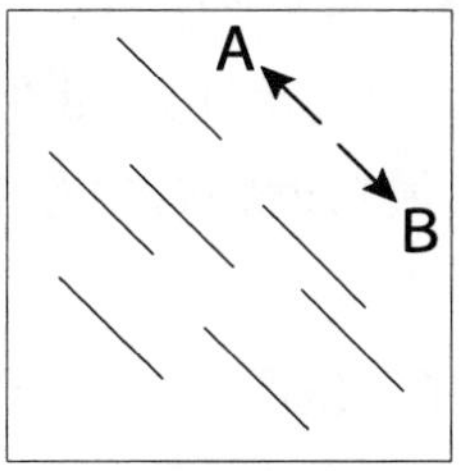

図３

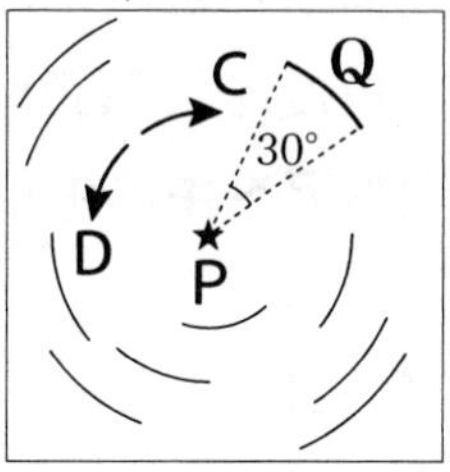

図４

問１　このような星の動き（日周運動）の原因は、地球の［　　　　］です。［　　　　］に入る適当な語句を漢字で書きなさい。

問２　西の空の星の動きを示しているのは、どの**図**ですか。また、南の空は、どの**図**ですか。**図**の番号でそれぞれ答えなさい。

問３　**図３**と**図４**の中の矢印**A～D**は、星の動く方向を示しています。正しい方向を示す矢印を２つ選んでいるものとして、適当なものを**ア～エ**の中から１つ選び、記号で答えなさい。

ア　**A**と**C**　　**イ**　**A**と**D**　　**ウ**　**B**と**C**　　**エ**　**B**と**D**

問４　**図４**の星**P**は、ほとんど動かず、他の星は、星**P**を中心として回っているように動いていました。星**P**の名称《めいしょう》を答えなさい。また、星**P**は何という星座にふくまれていますか。その星座の名称を答えなさい。

問５　**図４**の星**Ｑ**は、星**Ｐ**の周りを30°回転していました。カメラのシャッターを開いていた時間は何時間ですか。

問６　星の動きを観察している場所の真上の点を天頂といいます。ある星が、天頂からどれだけ離《はな》れているかも、高度と同じように角度ではかり、その角度を天頂距離《きょり》といいます。**図４**の星**Ｐ**の天頂距離は、何度ですか。次の**ア〜キ**の中から最も近いものを１つ選び、記号で答えなさい。

ア　20°　　**イ**　30°　　**ウ**　40°　　**エ**　50°
オ　60°　　**カ**　70°　　**キ**　80°

も適当なものを次の中から一つ選び、記号で答えなさい。

ア　相馬が美音や平野たちよりもマネージャーの仕事ができるのが悩みのもとだということ。

イ　相馬が女子マネージャーの仕事を手伝うようになって平野が喜んで自分の仕事をしなくなりそうで心配だということ。

ウ　相馬が女子マネージャーの裏方仕事を苦労なくこなしてしまうことが悩みのもとだということ。

エ　相馬の仕事ぶりが素晴らしすぎて、美音と平野の仕事がなくなってしまうのが不安要素だということ。

問六　［B］に入る文として最も適当なものを次の中から一つ選び、記号で答えなさい。

ア　小さい。そして細かい。

イ　遅《おそ》い。しかしきれい。

ウ　大きい。しかしかわいらしい。

エ　速《はや》い。そして美しい。

問七　――線部④「危惧していた」とありますが、どのようなことですか。次の説明文に当てはまる語句を本文中からぬき出しなさい。

美音は、相馬が［十字］ことを心配していたこと。

問八　［E］に入る否定の意味を持つ漢字一字を次の中から一つ選び、記号で答えなさい。

ア　不　イ　無　ウ　非　エ　未

問九　――線部⑤「多々良はすぐに女子マネの仕事を皆で分担しようと言い出した」とありますが、本文中に書かれている「女子マネ」の仕事を、本文中から二字・五字・七字で一つずつぬき出しなさい。

問十　――線部⑥「俺らで北園を変えてやる」とありますが、何を具体的に変えようとしたのですか。次の説明文に当てはまる言葉を本文中からぬき出しなさい。

先輩たちとの１［四字］や２［三字］な女子マネージャーの扱いを変えようとした。

問十一　――線部⑦「月並み」と同じような意味を持つ言葉をひらがな五字で答えなさい。

問十二　――線部⑧「皆、自分がすべきことをすればいい」とありますが、「相馬」の場合は何をすべきですか。「すること」につづくように本文中から五字でぬき出しなさい。

問十三　――線部⑨「大丈夫か」の説明として、最も適当なものを次の中から一つ選び、記号で答えなさい。

ア　多々良は、平野が根津に続いて野球部を去るのではないかと気がかりで、美音に問いかけて反応をさぐっている。

イ　多々良は、女子マネージャーの仕事がきつく待遇《たいぐう》も悪いために美音が根津の二の舞になるのではと不安に思っている。

ウ　多々良は、相馬が美音や平野たち女子マネージャーの仕事を横からうばってしまい迷惑をかけていないか心配している。

エ　多々良は、根津がやめたのは自分の責任だと美音が思いつめて、美音もマネージャーをやめてしまうのではとあせっている。

問十四　あなたの考える理想的なキャプテン、または理想的なマネージャーはどのような人ですか。百字以内で書きなさい。

美音の拙《つたな》いフォローに、多々良は困ったように笑った。ああ、こんな⑦月並みなことしか言えないのなら黙《だま》っていればよかった。
「ほんとにそう思ってるから。前のチームに比べたら、学年の壁《かべ》とかあんまり感じないし。チームの雰囲気《ふんいき》はずっといいよ」
「まだ冬だから呑気《のんき》なところはあるからな。春大会が終わったらそうはいかない」
「大丈夫だよ、多々良が主将なら。だからさ、相馬は気を回す必要はないんだよ。⑧皆、自分がすべきことをすればいいだけでしょ。そこんとこ、よく言っといて」
多々良はじっと美音を見つめた。
「……何よ」
「伊倉は、⑨大丈夫か？」
「大丈夫じゃないから相談してるんだけど」
「無理してないか？　やめたいとか思ってないか」
案じる声に、切実な響《ひび》きがある。ああ、と美音は天を仰いだ。やっぱり多々良もわかっているのだ。奈乃香がわざと※赤点をとったことを。
「無理してないし、やめるつもりもないよ。この苦労が報われる夏までは居座ってやるつもりだから、多々良たちにはとにかく甲子園行くことに全力注いでほしいわけ」
そっけない口調に、しかし多々良は安心したようだった。強《こわ》ばっていた顔にようやく笑みが戻る。
「わかった。蓮にもよく言っとく。じゃまた放課後」
軽く手をあげ、多々良は身を翻《ひるがえ》し、階段を降りていく。美音は踊り場に突っ立ったまま、その大きな背中を見送った。

（須賀しのぶ『夏の祈りは』一部改変）

※ＯＢ…卒業生。

※赤点…テストの不合格点。

問一　～～～線部ａ～ｄについて、カタカナを漢字に直し、漢字はその読みをひらがなで答えなさい。

問二　Ａ・Ｃ・Ｄに入る体の一部分を示す漢字一字をそれぞれ次の中から一つずつ選び、記号で答えなさい。

ア　足　イ　手　ウ　顔　エ　頭
オ　腹　カ　目　キ　眉《まゆ》

問三　――線部①「どこ吹く風」とはどのような様子ですか。最も適当なものを次の中から一つ選び、記号で答えなさい。

ア　美音から言われていることを多々良が伝えても、相馬が無視している様子。
イ　美音から迷惑だと言われても、相馬はかまわないで受け流している様子。
ウ　美音から遠慮じゃないと言われても、相馬は真剣に受け取らずはりきっている様子。
エ　美音からいやだとはっきり言われても、相馬はどこかに逃げていってしまうだけの様子。

問四　――線部②「般若みたいな顔で走りまわっている」とはどのような様子ですか。最も適当なものを次の中から一つ選び、記号で答えなさい。

ア　鬼《おに》のようにこわい顔で余裕《よゆう》なくひたすら仕事にとりくむ様子。
イ　能面のように表情がない顔で黙々《もくもく》と自分の作業を続ける様子。
ウ　仏像のようにやさしい顔でつらい顔一つ見せずに楽しそうに働く様子。
エ　芸人のようにおもしろい顔でチームメイトをなごませながら動き回る様子。

問五　――線部③「それも頭痛の種」とはどのようなことですか。最悩《なや》みとは縁《えん》がなさそうな、輝《かがや》くような笑顔。ちょっと暑苦しいものの、その大きな体と、豪快《ごうかい》な性格も相まって、頼もしい。見た目の印象を裏切らず、性格も明るくおおらかで、ぐちを零《こぼ》すことも滅多にない。

「いや。相談してくれりゃ、まだ楽なんだけどな。蓮は自分からは絶対に言わないタイプだ」

「多々良の後輩ならそうだろうね。じゃあせめて、そんなにお手伝いしたいなら男マネのほうに行きなよって言ってくれないかな」

「そっちの手伝いも結構してるよ。けど……」

　言いよどむ多々良を、睨《にら》みつける。

「けど、何?」

「いや、蓮としては伊倉たちを率先して手伝うことに意味があるんだろうと思って」

「何それ」

「あー……まあ、ぶっちゃけ俺のせいかもってこと」

　やけくそのように答えると、ふっきれたのか、多々良は途端に早口になって続けた。

「蓮が入学する前なんだけどさ、俺、野球部のぐち結構言ってたんだよな。伝統校だって憧《あこが》れてたけど、入ってみたら何かと古くさいし、E 効率的なことばっかやってて結構失望しちまって。上下関係ヤバいし、女子マネの扱《あつか》いも今どき信じられないぐらい差別的だし、自分が主将になったらそういうのどんどん改革していきたいって熱こめてしゃべっちゃったんだよ」

　目に浮かぶようだ。そういえば、おにぎりの準備を全員の持ち回りにしようと言い出したのは、彼だった。

「なるほどね」

「しかも去年の冬、根津がやめちゃっただろ。あれで伊倉マジ辛《つら》そうだったし」

　根津奈乃香は、美音と一緒に入部した生徒だ。彼女は大の野球好きで、どこから仕入れてくるのか裏事情にも詳《くわ》しく、いろいろなことを美音に教えてくれた。今年の記念大会を目標にいい選手を集めているし、埼玉の枠《わく》は二校だから北園が甲子園に出場できる可能性はいつになく高い、と目を輝かせていた。

（中　略）

「……あれはしょうがないことだし」

　湧き上がる苦い思いを振《ふ》り切るように、美音は頭を振った。

「それに、あの時はずいぶん多々良たちに助けてもらったもの。でも皆には悪いことしちゃったね。先輩たちともちょっと気まずくなったでしょ」

　奈乃香が部を去《さ》った直後、⑤多々良はすぐに女子マネの仕事を皆で分担しようと言い出した。おかげで上級生たちと対立寸前までいったこともある。

「でも結局、圧力に負けてすぐダメになったし意味ねえよ。あのあと入部してきた蓮も、一人で働いてる伊倉見て結構キレてた。先輩何やってんすかって俺も説教されたよ」

　多々良は悔《くや》しそうに顔を歪《ゆが》めた。※ＯＢの介入《かいにゅう》で、一月足らずで提案を撤回《てっかい》せざるを得なかったことを、今でも恥《は》じているらしい。

「俺ら、中学の時の部活もいろいろ問題あってさ。上級生のいじめとか。これじゃまずいってんで、俺の代でずいぶん変えたんだ。俺の後には蓮が主将になったし、蓮もずいぶんがんばってくれてたからその延長で、⑥俺らで北園を変えてやるって——まあ今思うと、調子乗ってたなって思うけど」

「多々良が主将になって、野球部はいいほうに変わってると思うよ」

「サンキュ」

「その時はその時です。俺よりうまい奴《やつ》がいたってだけですから」

——実力があっても、反抗《はんこう》的だったり、チャラチャラしてるって思われたら、ベンチ入りできないんだよ。監督、そういうの重視するから。

「知ってます。これを反抗やチャラチャラやってるって思われるなら、逆に監督に言い返しますよ。高校野球は和が大事っていつもおっしゃっているじゃないですかってね！」

万事がこの調子だ。

相馬は常に笑顔だが決してひかない。美音はほとほと困り果てていた。

「べつにいいじゃないですかー。マッソーがやりたいって言ってるんだし。それにマジ意外でしたけど、マッソー器用すぎじゃないですか？」

平野あたりは無邪気《むじゃき》に喜んでいるが、じつは、③それも頭痛の種《たね》だ。部員の手伝いを断っている理由のひとつは、力仕事以外はかえって面倒《めんどう》が増えることが多いからだ。男子ははっきり言って、何かと雑だ。

本来ならばそれを理由に断れるのに、驚《おどろ》いたことに相馬は手先が非常に器用だった。米の研ぎ方も手慣れたものだったし、掃除《そうじ》は丁寧《ていねい》、何よりも驚いたのはボール縫《ぬ》いだ。ほつれた縫い目を直すのはマネージャーの重要な仕事のひとつだが、最初は誰でも苦労する。縫い物が得意な美音でも、球形の革を縫うのに慣れるにはいくらか時間が必要だった。今ではだいぶうまくなったと自負していたが、相馬の手さばきを見て愕然《がくぜん》とした。

　B　まるでミシンで縫ったような、美しくクロスした縫い目がきれいに伸《の》びている。彼の指は美音の倍以上の太さがあり、指先も妙に平べったく広がっていかにも b 無骨なのに、細い針をまるで自分の一部のように c アヤツっていた。

興奮してベタ褒《ぼ》めする平野に、中学時代よくやっていたからと照れる彼を前にして、美音はすっかり自信を喪失《そうしつ》していた。

大きな体に大きな声。これでこの私を落ち込ませるほど器用なんて、詐欺《さぎ》もいいところではないか。

仕事ぶりは素晴らしく、効率が一気にあがっただけに、　C　ごなしにやめろとも言いにくい。言いくるめようとすれば笑顔で反論。自分の　D　には余るので、相馬が慕《した》う多々良に頼むしかなくなった。

「まあ俺もどうにかしなきゃならないとは思ってるんだけど」

ことのあらましを聞いた多々良は、煮《に》え切らぬ様子で坊主《ぼうず》頭を掻《か》いた。

「まさか相馬、同学年の中でも孤立《こりつ》して居場所がないからこっち来てるってことない？」

「それはないと思う。休憩《きゅうけい》時間とか楽しそうにやってるし」

平野からも、クラスで相馬は野球部の面々とよくつるんでいるとは聞いていた。それでも練習中はひょっとしたら、と④危惧《きぐ》していたが、考えすぎのようだ。

「ならいいけど、それならよけい意味がわかんない」

「d コショウ中で満足に練習もできないから、せめて部に貢献《こうけん》したいんだろ」

「春には治りそうなんでしょ？　相馬は新チームの貴重な打力なんだからみんな期待してるし、こんなことしてる場合じゃないと思うんだけど」

「股関節《こかんせつ》だからな。完治はしないしだましだましやってくって感じだ。この寒さで結構痛むみたいだし」

「多々良には痛いって言うんだ？」

想像がつかない。思い浮《う》かぶ相馬の顔は、いつも笑顔だ。時々少し足をひきずっていても、大丈夫《だいじょうぶ》かと訊《き》いた途端《とたん》にすぐにいつもの足取りに戻《もど》ってしまう。そしていつもの倍の笑顔が返ってくる。

なものを次の中から一つ選び、記号で答えなさい。

ア　クラスの同級生から台風で明日は休校になったと教えてもらった。

イ　お母さんが自治会の旅行に行くので、不在の時に庭の水やりをするように頼《たの》まれた。

ウ　テニス部の先輩《せんぱい》からグランド整備のために一時間早く集合するように指示がきた。

エ　近所のおばさんから回覧板で週末の公園掃除《そうじ》についての連絡《れんらく》がまわってきた。

問十二　G に入る語句として最も適当なものを次の中から一つ選び、記号で答えなさい。

ア　一定の時間内に終了《しゅうりょう》しているか否か

イ　均等に配分されているか否か

ウ　平和的に解決しているか否か

エ　適切に処理されているか否か

二　次の文章を読んで、後の問いに答えなさい。

伊倉美音《いくらみお》	北園《きたぞの》高校二年野球部女子マネージャー
平野《ひらの》	北園高校一年野球部女子マネージャー
根津奈乃香《ねづなのか》	北園高校二年野球部元女子マネージャー
多々良《たたら》	北園高校二年野球部キャプテン
相馬《そうま》蓮《れん》	北園高校一年野球部部員　愛称マッソー

昼休みの喧噪《けんそう》が、階下から聞こえてくる。

屋上へと続く階段への踊《おど》り場は人気《ひとけ》もなく日も差さないために、真昼にもかかわらず薄《うす》暗い。

三学期に入って間もないこの時期、この場所に来ると吐《は》く息は白く、立っているだけで震《ふる》えが来る。a アタタかい教室が恋《こい》しいが、人目につかず話せるのはここしかないので仕方がない。美音は両腕《りょううで》を抱《かか》えるようにしてさすると、困り果てた顔で切り出した。

「ねえ、相馬どうにかしてくんない？」

すると、正面に立っていた生徒も A を寄せた。

「俺《おれ》に言われてもなぁ」

「キャプテンに言わずして誰《だれ》に言うわけ。あの子、なんであんなに首つっこんでくるの？」思い出すだけでため息が出る。

半月前、いきなり「米研《と》ぎ手伝います」と言ってきたと思ったら、それから毎日やってくる。断っても断っても、仕事をしているとひょっこり顔を出すのだ。

いらないと言えばその場は引き下がるが、また別の用事でやってくる。三日めになると、力が必要な場面などには必ず絶妙《ぜつみょう》なタイミングで現れるようになり、美音は監視《かんし》されているのかとすら思った。

遠慮《えんりょ》じゃなくて、本当に手伝いはいらない。迷惑《めいわく》なんだよ。そうはっきり言っても、①どこ吹《ふ》く風。

「先輩《せんぱい》も平野も、いっつも②般若《はんにゃ》みたいな顔で走りまわっているじゃないですか。そりゃ、先輩たち有能だし二人でもできると思いますよ。でも、三人の方が早くできるし、そのぶんできること増えるじゃないですか」

——部員が女子マネを手伝うと、監督《かんとく》たちがいい顔しないよ。トレーニングさぼってると思われたらどうするの。

「監督のために野球やってるわけじゃないですから。それにトレーニングはちゃんとしてます」

——でもこのままだと、練習に復帰できても、ベンチ入りできないかもしれないよ。

的情報伝達システムはｂ一切ないまま、コロニーに必要な仕事の処理が行われるのです。

もちろんコロニー全員での情報の共有も行われないことが普通《ふつう》です。つまり、セミが発見され、巣に運ばれたことを当のアリたち以外はまったく知らないし、その情報がその後コロニーのなかで共有されることもありません。一言でいえばムシの社会は、仕事が生じたときに全体の情報伝達や［Ｆ］なしにコロニーの部分部分が局所的に反応して処理してしまう、というスタイルなのです。

人間にたとえると「体が勝手に動いて何かをやってしまう」状態に近く、ｃムユウビョウのようなものです。脳を中枢《ちゅうすう》とする人体をはじめとした⑦階層的情報伝達システムに慣れきったヒトから見ると、なんでそれでうまくいくのか、と不思議ですが、「コロニーにとって必要な仕事が［　Ｇ　］」の観点から見ればなんの問題もありません。

（長谷川英祐『働かないアリに意義がある』一部改変）

※コロニー…ここでは、巣、集団の意味。

※ワーカー…労働を専門とする個体、ここでは「働きアリ」のこと。

問一　～～線部ａ～ｃについて、カタカナは漢字に直し、漢字はその読みをひらがなで答えなさい。

問二　――線部①「突発的に生じる仕事」と同じ意味で使われている語句を本文中から六字でぬき出しなさい。

問三　――線部②「ぼやいた」と同じ意味となるように、次の語句の□に入る漢字二字の語を答えなさい。

［二字］を言った

問四　［Ａ］・［Ｃ］に入る接続語として最も適当なものを次の中から一つずつ選び、それぞれ記号で答えなさい。

ア　ところが　**イ**　そして　**ウ**　ところで　**エ**　たとえば　**オ**　だから　**カ**　また

問五　――線部③「そのとき」とありますが、人間の場合の具体例として最も適当なものを次の中から一つ選び、記号で答えなさい。

ア　前日確認した持ち物を家に忘れてきてしまったとき。

イ　信号無視の車にぶつけられて、乗っていた自転車がこわれたとき。

ウ　大事に育ててきた鉢《はち》植えの花が枯《か》れてしまったとき。

エ　猛《もう》勉強して試験対策をしてきたが、予想と違《ちが》った問題が出て困ったとき。

問六　［Ｂ］に入る「働」ではじまる六字の語句を考えて答えなさい。

問七　――線部④「防菌対策がどうしても必要になります」とありますが、なぜですか。その理由として最も適当なものを次の中から一つ選び、記号で答えなさい。

ア　卵を清潔に保たないと卵が死んでしまうため。

イ　抗菌物質を卵に塗り続けるのがワーカーの仕事であるため。

ウ　地中や腐った木の中の卵は他の卵よりも弱いため。

エ　卵に寄生しようとする菌から卵を守るため。

問八　――線部⑤「宿命的な仕事」とありますが、

１　どのような仕事ですか。「仕事」につづくように本文中から十六字でぬき出しなさい。

２　具体的にどのような仕事ですか。本文中から四字でぬき出しなさい。

問九　［Ｄ］・［Ｅ］・［Ｆ］に入る漢字二字の語を本文中からそれぞれぬき出しなさい。

問十　――線部⑥「個体間の情報伝達」とありますが、その手段となるものを二つ、本文中から四字と五字でそれぞれぬき出しなさい。

問十一　――線部⑦「階層的情報伝達システム」の例として最も適当

[C]、コロニーの仕事のなかには、常に実行され続けなければならないものもあります。短期間でも途《と》絶えるとコロニーの生存が危うくなるような仕事です。卵の世話などはそういう仕事かもしれません。卵というものはとても弱い存在のため、例えばシロアリでは、ワーカーが常に卵を舐《な》め続け、唾液《だえき》の中に含《ふく》まれる抗菌《こうきん》物質を塗《ぬ》り続けています。地中や腐《くさ》った木の中に住むアリやシロアリは、すきあらば卵に寄生しようとする菌の中で生活しているようなものですから、④防菌対策がどうしても必要になります。実際、シロアリではワーカーを卵から1日引き離《はな》しただけで、ほとんどの卵にカビが生えて死んでしまいます。

卵の死は次の世代の全滅を意味しますから、もしそんなことが起こったらコロニーに与えるダメージは測り知れません。へたをすると1世代でコロニー壊滅《かいめつ》です。したがって、卵の世話はほんの短いあいだでも途切れさせてはならない、コロニーにとって⑤宿命的な仕事といえます。こうした仕事が存在することは、一見無駄《むだ》に見える働かないアリの存在と深い関係があります。

働こうが働くまいが、このようにムシの社会にはいろいろなことが起こります。予期できることもできないことも含め、処理しなければならないたくさんの仕事が湧いてきます。人間の会社なら、ある程度のことは個人の裁量で処理し、権限を越《こ》える案件は上司の決裁を仰《あお》いで処理する、ということになりますが、上司や中間管理職のいないムシたちはどうしているのでしょう。

落ちてきたセミで考えてみましょう。セミは大きすぎるので発見した働きアリが1匹で巣に持ち帰ることは不可能です。運べる分だけかじりとって何往復もする手はありますが、時間がかかると他の動物やコロニーに横取りされてしまうかもしれません。

ここでアリが選んだ方法は[D]を[E]して運ぶ、というものでした。セミを見つけたワーカーはまず巣に帰り、仲間を現場に連れていきます。これを可能にするためには、ミツバチの8の字ダンスと同じように⑥個体間の情報伝達が必要になります。

このとき仲間を動員する方法にはいくつかの手段が知られています。一番原始的なのは場所を知る1匹に、もう1匹が触角《しょっかく》で触《さわ》りながら後をついていく、という方法です。この方法では一度に1個体が別の1個体しか連れていけませんので、動員効率はとても低くなります。この方法のバリエーションとして、一度に2～3匹が数珠《じゅず》つなぎになっていく方法もありますが、接触刺激による動員ではこれが限界です。

もっと効率のよい方法として、最初の個体がエサから巣に帰るときフェロモンとよばれる化学物質を地面につけておいて、それをたどって数十～数百の個体が一度に現場に到達《とうたつ》する方法もあります。こうした方法を駆使《くし》して、セミを運ぶのに必要な個体数をセミの死体のところまで連れて行き、一気に運ぶという作業を行うのです。みなさんも、何匹ものアリがミミズやムシの死骸を懸命《けんめい》に運んでいるのを見たことがあると思います。

こうして、突発的に生じた「仕事」は無事に処理されます。人間の子どもが埋めた巣口は、やはり必要量のワーカーが動員され、流れ込んだ土を運び出して修復されます。卵の数が多くなると追加のワーカーが集まってきて、新しい卵をちゃんと舐めてやります。もちろん、生まれた子どもたちも増えた乳母によってきちんとエサをもらえます。

このような観察からわかるのは、ムシたちは新たな「仕事」が生じると、その処理に必要な数の個体が集まってきて処理してしまう、という事実です。この際、動員のためフェロモンや接触刺激による最小限の情報伝達は使われますが、人間の社会に広く見られるような上位の者から下位の者へと（あるいは逆）情報が段階的に伝わるという階層

二〇二二年度　淑徳中学校

【国語】〈第一回スーパー特進入試〉（五〇分）〈満点：一〇〇点〉

注意　設問においては、特に注記のないかぎり句読点や記号等も字数に数えるものとします。

一　**次の文章を読んで、後の問いに答えなさい。**

※コロニーがこなさなければならない仕事は様々です。女王や幼虫、卵の世話、食料集め、巣の拡張や修繕《しゅうぜん》、仲間の世話など、いろいろなことをやらなければなりません。そのうえ、仕事の一部はいつ何時、どれくらいのaキボで必要になるか決まっていないのです。①突発《とっぱつ》的に生じる仕事でも、こなせないとコロニーにとって大きなダメージになることもあります。

この点はヒトの社会も同じかもしれませんね。「突然舞《ま》い込んだ仕事のせいで残業だぜ」と②ぼやいたことのある方も多いのではないでしょうか。ヒトの社会もムシの社会も決まり切った仕事を決まり切ったスケジュールでこなせばよいのではなく、突然、予定外の仕事が湧《わ》いて出てくることがあるのです。

こういうことを生物学では「予測不可能性」といいます。われわれの生きている世界とは予測不可能で常に変動している変動環境《かんきょう》なのです。この予測不可能性は生物の進化にどんな影響《えいきょう》を与えているのでしょうか。アリの目線で見てみましょう。

例えばエサ探しは常に行われていますが、エサ自体は常に存在するとは限りません。多くのアリは昆虫《こんちゅう》の死骸《しがい》が大好きですが、そのような資源はいつどこに現れるかわかりません。たとえばセミは地上に現れると7日しか生きないといわれます。鳴いているセミが力尽《つ》き、ポタリと落ちる。人間にたとえると突然松阪《まつざか》牛の塊《かたまり》が落ちてくるようなものですが、それがいつ、どこに落ちてくるかは決まっているわけではありません。

落ちてきたとしても、それを見つけることができなければ食料として手に入れられないのです。［Ａ］アリはいつもエサ探しをする個体を巣の周りのエリアに多数出動させ、突然現れるエサ資源を見逃《のが》さないようにしています。アリが働き者であるという俗信《ぞくしん》は、私たちが、エサを探し求めて歩き回っている※ワーカーばかり見ているからこそ生まれてきたのです。

もちろん、たくさんの働きアリが探し回っているときほど、エサが現れたときに見つけることのできる確率は高まります。では、エサを見つける効率をあげるために、手の空《す》いた個体すべてがエサ探しに参加するべきなのでしょうか？　もちろんそうではありません。大きなエサが見つかれば多数の個体で回収しなければなりませんが、すべての個体が働いていて手の空いた個体がいないと、エサを回収するためのメンバーを動員することができませんから。

エサの出現以外にも突発的に生じる仕事はたくさんあります。例えば巣の修繕などはいつ必要になるかわかりません。みなさんも子どもの頃《ころ》、アリの巣穴に土をかけて埋《う》めたことがありませんか？　いたずらな人間の子どもがいつ来るかはわからないのです。変動環境の中では、「③そのとき」が来たらすぐ対応できる、［Ｂ］アリという「余力」を残していることが、実は重要なのかもしれません。

一方、とても重要なエサ探しでも、エサ自体が常に巣に運ばれ続けなければならないわけではないのです。しばらくエサが見つからなくてもコロニー全体がダメになってしまうわけではありません。もちろん、ずっとエサが手に入らなければコロニーは徐々《じょじょ》に死滅《しめつ》していきますが、しばらくのあいだはエサなしでも耐《た》えることができます。

2022年度

淑徳中学校　▶解説と解答

算　数　＜第１回スーパー特進入試＞（50分）＜満点：100点＞

解　答

1 (1) 4　(2) 20　(3) 2.6　(4) 1　(5) $2\frac{17}{21}$　(6) 60　**2** (1) 7275　(2) 毎時3.2km　(3) 9％　(4) 20通り　(5) 12cm^2　**3** (1) 解説の図３を参照のこと。(2) 27　(3) 1023　**4** (1) 60度　(2) 6.28m　(3) 3454m^2　**5** (1) 33分20秒後　(2) 120cm^2　(3) ６分28秒後

解　説

1 **四則計算，数列**

(1) $24-5\times\{10-(6+2)\div4-4\}=24-5\times(10-8\div4-4)=24-5\times(10-2-4)=24-5\times4=24-20=4$

(2) $18+\{33-4\times5\div(14-4)\}\times2\div31=18+(33-20\div10)\times2\div31=18+(33-2)\times2\div31=18+31\times2\div31=18+2=20$

(3) $1.6\times(2.7-0.95)-0.25\div(1.4-0.15)=1.6\times1.75-0.25\div1.25=2.8-0.2=2.6$

(4) $\left\{\left(\frac{4}{15}+\frac{5}{6}\right)\div\frac{11}{12}-\frac{3}{7}\right\}\div\left(\frac{3}{5}+\frac{3}{4}\right)+\frac{3}{7}=\left\{\left(\frac{8}{30}+\frac{25}{30}\right)\div\frac{11}{12}-\frac{3}{7}\right\}\div\left(\frac{12}{20}+\frac{15}{20}\right)+\frac{3}{7}=\left(\frac{33}{30}\times\frac{12}{11}-\frac{3}{7}\right)\div\frac{27}{20}+\frac{3}{7}=\left(\frac{6}{5}-\frac{3}{7}\right)\div\frac{27}{20}+\frac{3}{7}=\left(\frac{42}{35}-\frac{15}{35}\right)\div\frac{27}{20}+\frac{3}{7}=\frac{27}{35}\times\frac{20}{27}+\frac{3}{7}=\frac{4}{7}+\frac{3}{7}=\frac{7}{7}=1$

(5) $3-\left\{1-\left(2.25-1\frac{2}{3}\right)\div0.75\right\}\div1\frac{1}{6}=3-\left\{1-\left(\frac{9}{4}-\frac{5}{3}\right)\div\frac{3}{4}\right\}\div\frac{7}{6}=3-\left\{1-\left(\frac{27}{12}-\frac{20}{12}\right)\div\frac{3}{4}\right\}\div\frac{7}{6}=3-\left(1-\frac{7}{12}\times\frac{4}{3}\right)\div\frac{7}{6}=3-\left(1-\frac{7}{9}\right)\div\frac{7}{6}=3-\left(\frac{9}{9}-\frac{7}{9}\right)\div\frac{7}{6}=3-\frac{2}{9}\times\frac{6}{7}=3-\frac{4}{21}=\frac{63}{21}-\frac{4}{21}=\frac{59}{21}=2\frac{17}{21}$

(6) 与《あた》えられた式を２倍すると，$1+2+3+\cdots+15=(1+15)\times15\div2=120$となる。よって，もとの式の値は，$120\div2=60$と求められる。

2 **周期算，速さ，濃度《のうど》，場合の数，相似**

(1) $\frac{9}{41}=9\div41=0.2195121\cdots$だから，小数点以下には２，１，９，５，１の５個の数字がくり返される。$2022\div5=404$余り２より，小数第１位から小数第2022位までには404回くり返され，さらに２個の数字（２と１）が続くことがわかる。１つのくり返しの和は，$2+1+9+5+1=18$なので，すべての和は，$18\times404+2+1=7275$と求められる。

(2) 太郎くんが往復にかかった時間は，$3.2\div4+3.2\div6=\frac{4}{5}+\frac{8}{15}=\frac{4}{3}$(時間)，$60\times\frac{4}{3}=80$(分)なので，花子さんが往復にかかった時間は，$80+40=120$(分)，$120\div60=2$(時間)とわかる。また，往復の道のりは，$3.2\times2=6.4$(km)だから，花子さんの速さは毎時，$6.4\div2=3.2$(km)と求められる。

(3) 50gの食塩水を捨てると，16％の食塩水が，$200-50=150$(g)残る。(食塩の重さ)＝(食塩水

の重さ)×(濃度)より，この食塩水に含《ふく》まれる食塩の重さは，150×0.16＝24(ｇ)とわかる。また，この食塩水に50ｇの水を加えても食塩の重さは変わらないので，水を加えて重さが200ｇにもどった食塩水の濃度は，24÷200＝0.12，0.12×100＝12(％)と求められる。同様に考えると，もう一度50ｇの食塩水を捨てた後の食塩水に含まれる食塩の重さは，150×0.12＝18(ｇ)だから，水を加えた後の食塩水の濃度は，18÷200＝0.09，0.09×100＝９(％)とわかる。

〔ほかの解き方〕 この操作を１回行うと，含まれる食塩の重さが，(200－50)÷200＝$\frac{3}{4}$(倍)になる。このとき，食塩水の重さは変わらないので，濃度も$\frac{3}{4}$倍になることがわかる。よって，この操作を２回行った後の濃度は，16×$\frac{3}{4}$×$\frac{3}{4}$＝９(％)と求めることもできる。

(4) はじめに４種類の果物を１個ずつ入れると，残りの個数は，７－４＝３(個)になる。これを４種類の果物でつめるとき，その個数の組み合わせは，㋐(３個，０個，０個，０個)，㋑(２個，１個，０個，０個)，㋒(１個，１個，１個，０個)の３通りある。㋐の場合，３個つめる果物の選び方が４通りあるので，このようなつめ方は４通りである。また，㋑の場合，２個つめる果物の選び方が４通り，１個つめる果物の選び方が３通りあるから，このようなつめ方は，４×３＝12(通り)となる。さらに，㋒の場合，０個の果物の選び方が４通りあるので，このようなつめ方は４通りとわかる。よって，全部で，４＋12＋４＝20(通り)と求められる。

(5) 右の図のように，ＧからBFに垂直な線GHを引く。三角形ABCと三角形GHCは相似であり，三角形ABCの直角をはさむ２つの辺の比は，AB：BC＝４：(４＋12)＝１：４だから，GH：HC＝１：４となる。同様に，三角形DEFと三角形GEHも相似であり，三角形DEFの直角をはさむ２つの辺の比は，DF：FE＝10：(12＋８)＝１：２なので，GH：HE＝１：２とわかる。したがって，GH＝①とすると，HE＝②，HC＝④だから，EC＝②＋④＝⑥となる。これが12cmにあたるから，①＝12÷６＝２(cm)と求められる。よって，しゃ線部分の面積は，12×２÷２＝12(cm²)である。

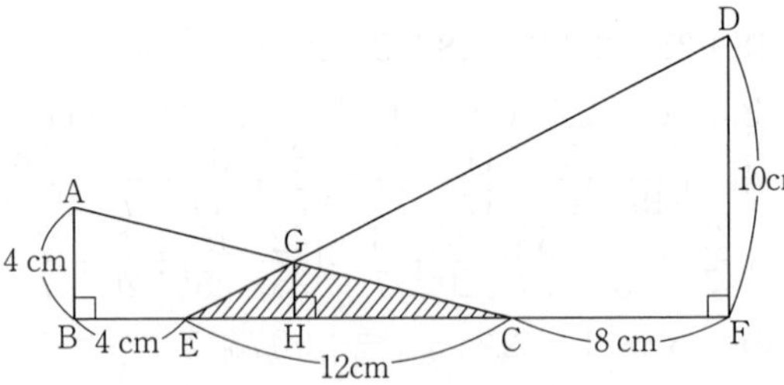

3 *N*進数

(1) *A*を１，*B*を２，*C*を３，空らんを０と考えると，４進法の位取りと同じになる。つまり，それぞれの枠《わく》が表す数は右の図１のようになる。また，右の図２の計算から，100を４進法で表すと1210となることがわかるから，100を表す図は右下の図３のようになる。

図１

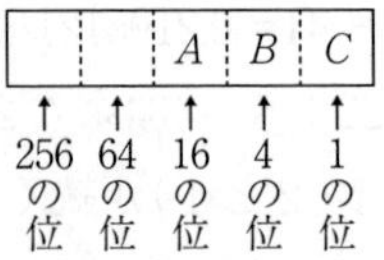

図２

4)100
4)　25…0
4)　　6…1
　　　1…2

図３

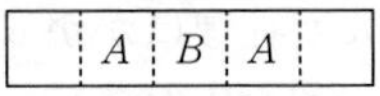

(2) 図１が表す数は，16×１＋４×２＋１×３＝27である。

(3) ５つの枠がすべて*C*の場合なので，256×３＋64×３＋16×３＋４×３＋１×３＝1023となる。なお，256の次の位が表す大きさは，256×４＝1024であり，これよりも１小さい数であることから，1024－１＝1023と求めることもできる。

4 平面図形，立体図形—角度，長さ，表面積

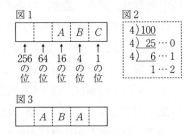

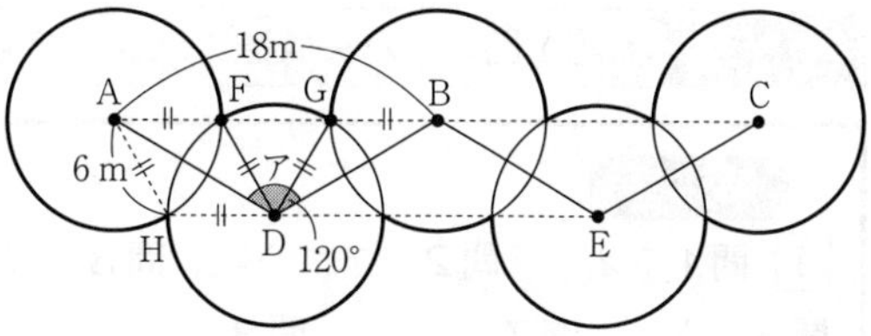

(1)　右の図で，印をつけた部分はすべて円の半径だから，長さは６ｍである。したがって，FGの長さは，$18-6\times2=6$（m）なので，三角形FDGは正三角形とわかる。よって，角アの大きさは60度である。

(2)　弧《こ》FHの長さを求めればよい。三角形FADと三角形HADは合同な二等辺三角形であり，角FDAの大きさは，$(120-60)\div2=30$(度)だから，角FAHの大きさは，$30\times2=60$(度)とわかる。よって，弧FHの長さは，$6\times2\times3.14\times\frac{60}{360}=2\times3.14=6.28$(m)と求められる。

(3)　はじめに太線部分の長さを求める。これは，５つの円の周の長さの合計から，(2)で求めた長さの，$2\times4=8$（個)分をひけばよいので，$6\times2\times3.14\times5-2\times3.14\times8=(60-16)\times3.14=44\times3.14$(m)となる。また，円柱の高さは25ｍだから，側面の面積は，$44\times3.14\times25=1100\times3.14=3454$($m^2$)と求められる。

5　水の深さと体積

(1)　５分後には右の図１のようになる。水を入れる割合と直方体を動かす速さはそれぞれ一定だから，水面の高さが上がる速さも一定になる。したがって，水面の高さは毎分，$6\div5=1.2$(cm)の速さで上がるので，水そうがいっぱいになるのは，水を入れ始めてから，$40\div1.2=33\frac{1}{3}$(分後)とわかる。$60\times\frac{1}{3}=20$(秒)より，これは33分20秒後となる。

図１

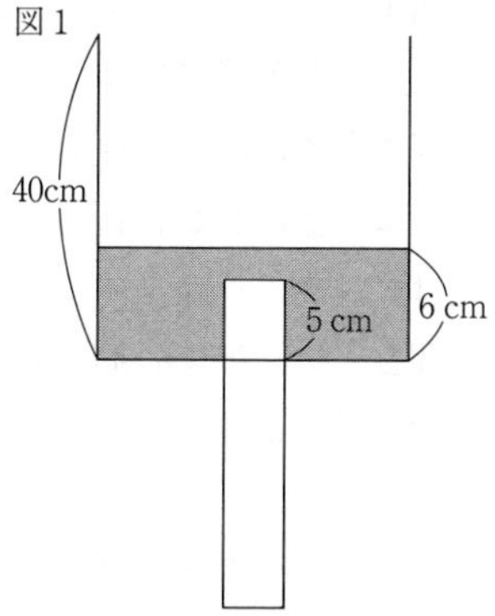

(2)　直方体の底面積を求めればよい。図１で，水そうに入っている水と直方体の体積の合計は，$40\times40\times6=9600$(cm^3)である。そのうち水の体積は，$1800\times5=9000$(cm^3)だから，直方体の水そうに入っている部分の体積は，$9600-9000=600$(cm^3)とわかる。よって，直方体の底面積は，$600\div5=120$(cm^2)と求められる。

図２

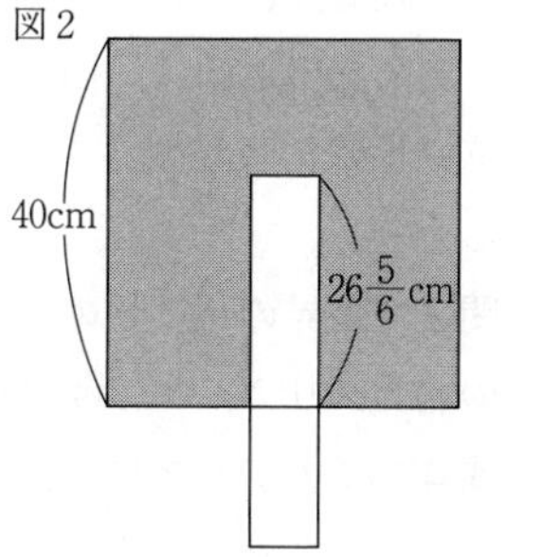

(3)　はじめは毎分1800cm^3の割合で20分22秒入れ，その後は毎分，$1800\times2=3600$(cm^3)の割合で，27分４秒－20分22秒＝６分42秒入れたので，入れた水の量は全部で，$1800\times20\frac{22}{60}+3600\times6\frac{42}{60}=60780$($cm^3$)である。また，水そうの容積は，$40\times40\times40=64000$($cm^3$)だから，水そうがいっぱいになったときに水そうに入っている直方体の体積は，$64000-60780=3220$(cm^3)とわかる。この部分の高さは，$3220\div120=26\frac{5}{6}$(cm)なので，27分４秒後には右上の図２のようになる。したがって，直方体を動かすのを止めたのは，水を入れ始めてから，$26\frac{5}{6}\div1=26\frac{5}{6}$(分後)と求められる。$60\times\frac{5}{6}=50$(秒)より，これは26分50秒後となるから，水を入れる量を２倍にしてから，26分50秒－20分22秒＝６分28秒後である。

社　会 ＜第１回スーパー特進入試＞（25分）＜満点：50点＞

解　答

1 **問1**　オ　**問2**　ア，ウ　**問3**　ア　**問4**　②　ア　④　ウ　**問5**　ウ，オ，キ　**問6**　ウ　**問7**　135　**問8**　ウ，オ，カ　**問9**　17時間　**問10**　11時間　**問11**　**あ**　オ　**い**　ア　**問12**　ウ　**問13**　（例）　海のプレートが陸のプレートの下にもぐりこむときに境目で地震が起きやすいため。　**2** **問1**　オ　**問2**　ウ　**問3**　イ　**問4**　エ　**問5**　イ　**3** **問1**　イ　**問2**　イ　**問3**　ウ　**問4**　エ　**問5**　ア　**4** **問1**　ピクトグラム　**問2**　エ　**問3**　ア　**問4**　エ　**問5**　ウ　**問6**　ウ　**問7**　Ⅰ　ウ　Ⅱ　イ　**問8**　Ⅰ　法の下　Ⅱ　イ

解　説

1 世界の地形などのようすについての問題

問１　世界には，ユーラシア大陸(アジア州とヨーロッパ州に分けられる)，北アメリカ大陸，南アメリカ大陸，アフリカ大陸，オーストラリア大陸，南極大陸という６つの大陸がある。このうち，南極大陸は図１に描かれていない。南極大陸は5000mを超《こ》えるような高山はないものの，厚い氷でほぼ全体がおおわれているため，平均高度は非常に高くなる。よって，オがあてはまる。なお，アはアジア，イはヨーロッパ，ウはアフリカ，エは南アメリカ。

問２　ア　地球の形と表面のようすを縮めて球体に表した地球儀《ぎ》は，国の形・面積・方位・距離などをほぼ正確に表すことができるが，紙の地図では地球のすべてを正確に表すことができない。
イ　地図は一般的に，自国や自分のいる場所を中心としてつくられ，利用されることが多い。
ウ～オ　緯線と経線が直角に交わるメルカトル図法の地図は，各地点の角度が正しく表されるため，航海図に適しているが，赤道から離れるにしたがって形や面積が不正確になる。一方，モルワイデ図法の地図は，面積が正しく表されるので統計と組み合わせる場合に適しているが，角度や方位は正確に表現できない。このように，使用目的に応じてさまざまな図法の地図がつくられている。

問３　世界の州ごとの国の数では，⑥のアフリカが最も多い。なお，イは①のヨーロッパ，ウは③の北アメリカ，エは④の南アメリカ，オは⑤のオセアニア，カは②のアジア。

問４　②のアジアには，人口が世界第１位の中華人民共和国(中国)，第２位のインド，第４位のインドネシアなど，人口の多い国がいくつもあり，世界人口の半分以上を占《し》めている。また，④の南アメリカでは，かつて多くの国がスペインとポルトガルの植民地となっていたため，ブラジルではポルトガル語が，そのほかの多くの国ではスペイン語が公用語とされている。なお，イはヨーロッパ，エはオセアニア，オは北アメリカについて述べている文。

問５　北緯40度線は，日本では秋田県の八郎潟をはじめとする東北地方北部を通っている。図１を参考にこの線が通るところを日本から西へとたどると，トルコ→ギリシャ→イタリア→ポルトガル→アメリカ合衆国を通ることがわかる。一方，北側の国境が北緯38度線を基準に引かれている大韓民国(韓国)や，インドの西にあるパキスタン，図１中の「①」の文字のすぐ左に位置するドイツなどにはこの線が通っていない。

問６　ア　赤道付近は，高山である場合などを除けば一年を通じて高温で，年間の気温の差は小さい。　　イ　赤道付近では一年を通じて降水量が多く，特に夕方にはスコールとよばれる激しい雨が降ることもある。　　ウ　赤道付近でみられる高温多雨の気候は多種多様な樹木を育て，密林ができているところもある。　　エ　高温多雨の気候では湿度が高くなるため，地面から床を離して風通しをよくした高床の住居がみられる。たて穴の住居は地面を床とするため，湿度が高い地域や雨が多い地域の住居には適さない。

問７　Ｘは経度０度の経線（本初子午線）で，イギリスの首都ロンドンにある旧グリニッジ天文台を通る。日本の時間を決める標準時子午線は兵庫県明石《あかし》市などを通る東経135度の線なので，その経度差は135度となる。

問８　東経90度の線は北から順に，中華人民共和国→インド→バングラデシュを通っている。ウクライナはロシア連邦の南西に位置する国で，図１中の「①」の文字の右下にある黒海に面している。また，イランは黒海の東（右）にあるカスピ海の南（下）に位置している。カンボジアは東南アジアの国で，東経90度よりも東（右）に位置している。

問９，**問10**　地球は24時間で360度自転するので，360÷24＝15より，経度15度につき１時間の時差が生まれる。日本は東経135度の経線を標準時子午線としているので，西経120度のロサンゼルスとの時差は，（135＋120）÷15＝255÷15＝17より，17時間と求められる。これをもとにして，成田国際空港における12月４日17：00をロサンゼルス時間にすると，日本のほうが時刻が進んでいるので，その17時間前の12月４日０時となる。航空機はこの日の11：00にロサンゼルスに到着するのだから，飛行時間は11時間とわかる。

問11　「あ」の位置には，火山島として知られるオのアイスランドがある。「い」の位置には，世界で４番目に大きい島であるアのマダガスカル島がある。

問12　太平洋上の「う」の位置には，最深部が世界で最も深い海溝《かいこう》であるマリアナ海溝が，おおむね南北にのびているので，震源地が縦に分布しているウが選べる。

問13　「う」の地域だけでなく，海溝やトラフとよばれる海の溝では，海のプレートが陸のプレートの下にもぐりこんでひずみが生まれ，それがもとにもどろうとするときの動きによって大きな地震が発生しやすい。

2　各時代の歴史的なできごとの順序についての問題

問１　①は８世紀初めの701年（飛鳥時代末），②は10世紀後半から11世紀なかば（平安時代），③は７世紀初めの603年（飛鳥時代前半）のことなので，年代の古いものから順に③－①－②となる。

問２　①は13世紀（鎌倉時代），②は12世紀後半（平安時代），③は14世紀（室町時代）のことなので，年代の古いものから順に②－①－③となる。

問３　①は11世紀後半（白河上皇による院政の開始は1086年，平安時代），②は14世紀前半（後醍醐《ごだいご》天皇による建武の新政の開始は1333年，室町時代），③は13世紀前半（六波羅《ろくはら》探題の設置は1221年，鎌倉時代）のことなので，年代の古いものから順に①－③－②となる。

問４　①は17世紀後半（江戸時代），②は15世紀後半の1489年（室町時代），③は16世紀後半の1576年（築城開始の年，安土桃山時代）のできごとなので，年代の古いものから順に②－③－①となる。

問５　①は13世紀後半の1297年（鎌倉時代），②は18世紀後半（天明のききんは1782～87年，江戸時代），③は15世紀前半の1428年（室町時代）のできごとなので，年代の古いものから順に①－③－②

となる。

3 歴史的なできごとの正誤についての問題

問1 ① 1868年，明治政府は明治天皇が神々に誓《ちか》うという形で五箇条《ごかじょう》の誓文《せいもん》を出し，新しい政治の基本方針を示した。よって，正しい。 ② 1889年２月11日に発布された大日本帝国憲法において，天皇は主権を持つ神聖で侵《おか》すことのできない存在とされた。

問2 ① 1905年に日露戦争の講和条約としてポーツマス条約が結ばれ，日本はロシアから樺太《からふと》の南半分や旅順・大連の租借権などをゆずり受けた。よって，正しい。 ② 領事裁判権の撤廃《てっぱい》は日清戦争(1894～95年)直前の1894年に，関税自主権の回復は日露戦争(1904～05年)後の1911年に達成された。

問3 ① 1881年，明治政府が1890年に国会を開くことを約束すると，板垣退助は1881年に自由党，大隈重信は1882年に立憲改進党を結成した。 ② 1890年に最初の衆議院議員選挙が行われ，同年，第一回帝国議会が開かれた。よって，正しい。

問4 ① 「渋沢《しぶさわ》栄一」ではなく「吉野作造」が正しい。 ② 「津田梅子」ではなく「平塚らいてう」が正しい。

問5 ① 第二次世界大戦後，輸送・採掘《さいくつ》の技術が上がって石油の価格が下がると，エネルギー源の中心が石炭から石油へと移るエネルギー革命が起こった。日本では，1960年代にエネルギー革命が進んだので，正しい。 ② 1973年には第四次中東戦争の影響で第一次石油危機(オイルショック)が，1979年にはイラン革命の影響で第二次石油危機が起こり，日本経済は打撃を受けた。よって，正しい。

4 現代の社会についての問題

問1 1964年の東京オリンピックのさい，日本を訪れる外国人が，日本語が読めなくても目的の場所に行けたり何の施設かを理解できたりするように，ピクトグラムという絵記号が開発された。絵記号はその後，広く普及《ふきゅう》し，2021年に行われた東京オリンピックでも活用された。

問2 OECD(経済協力開発機構)は，ヨーロッパ諸国やアメリカ・カナダなどの先進資本主義国で構成され，経済成長や貿易の自由化，発展途上国の支援などを目的として活動している。なお，健康や福祉を担当する国際機関には，WHO(世界保健機関)がある。核兵器廃絶を推進する枠組《わくぐ》みには核兵器禁止条約があるが，日本はこれに参加していない。国連平和維持活動はPKOと略され，日本は1992年以降，自衛隊を派遣してこれに協力している。

問3 1951年，日本はアメリカとの間で日米安全保障条約を結び，アメリカ軍が日本国内に駐留《ちゅうりゅう》することや，軍事基地を使用することを認めた。1960年にはこの条約が改定され，協力関係が強化された。なお，アメリカなどの核保有国は，核兵器禁止条約に参加していない。太平洋戦争(1941～45年)で，日本はアメリカなどの連合国と戦った。日米貿易摩擦《まさつ》の交渉《こうしょう》はこれまでたびたび行われたが，特に1980～90年代には問題が深刻化し，日本は農産物の輸入自由化などを行った。

問4 国連分担金は加盟国の経済状況《じょうきょう》に応じて３年ごとに割り当てられ，2019年から2021年まではアメリカ・中国・日本の順となっている。

問5 カヌーは1936年の第11回ベルリン大会で正式なオリンピック種目となり，2021年の東京オリンピックでも競技が行われた。

問6 2015年９月の国連総会で採択されたSDGs(持続可能な開発目標)は，世界中の人が平和で豊かに暮らせることを目指す世界共通の目標で，アにあるようなジェンダー平等や，イ・エにあるような環境への配慮はその取り組みにあたるが，自衛隊の協力体制とは関連がない。

問７　Ⅰ　難民選手団は，2016年にブラジルで開催されたリオデジャネイロオリンピックに初めて参加し，2021年の東京オリンピックにも参加した。　Ⅱ　国連難民高等弁務官事務所(UNHCR)は，紛争や迫害《はくがい》などのために国外に逃《のが》れた難民と，国内で住まいを失った避難民を合わせた数が，2020年末の時点で8240万人になり，その約42％が18歳未満の子どもであると発表した。

問８　Ⅰ，Ⅱ　日本国憲法第14条は，「すべて国民は，法の下《もと》に平等であつ《(っ)》て，人種，信条，性別，社会的身分又《また》は門地により，政治的，経済的又は社会的関係において，差別されない」として，国民の平等権を保障している。「門地」とは家柄《いえがら》のことである。

理　科　＜第１回スーパー特進入試＞（25分）＜満点：50点＞

解　答

[1] **問１**　ア，イ　**問２**　ア　**問３**　ウ　**問４**　（例）鉄くぎを自由に回転できるようにすると，とがった方が北の方角に向く。　**問５**　イ　[2] **問１**　ア　**問２**　イ　**問３**　（例）二酸化マンガン　**問４**　ウ　**問５**　21％　**問６**　水上置かん法　**問７**　エ　**問８**　（例）発電の効率がよいから。　[3] **問１**　蒸散　**問２**　気こう　**問３**　(1)　$5.4cm^3$　(2)　$1.8cm^3$　**問４**　イ　**問５**　(1)　$2.1cm^3$　(2)　$4.2cm^3$　**問６**　ウ　[4] **問１**　自転　**問２**　**西の空**…３　**南の空**…１　**問３**　エ　**問４**　**星Ｐ**…北極星　**星座**…こぐま座　**問５**　２時間　**問６**　エ

解　説

[1] 磁石の性質についての問題

問１　磁石につく金属には，鉄やニッケル，コバルトなどがある。スチールかんと鉄くぎは鉄でできているので磁石につく。また，液体酸素は金属ではないがわずかに磁石の性質をもっており，強力な磁石に引きつけられることが知られている。

問２　ゴム磁石を中央で２つに切ると，図でＮがかいてある方の切り口付近がＳ極，Ｓがかいてある方の切り口付近がＮ極になり，２つの磁石になる。図の右のように切り口どうしを近づけると，左の磁石のＳ極と右の磁石のＮ極がたがいに引き合う。

問３　鉄くぎを一定の方向に磁石でこすると，鉄くぎに磁石の性質をもたせることができる。

問４　たとえば鉄くぎを横にして糸でつるし自由に回転できるようにすると，Ｎ極である鉄くぎのとがった方が北の方角を向く。また，鉄くぎを発ぽうスチロールなどにのせて，水にうかべて調べる方法もある。

問５　方位磁針のＮ極が北を指すことから，地球の北極付近は，磁石のＮ極と引き合うＳ極になっていると考えられる。

[2] 燃料電池のしくみについての問題

問１　水素と酸素が反応すると水となり，このとき電気をとり出すことができる。これを利用した装置が燃料電池で，アメリカのアポロ号では電源として用いられ，生じた水を精製して乗組員の飲

用水とした。

問２　水素を発生させるには，亜鉛《あえん》やマグネシウム，アルミニウムなどの金属にうすい塩酸を加える。

問３　オキシドール(うすい過酸化水素水)に二酸化マンガン(または，ジャガイモ，レバーなど)を加えると酸素が発生する。

問４　二酸化マンガンには自身は変化せずに，過酸化水素の分解をうながすはたらきがある。このようなはたらきをする物質を触媒《しょくばい》という。したがって，発生する酸素の量はオキシドールの量によって決まる。加える二酸化マンガンの量を多くすると酸素が発生するいきおいは増すが，発生する酸素の量は変わらない。

問５　空気にふくまれている主な気体の体積の割合は，ちっ素が約78%，酸素が約21%，二酸化炭素が約0.04%である。

問６　水素や酸素のような水にとけにくい気体を集めるときは，水上置かん法を用いる。なお，水によくとける気体を集める場合，空気より重い気体は下方置かん法，空気より軽い気体は上方置かん法で行う。

問７　水素はそれ自体が燃える気体であり，酸素はものを燃やすはたらきがある。そのため，気体を集めた試験管の口に火のついたマッチを近づけると，水素の場合はポンと音をたててばく発的に燃え，酸素の場合はマッチのほのおが大きくなる。

問８　燃料電池は反応で発生するエネルギーのうち電気として取り出せる割合が，ほかの発電方法と比べて多いので，発電効率がよいといえる。また，はい出するのは水だけで，地球温暖化の原因物質である二酸化炭素を出さないため，環境《かんきょう》にやさしいといった利点もある。

３　植物のはたらきについての問題

問１，問２　植物が根から吸収した水のうち，あまった分はおもに葉にある気こうから水蒸気となって出ていく。このような現象を蒸散という。蒸散は，根からの水や水にとけている養分の吸収をさかんにし，植物の温度が上がり過ぎないようにすることなどに役立っている。

問３　(1)　ワセリンをぬった部分は気こうがふさがるので，蒸散が起こらない。Ｂのメスシリンダーで失われた水の体積は，20－19.3＝0.7(cm^3)，Ｃのメスシリンダーで失われた水の体積は，20－13.9＝6.1(cm^3)である。ＢのメスシリンダーとＣのメスシリンダーのちがいは，葉の裏側にワセリンをぬったかどうかなので，葉の裏側から失われた水の量は，6.1－0.7＝5.4(cm^3)となる。

(2)　Ｄのメスシリンダーで失われた水の体積は，20－17.5＝2.5(cm^3)なので，Ｂのメスシリンダーの結果と比べると，葉の表側から失われた水の量は，2.5－0.7＝1.8(cm^3)と求められる。

問４　問３から，葉の裏側から失われた水の量の方が葉の表側より多いといえるので，この植物の場合，気こうは葉の裏側に多く分布していることがわかる。

問５　(1)　Ｇのメスシリンダーで失われた水の体積は，20－17.2＝2.8(cm^3)なので，Ｂのメスシリンダーの結果と比べると，葉の付け根側から失われた水の量は，2.8－0.7＝2.1(cm^3)となる。

(2)　Ｆのメスシリンダーで失われた水の体積は，20－15.1＝4.9(cm^3)であることから，Ｂのメスシリンダーの結果と比べると，葉の葉先側から失われた水の量は，4.9－0.7＝4.2(cm^3)である。

問６　問５で，葉の葉先側から失われた水の量の方が葉の付け根側よりも多いことから，葉先側・付け根側の気孔の分布のしかたが葉の表と裏で同じだとすると，この植物の場合，気こうは葉の葉先側に多く分布していると考えられる。

4 星の動きについての問題

問１　地球が１日１回西から東に自転しているため，星は１時間に，360÷24＝15(度)東から西に移動して見える。

問２　北緯《い》40度の場所では，東の空から出た星は南の空を通って西の空へしずむ。また，北の空では，北極星を中心に反時計回りに回転しているように見える。したがって，図１は南，図２は東，図３は西，図４は北の空の星の動きを示している。

問３　図３は西の空で，星は時間の経過とともに地平線へしずんでいく。また，図４は北の星の動きで，星Ｐの北極星を中心に反時計回りに回っているように見える。

問４　北極星(星Ｐ)はこぐま座の２等星で，地球の地じくを北にのばした延長線上にあるため，ほとんど動かない。

問５　北の空の星は北極星の周りを１時間に15度回転しているように見えるので，30÷15＝２より，カメラのシャッターを開いていた時間は２時間とわかる。

問６　北緯40度における北極星の地平線からの高度は40度である。天頂は地平線から90度なので，この場所における北極星の天頂距離《きょり》は，90－40＝50(度)となる。

国　語　＜第１回スーパー特進入試＞（50分）＜満点：100点＞

解　答

一　**問１**　a，c　下記を参照のこと。　b　いっさい　**問２**　予定外の仕事　**問３**　不満(を言った)　**問４**　A　オ　C　ア　**問５**　イ　**問６**　(働)いていない　**問７**　エ　**問８**　１　常に実行され続けなければならない(仕事)　２　卵の世話　**問９**　D　仲間　E　動員　F　共有　**問10**　接触刺激，フェロモン　**問11**　ウ　**問12**　エ　二　**問１**　a，c，d　下記を参照のこと。　b　ぶこつ　**問２**　A　キ　C　エ　D　イ　**問３**　イ　**問４**　ア　**問５**　ウ　**問６**　エ　**問７**　孤立して居場所がない　**問８**　ウ　**問９**　掃除，ボール縫い，おにぎりの準備　**問10**　１　上下関係　２　差別的　**問11**　ありきたり　**問12**　練習に復帰(すること)　**問13**　イ　**問14**　(例)　私は，メンバーがどんなことでも相談できるような環境をつくってくれるマネージャーが理想だと思います。何でも相談できて，安心して練習に打ち込むことができれば，技術も向上していくと思うからです。

●漢字の書き取り

一　**問１**　a　規模　c　夢遊病　二　**問１**　a　暖(かい)　c　操(って)　d　故障

解　説

一　**出典は長谷《はせ》川《がわ》英祐《えいすけ》の『働かないアリに意義がある－社会性昆虫《こんちゅう》の最新知見に学ぶ，集団と個の快適な関係』による。**アリの社会のコロニーにおけるさまざまな仕事や仕組みについて説明している。

問１　a　内容や仕組みなどの大きさ。　b　「一切」は，下に打ち消しの意味の語をともなって，“まったく〜ない”という意味になる。　**c**　眠っている間に，起き上がって歩いたり話したりするが，本人はそれを覚えていない症状。

問２　「突発《とっぱつ》的に」は，“急に起こる”という意味。次の段落で「突然舞《ま》い込んだ仕事」や「突然，予定外の仕事が湧《わ》いて出てくる」と言いかえている。

問３　「ぼやく」は，“不満や泣きごとを言う”という意味。

問４　**A**　セミが落ちてきたとしても，そのセミを「見つけることができなければ食料として手に入れられない」ので，アリは「いつもエサ探し」をする多数の個体を「巣の周り」に出動させ，「突然現れるエサ資源を見逃《のが》さないように」しているという文脈になる。よって，前のことがらを理由として，後にその結果をつなげるときに用いる「だから」が入る。　**C**　コロニーは，「しばらくのあいだはエサなしでも耐《た》えること」ができるので，「エサ自体が常に巣に運ばれ続けなければならないわけではない」という一方で，「コロニーの仕事のなかには，常に実行され続けなければならないもの」もあるという文脈。前のことがらを受けて，後に対照的なことがらを述べるときに用いる「ところが」が入る。

問５　アリにとっての「そのとき」は，具体的には「いたずらな人間の子ども」が急にやってきて巣を埋《う》められてしまったときである。この「そのとき」は，予測不可能なことが急に起こって被害を受けるときなので，イの内容が合う。

問６　「すべての個体」が「エサを探し求めて歩き回っている」と，「エサを回収するためのメンバーを動員」できないし，突発的に巣の修繕《しゅうぜん》が必要になっても対応できない。つまり，働いていないアリという「余力」を残していることが重要だと考えられる。

問７　卵は「とても弱い存在」なので，アリやシロアリは，「すきあらば卵に寄生しようとする菌《きん》」から卵を守るために，ワーカーが「常に卵を舐《な》め続け，唾液《だえき》の中に含《ふく》まれる抗菌《こうきん》物質を塗《ぬ》り」続けるといった「防菌対策」をしなければならないと説明されている。

問８　**1**　「宿命的な」は，“さけることのできない運命的な”という意味なので，「常に実行され続けなければならない」仕事である。　**2**　「卵の死は次の世代の全滅」を意味し，コロニーにとっては大きな問題なので，「卵の世話」は「常に実行され続けなければならない」仕事といえる。

問９　**D**，**E**　大きな「セミを見つけたワーカー」は，巣から「仲間」を連れてきて，エサを運ぶという目的のためにその仲間たちを「動員」する。　**F**　「セミが発見され，巣に運ばれたことを当のアリたち以外はまったく知らない」し，その情報がコロニーの中で「共有」されることもない。

問10　ぼう線部⑥に続く二段落で，アリが仲間を動員するために，触角《しょっかく》で触《さわ》りながら後をついていく「接触刺激」という手段や，「フェロモン」という化学物質を地面につけ，それをたどる方法を使うことが説明されている。

問11　「階層的情報伝達システム」については，「上位の者から下位の者へと〜情報が段階的に伝わる」システムだと述べられているので，ウの内容が合う。

問12　ムシの社会では「階層的情報伝達システム」や「全員での情報の共有」はなくても，コロニーを維持《いじ》するために必要なさまざまな仕事の処理は，「コロニーの部分部分が局所的に反応」して行われる。コロニーにとって必要な仕事がきちんと行われているかどうかという観点からすれば，手段や仕組みがどうであっても問題はなく，「適切に処理」されていることが重要なのだと考えられる。

二 **出典は須賀《すが》しのぶの『夏の祈《いの》りは』による。**野球部の女子マネージャーの美音《みお》は，キャプテンの多々良《たたら》に，女子マネの手伝いに来る一年生部員の相馬《そうま》について相談する。

問１ a　音読みは「ダン」で，「暖流」などの熟語がある。　b　骨ばって，ごつごつしているさま。　c　音読みは「ソウ」で，「操作」などの熟語がある。　d　機械や身体などに異常が起こって，正常に働かなくなること。

問２ A「正面に立っていた生徒」が，「俺《おれ》に言われてもなぁ」と困っている場面なので，顔をしかめるようすを表す「眉《まゆ》を寄せた」が合う。　C　相馬の「仕事ぶりは素晴らしく，効率が一気にあがった」ために，美音が一方的に「やめろ」とは言いにくくなったという文脈なので，一方的に決めつけるようすを表す「頭ごなしに」が合う。　D　美音は，相馬が器用なので「やめろ」とも言えないし，言いくるめようとしても「笑顔で反論」されるため多々良に頼んでいるので，自分の力ではどうしようもないという意味を表す「手に余る」が合う。

問３「どこ吹《ふ》く風」は，無視したり取り合わなかったりすること。相馬は，美音に「迷惑《めいわく》なんだよ」とはっきり言われても，気にするそぶりを見せずに，手伝いにやってくるのである。

問４「般若《はんにゃ》」は，能面の一種で，怒りを表した鬼女《きじょ》の面。忙しすぎてきびしい表情で仕事をしているようすを言い表している。

問５ 男子は「何かと雑」で，「面倒《めんどう》が増える」ので，美音は「部員の手伝いを断っている」が，相馬は「手先が非常に器用」で，米研《と》ぎや掃除《そうじ》だけでなく，マネージャーの重要な仕事のひとつである「ボール縫《ぬ》い」までやってしまう。美音にとっては，相馬の器用さが悩みの原因のひとつとなっている。

問６ 相馬の縫ったボールは，「まるでミシンで縫ったような，美しくクロスした縫い目がきれいに伸《の》び」ており，美音はその「手さばきを見て愕然《がくぜん》とした」とえがかれている。そのため，速くて美しかったと考えられる。

問７ 直前の美音と多々良の会話から読み取る。相馬がよく女子マネの手伝いに来るのは，「同学年の中でも孤立《こりつ》して居場所がないから」ではないかと美音が気にかけていたことがわかる。

問８「効率的」には，打ち消しの意味を表す接頭語の「非」をつける。

問９「掃除」と「ボール縫い」は，相馬が手伝っているので，女子マネージャーの仕事とわかる。また，多々良が「持ち回り」にしようと提案した「おにぎりの準備」も，女子マネージャーの仕事であったと考えられる。

問10 空らんＥのある多々良のせりふから読み取る。多々良は，伝統校の北園《きたぞの》高校に憧《あこが》れていたが，「上下関係」もひどいし，女子マネの扱《あつか》いも信じられないくらい「差別的」で失望したので，自分が主将になったら，そういうよくないところを「どんどん改革していきたい」と入学前の相馬に語っている。

問11「月並み」は，ありふれていて平凡であること，ありきたりであること。

問12 相馬は，股関節《こかんせつ》をいためて「満足に練習もできない」ので，女子マネージャーの手伝いをして部に貢献《こうけん》しようと思っているのかもしれないが，美音は，手伝いに来る相馬にトレーニングをさぼっていると思われて「監督《かんとく》たちがいい顔しない」，「ベンチ入りできないかもしれない」などと心配して声をかけている。つまり，選手である相馬が本当に「すべきこと」は「練習に復帰」することだと考えている。

問13　美音は，「切実な響《ひび》き」のある声で，自分を案じてくれる多々良を見て，根《ね》津《づ》が野球部のマネージャーをやめるために「わざと赤点をとった」ということを，多々良も気づいていると感じた。多々良は，根津と同じように，美音も仕事のきつさにたえられなくなってマネージャーをやめてしまうのではないかと心配して，声をかけたのである。

問14　自分にとって，こういうキャプテンやマネージャーがいてくれたらという視点と，自分がキャプテンやマネージャーになったらこうしたいという二つの視点から考えることができる。まず，具体的な理想像を考え，そういうキャプテンやマネージャーがいると何が良いのかが明確に伝わるような文章にするとよい。

2022年度　淑 徳 中 学 校

〔電　話〕　(03) 3969－７４１１
〔所在地〕　〒174－8643　東京都板橋区前野町５－14－１
〔交　通〕　都営三田線―「志村三丁目駅」13分　東上線―「ときわ台駅」13分
JR各線―「赤羽駅」よりスクールバス

【算　数】〈第１回スーパー特進東大選抜入試〉（50分）〈満点：100点〉

1　次の計算をしなさい。

（１）　$12 \times 13 - 266 \div 14 + 64$

（２）　$2\frac{14}{17} \div 5\frac{1}{3} \times 12\frac{3}{4}$

（３）　$2.75 \div 1\frac{2}{9} - \left\{5 - \left(0.6 + 1\frac{2}{3}\right) \times 1\frac{7}{8}\right\}$

（４）　$(0.2 \times 0.2 - 0.02) + 0.2 \div 0.02 \times 0.2 + 0.2$

（５）　$\left(\frac{3}{4} - \frac{2}{3}\right) \times 3 + 3\frac{3}{4} \div 1\frac{1}{2} + 3 \times 0.25$

（６）　$\frac{1}{8 \times 9} + \frac{1}{9 \times 10} + \frac{1}{10 \times 11} + \frac{1}{11 \times 12}$

2 次の問いに答えなさい。

（1） XがYより小さいことを，X＜Yと表します。
0より大きい4つの数A，B，C，Dについて，次の①，②，③の条件がすべて成り立ちます。このとき，A，B，C，Dを小さい順に左から並べなさい。

①（A＋D）＜（B＋C）

②（A＋B）＝（D＋D）

③（B＋C）＝（A＋A）

（2） 100円硬貨《こうか》と50円硬貨と10円硬貨が合わせて51枚あります。それぞれの硬貨の合計金額の比が3：2：1のとき，50円硬貨は何枚ありますか。

（3） 6＝1＋2＋3，30＝6＋7＋8＋9のように，ある数をいくつかの連続する整数の足し算で表します。2022を連続する12個の整数の足し算で表すとき，一番小さい整数はいくつになりますか。

（4） よし子さんは，駅に向かってバス通りを歩いています。よし子さんは駅から来るバスと8分ごとにすれちがい，駅行きのバスには12分おきに追いこされます。よし子さんはバス停にさしかかったところで，ちょうどバスに追いこされました。その後，バス停から1分歩いたところでバスに乗ろうと思い，バス停まで引き返しました。よし子さんはバス停で，バスが来るまで何分何秒待っていればよいですか。ただし，よし子さんとバスはそれぞれ一定の速さで進み，バスとバスの間かくは一定であるとします。

（５）右の図のしゃ線部分の面積はいくつですか。

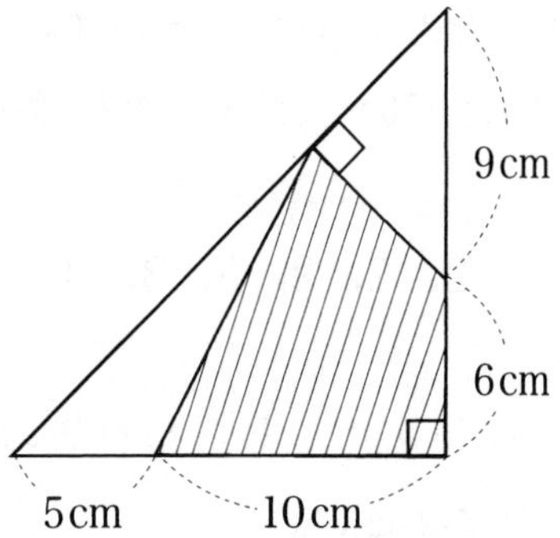

３ １から始まる連続した奇数《きすう》をすべて足した数は，足した奇数の個数を２つかけた数になります。

例えば１，３，５，７，９，11を足した数は，１から始まる連続した奇数を６個足しているので６×６＝36になります。

この例は，下の図のように１辺１mの正方形の面積を利用して説明できます。

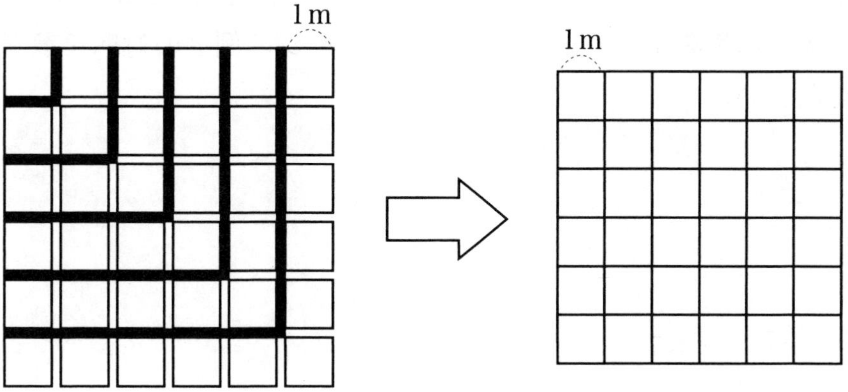

次のページの問いに答えなさい。必要であれば上の例を参考にして考えなさい。

(1)　次のように，1が1個，2が3個，3が5個と並べる数の個数が2個ずつ増えていくように数を並べます。

1，2，2，2，3，3，3，3，3，4，4，4，4，4，4，4，5，…

10が初めてあらわれるのは左から数えて何番目ですか。考え方と答えを書きなさい。

(2)　次のように，Aが1個，Bが3個，Cが5個というようにA，B，Cがこの順番に，個数が2個ずつ増えていくように並べます。

A，B，B，B，C，C，C，C，C，A，A，A，A，A，A，A，B，…

左から数えて200番目の記号はAとBとCのどれですか。

(3)　1辺の長さが1m，2m，3m，……，39mの39個の立方体の体積をすべて足すといくつになりますか。1辺の長さが1m，2m，3mの3個の立方体の体積をすべて足した数と前のページの例との対応を参考にして考えなさい。

4 **右の図のような直角三角形ABCがあります。点D，E，Fはそれぞれ辺AB，BC，CAの真ん中の点です。また，AEとDFの交わる点をGとし，AEとCDの交わる点をHとします。次の問いに答えなさい。ただし，円周率は3.14とします。**

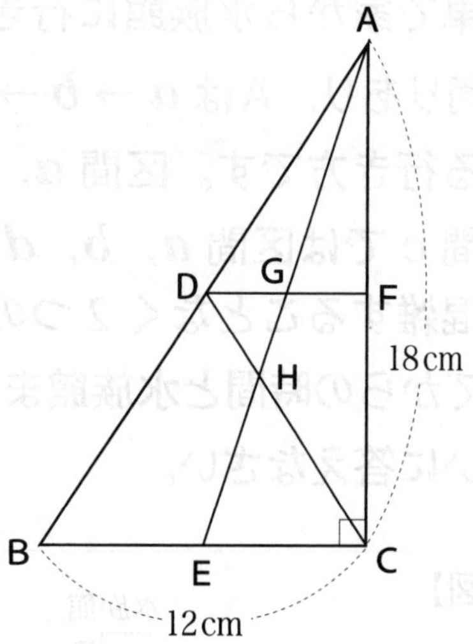

（１） 三角形**AGF**と四角形**DBEG**の面積の比を最も簡単な整数の比で答えなさい。

（２） 三角形**DHG**の面積はいくつですか。

（３） 三角形**DHG**を辺**AC**を軸《じく》として１回転させてできた立体の体積はいくつですか。

5 **車で家から水族館に行きます。水族館までの行き方はAとBの2通りあり，Aは$a \to b \to d$を通る行き方で，Bは$a \to c \to d$を通る行き方です。区間a，b，dではすべて同じ速さで車は走り，区間cでは区間a，b，dの1.8倍の速さで走ります。【グラフ】は混雑することなく2つの行き方で水族館に向かったときの出発してからの時間と水族館までの残りの道のりを表しています。下の問いに答えなさい。**

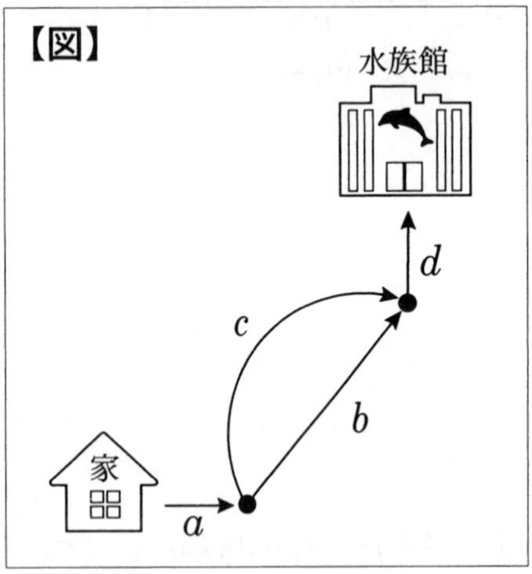

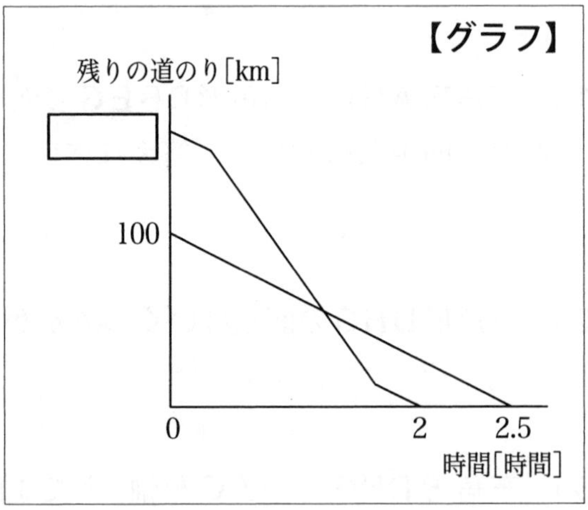

（1）区間cでの車の速さはいくつですか。

（2）区間aとdを合わせた道のりと区間cの道のりの比が5：27のとき，次の問いに答えなさい。

（i）【グラフ】の □ にあてはまる数はいくつですか。

（ii）よし男さんと，のり子さんがそれぞれの車で同時に家を出発します。よし男さんはAの行き方で，混雑することなく水族館に着きました。のり子さんはBの行き方で行きましたが，途《と》中《ちゅう》で道が混雑したため，その間で本来の半分の速さでしか走ることができませんでした。その結果，よし男さんとのり子さんは同時に水族館に着きました。半分の速さで走った道のりはいくつですか。

(1) どのようなことに対する「弁解」ですか。文中の十字以内の語句をぬき出して答えなさい。

(2) どのように「弁解」してますか。文中から二十字前後の語句を**二つ**ぬき出し、それぞれ初めと終わりの五字を答えなさい。

問十四 ——線部**X**「徒然草」、**Y**「源氏物語」、**Z**「枕草子」の冒頭部分として正しいものを次の中からそれぞれ選んで、記号で答えなさい。

ア いづれの御時にか、女御《にょうご》、更衣《こうい》あまたさぶらひ給ひけるなかに…

イ つれづれなるままに日暮らし、硯に向かひて心にうつりゆくよしなし事を…

ウ 祇園精舎《ぎおんしょうじゃ》の鐘の音、諸行無常《しょぎょうむじょう》の響きあり。

エ 春はあけぼの。やうやう白くなりゆく山ぎはすこしあかりて…

ア　しかし　　イ　さらに
ウ　すなわち　エ　あるいは

問三　――線部①「熱意を込めて語られれば語られるほど、しらけてしまう」とありますが、その理由を説明した次の文の〈　〉に入る語句を文中から指定された字数でぬき出して答えなさい。

A〈　十字　〉という生き方を主張しているが、現世へのB〈二字〉が強く、そういう生き方ができなかった兼好が主張しても、C〈五字〉としか感じられないから。

問四　――線部②「ステロタイプ」を言い換えたものとしてもっとも適当なものを次の中から一つ選んで、記号で答えなさい。

ア　紋切り型　イ　表裏一体
ウ　二律背反　エ　同音異義

問五　――線部③「性急な」とありますが「性急」の使い方として正しいものを次の中から一つ選んで、記号で答えなさい。

ア　性急な結論は避けるべきだ。
イ　寝坊したので性急に登校した。
ウ　朝顔のつるが性急に伸びた。
エ　性急な食事に会話も弾んだ。

問六　――線部④「この世のほだし」とは何ですか。ここより後の文中から十七字でぬき出し、その初めの五字を答えなさい。

問七　――線部⑤「『空の名残』とは何か、よく分からないのです」とありますが、それを理解するために筆者はどうしましたか。四十五字以内で答えなさい。

問八　――線部⑥「この場合の『名残』は『空』を受けるもので、『惜しい』とつなげてはならない」を説明したものとしてもっとも適当なものを次の中から一つ選んで、記号で答えなさい。

ア　「空」の変化を「名残」と表現しているが、変化は常のことであり、それを「惜しい」と感じるべきではないということ。
イ　「空の名残」を「惜しい」と感じているのであって、「空」の情景を「名残惜しい」とするのは誤りである。
ウ　「名残惜しい」という表現は過ぎ去ったものに使われるもので、常にそこにある「空」に対して使うことはできないということ。
エ　「名残の空」という表現は具体性がなくわかりづらいので、「空」が「名残惜しい」と考えるべきだということ。

問九　[5]に入る語句としてもっとも適当なものを次の中から一つ選んで、記号で答えなさい。

ア　雲の隙間から見る月を好んだのです。
イ　美しい満月が秋を象徴しているのです。
ウ　月は朝になっても残っているのです。
エ　月は実際には見えていないのです。

問十　[6]に入る語句としてもっとも適当なものを次の中から一つ選んで、記号で答えなさい。

ア　擬《ぎ》人化　イ　抽象《ちゅうしょう》化
ウ　可視化　エ　差別化

問十一　――線部⑦「過ぎ去ったものを虚空に見つめる」を説明した次の文の〈　〉に入る語を文中から指定された字数でぬき出しなさい。

A〈二字〉でとらえることができないからこそ、B〈四字〉季節のC〈二字〉を心で感じ、それを惜しむということ。

問十二　――線部⑧「光陰」を使った次の慣用句の〈　〉に入る漢字を答えなさい。

光陰〈　　〉のごとし

問十三　――線部⑨「苦しい弁解」について次の問いに答えなさい。

のは、

夏と秋とゆきかふ空のかよひ路《じ》はかたへ涼しき風や吹くらむ（古《こ》今集《きんしゅう》・夏・一六八・凡河内躬恒《おおしこうちのみつね》「六月のつごもりの日よめる」）

〈現代語訳〉

夏と秋とがすれ違う空中の通路では片側でだけ涼しい風が吹くのであろうか

という有名な歌があり、人々が想像しやすかったでしょう。

　このようにして見て来ると、二〇段の世捨人は、季節にしろ朝暮にしろ、目に見えぬ移り変わりだけが惜しく思われる、と言ったと考えられます。これを時間とか⑧光陰《こういん》と言い換えることも可能でしょう。「空の名残」が当時ある程度は知られていた歌語であったとすれば、あるいは、兼好がそのように言い換えたのかも知れません。

　その上で、二〇段は、直前の一九段と続けて読むべきだろうと思います（そのことは既に指摘があります）。

　一九段は、二〇段と対照的に非常に長大な段で、正月から歳暮《せいぼ》まで、人が心を惹《ひ》かれる四季の景物を叙していきます。

　折節《をりふし》の移り変るこそ、ものごとにあはれなれ。

〈現代語訳〉

季節が移り変わるのは、その時々の風物いずれにつけても情趣の深いものである。

で始まり、以下、春のけしき・鳥の声・のどやかなる日影・垣根《かきね》の草・霞《かすみ》・花……、そして一年のおわりの※追儺《ついな》に至るのですが、ここではとりたてて珍しい内容もなく、また鋭い観察もありません。何だか和歌に詠まれる題材を列挙していったような段です。

　本人も叙述の退屈さ平板さに気がひけたのか、途中で、こうした四季の景物の情趣は、**Y**源氏物語《げんじものがたり》や**Z**枕草子《まくらのそうし》でも既に語られているけれども、同じことを言ってはならない、というわけではないし、しょせんこれは人の見るべき書物ではないのであえて記した、と⑨苦しい弁解さえさしはさんでいます。ただ、この段の核心は、たんなる景物の列挙ではなくて、冒頭の「折節の移り変るこそ、ものごとにあはれなれ」という、四季の推移への感慨なのだと思います。これを受けることによって、一見※茫漠《ぼうばく》としていた、二〇段の「空の名残」の語義がにわかに明瞭《めいりょう》になると思います。

（小川剛生『徒然草をよみなおす』一部改変）

※歎息…ためいきをつくこと。
※俗塵…世間のわずらわしさ。
※真摯…まじめでひたむきなようす。
※陰翳…単調ではなく、含みのある味わい。
※感銘…忘れられない強い印象。
※帰納…一つ一つの具体的なことがらから、一般的な法則、原理を導き出すこと。
※閑居…静かな住まい。
※感傷…わずかなことですぐ感情が動かされること。
※追儺…おおみそかに行われる行事のこと。
※茫漠…とりとめのないようす。

問一 〰〰線部**a**～**d**のカタカナを漢字に直しなさい。

問二 [1]～[4]に入れるのに適当な語を次の中からそれぞれ選んで、記号で答えなさい。

嵐のみ時々窓にをとづれて明けぬる空の名残をぞ思ふ（山家集《さんかしゅう》・雑・九一五「閑中暁《かんちゅうのあかつき》」）

〈現代語訳〉

嵐が時々窓を叩《たた》く音がして、いつのまにか明けた空の名残を思うことだ

という和歌です。これは題詠《だいえい》でして、訪れる人のいない※閑居《かんきょ》で夜を明かした、翌朝の感慨をテーマとしています。

要するに誰も訪れないまま、いつのまにか夜が明けた、ということなのですが、これは女が男の訪れを期待する、恋歌のような雰囲気を**d**タダヨわせながら、夜更《よふ》け→暁《あかつき》という時間の推移をとらえた歌です。その推移は、目に見えたり耳に聞こえたりはせず、何かがきっかけでとらえられるわけではないからこそ、「空の名残」と表現したのでしょう。

この言葉を用いた和歌は決して多くはありませんが、だいたいその線で解釈することはできます。

くまもなき光は空の名残にてあくるも月の影とみえつつ（正応《しょうおう》三年〔一二九〇〕九月十三夜内裏御会《だいりごかい》和歌・四一「暁月」、藤原為《ふじわらのため》実《ざね》）

〈現代語訳〉

一点のくまもなかった光は、月夜の名残で、明けても月の光と見えるよ

は、やはり深夜から暁への推移をとらえて、夜が明けてもなお、皓皓《こうこう》と輝いていた秋の月の光が幻影《げんえい》として見える、ということです。それが「空の名残」なのでしょう。［　5　］。昼夜ばかりではありません。

春も又をしみがほなる夕かな今夜ばかりの空の名残は（宝治百《ほうじひゃく》首《しゅ》・暮春《ぼしゅん》・七九六・俊成女《しゅんぜいのむすめ》）

〈現代語訳〉

人と同じく春もやはり去っていくのを惜しんでいるような夕べであるよ。もう今夜だけとなったその見えない名残を

紅葉葉を幣《ぬさ》にたむけて行く秋の空の名残を牡鹿《をしか》なくなり（後鳥羽《ごとば》院御集《いんぎょしゅう》・二五五）

〈現代語訳〉

もみじの葉を道ばたの神様に幣として捧《ささ》げて去っていく秋の、その見えない名残を惜しんで、牡鹿《おしか》が鳴いているのが聞こえる。

は、それぞれ春秋の果てに詠まれた歌で、春と秋とを［　6　］し、去りゆく季節を惜しむ歌です。季節の交替ははっきり見えるわけではありません。すると、「空の名残」とは、限定がなければ、過ぎ去ろうとする時間の余韻《よいん》ということになって来ます。余韻を「月」「風」「鐘の音」など視覚・触覚・聴覚でとらえ得るものに代表させた場合もあるが、時間の推移は五官でとらえられないから、⑦過ぎ去ったものを虚空《こくう》に見つめる、といった※感傷もあわせ持つのでしょう。

なお、目には見えないからこそ、新旧の季節が空で行き違うという

すべてを捨てる、とはたしかに遁世者《とんせい》の理想でしょう。そして兼好はそういう生き方を実践した人への共感も漏らしています。また、ちょうどこの頃に成立した、有名無名の遁世者の言行録《げんこうろく》である一言芳談《いちごんほうだん》を見て、いたく心を動かされたようで、九八段でいくつかの条を抜書しています。たとえば、代表的なのは、

一　後世《ごせ》を思はん者は、糂汰瓶《じんだがめ》一つも持つまじきことなり。持《じ》経《きやう》・本尊《ほんぞん》にいたるまで、よき物を持つ、よしなきことなり。

〈現代語訳〉

一　来世の往生《おうじょう》を願う者は、ぬかみその瓶《かめ》一つでも持ってはなるまい。日常読誦《どくじゅ》する経典や守り本尊の仏像までも、立派な物を持つのは、無益《むえき》なことである。

といった内容で、すべてを捨ててしまえ、という生き方です。

[3]、先にも述べた通り、これは実際にはそうできないゆえの主張であったと思っています。それは比喩《ひゆ》を用い、視点を変え、時に冷静に、時には激したaクチョウで語られます。にもかかわらず、かれは生涯にわたって、※俗塵にまみれ続けました。当然執着《しゅうちゃく》心も強かった。主張は空虚《くうきょ》であり、※真摯《しんし》さに欠ける、とまでは言いませんが、しょせんはきれいごとに過ぎないのです。①熱意を込めて語られれば語られるほど、しらけてしまう、すっきりとbナットクできない何かが残るのです。

それでも、このいささか、②ステロタイプな「すべてを捨てろ」という主張が、③性急な言い方とはうってかわって、きわめて※陰翳《いんえい》深く叙されている段もあります。それが二〇段です。

なにがしとかやいひし世捨人《よすてびと》の、「④この世のほだし持たらぬ身に、ただ空の名残《なごり》のみぞ惜しき」と言ひしこそ、まことにさも覚えぬべけれ。

これで全文です（あえて訳は載せません）。ほんとうに短い、断章のような章段です。この発言をした遁世者は誰とも分かりません。「言ひし」とあるから、兼好が直接聞いた言なのでしょう。現世に自分をつなぎとめるようなものは何も持っていないが、「空の名残」だけは惜しまれる、と彼が語った、まさしく抑えがたい感情を吐露《とろ》したものだ、との共感を寄せているのです。

ところが、この⑤「空の名残」とは何か、よく分からないのです。これまで月・四季・月日・空・恋など諸説があり、「空の見せる光景や情緒だけが名残惜しい」といった解釈に落ち着いているようです。たとえばある注釈書では、「空の様子だけがなごり惜しい」としています。しかし、「名残惜しい」という言葉はありますが、⑥この場合の「名残」は「空」を受けるもので、「惜しい」とつなげてはならないと思います。それに、空の模様をどうしてこれほど惜しく思うか説明がありません。また、別の注釈書には、より詳しく、ＳＫＹの意であると断じ、「空から受けて、心に残る※感銘・印象」とあります。たしかに空の変化を眺めて何か感ずることはあるでしょう。でもそれがどうして世捨人にこれほどの感銘を与えるか、依然《いぜん》すっきりしません。

このような場合、「空の名残」という句が、当時、[4]少し前の時代に、どのように使われていたのかを調べて、その用法から※帰《き》納《のう》しなくてはなりません。それには、やはり兼好はじめ知識人が共有していた語彙《ごい》、つまり和歌の用例がcユウコウです。これまでの注釈書が挙げるのは、西行《さいぎょう》の、

の孫のようにかわいがってくれた伯父と伯母を裏切っているような気がするから。

ウ　両親を思い出すことは伯父と伯母から禁じられており、いなかったものとして振る舞うように言われていたのに、それを守れない自分を責めているから。

エ　両親との思い出は日ごとに薄れていくのに、伯父や伯母と過ごした毎日は忘れることができず、そんな自分を薄情な人間だと感じているから。

問十　――線部⑧「心臓の周りの血液だけが、ぼこっと沸騰した気がした」について、次の問いに答えなさい。

(1)　この時の気持ちを表す熟語として適当なものを二つ選んで、記号で答えなさい。

ア　緊張　　**イ**　興奮　　**ウ**　困惑

エ　不安　　**オ**　失望

(2)　どうしてそのような気持ちになったのですか。八十字以内で説明しなさい。

問十一　――線部⑨「見えない何か」とはどのようなことですか。五十字以内で答えなさい。

問十二　――線部㋐～㋔を物語の時間に沿って古い出来事から順番に並べかえなさい。

二　次の文章は、鎌倉時代に兼好法師《けんこうほうし》によって書かれた随筆《ずいひつ》「徒然《つれづれ》草《ぐさ》」についての文章です。これを読んで後の問いに答えなさい。

兼好《けんこう》が、X徒然草で繰《く》り返し述べていることがあります。われわれ人間の身と生まれたからには、真実の道（仏道）の修行に励《はげ》まなければならない、その妨げとなるもの、［1］地位名誉《めいよ》、財産、主君、家族などは全て棄《す》てよ、というもの。「諸縁放下《しょえんほうげ》」とも呼ばれる主張です。

たとえば一一二段、

日暮れ塗《みち》遠し。吾《わ》が生《しゅう》すでに蹉跎《さだ》たり。諸縁を放下すべき時なり。信をも守らじ。礼儀《れいぎ》をも思はじ。この心をも得ざらん人は、物狂《ぶっきやう》とも言へ。うつつなし、情なしとも思へ。譏《そし》るとも苦しまじ。誉《ほ》むとも聞き入れじ。

〈現代語訳〉

日は暮れても行く先は遠い。わが生涯は挫折《ざせつ》ばかりであった。すべてのしがらみを捨て去るべき時である。信義も守るまい。礼儀も考えまい。この気持ちを理解できない人は、私を狂人とでも言うがよい。正気を失い、人間らしい思いやりを失った、とでも思うがよい。非難されても苦しむまい。褒《ほ》められても耳に入れるまい。

といった文章の強い口ぶりは、いやでも印象に残るのではないでしょうか。

［2］、これこそ一生の大事であるのに、それに気づかない者がなんと多いことよ、と※歎息《たんそく》します。

有名な「命は人の都合を待つものだろうか（命は人を待つものかは）」（五九段）、「一刹那《せつな》は意識しない短い時間であるといっても、これをずっと積み上げていけば、死期は、たちまちにやって来る（刹那覚えずといへども、これを運びてやまざれば、命を終ふる期《こ》、たちまちにいたる）」（一〇八段）といった、著名な死生観もここから生じて来たものです。

問四　――線部②「太輔は太ももをつねる」とありますが、この行動からこの時の太輔のどのような気持ちを読み取ることができますか。もっとも適当なものを次の中から一つ選んで、記号で答えなさい。

ア　バザーが台無しになってしまったことが悔《くや》しくて、イライラしている。

イ　みこちゃんが怒る姿が怖いので、目立たないようにしようとしている。

ウ　自分でやったことに自分で傷つき、その心の痛みを散らそうとしている。

エ　自分の行動を素直に反省し、自分で自分に罰《ばつ》を与えようとしている。

問五　――線部③「誰がやっているのを見ました、とかじゃなくて、自分がやりました、って、その子だけ言ってくれればそれでいいから」とありますが、みこちゃんがこのように言った理由を説明した次の文章の〈　〉に入る語句を文中から指定された字数でぬき出して答えなさい。

みこちゃんは A〈 **四字** 〉をしたいわけではなく、これをやってしまった本人が B〈 **二字** 〉に自分から名乗り出ることが大切だと考えており、また、その C〈 **二字** 〉を知りたいと考えている。

問六　――線部④「あくびを嚙み殺している」とはどのような様子を表現していますか。もっとも適当なものを次の中から一つ選んで、記号で答えなさい。

ア　言いたいことも言わずに静かにしている様子。

イ　退屈だが大事な場面なのでがまんしている様子。

ウ　苦しいが動かないようにじっとしている様子。

エ　気持ちが表情に出ないように気を付けている様子。

問七　――線部⑤「どこかに隠れようとしても、全身をぴっかぴかに照らされてしまう」が暗示している内容を言い表す慣用表現として適当なものを次の中から一つ選んで、記号で答えなさい。

ア　天網《てんもう》恢恢《かいかい》疎《そ》にして漏《も》らさず

イ　人の振り見て我《わ》が振り直せ

ウ　待《ま》てば海路の日和《ひより》あり

エ　出る杭《くい》は打たれる

問八　――線部⑥「伯母さんはその横で洗濯物をたたんでいた」に表れている伯母さんの気持ちとしてもっとも適当なものを次の中から一つ選んで、記号で答えなさい。

ア　悪いのは太輔だから伯父さんに叩かれるのは当然だと思っている。

イ　伯父さんに叩かれる太輔がかわいそうで見ていられないと思っている。

ウ　これ以上伯父さんを怒らせないように静かにしていようと思っている。

エ　太輔に「おかあさん」と呼んでもらえるように一生懸命に家事をしている。

問九　――線部⑦「なぜかそのたび、伯父さんに叩かれた場所が余計に痛む気がして、涙が出た」とありますが、その理由を説明したものとしてもっとも適当なものを次の中から一つ選んで、記号で答えなさい。

ア　両親を恋しく、懐かしく思うことは、伯父と伯母がもっともいやがったことであり、それを理由に叩かれたこととその痛みの記憶がよみがえったから。

イ　両親を恋しく、懐かしく思い出すたびに、太輔のことを本当ゃんと地面に落ち、背中と壁《かべ》が触れる面積が広くなった。おしりは土で、背中は壁の粉で汚れているだろうけど、そんなことはどうでもいい。

「太輔くん、そのアニメ好きなの？」

佐緒里が、太輔の胸《むね》のあたりを指さした。

「いつもそのTシャツ着てるから。お気に入りなのかなって」

服をあまり持ってこなかったのと、それがお気に入りだという理由で、太輔はここに来てから一日おきに同じTシャツを着ている。胸のあたりでは、あるアニメの主人公が剣を手にして笑っている。

うん、と、声は出さずに頷く。

「私もそれ好き」

小さな虫が、土や草の上を飛んだり跳《は》ねたりしている。蟬の鳴き声がうるさい。

「旅行、なくなっちゃったね」

⑧心臓の周りの血液だけが、ぼこっと沸騰《ふっとう》した気がした。また、体じゅうに力が入る。気づかれている。気づかれていない。気づかれている、の方向に、意識のかたまりが［5］と動く。

「私、蛍祭り行きたかったんだ。だからちょっとラッキーかも」

ラッキーなんて言っちゃダメか、と、佐緒里が少し笑った。

「……おれも、蛍祭り、行ってみたい」

勇気を出して声を振り絞《しぼ》る。

「ほんと？」佐緒里は声を高くした。「じゃあ、一緒に行こう？　私、屋台とか大好き」

行きたい、と言いかけて、喉《のど》がぎゅっと締《し》まった。

「でも、家族がいないと、蛍祭り、参加できないんだって」

「……誰がそんなこと言ってたの？」

佐緒里は、腰を少し動かして、その場に座り直す。

「クラスのみんな。あと、淳也《じゅんや》も」

長谷川《はせがわ》たちはことあるごとに、淳也を傷つけようとする。蛍祭りの話になったときは、お前たちは行く資格がない、と言ってきた。※願いとばしは家族でやるものなんだから、と言いながら、長谷川は教室のロッカーの上であぐらをかいていた。

㋔淳也は、クラスメイトに何か言われるたびに、ちらりと太輔のほうを見て申し訳なさそうに眉《まゆ》を下げる。自分が浴《あ》びせられた言葉で、間接的に、太輔も傷ついていると思っているのかもしれない。

「本当にごめんね、またよろしくね」みこちゃんの声が玄関のほうから聞こえてきた。やることがなくなってしまった手芸クラブの子たちが帰っていく。他にも、バザーがあると思って「青葉おひさまの家」を訪《おとず》れた人々に、大人たちが謝《あやま》っている声が聞こえる。

大丈夫《だいじょうぶ》だ、絶対に誰にも見られていなかったはずだ。

なのに、⑨見えない何かが、すぐそこまで迫《せま》ってきているような気がする。

（朝井リョウ『ひからない蛍』一部改変）

※キルト…二枚の布の間に、芯《しん》や綿《わた》などを入れてぬい合わせたもの。

※願いとばし…「蛍祭り」の目玉行事。家族の願い事を書いた紙製のランタンを一斉《いっせい》に飛ばす。

問一　～～線部a～cのカタカナを漢字に直しなさい。

問二　［1］～［5］に入れるのに適当な語を次の中からそれぞれ選んで、記号で答えなさい。

ア　ごそっと　　イ　ばさっと

ウ　かちかちに　　エ　もぞもぞと

オ　ぱらぱらと

問三　――線部①「ぐちゃぐちゃ」な様子が具体的に書かれている部分を一文でぬき出し、その初めの五字を答えなさい。

お母さんのことはいつも、声から思い出される。

「こう？」

㋓お父さんとふたりであたふたしていると、カメラを抱えたお母さんが、冷静に指示してくるのだ。いつもそうだった。

「太輔、腕《うで》ぴーんて伸ばして、低いから、そう、あー、お父さん入ってる。別にお父さんは入んなくていいから」

キルトのコンクールは、一次審査《しんさ》は写真のみ、二次審査に進んで初めて現物を見てもらえる。それを通過してやっと審査の対象となるのだ。作品は大きいから、こうやってみんなで手伝わないと全体をきれいに撮《と》ることができない。

「なんか今回、今までのとちがう？」

表側を覗《のぞ》き込みながら太輔は言う。どれどれ、とお父さんも覗き込む。「だからお父さん顔入っちゃってんだって！」

これまでのキルトは、どちらかというと女の子が好きそうな感じだった。ピンクと赤のハートだったり、水色の模様《もよう》だったり。だけどこのときのキルトには、ベースの色が藍色《あいいろ》のような暗い色で、ぽつぽつと黄色や白がちりばめられていた。夜空のようにも見えるけれど、それにしては明るくてやさしい。

思い出す。思い出す。

「今回はね、ちょっと変えてみたんだ」

さすが太輔は気づくねえ、とお母さんが笑《わら》い、お父さんが少しスネる。

「ほら、蛍《ほたる》祭り。なんだかんだ今まで行けてないでしょう。今年は一緒に行けますようにっていう、お願いも込めてね」

申し訳なさそうに「仕事がなかなか……」と俯《うつむ》くお父さんに、わかってるって、とお母さんが笑いかけている。

二人がいなくなる直前の記憶。磨《す》り減りそうになるたびに、無理やり思い出して、もう一度塗《ぬ》り固めていく。

「ハイそのままキープキープ、じゃあ撮るよ」

思い出す。声を、会話を、温度を、あの家を、表情を、話し方を、目を、指を、ひとつも残さず、必死に。

シャッターが押されるその瞬間、太輔はぎゅっと目を瞑《つむ》った。

「ちょっと太輔、こんな明るい部屋でフラッシュたくわけないでしょ」

ぎゅって顔しかめてたよいま、と、お父さんに向かって笑いかけるお母さんの横顔。

そうだ、お母さんは右ほほにだけえくぼができる。

新しいことを思い出せたときには、ぽとりと涙が出た。⑦なぜかそのたび、伯父さんに叩かれた場所が余計に痛む気がして、涙が出た。

◆

「……三年くらい前まではね、この小屋でチャボ飼ってたんだって。太輔くん、チャボ、知ってる？」

おでこを腕に載《の》せて体操《たいそう》座りをしていたから、佐緒里がすぐそばにいることに全く気が付かなかった。

「小さいにわとりみたいなの。けっこう大きいよね、この小屋」

雑草が生えcホウダイの小屋を見ながら、佐緒里が「卵《たまご》産むから、たまにみんなでオムレツとか作って食べてたんだって」とつぶやいた。

「太輔くん、私のこと嫌い？」

太輔は思わず顔を上げた。無言のまま首を横に振る。

「じゃあ、ここ、いい？」

一度、太輔は短く頷《うなず》いた。佐緒里が隣《となり》に腰《こし》を下ろしたことで、

4

力が入っていた全身から、ふっと力が抜《ぬ》ける。おしりがち

の小屋のそば、そこにしゃがみこんだ太輔は、頭を下げて背中を丸めた。自分のことをできるだけ小さくするために、全身にぐっと力を込めて。

◆

お母さん、お父さん、と、呼ぶことができなかった。そうして日々を過ごしていくうちに、伯母《おば》さんは目を合わせてくれなくなり、伯父さんは体を叩《たた》いてくるようになった。

「暗いやつは嫌《きら》いなんだ」

伯父さんにすすめられた少年野球チームに入りたくないと言ったときは、テレビのリモコンで背中を叩かれ続けた。「何か言え」そう言われたから、痛い、と言った。すると、「うるさい」ともっともっと叩かれた。⑥伯母さんはその横で洗濯《せんたく》物をたたんでいた。

太輔を引き取ったお父さんの兄夫婦は、子どもがいなかった。新しい家はもともと住んでいた町から車で四十分ほどのところにあったので、小学校も転校することになった。はじめはふたりとも、とてもやさしかった。㋑まるで初孫《はつまご》みたい、と伯母さんは特に喜んでくれた。だけど太輔にとって、会ったこともないようなその親戚《しんせき》はどうしたって他人だった。お母さんはお母さんを呼ぶための言葉だし、お父さんはお父さんを呼ぶための言葉だった。他の誰も、その名前で呼んではいけないと思った。

だけどふたりは、特に伯母さんは、自分をお母さんと呼ぶことをaキョウヨウしてきた。毎日、毎日。

引き取られるその日、太輔は、お父さんに買ってもらった黒いランドセルの中にお母さんの作ったキルトをできるだけたくさん押《お》し込んだ。やわらかいキルトはすぐにぶわりと膨《ふく》らんでしまうので、詰《つ》め込むのにとても時間がかかった。やがて玄関《げんかん》のドアが開く音がした。伯母さんが迎えに来たのだ。太輔は急いだ。

最後に詰め込んだひとつは、青と水色のチェックの給食袋《ぶくろ》だった。

お母さんは、よくキルトを作っていた。たまに家に人を呼んで、教室のようなこともしていた。コンクールで賞をもらって、大きなホールに作品がbテンジされていたこともあった。

お母さんはキルトを作るとき、まず布を［3］はためかせる。そのときに起こる風のにおいが太輔は大好きだった。

伯母さんと伯父さんは、太輔の前で絶対に両親の話をしなかった。それは、太輔の心を傷つけないようにという配慮《はいりょ》ではなく、はじめから話題にしようとしていないのだった。まるで太輔の両親などいなかったかのように振る舞いながら、自分たちをお母さん、お父さんと思わせようと、とにかく必死だった。

この人たちに見つかってはいけない。そう思った太輔は、家から持ってきたキルトをたたみと布団《ふとん》の間に隠した。伯母さんが布団をたたんで見つけてしまうなんて、そんなことそのときは考えられなかった。キルトを布団の下に敷《し》いて寝《ね》ると、お母さんとお父さんの夢をよく見た。

ある日、㋒布団の下からキルトを見つけた伯母さんは、お母さんにまつわるものを全て処分した。「こういうものがあるから、太輔は私のことお母さんって呼んでくれないのよ」写真も、キルトも全て捨てられた。ランドセルの中に隠していた給食袋は、見つからなかった。

それからは、いままでみたいに夢を見られなくなった。枕《まくら》の下に給食袋を敷いてみたけれど、それでも夢は見られなかった。だから太輔は、必死に思い出した。叩かれたところが痛むときは、自分の太ももをつねってその痛みを散らしながら、思い出す作業に集中した。

「ほら、太輔とお父さん、そっちとそっち持って」

二〇二二年度　淑徳中学校

【国　語】〈第一回スーパー特進東大選抜《セレクト》入試〉（五〇分）〈満点：一〇〇点〉

注意　設問においては、特に注記のないかぎり句読点や記号等も字数に数えるものとします。

一　これは様々な事情があって家族と共に暮らすことができない子供たちが生活をともに送る施設「青葉おひさまの家」（通称「青葉の家」）が舞台の物語です。主人公の太輔《たいすけ》は両親を交通事故で失い、一時は伯父《おじ》夫婦に引き取られますが、その後、この施設にやってきます。文中の「みこちゃん」は太輔たちの班の身の回りの世話をしている、この施設のスタッフの一人です。後の問いに答えなさい。

バザーは、夏休みに入ってすぐ、行われるはずだった。

「夜、外部の人は建物には入れません。だから、この中にみんなの※キルトを①ぐちゃぐちゃにした人がいるってことになるの。……私は犯人捜《さが》しをしたいわけじゃないけど」

みこちゃんはそこで、深く息を吐《は》いた。短い髪の毛は今日もぼさぼさだ。

「こんなことをする人がこの中にいることが、私はすごく悲しい。もう、バザーはできない。つまり、旅行にも行けません」

「えー！」

真っ先に大きな声を出したのは麻利《まり》だった。続いて美保子《みほこ》が、「ママに水着買ってもらうつもりだったのにい」と佐緒里《さおり》に泣きつく。

「せっかく手芸クラブの人たちが協力してくれたのに……今日だってこうして手伝いに来てくれていました。本当に、ごめんね」

みこちゃんが頭を下げると、隅《すみ》の方で固まっていた女の子たちが［１］動いた。近くの中学の手芸クラブの人たちだ。この人たちが、太輔たちが作ったキルトをかわいい鍋《なべ》つかみやバッグに生まれ変わらせてくれた。今日のバザーも、朝から手伝ってくれる予定だった。

「……こんなこと、青葉の家に来てから初めてだよ。私はみんなの先生じゃないし、正直、なんて言っていいのかわからないけど」

みこちゃんはちらりと、食堂の隅のテーブルを見る。そこには、昨日まではかわいいキルトグッズだった布が山となっている。縫《ぬ》い目がちぎられてしまっていたり、どこかがはさみで切られていたりして、もうグッズとしては使えない。こんなものを売るわけにはいかない。

②太輔は太ももをつねる。

「もし、正直に申し出てくれるなら、その子は、私のところに来てほしい。そして理由を聞かせてほしい。もちろん今じゃなくていいよ。③誰《だれ》がやっているのを見ました、とかじゃなくて、自分がやりました、って、その子だけ言ってくれればそれでいいから」

手芸クラブのうちのひとりが、④あくびを噛《か》み殺している。

「今日はもう、バザーは中止です。みんな、部屋に戻ってください」

みこちゃんのその言葉が合図となって、［２］子どもたちが席を立ち始めた。太輔はひとりで建物の外へと出た。

じーじーじーと耳元で鳴いているような蝉《せみ》の声を掻《か》きわけて歩く。裏庭を掃除《そうじ》していたときに見つけた、もう誰にも使われていない小屋を目指す。

夏の朝は、もう昼間と同じだ。⑤どこかに隠れようとしても、全身をびっかびかに照らされてしまう。

むき出しのふくらはぎに雑草が擦《こす》れてくすぐったい。背中を覆《おお》うTシャツの布に、じっとりと汗が染《し》み込んでいく。㋐誰もいない空っぽ

2022年度

淑 徳 中 学 校　▶解説と解答

算　数　＜第１回スーパー特進東大選抜入試＞（50分）＜満点：100点＞

解　答

1 (1)　201　(2)　$6\frac{3}{4}$　(3)　$1\frac{1}{2}$　(4)　2.22　(5)　$3\frac{1}{2}$　(6)　$\frac{1}{24}$　2 (1)　B，D，A，C　(2)　12枚　(3)　163　(4)　７分36秒　(5)　66cm^2　3 (1)　82番目　(2)　C　(3)　608400m^3　4 (1)　１：３　(2)　4.5cm^2　(3)　122.46cm^3　5 (1)　毎時72km　(2)　(i)　128　(ii)　36km

解　説

1 四則計算，計算のくふう

(1)　$12\times13-266\div14+64=156-19+64=156+64-19=220-19=201$

(2)　$2\frac{14}{17}\div5\frac{1}{3}\times12\frac{3}{4}=\frac{48}{17}\div\frac{16}{3}\times\frac{51}{4}=\frac{48}{17}\times\frac{3}{16}\times\frac{51}{4}=\frac{27}{4}=6\frac{3}{4}$

(3)　$2.75\div1\frac{2}{9}-\left\{5-\left(0.6+1\frac{2}{3}\right)\times1\frac{7}{8}\right\}=2\frac{3}{4}\div1\frac{2}{9}-\left\{5-\left(\frac{3}{5}+\frac{5}{3}\right)\times\frac{15}{8}\right\}=\frac{11}{4}\times\frac{9}{11}-\left\{5-\left(\frac{9}{15}+\frac{25}{15}\right)\times\frac{15}{8}\right\}=\frac{9}{4}-\left(5-\frac{34}{15}\times\frac{15}{8}\right)=\frac{9}{4}-\left(5-\frac{17}{4}\right)=\frac{9}{4}-\left(\frac{20}{4}-\frac{17}{4}\right)=\frac{9}{4}-\frac{3}{4}=\frac{6}{4}=\frac{3}{2}=1\frac{1}{2}$

(4)　$(0.2\times0.2-0.02)+0.2\div0.02\times0.2+0.2=(0.04-0.02)+10\times0.2+0.2=0.02+2+0.2=2.22$

(5)　$\left(\frac{3}{4}-\frac{2}{3}\right)\times3+3\frac{3}{4}\div1\frac{1}{2}+3\times0.25=\left(\frac{9}{12}-\frac{8}{12}\right)\times3+\frac{15}{4}\div\frac{3}{2}+3\times\frac{1}{4}=\frac{1}{12}\times3+\frac{15}{4}\times\frac{2}{3}+\frac{3}{4}=\frac{1}{4}+\frac{5}{2}+\frac{3}{4}=\frac{1}{4}+\frac{10}{4}+\frac{3}{4}=\frac{14}{4}=\frac{7}{2}=3\frac{1}{2}$

(6)　$\frac{1}{N\times(N+1)}=\frac{1}{N}-\frac{1}{N+1}$となることを利用すると，$\frac{1}{8\times9}+\frac{1}{9\times10}+\frac{1}{10\times11}+\frac{1}{11\times12}=\frac{1}{8}-\frac{1}{9}+\frac{1}{9}-\frac{1}{10}+\frac{1}{10}-\frac{1}{11}+\frac{1}{11}-\frac{1}{12}=\frac{1}{8}-\frac{1}{12}=\frac{3}{24}-\frac{2}{24}=\frac{1}{24}$

2 条件の整理，比の性質，和差算，速さと比，面積

(1)　右の図１で，①の$(B+C)$の部分に③の$(A+A)$をあてはめると④のようになる。さらに，④の不等号の両側からAをひくと⑤のようになる。したがって，DはAより小さいから，②のAをDに交換《こうかん》すると⑥のようになる。さらに，⑥の不等号の両側からDをひくと⑦のようになる。⑤と⑦からAはBより大きいことがわかるので，③のBをAに交換すると⑧のようになり，⑧の不等号の両側からAをひくと⑨のようになる。よって，小さい順に，$B<D<A<C$とわかる。

図１

①　$(A+D)<(B+C)$ ➡ ④　$(A+D)<(A+A)$ ➡ ⑤　$D<A$
②　$(A+B)=(D+D)$ ➡ ⑥　$(D+B)<(D+D)$ ➡ ⑦　$B<D$
③　$(B+C)=(A+A)$ ➡ ⑧　$(A+C)>(A+A)$ ➡ ⑨　$C>A$

(2)　100円硬貨《こうか》，50円硬貨，10円硬貨の１枚あたりの金額の比は，100：50：10＝10：５：１だから，(枚数)＝$\frac{(合計金額)}{(１枚あたりの金額)}$より，枚数の比は，$\frac{3}{10}:\frac{2}{5}:\frac{1}{1}=3:4:10$とわかる。この和が51枚なので，50円硬貨の枚数は，$51\times\frac{4}{3+4+10}=12$(枚)と求められる。

(3)　図に表すと下の図２のようになる。図２で，太線部分の和は，$1+2+\cdots+11=(1+11)\times11$

÷２＝66だから，一番小さい数の12個分が，2022－66＝1956とわかる。よって，一番小さい数は，1956÷12＝163である。

図２
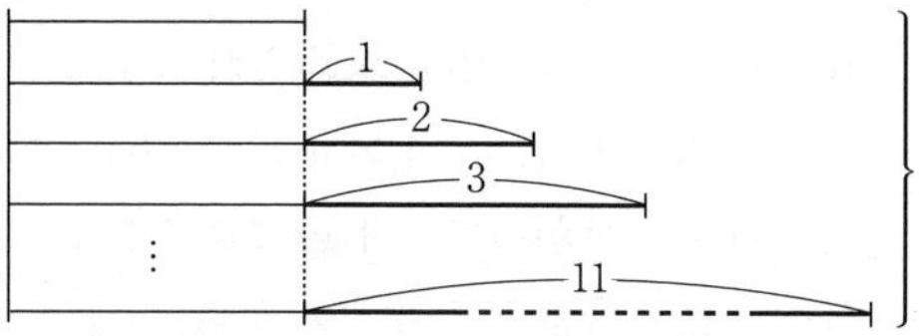

⑷　すれちがうときと追いこされるときのよし子さんの進行方向を逆にして図に表すと，右の図３のようになる(実線はバス，点線はよし子さんを表す)。図３から，よし子さんが，８＋12＝20(分)で進む距離《きょり》をバスは，12－８＝４(分)で進むことがわかるので，よし子さんとバスの速さの比は，$\frac{1}{20}:\frac{1}{4}=$１：５となる。したがって，よし子さんの速さを毎分１，バスの速さを毎分５とすると，バスとバスの間かくは，(１＋５)×８＝48となる。次に，よし子さんがバス停でバスに追いこされた後のようすを図に表すと，右の図４のようになる。図４で，バスが２分で走る距離は，５×２＝10だから，よし子さんがバス停にもどってきたときのバス停とバスの間の距離は，48－10＝38とわかる。よって，バスが来るまでの時間は，38÷５＝7.6(分)と求められ，60×0.6＝36(秒)より，これは７分36秒となる。

図３
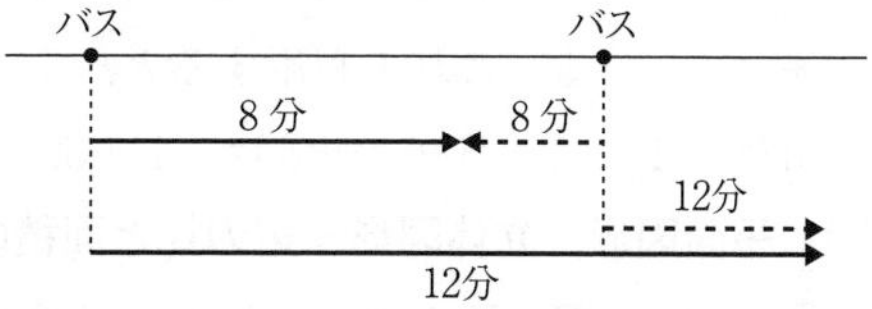

図４
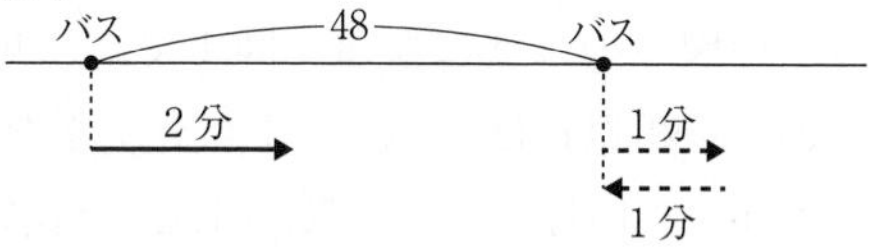

⑸　右の図５で，AC＝９＋６＝15(cm)，BC＝５＋10＝15(cm)なので，三角形ABCは直角二等辺三角形である。したがって，角Aの大きさは45度だから，DからACに垂直な直線DHを引くと，三角形ADHも直角二等辺三角形になる。すると，DHの長さは，９÷２＝4.5(cm)なので，三角形DCFの面積は，６×4.5÷２＝13.5(cm^2)とわかる。また，AHの長さも4.5cmだから，HCの長さは，15－4.5＝10.5(cm)となり，三角形DECの面積は，10×10.5÷２＝52.5(cm^2)となる。よって，しゃ線部分の面積は，13.5＋52.5＝66(cm^2)と求められる。

図５
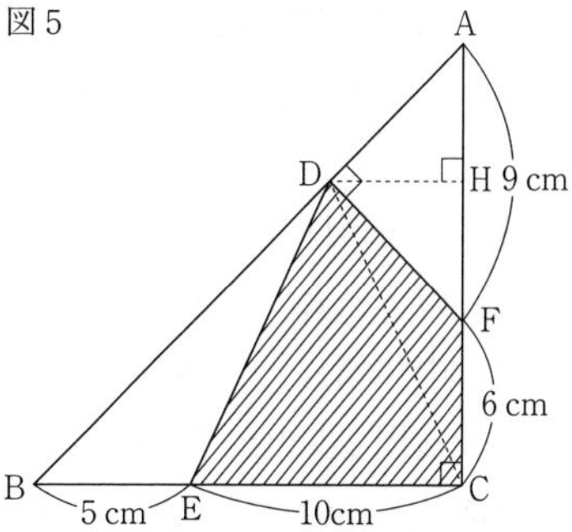

3　図形と規則，数列，周期算

⑴　並んでいる個数は，１個，３個，５個，…のように１から始まる連続した奇数《きすう》になっているから，１から最後の９までの個数の合計は，９×９＝81(個)とわかる。よって，10が初めてあらわれるのは左から数えて，81＋１＝82(番目)である。

⑵　はじめに，□×□≦200となる最も大きい整数□を求めると，14×14＝196，15×15＝225より，□＝14とわかる。つまり，A，B，Cを合わせて14回並べたときの個数の合計が196個なので，左から数えて200番目の記号は，A，B，Cを合わせて15回目に並べる記号とわかる。よって，15÷３＝５より，A，B，Cの順にそれぞれ５回ずつ並べたときの最後の記号であり，Cとわかる。

⑶　１辺の長さが１の立方体の体積は，１×１×１＝１であり，これは右の図のアの部分の面積と一致《いっち》する。また，１辺の長さが２の立方体の体積は，２×２×２＝８であり，これはイの部分の面積と一致す

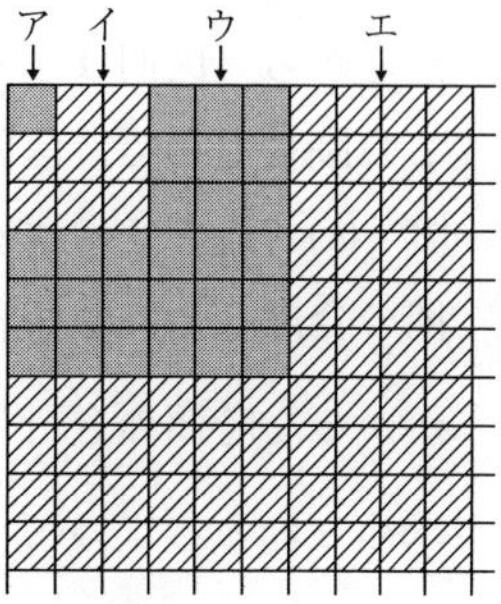

る。さらに，１辺の長さが３の立方体の体積は，３×３×３＝27である。また，ウの部分の面積は，６×６－３×３＝27と求められるから，これらも一致することがわかる。同様に，１辺の長さが４の立方体の体積は，４×４×４＝64，エの部分の面積は，10×10－６×６＝64なので，これらも一致する。したがって，１辺の長さが１，２，３，４の立方体の体積の合計は，ア，イ，ウ，エの部分の面積の合計と一致するから，（１＋２＋３＋４）×（１＋２＋３＋４）＝100と求めることができる。つまり，１×１×１＋２×２×２＋…＋N×N×N＝（１＋２＋…＋N）×（１＋２＋…＋N）となる。これを利用すると，１辺の長さが１m，２m，３m，…，39mの立方体の体積の合計は，１＋２＋３＋…＋39＝（１＋39）×39÷２＝780より，780×780＝608400(m^3)とわかる。

4 平面図形，立体図形―辺の比と面積の比，相似，面積，体積

⑴　BE＝EC＝12÷２＝６(cm)，AF＝FC＝18÷２＝９(cm)だから，右の図１のようになる。図１で，三角形AECと三角形AGFは相似であり，相似比は，AC：AF＝２：１なので，GF＝６×$\frac{1}{2}$＝３(cm)とわかる。同様に，三角形ABEと三角形ADGも相似だから，DG＝３cmとなる。また，三角形AGFと台形DBEGの高さは等しいので，面積の比は底辺(の和)の比と等しく，GF：(DG＋BE)＝３：（３＋６）＝１：３と求められる。

図１

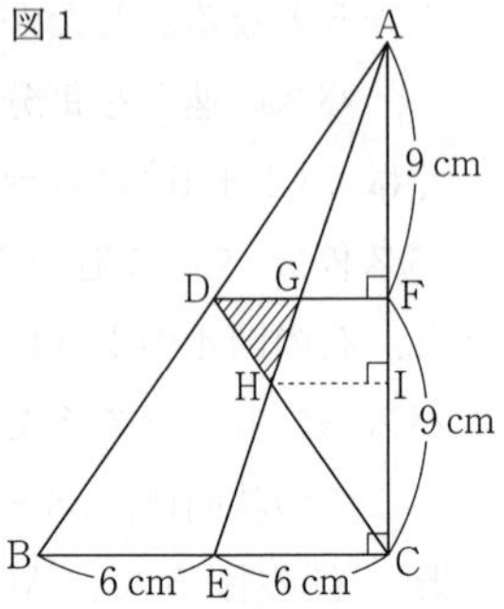

⑵　三角形DHGと三角形CHEは相似であり，相似比は，DG：CE＝３：６＝１：２だから，FI＝９×$\frac{1}{1+2}$＝３(cm)となる。よって，三角形DHGの面積は，３×３÷２＝4.5(cm^2)とわかる。

⑶　三角形DCFを１回転してできる円すい(㋐)の体積から，三角形HCIを１回転してできる円すい(㋑)の体積と，台形GHIFを１回転してできる円すい台(㋒)の体積をひいて求める。また，円すい台㋒の体積は，三角形AHIを１回転してできる円すい(㋓)の体積から，三角形AGFを１回転してできる円すい(㋔)の体積をひいて求めることができる。ここで，三角形AGFと三角形AHIは相似であり，相似比は，AF：AI＝９：（９＋３）＝３：４なので，HI＝３×$\frac{4}{3}$＝４(cm)と求められる。よって，それぞれの円すいの体積は右下の図２のようになるから，円すい台㋒の体積は，64×3.14－27×3.14＝(64－27)×3.14＝37×3.14(cm^3)となり，三角形DHGを１回転させてできた立体の体積は，108×3.14－32×3.14－37×3.14＝(108－32－37)×3.14＝39×3.14＝122.46(cm^3)と求められる。

図２

円すい㋐	６×６×3.14×９÷３＝108×3.14(cm^3)
円すい㋑	４×４×3.14×６÷３＝ 32×3.14(cm^3)
円すい㋓	４×４×3.14×12÷３＝ 64×3.14(cm^3)
円すい㋔	３×３×3.14×９÷３＝ 27×3.14(cm^3)

5 グラフ―速さ，つるかめ算

⑴　問題文中のグラフから，Aの行き方で進む道のりは100kmであり，かかる時間は2.5時間とわかるから，区間a，b，dでの速さは毎時，100÷2.5＝40(km)と求められる。区間cでの速さはこの1.8倍なので，区間cでの速さは毎時，40×1.8＝72(km)とわかる。

⑵　(i)　道のりの比が５：27であり，速さの比が，１：1.8＝５：９だから，aとdにかかった時間の合計とcにかかった時間の比は，$\frac{5}{5}$：$\frac{27}{9}$＝１：３となる。この和が２時間なので，aとdにかかった時間の合計は，２×$\frac{1}{1+3}$＝$\frac{1}{2}$(時間)，cにかかった時間は，２×$\frac{3}{1+3}$＝$\frac{3}{2}$(時間)と求められる。よって，aとdの道のりの合計は，40×$\frac{1}{2}$＝20(km)，cの道のりは，72×$\frac{3}{2}$＝108 (km)だから，Ｂの行き方で進む道のりは，20＋108＝128(km)である。　(ii)　cの途《と》中《ちゅう》で混雑したために，2.5－２＝0.5(時間)多くかかったことになるので，cにかかった時間は，$\frac{3}{2}+0.5=2$(時間)となる。また，本来の半分の速さは毎時，72÷２＝36(km)だから，毎時36kmの速さと毎時72kmの速さで，合わせて２時間で108km走ったことになる。毎時72kmの速さで２時間走ると，72×２＝144(km)進むことができるので，実際に進んだ道のりよりも，144－108＝36(km)長くなる。毎時72kmのかわりに毎時36kmの速さで走ると，進む道のりは１時間あたり，72－36＝36(km)短くなるから，毎時36kmの速さで走った時間は，36÷36＝１(時間)とわかる。よって，毎時36kmの速さで走った道のりは，36×１＝36(km)である。

国　語　＜第１回スーパー特進東大選抜入試＞（50分）＜満点：100点＞

解　答

一　**問１**　下記を参照のこと。　**問２**　**１**　エ　**２**　オ　**３**　イ　**４**　ウ　**５**　ア　**問３**　縫い目がち　**問４**　ウ　**問５**　**Ａ**　犯人捜し　**Ｂ**　正直　**Ｃ**　理由　**問６**　イ　**問７**　ア　**問８**　ア　**問９**　ア　**問10**　(1)　ア，エ　(2)　(例)　バザーが中止になったために行けなくなった旅行のことを佐緒里に言われ，その原因を作ったのが自分であることがばれてしまったのではないかと思ったから。　**問11**　(例)　自分がキルトグッズを壊したことが，「青葉おひさまの家」のみんなにばれてしまうこと。　**問12**　㋓→㋑→㋒→㋔→㋐　二　**問１**　下記を参照のこと。　**問２**　**１**　ウ　**２**　イ　**３**　ア　**４**　エ　**問３**　**Ａ**　すべてを捨ててしまえ　**Ｂ**　執着　**Ｃ**　きれいごと　**問４**　ア　**問５**　ア　**問６**　現世に自分　**問７**　(例)　当時やそれより少し前の時代に「空の名残」がどのように使われていたかを，和歌の用例で調べた。　**問８**　イ　**問９**　エ　**問10**　ア　**問11**　**Ａ**　五官　**Ｂ**　去りゆく　**Ｃ**　余韻　**問12**　矢　**問13**　(1)　叙述の退屈さ平板さ　(2)　同じことを～けではない，しょせんこ～物ではない　**問14**　**Ｘ**　イ　**Ｙ**　ア　**Ｚ**　エ

●漢字の書き取り

一　**問１**　**a**　強要　**b**　展示　**c**　放題　二　**問１**　**a**　口調　**b**　納得　**c**　有効　**d**　漂(わせ)

解　説

一　**出典は『いつか，君へ　Boys』所収の「ひからない蛍《ほたる》(朝井《あさい》リョウ作)」による。**両親を失った太輔《たいすけ》が暮らしている「青葉おひさまの家」では，みんなで作ったキルトグッズが切られてしまい，バザーを中止にすることになってしまう。

問１　**a**　無理にさせようとすること。　**b**　商品や美術品を並べて見せること。　**c**　自由勝手にふるまうこと。

問２　**１**　それまで「隅《すみ》の方で固まっていた女の子たち」が，みこちゃんが頭を下げると同時に動き出す場面なので，ゆっくりと動作を始めるようすを表す「もぞもぞと」が入る。　**２**　みこちゃんの言葉が合図となって，子どもたちが，それぞれに席を立ち始めた場面なので，小さなものが散らばるようすを表す「ぱらぱらと」が合う。　**３**　布を「はためかせる」音なので，「ば

さっと」いう音がすると考えられる。　**4**　太輔の全身に「力が入っていた」ことを表すので，非常にかたいようすを表す「かちかちに」が入る。　**5**　太輔の「意識のかたまり」が，「気づかれている」のほうに動いたので，一度にものが動くようすを表す「ごそっと」が合う。

問３　「食堂の隅のテーブル」には，「縫《ぬ》い目がちぎられてしまっていたり，どこかがはさみで切られていたりして，もうグッズとしては使えない」キルトの布が山のように置かれていたことが書かれている。

問４　本文の最後から二行目で「大丈夫《だいじょうぶ》だ，絶対に誰《だれ》にも見られていなかったはずだ」と太輔が思っているところから，キルトグッズを「ぐちゃぐちゃ」にしたのは太輔であることが読み取れる。また，以前の太輔が，伯父《おじ》さんに「叩《たた》かれたところ」の痛みを，「自分の太もも」をつねって散らしていたことにも着目する。太輔は，自分でやったことに対して心の痛みを感じ，その痛みを散らすために，自分の太ももをつねったのだと考えられる。

問５　**A～C**　みこちゃんは，「犯人捜《さが》しをしたいわけ」ではなく，キルトをぐちゃぐちゃにした人は「正直に申し出て」ほしいと言い，そして「理由を聞かせてほしい」と言っている。

問６　「あくびを噛《か》み殺す」は，“退屈《たいくつ》なのをがまんする”という意味。手芸クラブの中学生は，みこちゃんの話が退屈だったが，大切な話だったので，がまんして聞いていると考えられる。

問７　「天網恢恢《てんもうかいかい》疎《そ》にして漏《も》らさず」は，“天の張る網《あみ》は，広くて目があらいようではあるが，悪人を網の目から漏らすことはないので，悪事には必ず天罰《てんばつ》が下される”という意味。太輔は，悪事がいつかはみんなに知られてしまうのではないかと不安だったため，自分の全身が明るい光で照らされているように感じたのである。なお，「人の振り見て我《わ》が振り直せ」は，“他人の行いを見て，良いところは見習い，悪いところは改めるべきだ”という意味。「待《ま》てば海路の日和《ひより》あり」は，“今は状況が悪くても，あせらずに待っていれば好機はそのうちにやってくる”という意味。「出る杭《くい》は打たれる」は，“才能や技量が目立つ人は周囲から憎《にく》まれる”という意味。

問８　太輔は，自分を「お母さん」と呼ばせようとする伯母《おば》さんの要求に従わなかった。はじめはやさしくしてくれた伯母さんだが，自分たちの言うことに従わない太輔が，伯父さんに叩かれるのは当然だと考え，太輔を助けなかったのである。

問９　伯母さんと伯父さんは，「自分たちをお母さん，お父さんと思わせようと，とにかく必死だった」ので，「太輔の前で絶対に両親の話」をせず，「太輔の両親などいなかったかのように振る舞」った。太輔は，両親を思い出すことが，伯父さんに叩かれる原因だと思っていたので，両親の記憶がよみがえるたびに，叩かれたところが痛むように感じられたものと考えられる。

問10　⑴　太輔は，佐緒里《さおり》の「旅行，なくなっちゃったね」という言葉に一気に緊張し，その原因が自分にあるということを「気づかれている」のではないかと不安にかられたと考えられる。

⑵　太輔は，佐緒里にバザーの中止によって旅行に行けなくなったと言われて，自分が責められているように感じ，また，自分がキルトを切ったことを佐緒里に気づかれているのではないかと思ったので，不安になったものと思われる。

問11　太輔は，自分のしたことの大きさを自覚しながらも，「大丈夫だ，絶対に誰にも見られていなかったはずだ」と自分に言い聞かせたが，自分がキルトグッズを切ったことを知られてしまうのではないかという不安が，「見えない何か」として，近くに迫《せま》ってきているような気もしたのである。

問12　本文は，両親と暮らしていたころの場面，伯母と伯父に引き取られたころの場面，「青葉おひさまの家」で生活するようになってからの場面の三つに分けられる。㋓は，両親と暮らしていたころのことなので，最初になる。㋑と㋒は，伯母さんと伯父さんの家が場面となっているが，「初《はつ》孫《まご》みたい」と喜んでくれていた初めのころのできごとがえがかれている㋑が前で，伯母がお母さんのキルトを処分したことがえがかれている㋒が後となる。㋐と㋔は，どちらも「青葉おひさまの家」に住むようになってからのできごとだが，㋔は，淳《じゅん》也《や》のことを思い出している内容で，㋐は，キルトを切ってしまった後なので，㋔が前で，㋐が後となる。

二　**出典は小川剛生《おがわたけお》の『徒然草《つれづれぐさ》をよみなおす』による。**兼好法師《けんこうほうし》の書いた『徒然草』を，さまざまな視点から考察し，深い解釈《かいしゃく》を試みている。

問１　**a**　言葉の調子。　**b**　他人の考えなどを理解して受け入れること。　**c**　ききめがあること。　**d**　音読みは「ヒョウ」で，「漂流」などの熟語がある。

問２　**1**　仏道の「妨《さまた》げとなるもの」を，「地位名誉《めいよ》，財産，主君，家族など」と具体的に言いかえているので，“別の言葉で言いかえると”という意味の「すなわち」が入る。　**2**　兼好は，一一二段の文章を「強い口ぶり」でつづった上に，「一生の大事」であるのに「気づかない者」が多いと「歎息《たんそく》」までしている。前のことがらに別のことをつけ加えるときに用いる「さらに」が入る。　**3**　兼好は，「来世の往生《おうじょう》を願う者」は「すべてを捨ててしまえ」と主張しているが，「実際にはそうできないゆえの主張であった」と思われるのである。よって，前のことがらを受けて，それに反する内容を述べるときに用いる「しかし」が入る。　**4**　「空の名残《なごり》」という句が，「当時」や「少し前の時代」にどのように使われていたのかを調べるという文脈である。よって，同類のことがらを並べることを表す「あるいは」が入る。

問３　**A～C**　ぼう線部①の直前に注目する。「すべてを捨ててしまえ」という生き方を主張しても，兼好は，生涯にわたって「俗塵《ぞくじん》」にまみれ続け，「執着《しゅうちゃく》」も強かったので，その主張は「きれいごと」にしか感じられないのである。

問４　「ステロタイプ」は，行動や考え方が固定的であることを表す「紋《もん》切り型」のこと。

問５　「性急な」は，気が短くてせっかちなようすを表すので，アの使い方が正しい。

問６　「持たらぬ身に」と続いているので，解説部分にある同じ意味の「何も持っていないが」の前に着目すると，「ほだし」が「現世に自分をつなぎとめるようなもの」とわかる。

問７　空らん４の段落に着目すると、筆者が，「空の名残」が何かを知るために，「空の名残」という句が，「当時」や「少し前」の時代に「どのように使われていたのか」ということを「和歌の用例」から調べたということが読み取れる。

問８　「空の名残」を，「空の様子《ようす》だけがなごり惜《お》しい」とする解釈もあるが，筆者は，それでは「空の模様」を惜しく思う理由がわからないとしている。また，「空から受けて，心に残る感銘《かんめい》・印象」と解するにしても，「空の変化」になぜこれほど感銘を受けるのかは「すっきり」しないと述べている。つまり，筆者は，「空」が「名残惜しい」のではなく，「空の名残」を「惜しい」と解釈すべきであるとしているのである。

問９　「皓皓《こうこう》と輝いていた秋の月の光」が，夜が明けても「幻影《げんえい》」として残っているという内容なので，実際に月は見えていないと考えられる。

問10　「春も又《また》～」の和歌では，「去っていくのを惜《お》しんでいる」のは春であり，「紅葉《もみじ》葉を～」の和歌では「神様に幣《ぬさ》として捧《ささ》げて去って」いくのは秋である。人ではないものを人に見立てて表現しているので，擬《ぎ》人化しているといえる。

問11　**A～C**　「春も又～」と「紅葉葉を～」の和歌は，「月」「風」「鐘《かね》の音」などと違い，「時間の推移」は「五官」でとらえることができないので，どちらも「去りゆく季節を惜しむ歌」だが，「時間の余韻《よいん》」を心で感じたものといえる。

問12　「光陰矢のごとし」は，月日が過ぎるのは飛ぶ矢のように早い，という意味。

問13　(1)　兼好自身も，一九段の「珍《めずら》しい内容」や「鋭《するど》い観察」を欠いた「叙述《じょじゅつ》の退屈《たいくつ》さ平板さ」を自覚したので，弁解を試みたのである。　(2)　兼好は，「叙述の退屈さ平板さ」の弁解として，「四季の景物の情趣《じょうしゅ》」は他の書物でも語られてはいるが「同じことを言ってはならない，というわけではない」うえに，「しょせんこれは人の見るべき書物ではないのであえて記した」と弁解したことが書かれている。

問14　『徒然草』は，鎌倉時代末期に成立した随筆《ずいひつ》で，作者は兼好法師。『源氏物語《げんじものがたり》』は，平安時代に成立した物語で，作者は紫式部《むらさきしきぶ》。『枕草子《まくらのそうし》』は，平安時代に成立した随筆で，作者は清少《せいしょう》納言《なごん》。ウは，鎌倉時代に成立した作者不詳《ふしょう》の軍記物語『平家物語《へいけものがたり》』の冒頭部分。

Memo

Memo

2021年度　淑 徳 中 学 校

〔電　話〕　(03) 3969－７４１１
〔所在地〕　〒174－8643　東京都板橋区前野町５－14－１
〔交　通〕　都営三田線─「志村三丁目駅」13分　東上線─「ときわ台駅」13分
JR各線─「赤羽駅」よりスクールバス

【算　数】〈第１回スーパー特進入試〉（50分）〈満点：100点〉

1　次の計算をしなさい。

（１）$13 \times 19 + 9 \times 26 - 91$

（２）$4\frac{1}{5} \times \left(\frac{2}{3} - \frac{2}{7}\right) \times 0.375$

（３）$0.35 \times (9.1 \div 4.9 - 0.9 \div 2.1)$

（４）$\frac{7}{9} + \frac{5}{9} \times \frac{7}{11} - \frac{2}{9} \times \frac{5}{11} \times \frac{7}{13}$

（５）$625 \times 0.0125 \times 0.02 \times 5 \times 8 \times 16$

（６）$2021 \times 2022 - 2020 \times 2020$

（７）$1 - \frac{1}{8} + \frac{8}{9} - \frac{1}{4} + \frac{7}{9} - \frac{3}{8} + \frac{2}{3} - \frac{1}{2} + \frac{5}{9} - \frac{5}{8} + \frac{4}{9}$
$- \frac{3}{4} + \frac{1}{3} - \frac{7}{8} + \frac{2}{9} - 1 + \frac{1}{9}$

2 次の問いに答えなさい。

（１） 展示会の入場券を大人７枚，子ども９枚を買うと6940円になります。また，大人９枚，子ども７枚を買うと7460円になります。このとき，大人の入場券は１枚いくらですか。

（２） 兄と弟でアメ玉を合計60個持っています。兄は持っているアメ玉の$\frac{1}{3}$を弟に渡し，弟は持っているアメ玉の２個を兄に渡します。その後，２人の持っているアメ玉の個数の比が３：２になりました。最初，兄は弟よりアメ玉を何個多く持っていましたか。

（３） 赤，青，黄，緑の４色からいくつかの色を選んで，右の図の**ア～エ**を同じ色がとなり合わないようにぬります。色のぬり方は何通りありますか。

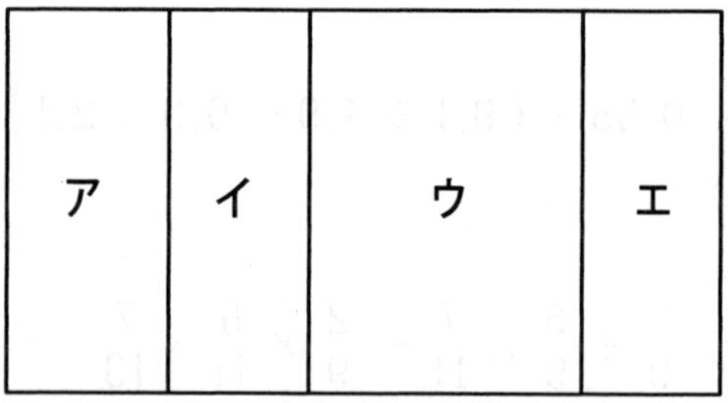

（４） 今まで**A**と**B**は同じ回数だけテストを受けて，**A**の平均点は78点，**B**の平均点は81点でした。今回のテストで**A**が81点，**B**が79点を取り，２人の平均点の差が２点になりました。今回は何回目のテストですか。

3 1，2，3，4，5の中から異なる４つの数字を使って，４けたの整数を作ります。このとき，次の問いに答えなさい。

（１） 100番目に小さい整数はいくつですか。

（２） ４の倍数は何個ありますか。

（３） 12の倍数は何個ありますか。考え方と答えを書きなさい。

4　図 1，2 のように半径 1 cm の円が，半径 3 cm のおうぎ形のまわりに沿って 1 周します。このとき，下の問いに答えなさい。ただし，円周率を 3.14 とします。

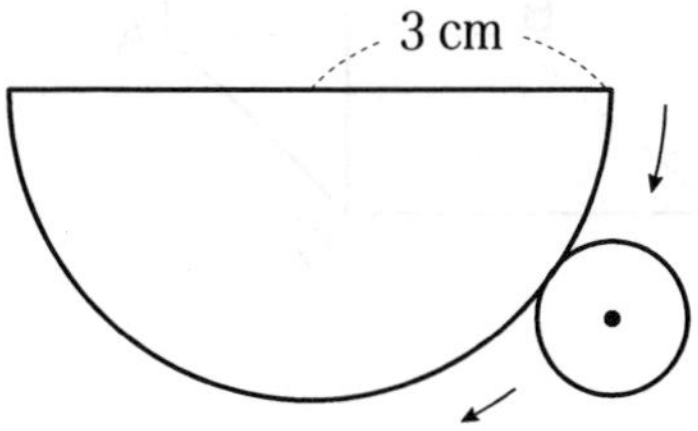

図 1

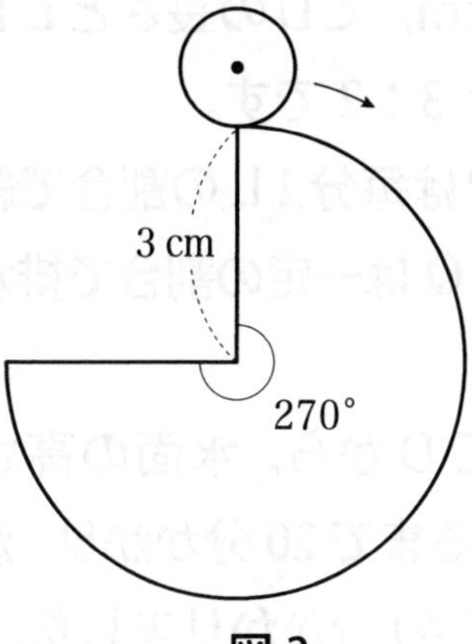

図 2

（**1**）**図 1** のとき，半径 1 cm の円の中心が動いた長さはいくつですか。

（**2**）**図 1** のとき，半径 1 cm の円が通ったあとにできる図形の面積はいくつですか。

（**3**）**図 2** のとき，半径 1 cm の円が通ったあとにできる図形の面積はいくつですか。

5 図のような，２つの直方体を組み合わせた形をした空《から》の水そうがあります。ＤＥの長さが 10cm，ＦＧの長さが 15cm，ＣＤの長さとＥＦの長さの比は３：２です。

じゃ口Ｐは毎分２Ｌの割合で給水し，排水管Ｑは一定の割合で排水します。

面ＡＢＣＤから，水面の高さが 15cm になるまで 20 分かかり，満水になるまで 40 分かかりました。

次の問いに答えなさい。

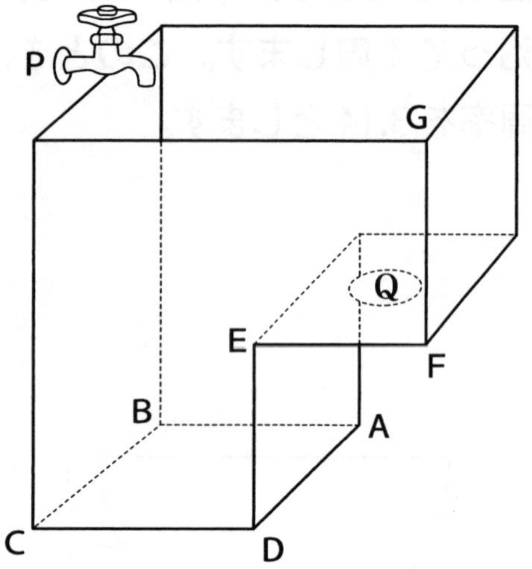

（１） 面ＡＢＣＤから水面の高さが 10cm になるのは何分後ですか。

（２） この容器が満水のとき，何Ｌの水が入っていますか。

（３） 排水管Ｑは毎分何Ｌの割合で排水していますか。

【社　会】〈第１回スーパー特進入試〉（25分）〈満点：50点〉

（注　意）教科書等の表記に従って，漢字で書くべきものは漢字で書くこと。

1　次の会話文を読んで、以下の問いに答えなさい。

太　郎：日本には“魚”のついた漢字がたくさんあります。何て読むのかな？

花　子：“鯨”は“くじら”、“鰹”は“かつお”、“鯛”は“たい”と読みます。

太　郎：“鰯”は何て読むのかな？

花　子：“①いわし”です。

太　郎：どうして日本にはこれほど多くの“魚”のついた漢字があるのかな？

花　子：それは食文化と関係があるわ。日本人の食文化は昔から②米と魚が中心でした。かつて日本は漁業生産量で世界１位だったこともあるのよ。

太　郎：今は③日本の漁業生産量はどうなったの？

花　子：④排他的経済水域が設定されたことで、日本では（　a　）漁業が減少し、（　b　）漁業が増加したわ。しかし、1980 年代以降、日本全体の漁獲量は著しく減少し、かわって水産物の（　c　）が急増して、日本は世界有数の水産物（　c　）国となったのよ。

太　郎：なるほど！ 今年はサンマが不漁だというニュースを見ました。これからは、とる漁業から⑤育てる漁業への転換を進めることも大切ですね！

問１　下線部①に関して、下の地図はいわしなどの漁獲がさかんな海域Ⓐを示したものです。

（１）地図中の**ア**～**ウ**の海流の名前を答えなさい。**ア**と**ウ**は暖流、**イ**は寒流です。

（２）暖流**ア**と寒流**イ**が出会うⒶの海域を何と呼ぶか答えなさい。

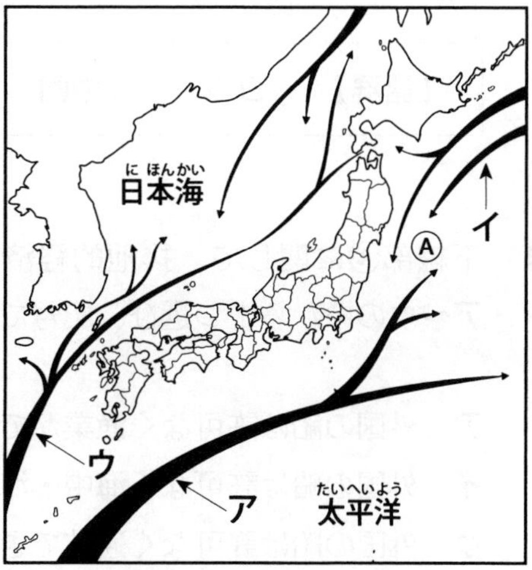

問2　下線部②に関して、以下の表は北海道、新潟県、千葉県、鹿児島県の水稲（水田で栽培する稲）の収穫量（2016 年）と耕地に対する田の割合を表しています。北海道のものを以下の表の**ア～エ**の中から１つ選び、記号で答えなさい。

	水稲の収穫量（千トン）	耕地に対する田の割合（%）
ア	101	32.1
イ	298	58.6
ウ	568	19.4
エ	632	88.7

『農林水産省作物統計』より作成

問3　下線部③に関して、以下のグラフは世界の主な国の漁獲量の推移を表しています。**（1）～（3）**にあてはまる国名を**【語群】**の中から選び、それぞれ答えなさい。

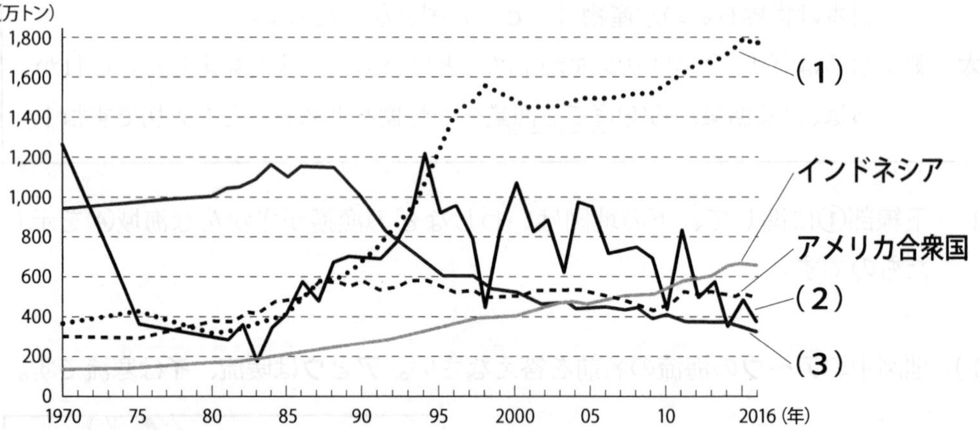

【語群】	**日本**	**中国**	**ペルー**

問4　下線部④に関して、排他的経済水域の説明として**誤っているもの**を次の**ア～ウ**の中から１つ選び、記号で答えなさい。

ア　外国の船は許可なく漁業ができない。
イ　外国の船は許可なく海中・海底資源の調査ができない。
ウ　外国の船は許可なく通航できない。

問５　会話文中の空欄《くうらん》（　a　）～（　c　）にあてはまる語句をそれぞれ漢字２字で答えなさい。

問６　下線部⑤に関して、以下の地図中のⓐ～ⓒは養殖業がさかんに行われているところです。海や湾の名前を次の**ア～カ**の中から選び、それぞれ記号で答えなさい。また、ⓐ～ⓒの場所で養殖されている水産物を語群からそれぞれ選び、答えなさい。

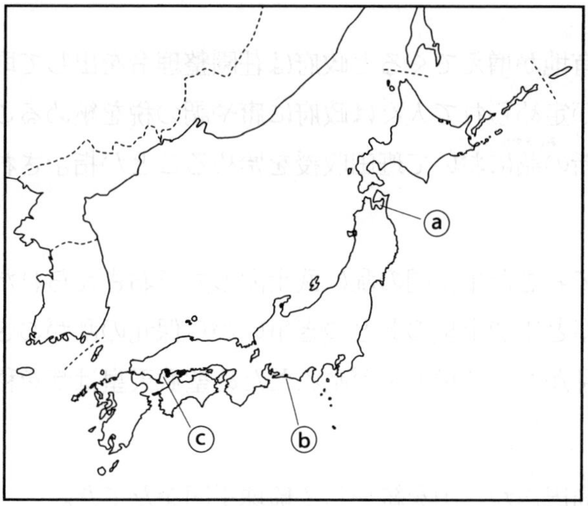

【海や湾の名前】

ア　有明海　　**イ**　宇和海　　**ウ**　浜名湖　　**エ**　土佐湾
オ　広島湾　　**カ**　陸奥湾

【水産物】

うなぎ　　かき　　真珠　　はまち　　のり　　ほたて貝

問７　下線部⑤に関して、栽培漁業の特徴を40字以内で説明しなさい。

2 **次の問１～５の各文に関して、年代の古いものから順番に正しくならべたときの組み合わせを、下のア～カの中から１つずつ選び、記号で答えなさい。（同じ記号を何度使ってもよい）**

ア　①－②－③	イ　①－③－②	ウ　②－①－③
エ　②－③－①	オ　③－①－②	カ　③－②－①

問１　①　貴族の私有地が増えてくると政府は荘園整理令を出して取り締まった。
②　大宝律令が定められて人々は政府に庸や調の税を納めることになった。
③　大化の改新の詔《みことのり》において班田収授を始めることが指示された。

問２　①　関東地方でおきた平将門の乱は武士団の力でおさえられた。
②　後白河天皇と崇徳上皇のあとつぎ争いから保元の乱がおきた。
③　貴族の反乱がおきて世の中が乱れたため聖武天皇は都を移した。

問３　①　中山王の尚巴志《しょうはし》が三山を統一して琉球王国をたてた。
②　琉球藩がおかれて尚泰《しょうたい》が藩王になった。
③　島津氏に征服された琉球王国は中国との朝貢貿易をつづけた。

問４　①　川越城の城主で譜代大名の松平氏は、老中として将軍徳川家光を補佐した。
②　江戸城の城主で守護代を務めた太田氏は、守護大名の上杉氏を補佐した。
③　小田原城の城主で戦国大名の北条氏は、豊臣秀吉に敗れて領地を失った。

問５　①　湯島聖堂の学問所では、朱子学以外の儒学の授業や研究は禁止された。
②　儒学者の荻生徂徠の考えは、享保の改革において採用された。
③　江戸幕府は儒学を重んじて、林羅山を登用した。

3　次の問１～５について、その正誤の組み合わせとして正しいものを、下のア～エの中から１つずつ選び、記号で答えなさい。（同じ記号を何度使ってもよい）

ア　①＝正　②＝正　　　**イ**　①＝正　②＝誤
ウ　①＝誤　②＝正　　　**エ**　①＝誤　②＝誤

問１　①　日米修好通商条約が結ばれて貿易が始まると、大阪は天下の台所と呼ばれた。
②　明治時代になると産業革命が進み、日本では生糸や綿糸を生産しなくなった。

問２　①　伊藤博文を中心に大日本帝国憲法の条文がつくられた。
②　大日本帝国憲法の制定後に伊藤博文が最初の総理大臣に選ばれた。

問３　①　第一次世界大戦中に、日本はシベリアに出兵した。
②　第一次世界大戦後に日英同盟が結ばれて、日本はアメリカとの対立を強めた。

問４　①　五・一五事件の後、太平洋戦争が終わるまで政党内閣は成立しなかった。
②　1946 年に吉田茂内閣が成立したのちは、現在まで政党内閣が続いている。

問５　①　高度経済成長中の高速道路工事の現場から大森貝塚が発見されて、縄文時代の研究が大きく進んだ。
②　1964 年の東京オリンピックの後にはカラーテレビをもつ家庭が増えていった。

4　次の文章を読んで、あとの各問いに答えなさい。

2020 年 8 月 28 日に安倍晋三首相が、首相を辞めることを発表しました。第一次と第二次政権の期間を合わせると、歴代首相の中で最長記録となっていました。在任期間中は、東京オリンピックの開催決定や①平成から令和への改元、そして②二度にわたる消費税の増税など政治や経済において、様々な取り組みを行ってきました。2012 年 12 月の③衆議院議員選挙で「日本を取り戻す」というスローガンを掲《かか》げ、④当時の与党を破り政権を取り戻しました。当時の日本経済は、⑤デフレーションで不景気に陥《おちい》っており、それを抜け出すために⑥日本銀行と協力して思い切った経済政策を行いました。その結果、日本の株価が上昇し景気がしだいに回復しました。このように色々な政策を行った安倍首相ですが、実現できなかったこともあります。北朝鮮による拉致《らち》問題や、ロシアとの⑦北方領土問題は解決には至《いた》りませんでした。また⑧日本国憲法の改正に力を入れていましたが、反対意見も多く中々国会での話し合いが進みませんでした。そして新型コロナウイルスの問題が継続している中で、⑨次の首相を決める選挙が行われました。３人の立候補者が出ましたが、安倍首相の政治を引き継いでいく方針を示した菅義偉《すがよしひで》さんが選ばれました。2020 年 9 月 16 日に召《しょう》集された臨時国会で第 99 代首相に正式に指名され、新しい⑩内閣を発足させました。

問１　下線部①に関連して、正しく述べているものを下の**ア～エ**の中から１つ選び、記号で答えなさい。

ア　2019年は平成30年と令和元年という２つの元号が存在する年となった。
イ　明治時代以降、天皇一代につき、元号をひとつだけ用いるようになった。
ウ　新しい元号である「令和」は『史記』に出てくる言葉を採用している。
エ　平成天皇は天皇を退位したので現在は特に位を表す言葉はない。

問２　下線部②について、二度の増税年と税率の組み合わせとして、正しいものを下の**ア～エ**の中から１つ選び、記号で答えなさい。

ア　一度目…2014年（５％から８％）　二度目…2019年（８％から10％）
イ　一度目…2012年（５％から８％）　二度目…2019年（８％から10％）
ウ　一度目…2014年（３％から５％）　二度目…2019年（５％から10％）
エ　一度目…2012年（３％から５％）　二度目…2019年（５％から10％）

問３　下線部③について、衆議院の総選挙が行われる可能性がある場合として、**誤っているもの**を下の**ア～エ**の中から１つ選び、記号で答えなさい。

ア　衆議院議員の任期４年を満了した場合
イ　天皇の国事行為として内閣が衆議院を解散した場合
ウ　衆議院で内閣不信任の決議案が可決された場合
エ　衆議院の総議員の過半数以上の要求があった場合

問４　下線部④について、当時の与党を下の**ア～エ**の中から１つ選び、記号で答えなさい。

ア　社会民主党　　**イ**　日本共産党　　**ウ**　民主党　　**エ**　公明党

問５　下線部⑤について、この言葉の現象として**誤っているもの**を下の**ア～エ**の中から１つ選び、記号で答えなさい。

ア　ものの価値が下がる
イ　ものが売れなくなる
ウ　失業者が増える
エ　お金の価値が下がる

問６　下線部⑥について、日本銀行の役割として正しいものを下の**ア〜エ**の中から１つ選び、記号で答えなさい。

ア　日本銀行券及び硬貨を発行する
イ　銀行など金融機関にお金を貸し出しする
ウ　国民の税金や社会保険料などを集める
エ　国の借金である国債を発行する

問７　下線部⑦について、北方領土のうち一番北に位置する島を、下の**ア〜エ**の中から１つ選び、記号で答えなさい。

ア　国後島《くなしりとう》　**イ**　色丹島《しこたんとう》　**ウ**　択捉島《えとろふとう》　**エ**　歯舞群島《はぼまいぐんとう》

問８　下線部⑧について、日本国憲法の改正手続きについて正しく述べているものを下の**ア〜エ**の中から１つ選び、記号で答えなさい。

ア　衆議院と参議院の総議員の３分の２以上の賛成が必要
イ　国民投票で３分の２以上の賛成が必要
ウ　国会で改正の議決がなされた直後に、天皇が改正憲法を公布する
エ　国民投票権をもつ国民は 20 歳以上となっている

問９　下線部⑨について、このとき自民党総裁選が行われたが、自民党の総裁になるとなぜ首相になるのか、その理由として正しいものを下の**ア〜エ**の中から１つ選び、記号で答えなさい。

ア　参議院で自民党が過半数を占めているから
イ　衆議院で自民党が過半数を占めているから
ウ　自民党は他党に対して優越《えつ》権が認められているから
エ　国民の自民党の支持率が高いから

問10　下線部⑩について、第一次菅内閣の国務大臣のうち女性の国務大臣の人数は何名か、下の**ア〜エ**の中から１つ選び、記号で答えなさい。

ア　１名　**イ**　２名　**ウ**　３名　**エ**　４名

【理　科】〈第１回スーパー特進入試〉（25分）〈満点：50点〉

１　下図のように、点Ｐでばねを取り付けて、太さが一様で重さが100ｇ、長さが100cmの棒をつるしました。棒の左端《はし》には重さ50ｇの鉄のおもりがとりつけられていて、その近くに電磁石を置きました。電磁石から力を受けるとこの力に鉄のおもりの重さが加わった大きさの力で、棒の左端を引きました。そして、点Ｑに電磁石の影響を受けないおもりをつるし、棒を水平にしました。なお、点Ｐ、点Ｑの位置は自由に変えられるものとします。

電磁石からの力は、コイルに流れる電流の強さに比例する。例えば、電流が２倍、３倍になると力も２倍、３倍になります。ばねはつるすものの重さに比例してのび、100ｇ、200ｇ、300ｇ、……のものをつるすと、ばねはもとの長さより、それぞれ１cm、２cm、３cm、……ののびを示します。

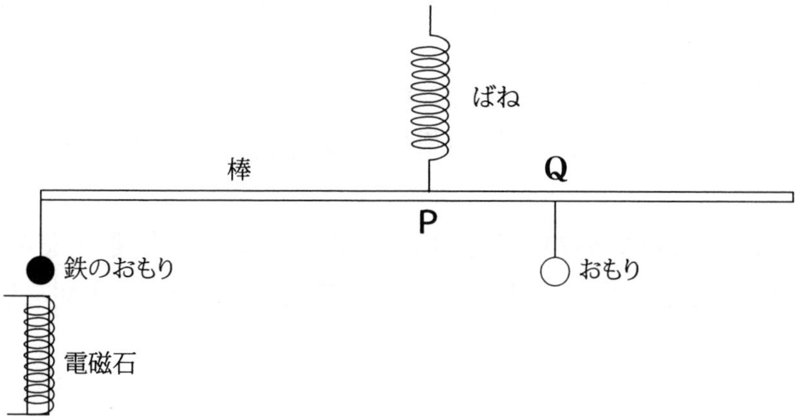

問１　まず、コイルに電流を流さないで棒を水平にしました。このとき、点Ｐは棒の左端から50cmのところでした。点Ｑが棒の左端から60cmのところであったとき、ばねは何cmのびたでしょうか。

問２　次に、コイルに電流を流したところ、ばねは５cmのびました。このときコイルに流れる電流をⅠとします。点Ｐの位置と点Ｑにつるすおもりの重さは**問１**と変えません。この状態で棒を水平にするには、点Ｑは棒の左端から何cmのところになりますか。

問３　続いて、点Ｐの位置を棒の左端から60cmのところにずらし、コイルに流す電流をＩの２倍にしました。点Ｑの位置を棒の右端にしたら、棒は水平になりました。点Ｑにつるしたおもりの重さは何ｇでしょうか。

問４　**問３**のとき、ばねののびは何cmでしょうか。

問５　点Ｐの位置を棒の真ん中にもどし、点Ｑを左端から60cmのところとし、500ｇのおもりをつるしました。コイルに流れる電流を大きくしていくとき、棒を水平にするためにはＩの何倍の電流を流せばよいですか。

2　**Ｓ君は母親に頼まれて、スーパーマーケットでアイスクリームを購入《こうにゅう》しましたが、家までそのまま持ち帰ると溶《と》けてしまうため、店員さんからドライアイスをもらいました。**

ドライアイスは（　ア　）が固体になったもので、調べてみると水が氷になる温度の０℃よりも、79℃も低い温度だということが分かりました。

しかもドライアイスは液体にならずに気体になることができるので、アイスの箱をほとんどぬらすことなく、冷やすことができる便利なものでした。

問１　（　ア　）に入る気体の名前は何でしょうか。

問２　下線部の現象を何というでしょうか。

問３　Ｓ君は（　**ア**　）と空気の重さを比べるためにドライアイスを使って次のような実験を行いました。（　**イ**　）～（　**カ**　）に入る数値を答えなさい。

実　験　100cm^{3}のフラスコと電子てんびんとメスシリンダーを使いました。

①　空気の入ったフラスコの重さをはかると64.82gでした。

②　フラスコに少量のドライアイスを入れて、フラスコの口をアルミはくでおおい、その真ん中に小さい穴をあけました。するとしばらくしてドライアイスは全て気体になりました。アルミはくを取り除いて重さをはかると64.88gでした。

③　最後にフラスコに水をめいっぱい入れて重さをはかると164.7gでした。その水をメスシリンダーにうつしてはかるとちょうど100cm^{3}でした。(室温で水１cm^{3}は１gとして計算して良いものとします。)

この実験から空気の入ってないフラスコの重さは（　**イ**　）g、フラスコに入っていた空気の重さは（　**ウ**　）gなので、空気１Ｌの重さは（　**エ**　）gになります。

また、フラスコに入っていた（　**ア**　）の重さは（　**オ**　）gなので、（　**ア**　）は空気の約（　**カ**　）倍の重さであることが分かりました。

3 次の文を読み、以下の各問いに答えなさい。

はりがねのような体をもつハリガネムシは、ある時期をバッタやカマドウマという昆虫《こんちゅう》などの体内に寄生して過ごします。彼《かれ》らは、寄生した昆虫《こんちゅう》が水中に落下すると、すぐに体内から水中へ脱出《だっしゅつ》して、交尾《こうび》、産卵《さんらん》をします。ふ化したハリガネムシは、幼虫の時期を水中で過ごす昆虫《こんちゅう》にとりこまれた後、その昆虫《こんちゅう》が成虫になって陸上に出ると、そこで生物同士の食う食われるの関係にしたがって陸上の昆虫《こんちゅう》にとりこまれ、寄生するというサイクルで生活をしています。

彼らが生態系に与える影響《えいきょう》を明らかにするため、次の実験を行いました。

実　験　ハリガネムシが寄生したバッタと、寄生していないバッタを50頭ずつ用意しました。下の**図１**のように、バッタを１頭ずつ、**通路１**と**通路２**に分かれた道の入口に置きました。

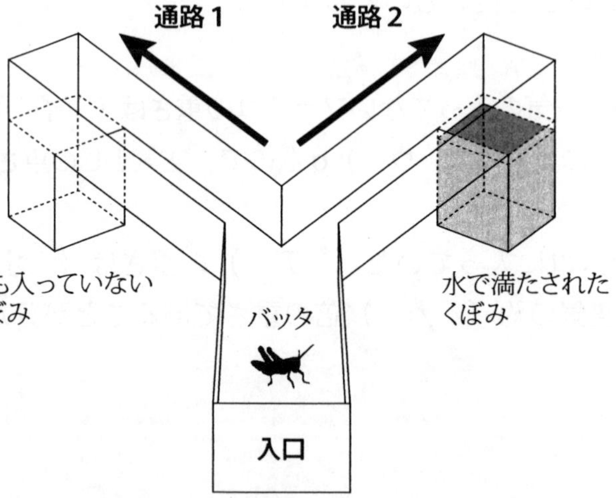

図１

この実験装置は屋根でおおわれており、中に入れられた生物は装置の外に出ることはできません。**通路１**の先には何も入っていないただの深いくぼみが、**通路２**の先には同じような深いくぼみに十分な量の水を入れています。ただし、通路の先がどのようになっているのかは入口からはわかりません。

ハリガネムシに寄生されていないバッタと、ハリガネムシに寄生されたバッタを入口において、逃げられないように入口をふさいでから30分後、バッタはどちらの方の通路へ進んだのかを確かめました（**表1**）。

	通路1へ進んだ個体数	**通路2**へ進んだ個体数
ハリガネムシに寄生されていないバッタ	24	26
ハリガネムシに寄生されているバッタ	25	25

表1

また、**通路2**へ進んだ個体のうち、ハリガネムシが寄生していないバッタはどの個体も水にとびこんでいませんでしたが、ハリガネムシが寄生したバッタは全ての個体がとびこんでいました。

問1　次の**図2**はバッタの頭部の図です。バッタと同じような「かむ口」をもつ昆虫《こんちゅう》を、次の図の**ア～エ**の中から１つ選び、記号で答えなさい。

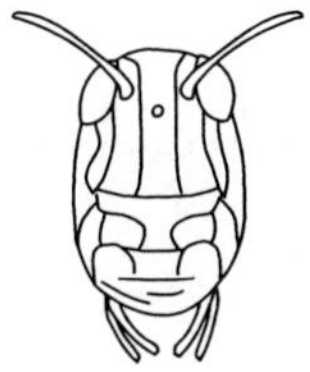

図2

ア　**イ**　**ウ**　**エ**

問2　実際はバッタの口と**問1**の答えの口にはちがいがあります。そのちがいについて次の**ア～エ**の中から1つ選び、記号で答えなさい。

ア　バッタの口は呼吸できるが、**問1**の答えの口は呼吸できない。
イ　バッタの口は呼吸できないが、**問1**の答えの口は呼吸できる。
ウ　バッタの口は肉食性の口だが、**問1**の答えの口は草食性の口である。
エ　バッタの口は草食性の口だが、**問1**の答えの口は肉食性の口である。

問3　実験の結果からわかることを述べてください。

問4　幼虫の時期を水中で過ごし、成虫になると陸上にあがる昆虫《こんちゅう》を次の**ア～エ**の中から**2つ選び**、記号で答えなさい。

ア　トンボ　　　**イ**　セミ
ウ　カブトムシ　　　**エ**　ホタル

問5　**問4**の**ア～エ**の中で、さなぎの時期をもたないものを**2つ選び**、記号で答えなさい。

問6　**問4**の**エ**のホタルは、英語でなんと言うでしょうか。次の**ア～エ**の中から1つ選び、記号で答えなさい。

ア　brilliantfly　　**イ**　nightfly　　**ウ**　firefly　　**エ**　candlefly

4　次の文を読み、以下の各問いに答えなさい。

約（　A　）年間の長い地球の歴史、地質時代の呼び方に、日本の地名が初めて使われました。千葉県市原市の地層が、寒冷で世界的に（　B　）が何回か広がった更新世《こうしんせい》の一部、中期更新世（77万4000年前～12万9000年前）を代表する地層として世界に認められ、地質時代「チバニアン」が決まったのです。チバニアンの認定につながった、養老《ようろう》川沿いに見られる地層群「千葉セクション」は、特に77万年前の地球の様子を良く保存していました。

(C)地球は、現在、方位磁石のN極が北を指すことからもわかるように、全体が、大きな磁石になっていて、それを地磁気と呼んでいます。地球は、その北極と南極の磁石の極が入れ替わる現象「地磁気逆転」を起こしてきました。千葉セクションには、約77万年前に起きた「最後の地磁気逆転」の記録が大変良く残っていたのです。この地域は、77万年前は深さ約700メートルの深海でしたが、その後しだいに隆《りゅう》起《き》して地上に現れ、今の地形になりました。当時この場所には、火山が多い陸地から土砂が運ばれてたいせきしていました。(D)土砂のたいせき速度も速く、厚い地層がたいせきしています。このたいせき物に含まれる、火成岩起源の磁鉄鉱の粒子が当時の地磁気を記録していました。岩石の中の磁鉄鉱の粒子は、岩石が風化してばらばらになると、磁石の性質をおびやすい鉱物であるため、磁石で集めることができ、それらは一般に（　E　）として良く知られています。磁鉄鉱の粒子は、海底にゆっくり沈むとき、そのときの地磁気の向きに並ぶ性質があり、当時の地磁気の方向を記録しながらたいせきして地層にふくまれていたのです。

77万4000年前には御嶽《おんたけ》山が噴火しました。(F)千葉セクションには、この噴火のときの火山灰の層が見られます。この中には、高い精度で年代測定ができる放射性のウランやトリウムが含まれ、噴火の時期が正確に決定できました。この火山灰より少し上にたいせきしている「地磁気逆転」を示す地層の時期も、そこから（　G　）前と正確に決めることができました。この地層には、化石も多く含まれ、（　H　）で作られた、海中の微生物「有こう虫」の殻に含まれる重い酸素の割合を調べることで、この「地磁気逆転」の時期は比較的温暖だったこともわかりました。

問1　(　A　)に入る数字を、次の**ア～オ**の中から1つ選び、記号で答えなさい。

ア　138億　　**イ**　72億　　**ウ**　46億
エ　25億　　**オ**　5億4千万

問2　(　B　)、(　E　)に入る語句を、それぞれ**漢字2文字**で書きなさい。

問3　(　G　)に入る数字を次の**ア**、**イ**の中から1つ選び、記号で答えなさい。

ア　77万3000年　　**イ**　77万5000年

問4　(　H　)に入る物質名を次の**ア～オ**の中から1つ選び、記号で答えなさい。

ア　二酸化ケイ素　　**イ**　水酸化ナトリウム　　**ウ**　塩化アンモニウム
エ　硫酸バリウム　　**オ**　炭酸カルシウム

問5　**下線部**(C)に関連して、約77万年前に起きた「最後の地磁気逆転」以前の、現在と地磁気の極が逆であった「逆転期」では、地球の北極は、磁石のN極であったかS極であったか答えなさい。

問6　**下線部**(D)に関連して、千葉セクションの地層は、地磁気の逆転を調べる上で、どのような有利な条件を持っていますか。25字程度で答えなさい。

問7　**下線部**(F)に関連して、日本では、火山灰は、火山の東側で、遠くまで運ばれ、たいせきする傾向が見られます。なぜですか、その理由を15字程度で答えなさい。

き出しなさい。

問十三　「わたし」のお気に入りの場所は「樽の中」ですが、あなたのお気に入りの場所はどこですか。その理由も含めて百字以内で書きなさい。

問二　――線部①「こういう姿」とはどのような姿ですか。「姿」につづくように文中から六字でぬき出しなさい。

問三　――線部②「□本意」の□にあてはまる漢字一字を答えなさい。

問四　――線部③「僕という人間の決定的な評価」とありますが、どのような評価ですか。最も適当なものを次の中から一つ選び、記号で答えなさい。

ア　繊細《せんさい》な評価　　**イ**　適当な評価

ウ　否定《ひてい》的な評価　　**エ**　好意的な評価

問五　――線部④「脚色」の本文中での意味として、最も適当なものを次の中から一つ選び、記号で答えなさい。

ア　事実をおもしろく伝えようと内容を改める。

イ　忘れかけていた事実を思い出そうとしている。

ウ　事実をねじ曲げて忘れようとしている。

エ　あいまいな事実を省略している。

問六　**A**に入る語として最も適当なものを次の中から一つ選び、記号で答えなさい。

ア　ぽつぽつ　　**イ**　ぞくぞく

ウ　ちらほら　　**エ**　わらわら

問七　**B**・**C**に入る接続語として最も適当なものをそれぞれ次の中から一つずつ選び、記号で答えなさい。

ア　そして　　**イ**　つまり　　**ウ**　しかし

エ　たとえば　　**オ**　なぜなら　　**カ**　また

問八　――線部⑤「マスターの眼が気になる」のはなぜですか。次の□にあてはまる語句を文中からぬき出しなさい。□内の数字は字数を表します。

「学生さん」が **1**［六字］人間で、**2**［五字］に気づきやすいから。

問九　――線部⑥「学生さんが、町内の草野球に駆り出される姿を想像するのは難しかった」と「わたし」が思ったのはなぜですか。最も適当なものを次の中から一つ選び、記号で答えなさい。

ア　痩せていて青白い顔をしている「学生さん」が野球のような健康的なスポーツをするように見えないから。

イ　「学生さん」は野球の道具を持っておらず、人から借りないと参加できない状況であるのを知っていたから。

ウ　「学生さん」は「わたし」を背負って喫茶店に行ける体力の持ち主なので草野球より陸上競技が似合うから。

エ　ガラス越しに自分の顔をながめるような「学生さん」にはユニフォームが似合わないと思ったから。

問十　**D**に入る文として最も適当なものを次の中から一つ選び、記号で答えなさい。

ア　あなたは野球が得意ですか、

イ　あなたの家に野球の道具がありますか、

ウ　あなたは野球に興味がありますか、

エ　あなたは野球の経験がありますか、

問十一　――線部⑦「進むも地獄、退くも地獄」とありますが、

1　「進むも地獄」について、どのような状況になるのですか。「ことになる」につづくように、文中から九字でぬき出しなさい。

2　「退くも地獄」について、どのような状況になるのですか。次の説明文にあてはまる五字の言葉を考えて答えなさい。

コミュニティの中で［五字］にされる。

問十二　――線部⑧「踵を返す」とありますが、ここでは「学生さん」は具体的にどういう行動をするのですか。文中から六字でぬ

「僕が入る喫茶店の選び方はね」

　髪を掻き上げて青白い額を覗かせながら、c ヒミツでも打ち明けるように学生さんは続ける。

「店に※有線がないこと、店にテレビがないこと、店で誰も野球の話をしないことなんだ」

「野球の話？」

「初めて来た町で、どこかの店のドアを開けるでしょう？　するとそこで誰かが野球の話をしている。そうすると僕は静かにドアを閉める。そして、けっしてそこへは近づかないんだ」

「どうして？」

「ジャイアンツがどうしたとか、そういう話に興味がないだけじゃない。町の小さな喫茶店に馴染《なじみ》の客が集まっていると、町内会の草野球チームの話になったりするんだよ」

「町内会の草野球チーム？」

「どんな町にも草野球チームがあるし、だいたいにおいて人が足りないときてる。僕みたいな年齢《ねんれい》の男がドアを開けて、その店に入って、しばらくその話を聞いてしまったら最後、次の日曜日には必ず試合に駆《か》り出されることになるんだ」

「必ず試合に？」

「賭《か》けてもいいよ」

　鬼太郎ヘアの⑥学生さんが、町内の草野球に駆り出される姿を想像するのは難しかった。

「野球をするの？」

「誰が？　僕が？」

「そう」

「もちろんしない。だけどそれはやったことがないということでも、やる能力がないということでもないわけだよ。そして誰かが僕に草野球チームのメンバーにならないかと声をかけてくる。下手でもいいからとか、バットを持って立っててくれりゃいいんだとか、そういうことを言ってくる。断ろうとすると、なぜだと聞いてくるんだ。なぜ人間すべてが野球をしなければならないんだ。なぜ若い男はみんな野球をすることになってる？　質問するほうがおかしいだろう。まず、［　D　］と聞くべきなんだよ。そして、ありません、という答えが返ってきたら、もうそこで黙《だま》ってその若い男をほうっておくべきなんだ。スポーツは体にいいとか、友達を作る機会だなんて言い出す人もいるしね。そして恐ろしいのは、そこで一度断ったら最後、もう、その店に足を踏《ふ》み入れることは不可能になるんだよ。なぜなら断った男の額には、草野球の誘《さそ》いを断った男という刻印が押されてしまう。そして、彼らの※コミュニティへの d チュウセイを誓わなかった男、踏み絵を踏むことを拒否《きょひ》した男として、暗黙の裡《うち》にコミュニティからの締《し》め出しを食らうからなんだ。町内会の草野球チームに誘われたらもうアウトだよ。誘われてしまったら、その先は⑦進むも地獄《じごく》、退くも地獄さ。だから僕は、ドアを開けて、中から野球の話が聞こえてきたら、瞬時《しゅんじ》に⑧踵《きびす》を返す。自分のために。そして、それはまあ、彼らのコミュニティのためでもあるんだよ」

　裏口のドアが開いて、老小説家が顔を出した。

（中島京子『樽とタタン』一部改変）

※　欺瞞…人をあざむくこと。だますこと。

※　老小説家…喫茶店の常連客の一人。

※　樽の中…喫茶店での「わたし」のお気に入りの場所。

※　有線…有線放送（音楽放送サービスの一つ）

※　コミュニティ…地域の人々の集まり。

問一　〰〰線部a～dについて、カタカナは漢字に直し、漢字はその読みをひらがなで答えなさい。

告白めいたものに遭遇《そうぐう》したことがなかった。まあ、その後も、そんなによく遭遇するものでもないと思うが、強烈《きょうれつ》な印象を持ったのはたしかである。

「僕は自分がちっともいい人間じゃないことを知っている。僕のような人間と犯罪者を分けるものは、犯罪を犯したか犯さないかの違いでしかない。人はそんな僕の内面を覗《のぞ》き見たら恐怖《きょうふ》に怯《おび》えるだろう。だけど、それは僕のこのひ弱そうな、一見やさしげでもある見かけに隠れて、誰《だれ》の眼《め》にも見えないんだよ。そんな中で、僕が一つの善行を積んだとしよう。それも善意からではなく、なにか、そう、たとえば気まぐれのような行動が、他人からは善行のように見えるということがある。いや、それも正しくないな。　C　僕はそれが他人から善行のように見えるということに十分自覚的なのだから、それが僕の善意から出ているのではないにしても、善意の行いめいた行いを行うことで、それを行ったという結果が残ることはもちろん意識しているんだ。しかもそこに人々の評価、好意的な評価がついてくると、思い及ばないわけでもない」

鬼太郎《きたろう》のように垂れた前髪《まえがみ》を、学生さんはときどき細い指で掻《か》き上げることがあった。そうすると、意外に広いおでこが露出《ろしゅつ》して、痩《や》せているせいで頭蓋骨《ずがいこつ》の形がはっきりわかるような青白い顔があらわになる。喫茶店でコーヒーを飲んでいても、たまに学生さんは髪をこうして掻き上げる癖《くせ》があって、そのときに視線は必ず窓ガラスに向けられていた。後から思うに、彼はわりあいと自分の顔が好きだったのではないだろうか。

（中　略）

一、二週間ほど、学生さんは店に現れなかった。ほとぼりが冷めるのを待っていたのかもしれない。

次に彼が店にやってきたとき、わたしは※樽《たる》の中から彼ばかり見ていたが、当然のことながら、彼はその視線に気づいた。自意識の強い人間にとって、他人の視線ほどたやすく気づけるものもないに違いない。

喫茶店にわたしと彼以外に誰もいないときを見計らって、彼は樽に近づいてきた。やや硬《かた》い表情でアイコンタクトを取ると、裏口のドアから外へ出て行った。

わたしは樽から出て彼の後を追った。

「やあ」

煙草をくわえた学生さんは、驚《おどろ》くほどくったくなく挨拶《あいさつ》してくれた。

「あの後、どうなの？　また倒《たお》れたりしてる？」

わたしは首を横に振った。

「あんなふうに、店の中で僕の方を見るのはよしてよ。⑤マスターの眼が気になるからね。僕の方も、きみがその後どうしているのかは気になっていたんだけど、僕のほうから気にかけていることをあからさまに示すのはどうしてもあれでしょう」

何があれなのか、わたしにはわかりかねたが、あまりわかる必要があるようにも思わなかったのと、学生さんが意外に気さくなので、適当に笑顔を作って対応した。

「店のみんながもっと僕にいろいろ言ってくるかと思ったんだけど、そうでもなかったんで少し安心したよ。まあ、この店にも通ってずいぶんになるから、僕の孤独《こどく》を好む性向というか、放っておいてほしいという気持ちに、彼らが気づいてくれているのかもしれないけど。ここはｂ居心地のいい店だよ。そうじゃなかったら、僕が来るわけはないんだけど」

そう言うと彼はケラケラ笑った。

ウ　筆者は「自然」の中に「人間」を含めるという考えを持っている。

エ　筆者は「原生自然」と「二次的な自然」を分けて考えることに賛成していない。

二　次の文章を読んで、後の問いに答えなさい。

> 小学三年生の「わたし」は、両親が共働きのため放課後は近所の喫茶《きっさ》店で過ごしていた。ある日、学校を体調不良で早退した「わたし」は喫茶店に向かう道のりの途中で倒れてしまい、「学生さん」と呼ばれる喫茶店の常連客に助けられたのだった。

「坂道なんかはいいんだけれど、この大通りに入ると、人の目もあるでしょう」

学生さんは言った。

「①こういう姿を見られるのは、僕《ぼく》としてはどちらかといえば②[　]本意なんだ」

わたしはもちろんそれに答えようとはしなかった。そのときのコンディションでは、

「それは失礼いたしました。もう歩けますので下ろしてください」

と言うだけの気力はなかったし、煙草《たばこ》屋から喫茶店まではそんなに距離はなかったので、聞かない振《ふ》りをしていた方がａ利口だとも思った。

「人助けをするのが嫌《いや》というんじゃなくてね、人助けをしているところを人に見られるのが嫌なんだ。きみだから困るというのでもないんだ。そこのところは誤解しないようにしてください。僕が人助けをするような人間だと思われるのが気恥《は》ずかしい。僕のような人間が人助けをするとは思わなかったと、だいたいそういうふうに人は思うだろうからね。そして僕をそこから評価しようとする。幼い子供を助けたりするのは、やはり非常に人々の心に印象を深くするから。そのことが③僕という人間の決定的な評価になってしまいがちです。そこのところが耐《た》えられない。そこのところが許せない。なぜかと言うと、僕はそんなふうにみんなに思われるような人間ではないんだ。僕の中のこの黒い、暗い、おもに社会を形成する人々から隔絶《かくぜつ》したところ、強いていえば心の底に巣くう闇《やみ》のようなものばかりにすうっとひきつけられていく、そうした僕という人間の習性というか、本質というか、そういうものが、たとえばこうして、きみを負ぶって喫茶店に行ったというだけで、まさに漂白剤《ひょうはくざい》で洗われたように隠《かく》されてしまうことの※欺瞞《ぎまん》に僕は耐えることができないんだ」

そんなようなことを、学生さんはぶつぶつ言っていたように覚《おぼ》えている。

もちろん、ずいぶん昔のことなので、わたしの記憶《きおく》が④脚色《きゃくしょく》している部分もあるかとは思うけれども、ともかくシャカシャカとリズムを刻む音が響《ひび》いていたのと、学生さんがなにやらぶつぶつ呟《つぶや》いていたことを、喫茶店の二階の布団《ふとん》の上で思い出したのだった。

早く喫茶店についてくれればいいのにな、と半ば起き、半ば眠《ねむ》ったような頭で考えていたわたしは、学生さんが意を決して喫茶店のドアを開け、ちりんちりんと鈴《すず》がなり、マスターや※老小説家が[A]と寄ってきたあたりで安心し、そのあと、水を飲まされて喫茶店の椅《い》子《す》に寝《ね》かされるとくったりと眠り込《こ》んだ。学生さんが逃《に》げるように店を出て行った姿は見ていない。

二階の布団のまどろみの中に、学生さんは再び登場した。[B]、夢の中に出てきたということだ。あるいは、その後何度か話したことが、いまや夢のできごとのようにわたしの記憶に定着したのかもしれない。いずれにしても、そのときまでわたしは他人の過剰《かじょう》な自意識の

界は、十分に自然です。なぜなら、現代社会にとってもっとも重要な自然は、人間のかかわりが不断に問われ、不断に見直され、格段の努力を注がなければ守れない世界がほとんどだからです。田んぼという自然が守れなければ、原生自然も守れないでしょう。田んぼは少なくとも日本では最大の自然です。人為である百姓仕事がひきつづきおこなわれており、その成果がもっとも見えやすい世界としては、森林の比ではありません。そういう意味で、日本最大の身近な自然なのです。

　人間との関係によって変化する自然だからこそ、私たち人間の役割を自覚してｃクらすことが、新しい自然のとらえ方です。

（宇根　豊『農は過去と未来をつなぐ　～田んぼから考えたこと～』一部改変）

※　水苗代…水をひいた田んぼの中の苗を育てる場所。

※　畦…田んぼと田んぼの境目に土をもり上げ、水が外にもれないようにした場所。

問一　～～線部ａ～ｃの、カタカナを漢字に直しなさい。

問二　――線部①「理想」の対義語を漢字二字で答えなさい。

問三　――線部②「自然とは人間つまり人為をも包含するものだと考える」とありますが、

１　同じような内容を説明している三十字以内の一文を[Ⅱ]段落からさがし、最初の五字を答えなさい。

２　「人為」と同じ意味で使われている五字の語句を[Ⅱ]段落からぬき出しなさい。

問四　――線部③「現代の農業は生産効率を上げることばかり求められている」とありますが、その説明として本文の内容に合うものを一つ選び、記号で答えなさい。

ア　機械化により手作業を減らし、農家の数も減らして、平均労働時間を短くする。

イ　始業時間と終業時間を早めて、集中して作業を進められるようにする。

ウ　農薬を減らし、手間をかけて質のよい野菜や果物を生産していくことで、利益を確保する。

エ　農薬や化学肥料を使用することで、農作物を大量に生産して利益をあげる。

問五　[A]・[C]に入る語として最も適当なものをそれぞれ下の中から一つずつ選び、記号で答えなさい。

[A]　**ア**　原材料費　**イ**　交通費　**ウ**　人件費　**エ**　事務費

[C]　**ア**　外部　**イ**　局部　**ウ**　細部　**エ**　中心部

問六　――線部④「元凶」と同じ意味となるように、次の語句の[　]に入る漢字二字の語を答えなさい。

諸悪の[二字]

問七　[B]に入る漢字二字を文中からぬき出しなさい。

問八　――線部⑤「原生自然」とはどのような自然ですか。「自然」につづくように[Ⅰ]段落から十一字、[Ⅱ]段落から三字でそれぞれぬき出しなさい。

問九　――線部⑥「二次的自然」とはどのような自然ですか。

１　「自然」につづくように[Ⅱ]段落から十二字でぬき出しなさい。

２　「二次的自然」の具体例を文中から二字でぬき出しなさい。

問十　次の**ア**～**エ**の文について、本文の内容に合うものには○を、誤っているものには×をそれぞれ答えなさい。

ア　農業の機械化により労働時間は減ったが自然破壊は進むことになった。

イ　農薬や化学肥料を使用しない有機農業は自然破壊に関係ない。

時間が減ったということもありますが、田んぼや稲と向き合う時間を犠牲にせざるをえなくなったのです。稲をわが子のように感じるのではなく、[B]性を上げる対象として見るようになってきたのです。

私の経験です。その日はほかの仕事が忙しくて、夕方に田んぼを見に行きませんでした。翌朝《よくあさ》田んぼに行くと、田んぼが干上がっていました。※畦《あぜ》にモグラの穴が開いて、水漏《も》れして、下の田んぼまで水が行かなくなっていたのです。その田んぼのオタマジャクシは死んでいました。もし私が夕方に行っていたなら、気づいて、オタマジャクシも死なずにすんだでしょう。こうしたことが積み重なって、生きものに大きな変化が生じてきています。

多くの都道府県で「絶滅危惧《きぐ》種」を発表しているので、調べてみてください。そのうち、田んぼや水路やため池の動植物が、約三割を占《し》めています。これは農薬のせいもありますが、それだけではありません。生産性を上げたために、多くの生きものが生きにくい田んぼになってきているのです。

[Ⅱ] もう一度、農業が自然破壊かどうかを考えてみましょう。私たちはいつのまにか、「自然」と言うときには人間を含めていません。人間は自然ではないと思いこんでいます。それは明治時代以降、西洋からもちこまれた、日本人にとっては新しい輸入語で、しかも輸入思想であったことは、すでに説明しました。この結果、人間の行為も完全には自然ではないことになりました。百姓仕事も人為ですから、自然に対する破壊だという考え方も生まれました。

そうすると、説明できないことがいっぱい生じてきます。田んぼは人為で開かれて、造成されたところですから、自然ではないということになります。しかし、その田んぼで、身近な生きものの多くが生まれ育っていることは、明らかです。

これらの生きものは、自然の生きものではないのでしょうか。「たまたま、しかたがなく自然の生きものが人工的な田んぼの中に移住しているだけだ」という言い分を認めることにしましょう。それなら、その状態が二〇〇〇年以上つづいてきても、あくまでも人工的な場所に自然の生きものが仮住まいしていると言いつづけなければならないのですか、と質問したくなります。さすがにこれには答えられないでしょう。そこで「田んぼも自然の中に入れてやってもいいけれど、人為が加わって、本来の自然を失った二次的な自然だということにしましょう」と提案されています。

しかし、これにも私はbナットクできないので、反論しています。百姓の手入れがおこなわれている自然と人為が加わらないままの原生自然を、なぜ区別しないといけないのでしょうか。なぜなら、私の村には原生自然などまったくないし、私は一生のうちたぶん一度もそういう原生自然に触《ふ》れることはないでしょう。そうなると私は、ほんとうの自然を知らないまま、自然について話したり、自然は大事にして守らないといけないと主張したりしていることになります。つまり、私が念頭にいつも浮かべている自然とは、狭《せま》い、小さな、[C]的なものなのでしょうか。そうではないと思います。

つまり、私は自然を村の内側から見ています。自然の一員として、人間と自然を分離《ぶんり》せずに見ています。それに対して、自然の外から見るから、⑤原生自然と⑥二次的自然の区別もできるのです。私たちが話題にしている自然とは、ほとんどが外側から見ると二次的な自然ですが、それは内側から見ると自然そのものです。わざわざ二次的な自然と断る理由は、原生自然を理想的なモデルにしたいという魂胆《こんたん》が(価値観が)外側からの見方にはあるからでしょう。百姓はこれが受け入れられないのです。

百姓仕事という人為によって生まれ、つづいている田んぼという世

二〇二一年度　淑徳中学校

【国　語】〈第一回スーパー特進入試〉（五〇分）〈満点：一〇〇点〉

注意　設問においては、特に注記のないかぎり句読点や記号等も字数に数えるものとします。

一　**次の文章を読んで、後の問いに答えなさい。**

Ⅰ　自然との関係で考えるとき、農業は自然破壊《はかい》なのか、そうではないのかを少しつきつめておく必要があると思います。「農業は自然破壊なのだろうか」という問いには、三つの答え方があります。

1　まず、人間の手の入っていない原生自然を①理想的な自然とすると、農業は自然に手を入れるので、明らかな自然破壊です。このように自然と人間を対立するものだと考えるのは、西洋で生まれた考え方ですから、しかたがないでしょう。もともと「自然」とは、人間以外をさす言葉として、西洋で生まれたものです。

2　ここで、②自然とは人間つまり人為《じんい》をも包含《ほうがん》するものだと考えるなら、田植えの結果として田んぼで生まれる赤トンボはもとより田んぼ自体も自然の代表選手になり、農業はむしろ自然を支えるものだということになります。しかし、その人為の程度が問われはじめたのは、農薬や化学肥料が使われはじめた一九五〇年代からです。それまでは、農業は自然そのものだったと言っても言いすぎではなかったでしょう。

3　したがって現代では、もう一つの答え方をするしかなくなってしまいました。農業はやり方によっては自然破壊であり、やり方によっては自然保全的だ、と答えるしかありません。とくに、③現代の農業は生産効率を上げることばかり求められているので、自然破壊的にならざるをえなくなっています。

したがって、減農薬や環境《かんきょう》保全型農業、有機農業などが、それを解決する手段として登場してきました。重要なことは、なぜ農業は近代化すると自然環境を犠牲《ぎせい》にせざるをえないかということです。けっして、農薬や化学肥料などの資材を使用するからだけでなく、もっと深い原因があるのです。

たとえば、農薬や化学肥料を使用しない有機農業であっても、生産効率を求められています。手植えで田植えするのは、時間がかかるので、ほとんどの百姓《ひゃくしょう》は田植機で田植えをしています。田植機の苗は、ほとんどが長方形の小さな苗箱《なえばこ》に種籾《たねもみ》をまくので、※水苗代《みずなわしろ》がなくなりました。そうすると、苗代に産卵していたトノサマガエルは、産卵する場所がなくなってしまうのです。

このように、機械化によって、百姓仕事が変化すると生きものは影響を受けます。これも自然破壊と言えるでしょう。また田植機と、稲《いね》を収穫するコンバインの普及《ふきゅう》によって、サンカメイチュウという害虫は絶滅《ぜつめつ》しました。田植機で植える苗は小さいので、幼虫が育ちにくく、またコンバインで稲わらを細かく切断するので、幼虫が死んでしまうのです。害虫がいなくなればいいではないかと思うかもしれませんが、サンカメイチュウのａテンテキたちも絶滅していきました。これも自然破壊の一例です。

また近代化は、労働時間の短縮を目標に掲《かか》げるものです。［Ａ］が安くすむからです。私はこれが、近代化によって自然が破壊される④元凶《げんきょう》だと考えています。百姓仕事が楽しければ、かかる時間が長くてもいいではありませんか。

一九六〇（昭和三五）年には、一〇アールあたりの労働時間は一九三時間でしたが、現在では三〇時間を切っています。機械化され、労働

2021年度
淑徳中学校　▶解説と解答

算数　＜第１回スーパー特進入試＞（50分）＜満点：100点＞

解答

1 (1) 390　(2) $\frac{3}{5}$　(3) $\frac{1}{2}$　(4) $1\frac{1}{13}$　(5) 100　(6) 6062　(7) $\frac{1}{2}$

2 (1) 580円　(2) 42個　(3) 108通り　(4) ５回目　**3** (1) 5134　(2) 24個　(3) ６個　**4** (1) 21.7cm　(2) 43.4cm^2　(3) 51.745cm^2　**5** (1) 10分後　(2) 70L　(3) $\frac{1}{3}$L

解説

1 四則計算，計算のくふう

(1)　$A\times B+A\times C=A\times(B+C)$となることを利用すると，$13\times19+9\times26-91=13\times19+9\times13\times2-13\times7=13\times19+13\times18-13\times7=13\times(19+18-7)=13\times30=390$

(2)　$4\frac{1}{5}\times\left(\frac{2}{3}-\frac{2}{7}\right)\times0.375=\frac{21}{5}\times\left(\frac{14}{21}-\frac{6}{21}\right)\times\frac{3}{8}=\frac{21}{5}\times\frac{8}{21}\times\frac{3}{8}=\frac{3}{5}$

(3)　$0.35\times(9.1\div4.9-0.9\div2.1)=\frac{7}{20}\times\left(\frac{9.1}{4.9}-\frac{0.9}{2.1}\right)=\frac{7}{20}\times\left(\frac{91}{49}-\frac{9}{21}\right)=\frac{7}{20}\times\left(\frac{13}{7}-\frac{3}{7}\right)=\frac{7}{20}\times\frac{10}{7}=\frac{1}{2}$

(4)　$\frac{7}{9}+\frac{5}{9}\times\frac{7}{11}-\frac{2}{9}\times\frac{5}{11}\times\frac{7}{13}=\frac{7}{9}\times\left(1+\frac{5}{11}-\frac{2\times5}{11\times13}\right)=\frac{7}{9}\times\left(\frac{11\times13}{11\times13}+\frac{5\times13}{11\times13}-\frac{2\times5}{11\times13}\right)=\frac{7}{9}\times\left(\frac{143}{143}+\frac{65}{143}-\frac{10}{143}\right)=\frac{7}{9}\times\frac{198}{143}=\frac{14}{13}=1\frac{1}{13}$

(5)　$625\times0.0125\times0.02\times5\times8\times16=625\times\frac{1}{80}\times\frac{1}{50}\times5\times8\times16=\frac{625\times5\times8\times16}{80\times50}=100$

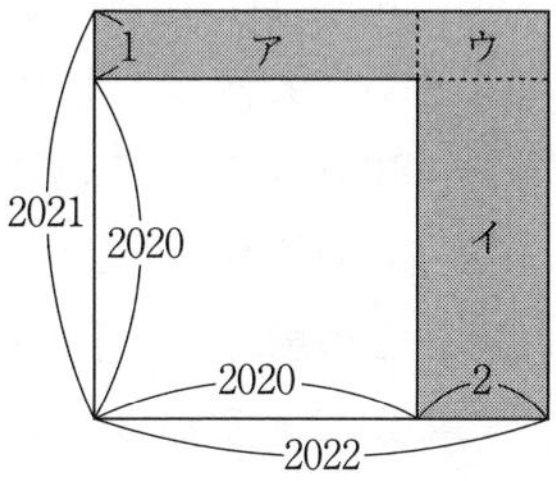

(6)　右の図のかげをつけた部分の面積を求めればよい。アの面積は，$1\times2020=2020$，イの面積は，$2020\times2=4040$，ウの面積は，$1\times2=2$となるから，$2021\times2022-2020\times2020=2020+4040+2=6062$と求められる。

(7)　$1-\frac{1}{8}+\frac{8}{9}-\frac{1}{4}+\frac{7}{9}-\frac{3}{8}+\frac{2}{3}-\frac{1}{2}+\frac{5}{9}-\frac{5}{8}+\frac{4}{9}-\frac{3}{4}+\frac{1}{3}-\frac{7}{8}+\frac{2}{9}-1+\frac{1}{9}=1+\frac{8}{9}+\frac{7}{9}+\frac{2}{3}+\frac{5}{9}+\frac{4}{9}+\frac{1}{3}+\frac{2}{9}+\frac{1}{9}-\left(\frac{1}{8}+\frac{1}{4}+\frac{3}{8}+\frac{1}{2}+\frac{5}{8}+\frac{3}{4}+\frac{7}{8}+1\right)=1+\underline{\frac{8}{9}+\frac{1}{9}}+\underline{\frac{7}{9}+\frac{2}{9}}+\underline{\frac{2}{3}+\frac{1}{3}}+\underline{\frac{5}{9}+\frac{4}{9}}-\left(\underline{\frac{1}{8}+\frac{7}{8}}+\underline{\frac{1}{4}+\frac{3}{4}}+\underline{\frac{3}{8}+\frac{5}{8}}+\frac{1}{2}+1\right)=5-4\frac{1}{2}=\frac{1}{2}$

2 消去算，相当算，場合の数，平均とのべ

図１

(大人)×７＋(子ども)×９＝6940(円)…ア
(大人)×９＋(子ども)×７＝7460(円)…イ

⬇

(大人)×49＋(子ども)×63＝48580(円)…ウ
(大人)×81＋(子ども)×63＝67140(円)…エ

(1)　２通りの買い方をそれぞれ式に表すと，右の図１のア，イのようになる。アの式の等号の両側を７倍，イの式の等号の両側を９倍して子どもの枚数をそろえると，それぞれウ，エのようになる。次に，エの式からウの式をひくと，大人，81－49＝32(枚)分の代金が，67140－

48580＝18560(円)とわかる。よって，大人１枚の値段は，18560÷32＝580(円)と求められる。

⑵　２人が持っている個数の合計は60個のまま変わらないから，最後に兄が持っている個数は，$60\times\frac{3}{3+2}$＝36(個)，弟が持っている個数は，60－36＝24(個)である。そこで，やりとりのようすは右の図２のようになる。図２で，ウ＝36－２＝34(個)となるので，ア×$\left(1-\frac{1}{3}\right)$＝34(個)と表すことができる。したがって，ア＝34÷$\frac{2}{3}$＝51(個)と求められるから，イ＝60－51＝９(個)とわかる。よって，最初の兄と弟の個数の差は，51－９＝42(個)である。

図２

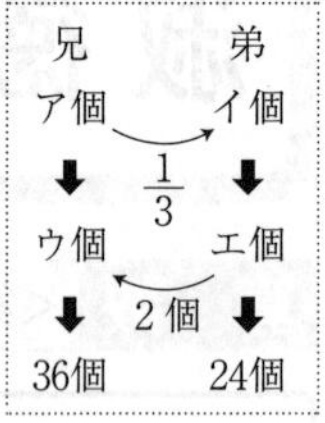

⑶　アには赤，青，黄，緑の４通りの色をぬることができる。また，イにはアにぬった色を除いた３通りの色をぬることができる。同様に，ウにはイにぬった色を除いた３通り，エにはウにぬった色を除いた３通りの色をぬることができるので，全部で，４×３×３×３＝108(通り)となる。

⑷　今回のテストを□回目とする。もし，今回のテストでＡは78点，Ｂは81点取っていたとすると，今回のテストまでのＡとＢの合計点の差は，81×□－78×□＝(81－78)×□＝3×□(点)になる。実際には，Ａは78点よりも，81－78＝３(点)多く取り，Ｂは81点よりも，81－79＝２(点)少なく取ったから，ＡとＢの合計点の差は＿よりも，３＋２＝５(点)縮まり，３×□－５(点)になる。また，今回のテストまでの平均点の差は２点なので，今回のテストまでのＡとＢの合計点の差は，２×□(点)と表すこともできる。よって，３×□－５＝２×□となるから，３×□－２×□＝５，(３－２)×□＝５，１×□＝５より，□＝５÷１＝５(回目)と求められる。

3　場合の数

⑴　千の位が１のとき，百の位には残りの４通り，十の位には残りの３通り，一の位には残りの２通りの数字を使うことができるから，４けたの整数は，４×３×２＝24(個)できる。千の位が２，３，４の場合も同様なので，千の位が４以下の整数は全部で，24×４＝96(個)できる。したがって，100番目に小さい整数は，千の位が５の整数の中で，小さい方から数えて，100－96＝４(番目)の整数とわかる。千の位が５の整数は小さい方から順に，5123，5124，5132，5134，…となるから，100番目に小さい整数は5134である。

⑵　４の倍数は下２けたが４の倍数(または00)になるので，右の㋐～㋓の場合がある。どの場合も，千の位には残りの３通り，百の位には残りの２通りの数字を使うことができるから，４けたの整数は，３×２＝６(個)ずつできる。よって，全部で，６×４＝24(個)と求められる。

㋐	□□12
㋑	□□24
㋒	□□32
㋓	□□52

⑶　12＝３×４より，⑵で求めた24個のうち，３の倍数になるものの個数を求めればよい。３の倍数は各位の数字の和が３の倍数になる。そこで，㋐の場合，千の位と百の位に入る数字の組み合わせは，和が３の倍数になる｛４，５｝だけだから，4512，5412の２個ある。同様に，㋑の場合，千の位と百の位に入る数字の組み合わせは，和が３の倍数になる｛１，５｝だけだから，1524，5124の２個ある。次に，㋒の場合，千の位と百の位に入る数字の和は，(３の倍数)＋１になるから，条件に合う数はない。さらに，㋓の場合，千の位と百の位に入る数字の組み合わせは，和が，(３の倍数)＋２になる｛１，４｝だけだから，1452，4152の２個ある。よって，12の倍数は全部で，２＋２＋２＝６(個)ある。なお，各位の数字の和が３の倍数になる４つの数字の組み合わせは｛１，２，４，５｝だけだから，これらを並べかえて下２けたが４の倍数になるようにしてもよい。

4 平面図形―図形の移動，長さ，面積

⑴　円の中心が動くのは，右の図①の太線部分である。曲線部分は，半径が，$3+1=4$(cm)の半円の弧《こ》が１つと，半径が１cmの四分円の弧が２つだから，曲線部分の長さの合計は，$4\times2\times3.14\times\frac{1}{2}+1\times2\times3.14\times\frac{1}{4}\times2=(4+1)\times3.14=5\times3.14=15.7$(cm)となる。また，直線部分の長さは，$3\times2=6$(cm)なので，全部で，$15.7+6=21.7$(cm)とわかる。

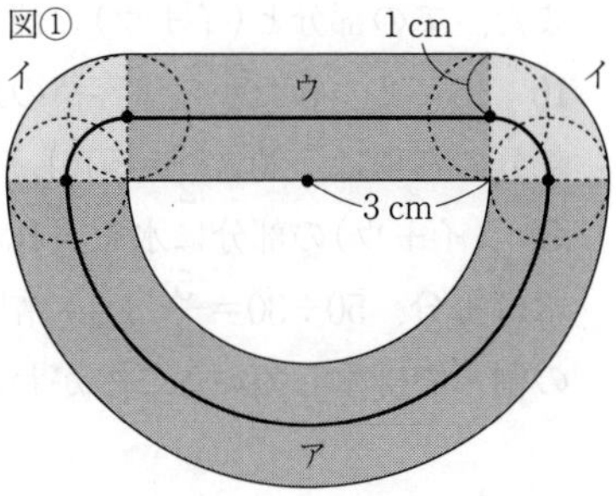

⑵　円が通るのは，図①のかげをつけた部分である。アは半径が，$3+1\times2=5$(cm)の半円から半径が３cmの半円を除いたものだから，面積は，$5\times5\times3.14\times\frac{1}{2}-3\times3\times3.14\times\frac{1}{2}=(25-9)\times3.14\times\frac{1}{2}=8\times3.14$(cm^2)となる。また，イは半径が，$1\times2=2$(cm)の四分円なので，２個分の面積は，$2\times2\times3.14\times\frac{1}{4}\times2=2\times3.14$(cm^2)とわかる。さらに，ウの面積は，$2\times6=12$(cm^2)だから，全部で，$8\times3.14+2\times3.14+12=(8+2)\times3.14+12=10\times3.14+12=43.4$(cm^2)と求められる。なお，円は半円のまわりを離《はな》れることなく１周するので，円が通ったあとの図形の面積は，(円の中心が動いた長さ)×(円の直径)で求めることができる。つまり，$21.7\times2=43.4$(cm^2)と求めることもできる。

⑶　円が通るのは，右の図②のかげをつけた部分である。エは半径が５cmで中心角が270度のおうぎ形から，半径が３cmで中心角が270度のおうぎ形を除いたものだから，面積は，$5\times5\times3.14\times\frac{270}{360}-3\times3\times3.14\times\frac{270}{360}=(25-9)\times3.14\times\frac{3}{4}=12\times3.14$(cm^2)となる。また，オは図①のイと合同なので，２個分の面積は，2×3.14(cm^2)である。次に，カの部分に★の部分を加えると，$3\times3-1\times1=8$(cm^2)となる。さらに，★の部分の面積は，$1\times1-1\times1\times3.14\times\frac{1}{4}=0.215$(cm^2)だから，カの部分の面積は，$8-0.215=7.785$(cm^2)と求められる。よって，全部で，$12\times3.14+2\times3.14+7.785=(12+2)\times3.14+7.785=14\times3.14+7.785=51.745$(cm^2)と求められる。

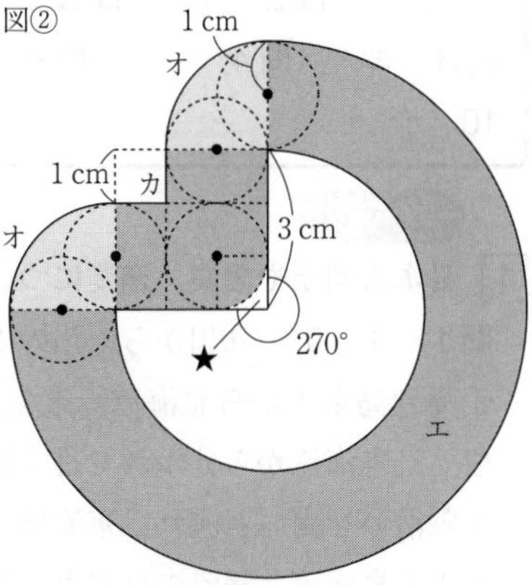

5 水の深さと体積

⑴　水を入れたときのようすは右の図のようになる。イの部分の高さは，$15-10=5$(cm)であり，ウの部分の高さは，$15-5=10$(cm)だから，イとウの部分の容積の比は，$5:10=1:2$となる。また，イとウの部分はどちらも排《はい》水《すい》管Qよりも上にあるので，イとウの部分の容積と，イとウの部分に水を入れるのにかかった時間は比例する。さらに，ウの部分に入れるのにかかった時間は，$40-20=20$(分)だから，イの部分に入れるのにかかった時間は，$20\times\frac{1}{2}=10$(分)と求められる。よって，水面の高さが10cmになったのは，$20-10=10$(分後)である。

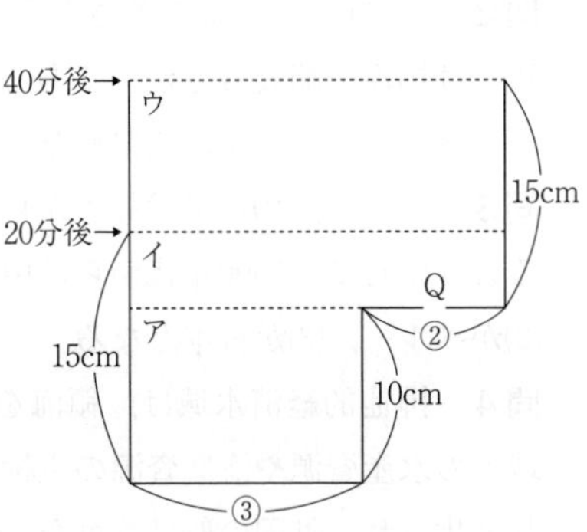

⑵　アの部分には毎分２Ｌの割合で水を入れるので，アの部分の容積は，$2\times10=20$（Ｌ）である。また，アの部分と（イ＋ウ）の部分は，底面積の比が，$3:(3+2)=3:5$ であり，高さの比が，$10:15=2:3$ だから，容積の比は，$(3\times2):(5\times3)=2:5$ とわかる。よって，（イ＋ウ）の部分の容積は，$20\times\frac{5}{2}=50$（Ｌ）なので，この容器の容積は，$20+50=70$（Ｌ）と求められる。

⑶　（イ＋ウ）の部分に水を入れるのにかかった時間は，$40-10=30$（分）だから，（イ＋ウ）の部分の水は毎分，$50\div30=\frac{5}{3}$（Ｌ）の割合で増えたことになる。よって，排水管は毎分，$2-\frac{5}{3}=\frac{1}{3}$（Ｌ）の割合で排水していることがわかる。

社　会　＜第１回スーパー特進入試＞（25分）＜満点：50点＞

解　答

1　**問１**　⑴　**ア**　日本海流（黒潮）　**イ**　千島海流（親潮）　**ウ**　対馬海流　⑵　潮目（潮境）　**問２**　ウ　**問３**　⑴　中国　⑵　ペルー　⑶　日本　**問４**　ウ　**問５**　**a**　遠洋　**b**　沖合　**c**　輸入　**問６**　ⓐ　カ，ほたて貝　ⓑ　ウ，うなぎ　ⓒ　オ，かき　**問７**　（例）　人工的にふ化した稚魚を川や海に放流し，これらが成長したのちに再捕獲する漁業。　**2**　**問１**　カ　**問２**　オ　**問３**　イ　**問４**　エ　**問５**　カ　**3**　**問１**　エ　**問２**　イ　**問３**　イ　**問４**　ア　**問５**　ウ　**4**　**問１**　イ　**問２**　ア　**問３**　エ　**問４**　ウ　**問５**　エ　**問６**　イ　**問７**　ウ　**問８**　ア　**問９**　イ　**問10**　イ

解　説

1　日本の国土や農業，漁業についての問題

問１　⑴　**ア**　九州から本州の太平洋側を北へと流れる暖流は，日本海流（黒潮）である。　**イ**　千島列島東方から北海道，東北地方の太平洋側を南へと流れる寒流は，千島海流（親潮）である。**ウ**　日本海流から分かれて日本海側を北へと流れる暖流は，対馬《つしま》海流である。　なお，日本海の大陸沿いを南へと流れる寒流は，リマン海流である。　⑵　東北地方の三陸海岸の沖合では，寒流の千島海流と暖流の日本海流がぶつかって潮目（潮境）が形成される。潮目付近には魚のえさとなるプランクトンが多く，寒流系の魚や暖流系の魚が集まってくるため，よい漁場となる。

問２　水稲の収穫《しゅうかく》量の多さから，ウとエが北海道と新潟県のいずれかであることがわかる。北海道では畑作や酪農もさかんであることから，耕地に対する田の割合は小さいと考えられるので，ウが選べる，なお，アは鹿児島県，イは千葉県，エは新潟県。

問３　日本は，1970年代後半から1990年代初めまで漁獲《ぎょかく》量が世界第１位であった。日本と入れかわるようにして，1990年代からは中国が漁獲量をのばし，世界第１位となった。よって，⑴が中国，⑵がペルー，⑶が日本となる。

問４　排他的経済水域は，領海をのぞく沿岸から200海里（約370km）までの海域で，沿岸国には海域内の水産資源や海底資源の主権的権利が認められている。1982年に採択《さいたく》された国連海洋法条約で制度化され，外国の船は許可なく自由に通航できるが，許可がなければ漁業や資源の調査はできない。よって，ウが誤っている。

問５　排他的経済水域が設定されたことで，大型船団を組み，長い時間をかけて，赤道付近の太平洋やインド洋など，遠くはなれた海で魚をとる遠洋漁業が減少した。かわって，排他的経済水域内で行われる沖合漁業が増加したが，日本全体の漁獲量は減り続けた。その結果，日本は水産物の輸入が増え，2017年の水産物の輸入額はアメリカについで世界第２位となっている。統計資料は『日本国勢図会』2020／21年版による。

問６　ⓐ　陸奥《むつ》湾は，青森県の下北半島と津軽半島の間に位置する湾で，ほたて貝がさかんに養殖されている。　ⓑ　浜名湖は静岡県西部に位置する湖で，南部で遠州灘《なだ》に通じている。明治時代に周辺の人工池でうなぎの養殖が始まったことから，浜名湖はうなぎ養殖の発祥《はっしょう》の地として知られる。　ⓒ　広島湾は，島や岬《みさき》に囲まれて波が静かで，森・川・海のつながりが強く栄養が豊かである。こうした特徴を生かし，北部の海域を中心としてかきの養殖がさかんに行われている。

問７　栽培漁業は，人工的に魚や貝の卵をふ化させ，いけすや囲い網《あみ》の中で稚魚《ちぎょ》になるまで育て，生育しやすい環境の川や海に放流したのち，自然の中で大きくなったものを適正な時期に適切な方法で再び捕獲するという漁業である。

2　各時代の歴史的なことがらについての問題

問１　最初の荘園整理令である延喜《えんぎ》の荘園整理令が出されたのは902年，大宝律令が制定されたのは701年，改新の詔《みことのり》が出されたのは646年のことである。

問２　平将門の乱が，平貞盛《さだもり》と藤原秀郷《ひでさと》らの率いる武士団によっておさえられたのは940年，保元の乱が起きたのは1156年，聖武天皇が藤原広嗣《ひろつぐ》による反乱などをきっかけに都を転々と移したのは740～745年のことである。

問３　中山王の尚巴志《しょうはし》が北山・中山・南山に分かれていた三山を統一して琉球《りゅうきゅう》王国を建国したのは1429年，琉球藩が置かれて琉球王国の国王であった尚泰《しょうたい》が藩王とされたのは1872年，薩摩藩主であった島津家久によって琉球王国が征服されたのは1609年のことである。

問４　徳川家光が江戸幕府の第３代将軍を務めたのは江戸時代，上杉氏が守護大名として越後国(新潟県)などを治めたのは室町時代，豊臣秀吉によって北条氏が滅《ほろ》ぼされたのは安土桃山時代のことである。

問５　湯島聖堂の学問所で朱子学以外の学問を禁止したのは，寛政の改革(1787～93年)を行った老中松平定信，儒学《じゅがく》者であった荻生徂徠《おぎゅうそらい》から意見を受けたのは享保の改革(1716～45年)を行った第８代将軍徳川吉宗，儒学者の林羅山《らざん》を登用したのは初代将軍徳川家康である。

3　江戸時代末以降の歴史的なことがらについての問題

問１　1858年に日米修好通商条約が結ばれて貿易が始まる前から，大名の蔵屋敷が立ち並び，各地の米や特産物が取り引きされて活発な経済活動が行われた大阪は，「天下の台所」とよばれていた。また，明治時代前半には繊維工業を中心として産業革命がすすみ，生糸や綿糸は日本の重要な輸出品となった。

問２　伊藤博文は長州藩(山口県)出身の政治家で，1885年に内閣制度を創設してみずから初代内閣総理大臣となった。また，君主権の強いドイツ(プロシア)の憲法を参考に，ドイツ人顧問《こもん》ロエスレルの助言を得て憲法の草案をつくり，大日本帝国憲法の発布(1889年)にも貢献《こうけん》した。

問３　ロシア革命(1917年)によって社会主義国のソビエトが成立したことを受け，自国に革命の影響がおよぶことをおそれた日本は，イギリス・アメリカ・フランスとともにロシア革命に干渉《かんしょう》するため，第一次世界大戦中の1918年，チェコスロバキア軍を救出するという名目でシベリアに出兵した。日英同盟(1902年)が結ばれたのは第一次世界大戦より前のことで，これによって日本はロシアとの対立を強めた。

問４　議会で多数の議席を持つ政党によって構成され，大臣の大部分が政党員である内閣を政党内閣という。政党内閣は，1932年の五・一五事件で犬養《いぬかい》毅《つよし》首相が暗殺されたことによって終わり，1946年に吉田茂《しげる》内閣が成立して復活したのち，現在まで続いている。

問５　大森貝塚は，明治時代初めにアメリカの動物学者エドワード＝モースが，大森駅(東京都大田区)を過ぎたあたりで汽車の窓から発見した。また，1953年には白黒でのテレビ放送が始まり，その後，1964年の東京オリンピック開催《かいさい》をきっかけとしてカラーテレビが普及《ふきゅう》していった。

4　近年のできごとや日本の政治，経済などについての問題

問１　ア　令和元年は，平成30年ではなく平成31年にあたる。　イ　1868年，天皇一代につき一つの元号を用いる「一世一元の制」が定められた。よって，正しい。　ウ　『史記』ではなく『万葉集』が正しい。　エ　平成天皇の退位後の位は，「上皇」とされた。

問２　消費税は，竹下登内閣のときの1989年４月に税率３％で導入され，橋本龍太郎内閣のときの1997年４月に税率が５％へと引き上げられた。2012年に組閣された安倍晋三内閣のもと，二度にわたって消費税の税率が引き上げられ，2014年４月に５％から８％，2019年10月に８％から10％(一部の品目では８％のままずえ置く軽減税率を導入)になった。

問３　衆議院の総選挙は衆議院議員がその資格を失ったときに行われ，衆議院議員の任期４年を満了した場合と，内閣によって衆議院が解散された場合が考えられる。衆議院の解散は，内閣不信任の決議案が可決(信任の決議案が否決)されて内閣が総辞職しない場合のほか，内閣が必要と判断した場合に，天皇の国事行為として行われる。よって，エが誤っている。

問４　2012年11月16日，民主党の野田佳彦《よしひこ》首相は衆議院を解散し，12月16日に第46回衆議院議員総選挙が実施された。その結果，自民党が294議席を獲得して当時の与党であった民主党を破り，再び与党の座についた。

問５　供給量に対して需要《じゅよう》量が少ないためにものの価値が下がり，一方でお金は市場から減るために価値が上がるという状態を，デフレーション(デフレ)という。デフレの場合，ものが売れなくなることで会社や企業の経営状態が悪くなり，その結果リストラなどが行われ，失業者が増えるといった状況におちいりやすい。よって，エが誤っている。

問６　日本銀行の仕事は大きく３つあり，日本で使われている紙幣《しへい》(日本銀行券)を発行する「発券銀行」，国のお金を預かったり貸し出したりする「政府の銀行」，一般の銀行のお金を預かったり貸し出したりする「銀行の銀行」としての役割をはたしている。よって，イが正しい。なお，硬貨《こうか》を発行するのは政府である。

問７　北海道北東部にのびる千島列島南部の択捉《えとろふ》島・国後《くなしり》島・色丹《しこたん》島・歯舞《はぼまい》群島は北方領土とよばれ，日本固有の領土であるが，第二次世界大戦後にソビエト連邦に占領され，現在，ロシア連邦の施政権下に置かれている。この北方領土のうち，一番北に位置しているのは択捉島である。

問８　日本国憲法を改正するためには，国会で改正原案を審議し，衆議院と参議院の総議員の３分の２以上の賛成で，国会が改正を発議(国民に提案)する。その後，国民の承認を得るために，満18歳以上の有権者による国民投票が行われ，有効投票の過半数の賛成があれば憲法改正が決定し，天

皇が国民の名で公布する。よって，アが正しい。

問９　首相は国会によって指名され，衆議院と参議院で首相に選んだ人が異なった場合は，衆議院の指名が優先される(衆議院の優越)。そのため，衆議院で過半数を占《し》めている政党の党首(総裁など)が首相になるというのが一般的である。よって，イが正しい。

問10　第一次菅内閣では，女性の国務大臣として，上川陽子が法務大臣に，橋本聖子が東京オリンピック競技大会・東京パラリンピック競技大会担当・女性活躍《かつやく》担当・内閣府特命担当大臣(男女共同参画)に任命された。なお，2021年２月18日に橋本聖子は大臣を辞任し，丸川珠代《たまよ》にかわっている。

理　科　＜第１回スーパー特進入試＞（25分）＜満点：50点＞

解　答

1　**問１**　4 cm　**問２**　80cm　**問３**　400 g　**問４**　7.5cm　**問５**　0.5倍　**2**　**問１**　二酸化炭素　**問２**　昇華　**問３**　**イ**　64.7　**ウ**　0.12　**エ**　1.2　**オ**　0.18　**カ**　1.5　**3**　**問１**　ウ　**問２**　エ　**問３**　(例)　バッタはハリガネムシに寄生されると，目の前の水にとびこむ。　**問４**　ア，エ　**問５**　ア，イ　**問６**　ウ　**4**　**問１**　ウ　**問２**　**B**　氷河　**E**　砂鉄　**問３**　ア　**問４**　オ　**問５**　Ｎ極　**問６**　(例)　地磁気の時間的な変化をくわしく調べることができる。　**問７**　(例)　上空にへん西風がふいているから。

解　説

1　てこと力のつり合いについての問題

問１　棒を回転させるはたらきの大きさは，(力の大きさ)×(支点からの距離《きょり》)で表される。棒が水平になっているとき，支点を中心にして，棒を反時計回りに回転させるはたらきの合計と，時計回りに回転させるはたらきの合計が等しい。点Ｐを支点とすると，棒の左端《はし》から中心までの長さは，100÷２＝50(cm)より，棒の重心は点Ｐの位置にある。よって，棒の重さは棒の回転には関係しない。また，点Ｐから点Ｑまでの長さは，60－50＝10(cm)なので，点Ｑにつるしたおもりの重さを□ｇとすると，50×50＝10×□，□＝50×50÷10＝250(ｇ)である。したがって，ばねにかかる力の大きさは，棒の重さを含《ふく》めて，100＋50＋250＝400(ｇ)となる。ばねは100gにつき１cmのびるので，ばねののびは，$1\times\frac{400}{100}=4$ (cm)になる。

問２　５cmのびたばねには，$100\times\frac{5}{1}=500$(ｇ)の力がかかっている。問１より，電流を流す前の全体の重さは400ｇであるから，鉄のおもりが電磁石から受けている下向きの力の大きさは，500－400＝100(ｇ)である。よって，棒の左端にかかる力の大きさは，50＋100＝150(ｇ)になるので，点Ｐから点Ｑまでの長さを□cmとすると，150×50＝250×□，□＝150×50÷250＝30(cm)となり，棒の左端から点Ｑまでの長さは，50＋30＝80(cm)とわかる。

問３，**問４**　点Ｐから棒の中心までの長さは，60－50＝10(cm)，点Ｐから棒の右端までの長さは，100－60＝40(cm)である。また，鉄のおもりが電磁石から受ける下向きの力の大きさは，$100\times\frac{2}{1}$

＝200(ｇ)となるので，棒の左端にかかる力の大きさは，50＋200＝250(ｇ)である。したがって，点Ｑにつるしたおもりの重さを□ｇとすると，250×60＋100×10＝□×40，□＝(15000＋1000)÷40＝400(ｇ)である。このとき，ばねにかかる力の大きさは，棒の重さを含めて，100＋250＋400＝750(ｇ)となるから，ばねののびは，$1\times\frac{750}{100}=7.5$(cm)となる。

問５　点Ｐから点Ｑまでの長さは，60－50＝10(cm)なので，棒の左端にかかる力の大きさを□ｇとすると，□×50＝500×10，□＝500×10÷50＝100(ｇ)になる。よって，鉄のおもりが電磁石から受ける下向きの力の大きさは，100－50＝50(ｇ)である。問２より，コイルにＩの電流を流したとき，鉄のおもりが電磁石から受ける下向きの力の大きさは100ｇであるから，ここではＩの，$1\times\frac{50}{100}=0.5$(倍)の電流を流せばよい。

2　ドライアイス(二酸化炭素)についての問題

問１　ドライアイスは，二酸化炭素を冷やして固体にしたものである。

問２　固体のドライアイスがあたたまると，液体にはならずに直接気体の二酸化炭素に変化する。このように，固体から気体に変化することを昇華《しょうか》という。

問３　**イ**　実験③より，フラスコの容積は100cm^3で，水100cm^3(100ｇ)の入ったフラスコの重さは164.7ｇなので，空気の入っていないフラスコの重さは，164.7－100＝64.7(ｇ)である。　**ウ**　実験①より，空気の入ったフラスコの重さは64.82ｇであるから，フラスコに入っていた空気の重さは，64.82－64.7＝0.12(ｇ)とわかる。　**エ**　ウより，空気100cm^3の重さは0.12ｇとわかるので，空気１Ｌ(つまり1000cm^3)の重さは，$0.12\times\frac{1000}{100}=1.2$(ｇ)と求められる。　**オ**　実験②では，ドライアイスから変化した二酸化炭素がフラスコ内の空気を追い出し，フラスコ内は二酸化炭素で満たされている。よって，フラスコに入っていた二酸化炭素の重さは，64.88－64.7＝0.18(ｇ)である。

カ　ウ，オより，二酸化炭素は空気の，0.18÷0.12＝1.5(倍)の重さであるとわかる。

3　昆虫《こんちゅう》の特徴《とくちょう》と行動についての問題

問１　アのチョウは花のみつを吸う口，イのセミは木のしるを吸う口，ウのトンボは小さな虫を食べるためのかむ口，エのハエはくさったものなどをなめる口をもつ。

問２　バッタもトンボもかむ口をもつが，バッタは草を食べ，トンボは小さな虫を食べる。なお，昆虫は腹に複数ある気門という小さな穴から空気をとり入れて呼吸する。

問３　表１より，ハリガネムシに寄生されているバッタについても寄生されていないバッタについても，通路１へ進んだ個体数と通路２へ進んだ個体数がほぼ同数であったことから，水がはなれたところにある(先に水があるかどうかわからない)場合は，ハリガネムシの寄生がバッタの行動に影《えい》響《きょう》をおよぼすことはないと考えられる。また，通路２へ進んだ個体のうち，寄生されているバッタは水にとびこんだが，寄生されていないバッタは水にとびこまなかったことから，ハリガネムシが寄生することによって，バッタは目の前に水があると，水にとびこむようになると考えられる。

問４　トンボの幼虫はヤゴとよばれ，水中で小さな魚などを食べて過ごす。また，ホタル(ゲンジボタルやヘイケボタル)の幼虫は，水中でカワニナやタニシなどの貝を食べて育つ。なお，セミの幼虫は木の根がのびる土の中，カブトムシの幼虫は腐《ふ》葉土などの中にいる。

問５　トンボとセミはさなぎの時期がない不完全変態の昆虫，カブトムシとホタルはさなぎの時期がある完全変態の昆虫である。

問６　ホタルの成虫は腹部から光を発しながら夜空を飛び回る。このことから，英語では「火の虫」を意味するfireflyとよばれる。

4 チバニアンについての問題

問１ 地球は，約46億年前に，太陽系のほかの天体と同時期に誕生したと考えられている。

問２ **B** 地球の気温が低い時代には，積もった雪がおし固められてできた氷のかたまりに陸地がおおわれていたと考えられる。この氷のかたまりが少しずつ移動しているものを氷河という。

E 磁鉄鉱は磁石の性質をおびた鉄分を含む鉱物で，この粒《りゅう》子《し》は一般《いっぱん》に砂鉄とよばれる。

問３ 御嶽《おんたけ》山が噴火《ふんか》したときの火山灰の層は77万4000年前にでき，この火山灰の層の少し上に地磁気逆転を示す地層があるのだから，地磁気逆転を示す地層は77万4000年前よりも現在に近い時代にできたものといえる。

問４ 有こう虫の殻《から》は，貝殻やサンゴと同じ炭酸カルシウムでできている。

問５ 現在は，方位磁針のＮ極が北を指すので，地球を大きな磁石として考えると，北極付近はＳ極である。よって，現在と地磁気の極が逆であった逆転期では，北極付近はＮ極であったと考えられる。

問６ 地磁気逆転が見られる層の直前の火山灰の層の年代が正確に決定できることで，地磁気逆転を示す層の年代も正確にわかり，地磁気の時間的な変化も正確に調べることができる。

問７ 日本が位置する緯度《いど》の付近では，上空にへん西風とよばれる強い西風が１年中ふいている。この風の影響により，天気が西から東へ移り変わるのと同様に，火山灰も西から東へ運ばれて，たいせきすることが多い。

国　語 ＜第１回スーパー特進入試＞（50分）＜満点：100点＞

解　答

一 **問１** 下記を参照のこと。 **問２** 現実 **問３** **１** 自然の一員 **２** 人間の行為 **問４** エ **問５** **A** ウ **C** イ **問６** 根源 **問７** 生産 **問８** Ⅰ 人間の手の入っていない(自然) Ⅱ 本来の(自然) **問９** **１** 手入れがおこなわれている(自然) **２** 田んぼ **問10** **ア** ○ **イ** × **ウ** ○ **エ** ○ 二 **問１** **a** りこう **b** いごこち **c，d** 下記を参照のこと。 **問２** 人助けをする(姿) **問３** 不 **問４** エ **問５** ア **問６** エ **問７** **B** イ **C** オ **問８** (「学生さん」が)自意識の強い(人間で，)他人の視線(に気づきやすいから。) **問９** ア **問10** ウ **問11** **１** 試合に駆り出される(ことになる) **２** (コミュニティの中で)仲間はずれ(にされる。) **問12** ドアを閉める **問13** (例) 私のお気に入りの場所は，家のそばの大きな公園だ。なぜなら，美しい花が目を楽しませ，緑の木々は心を落ち着かせてくれるからだ。公園のベンチで一人静かに読書をするひとときが，私の最高にぜいたくな時間だ。

●漢字の書き取り

一 **問１** **a** 天敵 **b** 納得 **c** 暮(らす) 二 **問１** **c** 秘密 **d** 忠誠

解　説

一 **出典は宇根《うね》豊《ゆたか》の『農は過去と未来をつなぐ―田んぼから考えたこと』による。**農業は自然破壊《はかい》なのかを検証し，人間も自然の一部だとして，人の手が加わった田んぼという自然を守る必要性を説いている。

問1　**a**　ある生物に対して寄生者や捕食者となるほかの生物。　**b**　理解し，承知すること。　**c**　音読みは「ボ」で，「暮色」などの熟語がある。

問2　考えられる最高・最善の状態をいう「理想」の対義語は，実際に目の前にある状態をさす「現実」である。

問3　**1**　ぼう線部②は，自然と人間は対立するものではなく，人間も自然の一部だとする考え方なので，Ⅲ段落のうち五番目の段落にある「自然の一員として，人間と自然を分離《ぶんり》せずに見ています」という筆者の考えを示した一文が同じような内容になる。　**2**　「人為《じんい》」とは，人間の手を加えることをいうので，「人間の行為」がぬき出せる。

問4　ぼう線部③の結果，農業は自然破壊的になったが，その解決手段として減農薬や有機農業が登場したと後にある。これは，生産効率を上げようとして，現代の農業が農薬や化学肥料を利用したことを意味するので，エが選べる。

問5　**A**　労働時間の短縮によって安くすむ費用が入るので，給料や手当など，人にかかる費用をいう「人件費」が合う。　**C**　原生自然と，田んぼなどの人為が加わった二次的自然を区別した場合の，「狭《せま》い，小さな」二次的自然を表す言葉が入る。よって，全体の中の限られた部分という意味の「局部」がよい。

問6　「元凶《げんきょう》」は，“悪いことのおおもと”という意味なので，諸悪の「根源」のことになる。

問7　近代化は労働時間の短縮を目標にしていると前にあるが，田んぼや稲《いね》と向き合う時間を減らすと起こることが，筆者の経験をふくめて次の二段落に書かれている。「生産」性を上げたために，多くの生き物が田んぼで生きにくくなっているとある。

問8　Ⅰ　Ⅰ段落の最初から三番目の文に，原生自然とは「人間の手の入っていない」自然だと説明されている。　Ⅱ　田んぼを，人為が加わった二次的な自然だとして，「本来の」自然と区別している。

問9　**1，2**　Ⅲ段落の三番目の段落で，「田んぼ」は二次的な自然とされているが，これを次の段落では「手入れがおこなわれている」自然と言いかえている。

問10　**ア**　Ⅰ段落の後半に，農業の機械化でサンカメイチュウが絶滅《ぜつめつ》するなど自然破壊が進み，また，労働時間の短縮も自然破壊につながったと書かれているので，合う。　**イ**　Ⅰ段落の半ばに，有機農業でもほとんどの場合田植機が使われるので，水苗代《みずなわしろ》がなくなってトノサマガエルは産卵場所を失ったと書かれているので，合わない。　**ウ**　Ⅲ段落の前半で，「自然」に人間をふくめない西洋の考え方では説明できないことがたくさんあると筆者は述べているので，合う。　**エ**　Ⅲ段落の四番目の段落で，筆者は「原生自然」と「二次的な自然」を区別することに疑問を投げかけているので，合う。

二　**出典は中島《なかじま》京《きょう》子《こ》の『樽《たる》とタタン』による。**放課後を喫茶《きっさ》店で過ごす小学生の「わたし」は，道で倒《たお》れたときに助けられたのをきっかけに，喫茶店の常連客の学生さんと言葉をかわす。

問1　**a**　かしこいこと。　**b**　そこにいるときの感じ。　**c**　ほかの人に知らせていないこと。　**d**　君主や国家などに対して真心をつくすこと。

問2　学生さんの言葉と前書きの内容から，「わたし」は倒れたところを学生さんに助けられ，負ぶって喫茶店に連れていってもらったことがわかる。「こういう姿」とは，学生さんが「わたし」を負ぶってあげている姿を指すので，「人助けをする」姿と言いかえられる。

問３　学生さんは人の目を気にしていることが前の言葉からわかるので，「人助けをする」姿を見られるのは「不本意」だと言いたいものと考えられる。「不本意」は，自分が望むところではないようす。

問４　「人助けをする」姿を見ての評価になるので，親切な人だといった「好意的な評価」になる。「好意的」は，好ましく思うようす。

問５　「脚色《きゃくしょく》」は，興味をひくようにおもしろく変えることをいうので，アが合う。

問６　「わたし」が負ぶわれて連れてこられたのを見てマスターや常連客は何ごとかとおどろき，ばらばらと集まってきたと思われるので，多くの人が集まってくるようすを表す「わらわら」がよい。「ぞくぞくと」は，次々と切れ目ないようす。

問７　**Ｂ**　前には，布団でまどろんでいる間，学生さんは再び登場したとある。後では，これを，学生さんが夢の中に出てきたと言っているので，前の内容を言いかえるときに使う「つまり」が入る。　**Ｃ**　前では，気まぐれでした行動が他人からは善行に見えることがある，と言ってから，それは正しい表現ではないと言いなおしている。後では，その理由を，それが善行に見えるということに自分は自覚的だからだと説明しているので，理由を導くときに使う「なぜなら」が合う。

問８　(中略)の二段落後に注目する。学生さんが「わたし」の視線に気づいた理由として，学生さんが「自意識の強い」人間で，「他人の視線」に気づきやすいからだと説明されている。

問９　ここでは学生さんの髪型《かみがた》を「鬼太郎《きたろう》ヘア」としているが，(中略)の直前の段落に，学生さんは鬼太郎のように前髪をたらし，痩《や》せて青白い顔をしていたとえがかれている。野球のような健康的なスポーツを和気あいあいと楽しむタイプには見えず，その姿が想像しにくかったのだとわかる。

問10　空らんＤの質問に「ありません」と答えた人を，それ以上野球に誘《さそ》うべきではないと学生さんは言っている。また，学生さんが野球をしないのは経験や能力がないからではなく，興味がないからしたくないのだということが，これより前の学生さんの言葉からわかるので，ウがあてはまる。

問11　**１**　草野球チームに誘われて「進む」とは，チームに参加することを意味するので，「試合に駆《か》り出されることになる」といえる。　**２**　誘いに対して「退く」とは断ることを意味するが，そうすると「コミュニティからの締《し》め出しを食らう」と学生さんは話している。つまり，「仲間はずれ」にされるのである。

問12　「踵《きびす》を返す」は，“引き返す”という意味。入ろうとした店の中から野球の話が聞こえてきたら，すぐに「踵を返す」と学生さんが話す場面である。波線部ｃの後では，店のドアを開けたときに誰《だれ》かが野球の話をしていたら「ドアを閉める」と学生さんは話している。

問13　「私のお気に入りの場所は〇〇だ。」といった文で始め，以下二～三文程度でその理由を述べればよい。

Dr.福井の

入試に勝つ！脳とからだのウルトラ科学

歩いて勉強した方がいい？

みんなは座って勉強しているよね。だけど，暗記するときには歩きながら覚えるといいんだ。なぜかというと，歩いているときのほうが座っているときに比べて，心臓が速く動いて(脈はくが上がって)脳への血のめぐりがよくなるし，歩いている感覚が背骨の中を通って脳をつつくので，頭が働きやすくなるからだ(ちなみに，運動による記憶力アップについては，京都大学の久保田名誉教授の研究が有名)。

具体的なやり方は，以下のとおり。まず，机の上にテキストを広げ，1ページぐらいをざっと読む。そして，部屋の中をゆっくり歩き回りながら，さっき読んだ内容を思い出す。重要な語句は，声に出して言ってみよう。その後，机にもどってテキストをもう一度読み直し，大切な部分を覚え忘れてないかをチェック。もし忘れている部分があったら，また部屋の中を歩き回りながら覚え直す。こうしてひと通り覚えることができたら，次のページへ進む。あとはそのくり返しだ。

さらに，この“歩き回り勉強法”にひとくふう加えてみよう。それは，なかなか覚えられないことがら(地名・人名・漢字など)をメモ用紙に書いてかべに貼っておくこと。ドンドン貼っていくと，やがて部屋中がメモでいっぱいになるハズ。これらはキミの弱点集というわけだが，これを歩き回りながら覚えていくようにしてみよう！　このくふうは，ふだんのときにも自然と目に入ってくるので，知らず知らずのうちに覚えることができてしまうという利点もある。

歴史の略年表や算数の公式などを大きな紙に書いて貼っておくのも有効だ。

Dr.福井(福井《ふくい》一成《かずしげ》)…医学博士。開成中・高から東大・文Ⅱに入学後，再受験して翌年東大・理Ⅲに合格。同大医学部卒。さまざまな勉強法や脳科学に関する著書多数。

Memo

Memo

2025年度用
中学スーパー過去問

■編集人 声の教育社・編集部
■発行所 株式会社 声の教育社
〒162-0814 東京都新宿区新小川町8-15
☎03-5261-5061(代) FAX03-5261-5062
https://www.koenokyoikusha.co.jp

※本書の内容についての一切の責任は当社にあります。内容・解説・解答・その他は当社ホームページよりお問い合わせ下さい。

カコを追いかけ
ミライをつかめ
「今の説明、もう一回」を何度でも
web過去問
ストリーミング配信による入試問題の解説動画
もっと古いカコモンないの？
カコ過去問
「さらにカコの」過去問をHPに掲載（DL）
声の教育社
詳しくはこちらから

ストリーミング配信による入試問題の解説動画

2025年度用web過去問　ラインナップ

■ 男子・女子・共学（全動画）見放題
36,080円（税込）

■ 男子・共学 見放題
29,480円（税込）

■ 女子・共学 見放題
28,490円（税込）

● 中学受験「声教web過去問（過去問プラス・過去問ライブ）」（算数・社会・理科・国語）

3〜5年間 **24校**

過去問プラス

麻布中学校	桜蔭中学校	開成中学校	慶應義塾中等部	渋谷教育学園渋谷中学校
女子学院中学校	筑波大学附属駒場中学校	豊島岡女子学園中学校	広尾学園中学校	三田国際学園中学校
早稲田中学校	浅野中学校	慶應義塾普通部	聖光学院中学校	市川中学校
渋谷教育学園幕張中学校	栄東中学校			

過去問ライブ

栄光学園中学校	サレジオ学院中学校	中央大学附属横浜中学校	桐蔭学園中等教育学校	東京都市大学付属中学校
フェリス女学院中学校	法政大学第二中学校			

● 中学受験「オンライン過去問塾」（算数・社会・理科）

3〜5年間 **50校以上**

東京	青山学院中等部
東京	麻布中学校
東京	跡見学園中学校
東京	江戸川女子中学校
東京	桜蔭中学校
東京	鷗友学園女子中学校
東京	大妻中学校
東京	海城中学校
東京	開成中学校
東京	開智日本橋中学校
東京	吉祥女子中学校
東京	共立女子中学校
東京	国学院大学久我山中学校
東京	渋谷教育学園渋谷中学校
東京	城北中学校
東京	女子学院中学校
東京	巣鴨中学校
東京	桐朋中学校
東京	豊島岡女子学園中学校
東京	日本大学第三中学校
東京	雙葉中学校
東京	本郷中学校
東京	三輪田学園中学校
東京	武蔵中学校
東京	明治大学付属明治中学校
東京	早稲田中学校
東京	都立中高一貫校 共同作成問題
東京	都立大泉高校附属中学校
東京	都立白鷗高校附属中学校
東京	都立両国高校附属中学校
神奈川	神奈川大学附属中学校
神奈川	桐光学園中学校
神奈川	県立相模原・平塚中等教育学校
神奈川	市立南高校附属中学校
千葉	市川中学校
千葉	国府台女子学院中学部
千葉	芝浦工業大学柏中学校
千葉	渋谷教育学園幕張中学校
千葉	昭和学院秀英中学校
千葉	専修大学松戸中学校
千葉	東邦大学付属東邦中学校
千葉	千葉日本大学第一中学校
千葉	東海大学付属浦安中等部
千葉	麗澤中学校
千葉	県立千葉・東葛飾中学校
千葉	市立稲毛国際中等教育学校
埼玉	浦和明の星女子中学校
埼玉	開智中学校
埼玉	栄東中学校
埼玉	淑徳与野中学校
埼玉	西武学園文理中学校
埼玉	獨協埼玉中学校
埼玉	立教新座中学校
茨城	江戸川学園取手中学校
茨城	土浦日本大学中等教育学校
茨城	茗溪学園中学校

web過去問 Q&A

過去問が動画化！
声の教育社の編集者や中高受験のプロ講師など、
過去問を知りつくしたスタッフが動画で解説します。

Q **どこで購入できますか？**

A 声の教育社のHPでお買い求めいただけます。

Q **受講にあたり、テキストは必要ですか？**

A 基本的には過去問題集がお手元にあることを前提としたコンテンツとなっております。

Q **全問解説ですか？**

A 「オンライン過去問塾」シリーズは基本的に全問解説ですが、国語の解説はございません。「声教web過去問」シリーズは合格のカギとなる問題をピックアップして解説するもので、全問解説ではございません。なお、「声教web過去問」と「オンライン過去問塾」のいずれでも取り上げられている学校がありますが、授業は別の講師によるもので、同一のコンテンツではございません。

Q **動画はいつまで視聴できますか？**

A ご購入年度２月末までご視聴いただけます。
複数年視聴するためには年度が変わるたびに購入が必要となります。

よくある解答用紙のご質問

01

実物のサイズにできない

拡大率にしたがってコピーすると，「解答欄」が実物大になります。配点などを含むため，用紙は実物よりも大きくなることがあります。

02

A3用紙に収まらない

拡大率164％以上の解答用紙は実物のサイズ（「出題傾向＆対策」をご覧ください）が大きいために，Ａ３に収まらない場合があります。

03

拡大率が書かれていない

複数ページにわたる解答用紙は，いずれかのページに拡大率を記載しています。どこにも表記がない場合は，正確な拡大率が不明です。

04

１ページに２つある

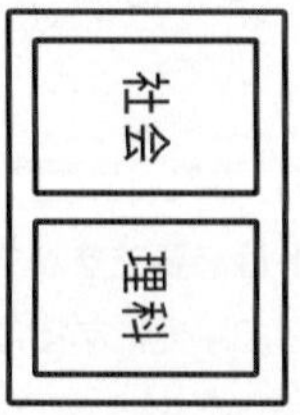

１ページに２つ解答用紙が掲載されている場合は，正確な拡大率が不明です。ほかの試験回の同じ教科をご参考になさってください。

淑徳中学校

【別冊】入試問題解答用紙編

禁無断転載

解答用紙は本体からていねいに抜きとり、別冊としてご使用ください。

※　実際の解答欄の大きさで練習するには、指定の倍率で拡大コピーしてください。なお、ページの上下に小社作成の見出しや配点を記載しているため、コピー後の用紙サイズが実物の解答用紙と異なる場合があります。

●入試結果表

— は非公表

年度	回	項目	国語	算数	社会	理科	2科合計	4科合計	2科合格	4科合格
2024	第1回 S特進	配点(満点)	100	100	50	50	200	300	最高点	最高点
		合格者平均点	—	—	—	—	—	—	—	—
		受験者平均点	—	—	—	—	—	—	最低点	最低点
		キミの得点							124	175
	第1回 S特進 東大選抜	配点(満点)	100	100			200		最高点	
		合格者平均点	—	—			—		—	
		受験者平均点	—	—			—		最低点	
		キミの得点							109	
2023	第1回 S特進	配点(満点)	100	100	50	50	200	300	最高点	最高点
		合格者平均点	68.3	61.2	35.5	33.5	129.5	198.5	174	246
		受験者平均点	58.5	48.8	33.5	30.6	107.3	171.4	最低点	最低点
		キミの得点							117	179
	第1回 S特進 東大選抜	配点(満点)	100	100			200		最高点	
		合格者平均点	61.3	77.2			138.5		174	
		受験者平均点	51.4	57.4			108.8		最低点	
		キミの得点							122	
2022	第1回 S特進	配点(満点)	100	100	50	50	200	300	最高点	最高点
		合格者平均点	63.6	64.0	24.5	32.1	127.6	184.2	160	225
		受験者平均点	56.6	53.8	23.7	30.8	110.4	164.9	最低点	最低点
		キミの得点							116	174
	第1回 S特進 東大選抜	配点(満点)	100	100			200		最高点	
		合格者平均点	68.3	70.0			138.3		166	
		受験者平均点	59.6	57.0			116.6		最低点	
		キミの得点							128	
2021	第1回 S特進	配点(満点)	100	100	50	50	200	300	最高点	最高点
		合格者平均点	72.2	47.7	30.9	24.2	119.9	175.0	154	204
		受験者平均点	58.9	36.5	27.6	20.4	95.4	143.4	最低点	最低点
		キミの得点							112	163

※　表中のデータは学校公表のものです。ただし、2科合計・4科合計は各教科の平均点を合計したものなので、目安としてご覧ください。

声の教育社

２０２４年度　淑徳中学校・第１回スーパー特進

算数解答用紙

番号		氏名		評点	／100

1

(1)	(2)	(3)
(4)	(5)	(6)

2

(1)	(2)	(3)
冊	度	m
(4)	(5)	
個	曜日	

3

(1)	(2)	(3)

4

(1)	(2)	(3)
cm^2	→ → → →	秒後

5

(1)	(2)
円	駅

(3)
考え方 答え ＿＿ 鉄道を利用した方が ＿＿ 円安い

（注）この解答用紙は実物を縮小してあります。Ｂ５→Ａ３(163%)に拡大コピーすると、ほぼ実物大の解答欄になります。

〔算　数〕100点(推定配点)

1～5　各５点×20＜4の(2)，5の(3)は完答＞

２０２４年度　淑徳中学校・第１回スーパー特進

社会解答用紙

番号		氏名	

評点	／50

1

問1	問2				問3	問4
	(1)		(2)			

問5			
(1)		(2)	

問6				問7
(1)	→ →	(2)		

2

問1	問2	問3	問4	問5

3

問1	問2	問3	問4	問5

4

問1	問2	問3	問4	問5

問6	問7				問8	問9
	機関		記号			

（注）この解答用紙は実物を縮小してあります。Ｂ５→Ｂ４（141%）に拡大コピーすると、ほぼ実物大の解答欄になります。

〔社　会〕50点（推定配点）

1～3　各２点×20＜1の問６の(1)は完答＞　4　各１点×10

２０２４年度　淑徳中学校・第１回スーパー特進

理科解答用紙

番号		氏名	

評点	／50

1

問1	問2	問3	
	m	①	②

問4	問5	問6
m/秒		

2

問1

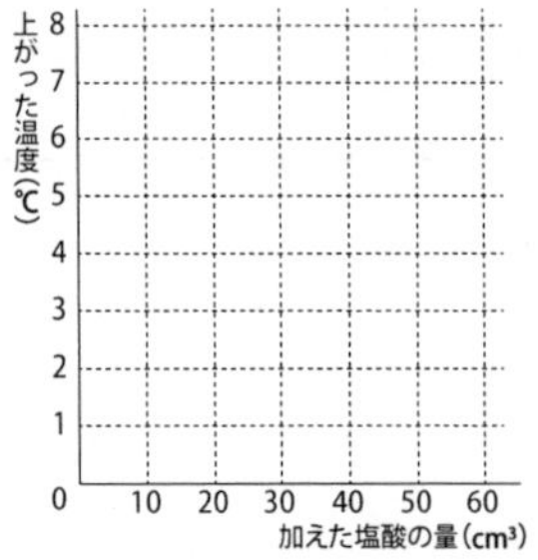

問2	問3	問4
	を　　cm³	

問5	
液の温度	
理由	

3

問1		問2		
(4)	(7)	C	D	E

問3

理由

問4

(1)

(2)

4

問1	問2	問3		問4
		2　g/cm³	3　g/cm³	(A)　g

問5

（注）この解答用紙は実物を縮小してあります。167％拡大コピーをすると、ほぼ実物大の解答欄になります。

〔理　科〕50点（推定配点）

1～4　各２点×25＜1の問３，3の問１は完答＞

２０２４年度　淑徳中学校・第一回スーパー特進

国語解答用紙

番号　　氏名　　評点　／100

一

問一　a　b　c

問二　問三

問四

問五　1　I　II　2　ア　イ　ウ　エ　オ

問六

問七　問八　問九　問十

問十一　I　II

二

問一　a　b　c　d

問二　問三　初め　問四　問五

問六　初め　終わり　問七

問八　から　問九　B　C

問十　こと　問十一　問十二

問十三　問十四　問十五

問十六

（注）この解答用紙は実物を縮小してあります。B５→A３(163%)に拡大コピーすると、ほぼ実物大の解答欄になります。

〔国　語〕100点(推定配点)

一　問１　各２点×３　問２～問４　各３点×３　問５　各２点×７　問６　各３点×２　問７～問11　各２点×６　二　問１　各２点×４　問２，問３　各３点×２　問４，問５　各２点×２　問６　３点　問７　２点　問８　３点　問９　２点　問10，問11　各３点×２　問12～問14　各２点×３　問15　３点　問16　10点

２０２４年度　淑徳中学校・第１回スーパー特進東大選抜

算数解答用紙

番号		氏名		評点	／100

1

（1）	（2）	（3）
（4）	（5）	（6）

2

（1）	（2）	（3）
	毎時　km	毎分　L
（4）	（5）	
cm	g	

3

（1）	（2）	（3）
	上から　番目，左から　番目	

4

（1）	（2）	（3）
cm^2	cm^2	cm^2

5

（1）	（2）
毎秒　cm^3	：

（3）
考え方 答え　cm

（注）この解答用紙は実物を縮小してあります。Ｂ５→Ａ３（163%）に拡大コピーすると，ほぼ実物大の解答欄になります。

〔算　数〕100点（推定配点）

1～5　各５点×20

２０２４年度　淑徳中学校・第一回スーパー特進東大選抜

国語解答用紙

番号		氏名		評点	/100

一

問一　ア　イ　ウ　エ　オ　カ　キ

問二　A　B　C　D　問三

問四　最初　最後　問五

問六　(1)　(2)

問七　問八　a　b　c

二

問一　A　B　C　D

問二　a　b　c

問三

問四

問五　最初　問六

問七

問八

（注）この解答用紙は実物を縮小してあります。167％拡大コピーをすると、ほぼ実物大の解答欄になります。

〔国　語〕100点(推定配点)

一　問１～問３　各２点×12　問４，問５　各３点×２　問６　(1)　８点　(2)　３点　問７，問８　各３点×４　二　問１　各２点×４　問２，問３　各３点×４　問４　８点　問５，問６　各３点×２　問７　10点　問８　３点

２０２３年度　淑徳中学校・第１回スーパー特進

算数解答用紙

番号		氏名		評点	／100

1

（1）	（2）	（3）
（4）	**（5）**	**（6）**

2

（1）	（2）	（3）
人	円	通り
（4）	**（5）**	
歩	人	

3

（1）	（2）
	個

（3）
考え方 答え：

4

（1）	（2）	（3）
cm^2	cm^2	cm^2

5

（1）	（2）			
秒	(i)		(ii)	mL

（注）この解答用紙は実物を縮小してあります。Ｂ５→Ａ３（163%）に拡大コピーすると、ほぼ実物大の解答欄になります。

〔算　数〕100点(推定配点)

1～5　各５点×20＜3の(1)，(3)は完答＞

２０２３年度　淑徳中学校・第１回スーパー特進

社会解答用紙

番号		氏名		評点	／50

1

問1				問2
(1)		(2)		

問3

問4	問5	問6
	m	

問7					
(A)		(B)		(C)	

2

問1	問2	問3	問4	問5

3

問1	問2	問3	問4	問5

4

問1	問2	問3	問4
条約			年目

問5				問6	問7	問8	問9
(1)		(2)					

（注）この解答用紙は実物を縮小してあります。Ｂ５→Ｂ４(141%)に拡大コピーすると、ほぼ実物大の解答欄になります。

〔社　会〕50点(推定配点)

1～3　各２点×20　4　各１点×10

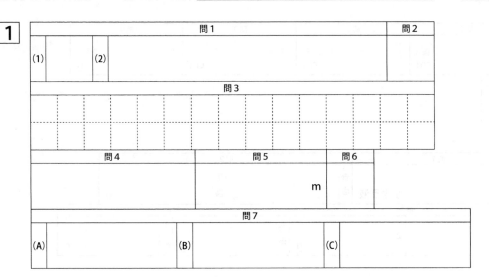

２０２３年度　淑徳中学校・第１回スーパー特進

理科解答用紙

番号		氏名		評点	／50

1

問1	問2	問3	問4
cm	cm	cm	g

問5

2

問1	問2			
水よう液	食塩	g	ホウ酸	g

問3				問4			
1		2	g	食塩	g	ホウ酸	g

3

問1	問2

問3							
①		②		③		④	

問4	
(1)	
(2)	

問5

4

問1
座

問2	問3	問4	問5	問6

（注）この解答用紙は実物を縮小してあります。Ｂ５→Ａ３（163%）に拡大コピーすると、ほぼ実物大の解答欄になります。

〔理　科〕50点（推定配点）

1, 2　各２点×11＜2の問３は完答＞　3　問１，問２　各２点×２　問３　①，②　各２点×２　③・④　２点＜完答＞　問４，問５　各２点×３　4　各２点×６＜問２，問４は完答＞

二〇二三年度　淑徳中学校・第一回スーパー特進

国語解答用紙

番号　　氏名　　評点　／100

一

問一　a　b　c

問二　問三　問四　問五

問六

問七　を

問八　問九　問十

問十一

問十二　げに　問十三

問十四　問十五

二

問一　a　b　c　d　う

問二　問三　問四

問五　問六　問七　問八　問九

問十　I　II　III　IV　V　VI

問十一

（注）この解答用紙は実物を縮小してあります。B５→A３（163%）に拡大コピーすると、ほぼ実物大の解答欄になります。

〔国　語〕100点（推定配点）

一　問１　各２点×３　問２～問15　各３点×14　二　問１～問３　各２点×６　問４～問９　各３点×６　問10　各２点×６　問11　10点

２０２３年度　淑徳中学校・第１回スーパー特進東大選抜

算数解答用紙

番号		氏名		評点	／100

1

（1）	（2）	（3）
（4）	**（5）**	**（6）**

2

（1）	（2）
個	，　，　，

（3）	（4）	（5）
	：	毎分　m

3

（1）	（2）
番目	回

（3）
考え方 答え：＿＿＿＿

4

（1）	（2）	（3）
cm	cm^3	cm^3

5

（1）	（2）	（3）
毎秒　mL	cm	cm

（注）この解答用紙は実物を縮小してあります。Ｂ５→Ａ３（163％）に拡大コピーすると、ほぼ実物大の解答欄になります。

〔算　数〕100点（推定配点）

1～5　各５点×20＜2の(2)は完答＞

二〇二三年度　淑徳中学校・第一回スーパー特進東大選抜

国語解答用紙

番号　　氏名　　評点　/100

一

問一　ア　イ　ウ　めて　エ　オ　カ　い　キ

問二　A　B

問三

問四　ア　イ　ウ　エ　オ

問五　問六

二

問一　a　b　c　d

問二　問三

問四

問五　はじめ　終わり　問六

問七

問八　(1)　(2)　(3)　(4)　(5)

（注）この解答用紙は実物を縮小してあります。167％拡大コピーをすると、ほぼ実物大の解答欄になります。

〔国　語〕100点（推定配点）

一　問1，問2　各2点×9　問3　10点　問4〜問6　各3点×7　二　問1　各2点×4　問2，問3　各3点×2　問4　8点　問5，問6　各3点×2　問7　8点　問8　各3点×5＜(3)は完答＞

２０２２年度　淑徳中学校・第１回スーパー特進

算数解答用紙

番号		氏名		評点	／100

1

（1）	（2）	（3）
（4）	（5）	（6）

2

（1）	（2）	（3）
	毎時　km	%
（4）	（5）	
通り	cm^2	

3

（1）				

（2）	（3）
考え方 答え：＿＿＿＿	

4

（1）	（2）	（3）
度	m	m^2

5

（1）	（2）	（3）
分　秒後	cm^2	分　秒後

（注）この解答用紙は実物を縮小してあります。Ｂ５→Ａ３（163%）に拡大コピーすると、ほぼ実物大の解答欄になります。

〔算　数〕100点（推定配点）

1～5　各５点×20

2022年度　　淑徳中学校・第1回スーパー特進

社会解答用紙

番号		氏名		評点	／50

1

問1	問2	問3	問4		問5
			②	④	

問6	問7	問8

問9	問10	問11				問12
		あ		い		

問13
説明

2

問1	問2	問3	問4	問5

3

問1	問2	問3	問4	問5

4

問1	問2	問3	問4	問5	問6

問7				問8			
Ⅰ		Ⅱ		Ⅰ		Ⅱ	

（注）この解答用紙は実物を縮小してあります。Ｂ５→Ａ３（163%）に拡大コピーすると、ほぼ実物大の解答欄になります。

〔社　会〕50点(推定配点)

1　問1　1点　問2　2点＜完答＞　問3，問4　各1点×3　問5，問6　各2点×2＜各々完答＞　問7　1点　問8　2点＜完答＞　問9～問12　各1点×5　問13　2点　2，3　各2点×10　4　各1点×10

２０２２年度　淑徳中学校・第１回スーパー特進

理科解答用紙

番号		氏名		評点	／50

1

問１	問２	問３

問４

問５

2

問１	問２	問３

問４	問５	問６
	%	

問７

問８

3

問１	問２

問３		問４
(1) cm^3	(2) cm^3	

問５		問６
(1) cm^3	(2) cm^3	

4

問１	問２	
	西の空	南の空

問３	問４	
	星P	星座

問５	問６
時間	

（注）この解答用紙は実物を縮小してあります。Ｂ５→Ａ３(163%)に拡大コピーすると、ほぼ実物大の解答欄になります。

〔理　科〕50点(推定配点)

1～3　各２点×21<1の問１は完答>　4　各１点×８

二〇二二年度　淑徳中学校・第一回スーパー特進

国語解答用紙

番号　　氏名　　評点 ／100

一

問一 a　b　c

問二　問三　を言った

問四 A　C　問五

問六 働　問七

問八 1　仕事

2

問九 D　E　F

問十 1つ目　2つ目　問十一　問十二

二

問一 a かい　b　c って　d

問二 A　C　D　問三　問四　問五

問六　問七　問八

問九 1つ目　2つ目　3つ目

問十 1　2　問十一

問十二　すること　問十三

問十四

（注）この解答用紙は実物を縮小してあります。B５→A３（163%）に拡大コピーすると、ほぼ実物大の解答欄になります。

〔国　語〕100点(推定配点)

一　問1～問4　各２点×7　問5～問7　各３点×3　問8～問10　各２点×7　問11, 問12　各３点×2

二　問1～問5　各２点×10　問6～問8　各３点×3　問9～問11　各２点×6　問12, 問13　各３点×2　問14　10点

２０２２年度　淑徳中学校・第１回スーパー特進東大選抜

算数解答用紙

番号		氏名		評点	／100

1

(1)	(2)	(3)
(4)	(5)	(6)

2

(1)		(2)
,　　,　　,		枚
(3)	(4)	(5)
	分　　秒	cm²

3

(1)	
考え方 答え：　　番目	
(2)	(3)
	m³

4

(1)	(2)	(3)
：	cm²	cm³

5

(1)	(2)			
毎時　　km	(i)		(ii)	km

（注）この解答用紙は実物を縮小してあります。Ｂ５→Ａ３（163%）に拡大コピーすると、ほぼ実物大の解答欄になります。

〔算　数〕100点（推定配点）

1～5　各５点×20＜2の（1）は完答＞

二〇二二年度　淑徳中学校・第一回スーパー特進東大選抜

国語解答用紙

番号		氏名		評点	/100

一

問一 a　b　c

問二 1　2　3　4　5

問三　問四　問五 A　B　C

問六　問七　問八　問九

問十 (1)

(2)

問十一

問十二　→　→　→　→

二

問一 a　b　c　d　わせ

問二 1　2　3　4

問三 A　B　C

問四　問五　問六

問七

問八　問九　問十

問十一 A　B　C　問十二

問十三 (1)

(2) 1つ目 初め　終わり

2つ目 初め　終わり

問十四 X　Y　Z

（注）この解答用紙は実物を縮小してあります。172%拡大コピーをすると、ほぼ実物大の解答欄になります。

〔国　語〕100点(推定配点)

一 問1，問2　各1点×8　問3～問9　各2点×9　問10　(1)　各2点×2　(2)　9点　問11　6点　問12　4点＜完答＞　二 問1，問2　各1点×8　問3～問6　各2点×6　問7　5点　問8～問14　各2点×13

２０２１年度　淑徳中学校・第１回スーパー特進

算数解答用紙

番号		氏名		評点	／100

1

（1）	（2）	（3）	（4）

（5）	（6）	（7）

2

（1）	（2）	（3）	（4）
円	個	通り	回目

3

（1）	（2）
	個

（3）
個

4

（1）	（2）	（3）
cm	cm^2	cm^2

5

（1）	（2）	（3）
分後	L	L

（注）この解答用紙は実物を縮小してあります。Ｂ５→Ａ３（163%）に拡大コピーすると、ほぼ実物大の解答欄になります。

〔算　数〕100点（推定配点）

1～5　各５点×20

2021年度　淑徳中学校・第1回スーパー特進

社会解答用紙

番号		氏名		評点	／50

1

問1					
(1)	ア	イ	ウ	(2)	

問2	問3						問4
	(1)		(2)		(3)		

問5					
(a)		(b)		(c)	

問6								
ⓐ	名前	水産物	ⓑ	名前	水産物	ⓒ	名前	水産物

問7

2

問1	問2	問3	問4	問5

3

問1	問2	問3	問4	問5

4

問1	問2	問3	問4	問5	問6	問7	問8	問9	問10

（注）この解答用紙は実物を縮小してあります。Ｂ５→Ｂ４(141%)に拡大コピーすると、ほぼ実物大の解答欄になります。

〔社　会〕50点(推定配点)

1 問1～問5　各1点×12　問6，問7　各2点×4<問6は各々完答>　2，3　各2点×10　4　各1点×10

２０２１年度　淑徳中学校・第１回スーパー特進

理科解答用紙

番号		氏名		評点	／50

1

問1	問2	問3	問4
cm	cm	g	cm

問5
倍

2

問1	問2
(ア)	

問3			
(イ)	(ウ)	(エ)	(オ)
(カ)			

3

問1	問2

問3

問4	問5	問6

4

問1	問2		問3
(A)	(B)	(E)	(G)

問4	問5
(H)	(C)　極

問6
(D)

問7
(F)

（注）この解答用紙は実物を縮小してあります。Ｂ５→Ａ３（163%）に拡大コピーすると、ほぼ実物大の解答欄になります。

〔理　科〕50点（推定配点）

1，2　各２点×12　3　問１～問３　各２点×３　問４，問５　各１点×２＜各々完答＞　問６　２点　4　各２点×８

二〇二二年度　淑徳中学校・第一回スーパー特進

国語解答用紙

番号　　氏名　　評点 /100

一

問一　a　b　c　らす

問二

問三　1　2

問四

問五　A　C

問六

問七

問八　I　自然　II　自然

問九　1　自然　2

問十　ア　イ　ウ　エ

二

問一　a　b　c　d

問二　姿

問三

問四

問五

問六

問七　B　C

問八　「学生さん」が　人間で、　に気づきやすいから。

問九

問十

問十一　1　ことになる　2　コミュニティの中で　にされる。

問十二

問十三

（注）この解答用紙は実物を縮小してあります。B５→A３（163%）に拡大コピーすると、ほぼ実物大の解答欄になります。

〔国　語〕100点(推定配点)

一　問１　各２点×３　問２～問９　各３点×12　問10　各１点×４　二　問１　各２点×４　問２～問12　各３点×13＜問８は完答＞　問13　７点

Memo

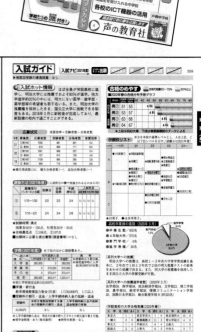

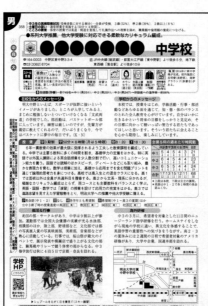